U0482192

一生只为哲学想
——叶秀山先生逝世三周年纪念文集

宋继杰 王齐 主编

中国社会科学出版社

图书在版编目（CIP）数据

一生只为哲学想：叶秀山先生逝世三周年纪念文集 / 宋继杰，王齐主编. —北京：中国社会科学出版社，2020.9

ISBN 978-7-5203-7121-6

Ⅰ.①一… Ⅱ.①宋…②王… Ⅲ.①叶秀山—纪念文集 Ⅳ.①K825.1-53

中国版本图书馆 CIP 数据核字（2020）第 168101 号

出 版 人	赵剑英
策划编辑	喻　苗
责任编辑	孙砚文
责任校对	朱妍洁
责任印制	王　超

出　　版	中国社会科学出版社
社　　址	北京鼓楼西大街甲 158 号
邮　　编	100720
网　　址	http://www.csspw.cn
发 行 部	010-84083685
门 市 部	010-84029450
经　　销	新华书店及其他书店
印　　刷	北京明恒达印务有限公司
装　　订	廊坊市广阳区广增装订厂
版　　次	2020 年 9 月第 1 版
印　　次	2020 年 9 月第 1 次印刷
开　　本	710×1000　1/16
印　　张	33.5
插　　页	2
字　　数	468 千字
定　　价	188.00 元

凡购买中国社会科学出版社图书，如有质量问题请与本社营销中心联系调换
电话：010-84083683
版权所有　侵权必究

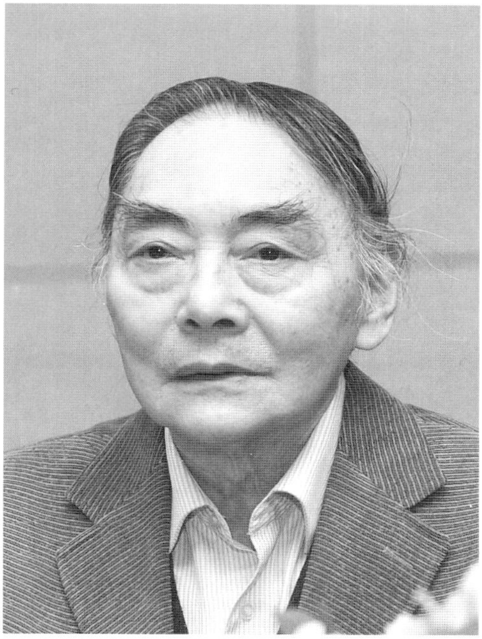

序　言

　　这是一部纪念叶秀山先生的文集。

　　叶先生于2016年9月7日晚上在工作状态中突然离开了这个世界。在叶先生辞世之后，他的亲朋好友、学生、学界同行先后举行了悼念与纪念活动。这里收集的文字主要就来自这些活动。首先是悼念活动的文字（全书第三部分），它们记录了叶先生的突然离开给他最亲近的人以及他周围的人留下的悲伤、惊愕、空白、断裂的绵延。在这类文字里，叶先生的离开不只是一件生活事件，也是一件世界事件——震动了作者的世界甚至使作者的世界一时崩溃的事件。从这里可以看到，叶先生如何以他未曾筹划的方式卷入了他人的世界而与他人共在着，如何以不在场的方式揭示着死并不是虚无本身，而是虚无的重量，虚无的绵延，因而也是对虚无的克服。

　　其次是学术性评论的纪念文字（全书第二部分）。《哲学动态》等专业杂志、报刊在叶先生辞世之后组织了纪念专栏，发表了国内一些著名学者的纪念性专题论文，他们或者从自己在哲学思考上受叶先生影响的角度，或者从自己对叶先生论域中所感兴趣的方面展开论述与讨论。这些文字呈现了同时代人对叶先生哲学思考的接受与理解，尽管只是一个侧面，却是非常重要的侧面。这不仅因为这些理解与接受代表一代人对叶先生的理解和接受，而且还因为这些理解与接受代表着一个应该有一个开端的开端。真正的哲学思考必是一个包含着关于开端的思考，而这样的思考理当得到所有试图追究哲学问题的思考的理解，并且理当被作为一份思想礼物来接受。

这部分文字就是这样一个"理当"的开端的标志。

第三类是叶先生逝世三周年纪念活动暨全集出版发布会的文字（全书第一部分）。这部分文字兼容了前面两类内容，有从个人交往角度的叙述，也有从对叶先生思想总体评价的角度的论述，或者兼而有之。这部分文字的作者年龄跨越度更大，呈现的范围、角度也更广，可以视为前一部分文字的延续。

这里，要借此机会向上述文字作品的所有作者表示感谢！感谢你们通过文字让叶先生以他者的形象出场，让叶先生的思想在他者世界呈现。这不只是对叶先生的纪念，也是对哲学的守护。

的确，哲学是需要守护的，而汉语世界的哲学尤其需要守护。

毋庸讳言，哲学永远是少数人的事业，而哲学家也都是不合时宜的，因为他（她）的思考总是超越自己的时代。如果一个哲学家被他的时代所追捧，那往往不是因为这个时代对他真正有多理解，而只是因为他的作品的一个不幸遭遇：人们以寻章摘句的方式从他作品里搜罗出了一些碰巧可以流行的金句。当然，也有一种哲学除外，那就是哗众取宠的哲学。所以，哲学家总是孤独的，哪怕他被卷入了时代对他的热捧，他也深知自己是一个局外人，一个旁观者。这并非因为他不关切自己的时代，而是因为他是以超越这个时代的方式关切这个时代。这既是哲学家的孤独，也是哲学的命运。所以，哲学需要愿意且能够承担起孤独的人去守护，需要愿意且能够把自己交付给作局外人的命运的人去延续，而首先是"能孤独者们"的相互的发现、相互守护与相互延续。我们庆幸人类在漫长而充满艰辛的历史中仍不断涌现出能孤独的少数者。

不过，这并非意味着哲学没有危机或危险。自近代发端于欧洲的世俗化运动成了世界性的人文主义运动以来，人自身的经济生活与公共生活越来越成了人们生活的全部，人们甚至一刻也不愿退出公共现场，公共活动几乎填满了每个人的想象与筹划，使退修灵性的需求无立锥之地，以致灵性生活完全退场。在这过程中，哲学的抵抗（比如克尔凯郭尔、胡塞尔、海德格尔等人的努力）不仅无济于事，自身反而也成了这一运动的一部分：哲学越来越关注在场性事物，公共领域的问题成了哲学的热门问题，交往理性甚至成为最重要的理性。于是，哲学愈益专业化、实证化、工具化，它总想为眼下的世界做点什么，以证明自己有用或亲近众人，而哲学家们也开始繁忙于满天飞越，急切于交流和追赶前沿，他们以飞行器上的思考代替大地上的沉思。所以，孤独、死亡、深渊、开端、绝对、整体、秘密连同理念和乌托邦一起，都成了哲学的病毒或思想的累赘物而被排除掉。

但是，当哲学排除了这些病毒也就意味着哲学在走向死亡，当思想排除了这些累赘物则意味着思想不再思想。因为当哲学家不承担孤独或承担不起孤独的时候，他也就只能在公共世界里充当某种可有可无的尴尬角色。而如果哲学不能朝向整体与深渊，那么哲学将自我放逐于一个封闭的有限世界，而任何封闭都是哲学的坟场。同样，如果没有了绝对与秘密，没有了理念与乌托邦，思想就只剩下赤裸而封闭的概念体系，没有了可延异的空间，没有了可期待的未来，也没有了可皈依的隐蔽。因此，思想不需要跳动——不再需要穿越过去与未来，也不再需要在有限与无限、部分与整体、显与隐之间进行跳跃。这种不再跳动的思想全然不再可能是真正的思想。因此，与其说孤独、死亡、深渊、整体、绝对这些东西是哲学的病毒、思想的累赘，不如更确切说，它们是人之为人多出来的标识物，是哲学之为哲学、思想之为思想的剩余物：哲学思想可以排除掉其他东西，唯独无法再排除这些东西。

因此，如果说哲学是需要守护的，以便守护人类的谦卑与神圣性，那么，首先就需要看护好这些剩余物。自然界本没有这些剩余物，它们是通过我们被带到我们生活于其中的世界，通过我们而增加给这个世界。我们本是通过哲学、宗教、艺术来守护这些剩余物的，但是当哲学失守的时候，我们需要通过唤醒自己重新面对这些剩余物来回归哲学，守护哲学。

就汉语世界来说，有清近三百年的统治使整个汉语世界失去了思想表达能力。因此，在汉语世界，守护哲学的第一步工作就是恢复思想能力。近世一个多世纪以来，可以说，我们是以学习西方哲学的方式重新开始学习思想，重新学习面对那些剩余物。至 20 世纪下半叶，蔚然有成如港台新儒家哲学，近四十年亦卓然有成，叶先生之纯粹哲学是其一。叶先生之纯粹哲学实乃自由之哲学。叶先生的哲学论域涉及第一哲学、中西哲学史、艺术、美学、宗教、科学等，其论域之广，同龄人中少有能及，而均贯之以哲学的维度，终归以自由为基点。这使叶先生的哲学思考自然形成一个系统，一个由问题域构成的体系。其中尤其可贵之处是，他始终在第一哲学的层面上讨论问题，在第一哲学的高度上展开与历史上和同时代那些最伟大的哲学家之间的对话、对质。虽然叶先生的生活是快乐的，因为他总是生活在与这些伟大哲学家的互证之中，但是他的思想却是孤独的，因为他的思考在他生活的年代仍是沉寂的。这除了哲学的共同处境之外，汉语世界的哲学还有一个特殊的处境，那就是，作为西方哲学家的学生心态，使我们每一代哲学家的后继者们通常首先重视的都是西方思想者，而对汉语世界的哲学思考没有给予足够的重视，以致不少人可能愿意花很多时间用于研究、翻译一些西方二三流哲学家的作品，而不愿意花同样的时间了解、研究汉语世界一流哲学家的思想。西方哲学当然永远是我们需要学习的对象，但是汉语世界的哲学家的这种遭遇需要改变，每个想在汉语世界守护哲学的思想者都对此负有责任。

这部文集的一个重要意义就在于它既是对叶先生的纪念，也是对汉语世界一位哲学家思想的理解、研究的开端。相信这是一个良好的开端。就在写这篇序言的时候，王齐教授传来一个信息，中国社会科学院与相关刊物希望有更多人研究叶先生的思想。期待这是汉语世界更好地守护哲学的一个新开端。

黄裕生

2020 年 3 月 22 日于学清苑

目　录

第一部分
纪念叶秀山先生逝世三周年暨《叶秀山全集》发布会发言

他的思想就是对这片土地最珍贵的祝福……………黄裕生（3）
怀念与感谢………………………………………………叶　菁（6）
怀念叶秀山先生…………………………………………谢维和（8）
读书人的趣味……………………………………………彭　刚（10）
思想性之书是永久性的存在……………………………府建明（13）
愉快地学与思……………………………………………卓新平（16）
中西哲学兼通的丰碑……………………………………李存山（18）
哲学作为通学……………………………………………赵敦华（21）
一生只为哲学想…………………………………………王　路（23）
纯粹、自由、理性：叶秀山先生的教诲………………李秋零（26）
和叶秀山先生一起读老庄………………………………陈　静（28）
叶秀山先生与当代中国哲学的格局……………………吕　祥（31）
叶秀山先生的思想风格与西方哲学的本土化…………赵汀阳（36）
哲思的毅力………………………………………………韩水法（39）
希望之后的哲学：叶秀山先生的哲学遗产……………江　怡（43）
问题在哪里，叶先生就在哪里…………………………尚　杰（47）

历史性地做哲学 ················· 刘 杰（50）
为真理和自由写作 ················ 傅永军（54）
世界哲学的希望在中国 ·············· 干春松（57）
三面之缘与一生之憾 ··············· 周 濂（59）
学者的生命就活在著作中 ············· 王 恒（62）
不止一种语言，不止一种哲学
　　——写在《叶秀山全集》新书发布会之际 ······ 于奇智（64）
纪念叶先生 ··················· 鲁 路（66）
愉快的思，爱智的果 ··············· 王 齐（71）
叶秀山的智慧人生 ················ 王 齐（75）

第二部分　学术思想评论

纯思者的"纯粹" ················· 杜小真（81）
在书道和文本际会中达到哲学的纯粹
　　——追思叶秀山先生沟通中西哲理的学说 ······ 张祥龙（87）
哲学与哲学史
　　——回忆叶秀山先生 ·············· 张志伟（94）
"哲学的启蒙"与批判的理性
　　——叶秀山先生对"启蒙"的一种读法 ······· 李 河（101）
纯粹哲学如何可能？ ··············· 谢文郁（120）
叶秀山先生的哲学追求 ·············· 王 路（127）
传统与思
　　——纪念叶秀山先生《哲学的希望》出版 ····· 张 慎（133）
哲学的希望 ··················· 张志伟（136）
纯粹哲学有多纯粹？ ··············· 赵汀阳（146）

哲学的希望与希望的哲学
　　——写在叶秀山先生遗著《哲学的希望》出版之际
　　………………………………………………… 江　怡（161）
秀山藏情怀，叶高天地远
　　——与叶先生结缘及其遗著《哲学的希望》思想探析
　　………………………………………………… 张能为（164）
爱智贵在会通融合
　　——读叶秀山《哲学的希望》……………… 于奇智（187）
智慧的"贯通"
　　——叶秀山论中国哲学的"希望"………… 干春松（196）
叶秀山先生的哲学之"锐气"………………… 崔唯航（206）
斯人"在""诗"
　　——叶秀山美学要义………………………… 赵广明（223）
"出生入死"的智慧
　　——读叶秀山先生有关《老子》的临终札记 ‥ 李　猛（228）
何谓"中国哲学的机遇"
　　——试论叶秀山先生的哲学观……………… 张志强（244）
"最后"的列维纳斯
　　——叶秀山先生法国思想研究札记之一…… 夏　莹（255）
大地上的自由
　　——叶秀山先生的哲学遗产………………… 尚文华（264）
自由哲学的路标
　　——叶秀山先生的学—思历程初探………… 宋继杰（280）

第三部分　哀悼与纪念

忆秀山…………………………………………… 张　钊（293）

致外公……………………………………………… 杨丽莎（308）
叶秀山先生遗体告别会祭文…………………… 黄裕生（311）
安葬叶秀山先生骨函祭文……………………… 黄裕生（313）
挽词选录 ………………………………………………（315）
悼念秀山兄……………………………………… 余丽嫦（319）
永怀叶秀山先生………………………………… 郑培凯（321）
悼忆叶秀山……………………………………… 柳鸣九（325）
二十年前的一封信……………………………… 刘梦溪（336）
金缕曲
　　　——悼叶师秀山先生………………… 万俊人（338）
清明时节忆哲人
　　　——叶秀山先生二三事……………… 傅有德（339）
有、人、在、思
　　　——中国现代书法美学的先驱叶秀山先生千古……………
　　　…………………………………………… 邢　文（342）
"活神仙"走远了………………………………… 李登贵（346）
"断线"
　　　——送叶秀山先生远行………………… 应　奇（349）
死亡对他来说不过是一次"练习"…………… 王　齐（356）
永久的读者……………………………………… 王　齐（360）
他飘然消逝在夜空
　　　——悼哲人叶秀山先生………………… 陈　霞（370）
民族的精神出路何在？………………………… 赵法生（372）
斯人曾思，思入永恒…………………………… 赵广明（375）
"有教无类"与"纯粹哲学"
　　　——忆叶秀山老师育人二三事………… 赵　鹏（377）
但肯寻山便有山，温雅如常是吾师…………… 王晓红（383）
悼念叶秀山老师………………………………… 胡翌霖（388）

我所知道的叶秀山先生………………………… 韩连庆（392）
让西方哲学说地道中国话的"纯粹哲人"叶秀山 … 刘悦笛（396）
绿染峰峦……………………………………… 王铁军（400）
清癯的思想…………………………………… 周　膺（404）
绕不过去……………………………………… 周　膺（406）
爱智之境与启蒙之思
　　——读《叶秀山全集》有感 ……………… 傅守祥（408）

附录一　《启蒙与自由——叶秀山论康德》出版座谈会
　　　　记录……………………………… 李超整理（422）
附录二　《哲学的希望》出版研讨会简况 ……………（516）
后　　记 ………………………………………………（524）

第一部分

纪念叶秀山先生逝世三周年暨《叶秀山全集》发布会发言

时间：2019 年 9 月 7 日（周六）下午
地点：清华大学中央主楼接待厅

他的思想就是对这片土地最珍贵的祝福

黄裕生

尊敬的各位来宾、各位朋友，首先要对你们的到来表示热烈的欢迎和感谢，感谢你们厚重的情意。

三年前的今天，叶先生在工作状态当中离开这个世界，他没有遗嘱，他的作品就是他全部的嘱托；他没有告别，他的思想就是对这片土地一份最珍贵的祝福。他离开之后，作为他的学生，我们就决定与他的家属商量并达成一致，那就是尽快启动编辑出版《叶秀山全集》（以下简称《全集》）。这里我应宋继杰教授邀请，向大家简要介绍我们这个工作过程。

在决定编辑出版先生的全集之后，我们的工作分三步展开，一方面就是联系出版社，确定出版时间和出版形式等相关问题。我们最后确定了江苏人民出版社，有两个原因：第一个原因是叶先生晚年与江苏人民出版社有非常友好而密切的合作，他与王树人先生共同主持的八卷本，也就是国内最著名的《西方哲学史》，就是江苏人民出版社出版的，直到他去世前担任主编14年的《纯粹哲学丛书》也是由江苏人民出版社出版的，他晚年主要作品包括他最后的遗著也在这个丛书里面。所以筹划《全集》时我首先想到的就是江苏人民出版社，这是第一个原因。

第二个原因，江苏人民出版社对出版《全集》非常重视，在我向江苏人民出版社提出出版先生《全集》之后，江苏人民出版社非常真诚也非常快速地做出回应，所以这里我要借此机会向江苏人民出版社的领导以及全体编辑朋友们表示诚挚的感谢，尤其要感谢今天到场的府建明总编、杨建平副总编带领的团队，感谢你们以最友好的情意和最高效的工作来支持叶先生《全集》的出版，这既体现了你们对叶先生崇高的敬意，也体现了你们对文化出版事业的远见卓识。

我们展开第二个方面工作就是确定《全集》编辑和分卷相关原则，以及各卷分工，为此我们召开过多次讨论会，这方面吴国盛教授做了很多工作，第二方面工作也是最主要的工作，就是各分卷的负责人对分卷的编辑和校订，我们主要做的是校正错字、漏字以及西文拼写方面的错误，以及相关一些重复部分的处理，叶先生几乎所有的学生都以各自的方式参与了这个方面的工作，包括一些学生的学生也参与了。这里面我也要借此机会向所有对出版先生《全集》做出贡献的朋友们表示敬意，我为你们的高效工作以及精诚合作感到自豪。

叶先生《全集》的出版是汉语思想界一件大事，先生首先是一个哲学史大家，但实际上他同时也是一个真正的哲学家，因为他对任何一个大哲学家的研究都是非常自觉地围绕着自己作为一个中国学者的处境性问题展开的，所以他对每一个哲学家的讨论同时都是对自己所思考问题的回答，他对汉语世界最大贡献不在于他的史家工作，恰恰在于他的这些思想本身。他对注入自由与自在、存在与无、历史与时间等这些哲学层面的问题所做的不懈追问和持续讨论，把汉语世界的哲学思想推到一个新的边界，开启了汉语思想新的可能性。但也正因如此，他的作品与思想尚未能得到充分的理解和足够的关注，现在我们通过出版《全集》的方式把他的思想汇集并保存起来。我们不仅把这个《全集》视为对汉语思想界的贡献，也把它视为对汉语思想界的一种期待与召唤，相信这个最需要深度思想的地方，这个最需要成熟理性的地方将会以应有的深度，对这份期待和召唤做出回应。

　　最后我要再次感谢每一位到会的来宾与朋友，感谢你们对叶先生的友爱，也愿友爱和平安永远与您同在，谢谢！

怀念与感谢

叶　菁

　　各位好，我是叶菁，我是叶秀山的长女，我的妹妹由于我母亲身体不好所以不能前来参加会议，所以我在这儿代表我们全家，首先要向会议主持人宋继杰，还有清华大学、江苏人民出版社和中国社会科学院，表示衷心的感谢。因为这次纪念父亲去世三周年，还有出版全集，你们做了很多的工作，我父亲的弟子们，还有在座的朋友们都从不同的角度做了很多的贡献，所以我们全家都衷心地感谢大家的工作。我还得特别说一句，我母亲身体不好，我在临来之前她就告诉我说一定要向大家表示衷心的感谢，并且问大家好，问朋友们好。

　　刚才宋继杰在非常忙的情况下带我转了一圈清华图书馆，那个里边正在搞我父亲的图书的展览，我们捐的一批书很多一部分已经展出来了，非常感谢，整个把它归得非常详细，里面有很多不仅是有父亲的评语，还画了很多线，在他读书的时候，他写了很多笔记。还有一本书可能是被毁了还是怎么着，他可能又买了一本一个字一个字重新抄下来。可以看出他特别爱书，而且是真读，不仅是读，而且是一个字一个字在那儿想。我看了以后很高兴，我会把这些转达给我们家里人，而且我也会告诉我的女儿，告诉我的妹妹的女儿，我会告诉大家、告诉我们家里人，外公的这些书现在在清华大学已经有人开始借，而且很多人会读，这样的话对我们来说真的是一个很大的安慰。因为我们家里人没有学哲学的，而且我自己也不是学文科的，这些书加上你们所有的工作，包括出版《叶秀山全集》，我就想将来我也会从这里面学，有时间的话也可以读，而且可以带我女儿她们来到这儿看看外公的笔记，还有书，看看外公当年是怎么学习的。

明天我会去墓地，我父亲一定是非常的欣慰，他做的事情在继续，大家在一起努力，把西方哲学和中国的文化凝聚在一起，然后创造一个新的基础，不光是学习方面，也不光是自己的，把自己的和西方的结合起来定义一个新的东西，我觉得我父亲一定会非常高兴和非常欣慰。

我下面要说的也是我们家里让我表达的一个意思，我们都不懂哲学，以后你们如果需要什么我们能做的事情，我们一定会尽心尽力协助。谢谢大家！

怀念叶秀山先生

谢维和

今天参加这个会我也是百感交集，看见叶先生的像，看见很多过去在哲学所的同学，包括各位现在哲学所也好、北大也好，还有清华也好，各位哲学界的专家，包括后起之秀，包括各位年轻的学者，大家都来纪念叶先生，我心里真的是有很多很多的感触，很多很多的话想说。我想起来1985年时到哲学所读博士，当时韩水法比我早半年，住五楼，我就只能住四楼，他就比我高一级，高高在上。我们每个星期二和星期四到所里去上班，因为和叶先生我们都在西方哲学史的研究室，每个星期二在九楼办公室里，我们这些博士生坐在后面听他们讲，讨论一些问题，布置一些活让我们去干、去写、去翻译。我们自己在做研究的时候碰到问题要去找这些老先生们，我记得找叶先生最多的就是在读书的时候要是碰到希腊文、拉丁文，就跑到他那个小的房间，估计也就六平方米，一个小床，一个桌子，靠门口一个椅子，椅子摇动都得把门挪一挪，他在那儿读书，我就问这是什么意思，他就给我讲。我大概问一两个字，他可能要讲十几分钟，给我说这个字哪儿来的，包括在读书的时候一些不懂的地方，或者写论文时候自己遇到的一些困难，都是请教叶先生。

当然我觉得到后来黄裕生你们也是做了一件很重要的事，请叶先生到清华来协助指导清华哲学学科的建设，参与《清华西方哲学研究》以书代刊杂志的出版，我觉得真的是对我们清华文科也好、哲学学科的建设也好、整个系的建设也好，应该说都是做了很重要的贡献。但是我一直很遗憾,我当时和黄裕生说,什么时候要请叶先生吃个饭,结果都没吃成,他说别吃了,你去忙你的吧,我都没做到。我印象很深的是当年在哲学所成立 50 周年时,他在社科院礼堂里面讲哲学所 50 年的历史故事的时候,还特别讲到我的导师王玖兴先生,他说王先生做学问最注重学风,他说王先生有个外号"王久磨",干什么都是磨,包括交书稿,但交出去基本就不用看了,就可以用了。看到这个,包括看那些照片我都很熟悉,今天你们做这个事情,包括江苏人民出版社做这个事情,包括在座的各位纪念他,我觉得这件事真的是有价值、有意义的。我们对哲学的研究,包括哲学的发展、中国思想、中国文化的建设,叶先生的很多东西值得我们再去做的,所以我作为受到叶先生很多恩泽、指导、帮助的人,曾经在哲学所学习,虽工作了很短一段时间就调走了,但也对叶先生有很多感情,再一次向大家能够来参加会议表示感谢,而且我也愿叶先生在天之灵能够知道我们这些后辈、后学做这样一些事情,他一定很欣慰。当然我们如果能够在他的思想基础上把中国的哲学、中国的文化、中国的思想理论建设做得更好,他一定会更高兴。

我就说这些,谢谢大家!

读书人的趣味

彭 刚

今天在这儿我有两个身份，一个是刚才宋继杰教授宣布的身份（清华大学副校长），要以这个身份向大家表示感谢。还有另外一个身份是叶老师的弟子，我先完成我第一重身份的任务。

叶老师生命最后一个阶段的一个身份，也是他非常在意的就是清华大学特聘教授，他对清华哲学学科的发展寄予了厚望，清华也是他的弟子聚集最多的一个地方。今天我们在叶先生去世三周年之际，在这儿以见证他的《全集》出版发行的方式来纪念他，我们觉得特别的欣慰。而且刚才看到视频，听到他熟悉的声音，看到他的照片，我觉得这个照片选得特别好，特别有他思想者的风采，我们感慨万分。我也要借这个机会代表清华大学向今天从四面八方赶到这儿来的各位新老朋友、各位来宾表示衷心的感谢，向各位组织者、《全集》编辑者、高质量的高效的出版者表示衷心的感谢，谢谢大家！

一个学者他一辈子不断阅读、不断思考、不断写作，他的著作就是他生平最重要的成就，是他在肉体的生命离开人世以后还能够传之后世的，留给我们的一个思想的力量，可以说是营养库或者是我们连绵不断的养分。叶老师是杰出的学者，他经常说我们是读书人，他留下来的著作有厚重的12本，应该说数量不小，但是他从来不说自己是写书人，而说自己是读书人。刚才听到前面几位先生，包括谢维和校长回忆叶先生的一些事的时候，我就想到我印象非常深刻的几个事。

我记得有一次和他聊，他说他去山东大学讲学期间，人家让他给报纸写文章，他就写了一小篇，当时是讨论音乐，后来我把文章要来看。叶先生爱说一句话，说我们学哲学的，无论做什么最后都要攒成一股劲，最后全部用到自己的思想上。有时候我当面跟他开玩笑说他是一个享乐主义者。你看他一个唱片，不厌其烦收集各种各样的版本，他的音响不厌其烦换这个线换那个线，好像换某一根线他的耳朵就上一个档次，所以我说他是一个享乐主义者。但是另外一方面他玩物不丧志，他欣赏书画、热爱京剧等都汇聚到他的思考中。他比较偏爱苏联时期的一个作曲家——普罗科甫耶夫，我看他的一个小文章说他的作曲特别有自己的风格，就说，你作曲的时候是怎么构思的，结果这位作曲家回答说，每当我有了一个想法，每当我有了一个构思，我就在想，假如我是莫扎特的话我会怎么写，我所有的乐曲都是这么写出来的。叶老师由此引申开来，看到这段话觉得特别亲切，因为自己研究哲学史、研究哲学，好像也是出自于同样的态度，要弄清楚过往自己心仪、自己高度敬重的哲学家思考什么问题，是怎么思考的，如果他处在我现在这个条件下，他来思考某个问题大概会往哪个方向写。我记得有一次去到刚才谢维和校长仔细描述的那个小写作间，我去的时候他把书合上说我们开始聊天，说你猜我刚才在干什么，我当然不会猜，因为这个问题他自己会回答的。他说，我刚才把德文本海德格尔那一小篇《艺术作品的本源》找出来，我快背完了。我说你为什么背它？他说我越看越好，每一字每一句都那么好，人世间真的有称得上字字珠玑的东西，我要彻底占有。又有一次，我看到他眉飞色舞，我说你今天好像特别高兴，他说于奇智刚走，我说于奇智再有魅力也不至于让您今天这么高兴，后来他说和于奇智聊天，聊到一个什么事。叶先生总在说改革开放以后到美国学习，一下子觉得开了眼了，原来马克思之后也有很多好东西，也有很多值得自己去研究、去学习、去借鉴的东西。为什么那次于奇智走了他特别高兴？他有段时间特别对法国思想感兴趣，对德里达感兴趣，认定这不是江湖骗子，但是总没有特别弄清楚对方的思路从何而来，还觉得不太有把握来把自己的一些想法写出来，可是后来他看到德里达的一本小书——《胡塞尔〈几何学起源〉评注》，一般人不太注意，在德里达著作里面篇幅很小、很偏门，他看到那本小书觉得好，我终于可以由此入手把你基本的思路、基本问题摸一摸清楚了，心里有底了。那天见到于奇智教授，于教授告诉他跟德里达聊天说话的时候，德里达说那么多人看我的东西，都不重视我那一本书，其实我整个思路用意处都是从那儿起来的。叶老师因为自己读书的一个重要的感受得到了印证，然后特别特别兴奋。我想这是真正的一个大学者的态度。

我们今天无论什么学科，我们有太多太多的论文制造者，太多的专著制造者，太注重我们论文写作者的身份，太在意我们专著写作者的身份，可是也留下了厚重的严格意义上的大学者，从来说我们是读书人而不是写书人，这是我今天看到这个大作之后首先想到的这么一个事。

叶老师一辈子致力于思考，刚才黄裕生说他给汉语思想的发展提供了一个新的可能性，提到了一个新的境界，其实叶老师还特别的在意教学，我们这样一个民族、这样一个文明的各种各样的学术，它应该不断传承、不断发展，所以他到北大讲课，到清华做特聘教授讲课，来和学生有很多很多的接触，他也不断鼓励我们要把更多的力气花在培养年轻人身上。我想今天在座的新老朋友们有很多的对我们清华的文科、对我们哲学发展一直特别关注，我们也希望今后大家继续关注，这也是大家作为叶老师的好朋友希望大家一块儿来做的事情。

我就说这么多，谢谢大家！

思想性之书是永久性的存在

府建明

尊敬的各位嘉宾、各位专家学者，尊敬的叶菁女士，下午好！

今天我们在这里举行《叶秀山全集》的新书发布会，并以此纪念和缅怀叶秀山先生，这是悲喜交集的时刻，悲的是令人敬仰的当代哲人离开了我们，带走了他对此世界的眷恋和思考。喜的是他辛劳一生的著作终于结集出版，让我们有幸跟随他的思想光辉继续探索未知的世界。我们江苏人民出版社作为这套书的出版方能参加本次活动可谓与有荣焉。20多年来从八卷本的《西方哲学史》到《纯粹哲学丛书》，从《哲学作为创造性的智慧》到《哲学的希望》，我们江苏人民出版社与叶先生结下了深厚的情谊和不解之缘。我本人和我的同事们因为工作的关系有幸多次聆听叶先生的教导，受益无穷。六年前叶先生曾亲自赠送我一幅他手书的苏轼的《梦江南》，与他超人的情趣浑然天成，至今成为我最爱的墨宝，我本来想带来，但是因为匆忙就没有带过来。所以今天与各位共同见证这套思想巨著的面世，我的内心十分激动，我也借此机会代表江苏人民出版社衷心感谢叶先生的家人、学生及学界同仁给予的大力支持和付出的辛勤劳动，谢谢大家。

早在2002年，我们江苏人民出版社当时的老社长吴源先生和资深编辑周文彬先生，在叶先生和王树人先生等的交往中间，决定组织编写一套多卷本的学术版《西方哲学史》，这套书由叶先生和王树人先生任总主编，经过了数十位学者和出版社编辑的精心努力，于

2006年全部出版，受到学术界高度好评，获得了首届中华优秀出版物奖。在编写这套《西方哲学史》过程中，当时还是年轻学者的黄裕生等人有感于哲学研究普遍沉溺于器用之功，发出了纯粹哲学的呼声。青年学者的志向得到叶先生的全力支持，并与我们出版社的领导和编辑达成共识，决定出版《纯粹哲学丛书》，叶先生亲自担任这套丛书的主编，并先后写了两篇序言，2004年《纯粹哲学丛书》首批出版六本图书，获得中国图书奖。之后直到现在历时差不多15年，这套丛书不知不觉出版了30多本，与八卷本的《西方哲学史》已然成为我们江苏人民出版社的品牌。在座的不少学者是这套丛书的作者，其中不少年轻学人与这套丛书共成长，成为我们当今西哲研究里面的中坚力量。

叶先生本人有五本著作列入这套丛书中，成为这套丛书的压舱石，尤感欣慰的是叶先生的遗著《哲学的希望》也是在这套丛书中出版的，可以说他站在中国立场探讨西方哲学立场的初衷已基本实现，他对中国哲学自成体系、有自我修复和兼容并蓄的顽强生命力的信念在《哲学的希望》一书中得到了证明，并得到中国哲学界同仁诸多回应。2016年，惊闻叶先生仙逝，悲痛之余为了纪念先生，我们出版社开始梳理他在我社出版的图书，准备重新再版。其间黄裕生教授表达了在江苏人民出版社出版叶先生《全集》的想法，他说叶先生非常看重《纯粹哲学丛书》，所以他的《全集》在江苏人民出版社出版他一定会非常高兴。这是一份无法推辞的沉甸甸的信任，我们社委会经过认真研究，决定立即启动这项工程，并调集骨干力量，组成了社领导带领的编辑团队，像我们副总编杨建平亲自带队，与叶先生的弟子组成了编委会，磋商编辑原则、工作进度等细节，之后书稿按照工作进度一环扣一环按计划完成，在编校前我们充分考虑全集特点制定了统一的编校原则，在编校过程中我们一遍又一遍校对原著，与叶先生的弟子们反复交换意见，希望既保留叶先生著作原貌，又使叶先生不同著作中同一概念相对一致，在图书的装帧上我们选择了先进的烫印工艺，为了达到最佳效果，设计方案在草稿阶段就按照实际的工艺进行制作，在不同的布料上反复调试，今天呈现在大家面前的这套书我们是尽力了。当然由于时间的进度肯定还有一些编校上的失误和设计工艺上的瑕疵，也请各位专家不吝赐教，我们会加紧改进完善，争取最终批量出版的图书能够以最完美的姿态呈现。

叶先生曾经说过，主编《西方哲学史》是难以投入市场的非产业性工作，他感谢江苏人民出版社对这项工作所表现出来的学术关怀与智慧，而在我们看来，叶先生本人的作品以及他主编的《西方哲学史》《纯粹哲学丛书》等何尝不是对我们出版社的信任和支持。清华的老校长梅贻琦先生有句话"所谓大学者，非有大楼之谓也，而有大师之谓也"，这句话引申到出版方面不妨也可以这样说：所谓大出版社者，非谓有大钱之谓也，而有大书之谓也。我们江苏人民出版社不敢以大出版社自居，但是我们愿意做一个有理想情怀的出版社，我们的编辑同仁愿意做有学术情操的出版人。正是因为这样，我们敬重叶先生的为人与学问，也以出版他的著作为荣，那不是经济利益所能衡量的，我们相信叶先生留下的这份精神遗产不会随着先生的逝去而失色，而会随着时间的流逝越来越显示出它贯通古今、汇通中西的魅力。同时我们也相信在提倡立足中国大地、提升学术原创能力的新时代，会有越来越多的学人像叶先生所做的和所希望的那样，站在中国的立场探讨西方哲学的问题，将西方哲学的精髓吸收到自己的系统中来，终成有自我修复和兼容并蓄的顽强生命力的中国哲学。

2013年，我们江苏人民出版社成立60周年之际，叶先生为我社题词，"思想性之书是永久性的存在"，这是他对我们出版社的嘉勉，也是对整个学术出版的期许，我们愿意推出更多思想性之书，体现民族性的存在，我们也将继续做纯粹哲学和纯粹学术的守望者，谢谢大家。

愉快地学与思

卓新平

尊敬的各位朋友，非常感谢清华大学邀请我参加这样重要的一个学术和纪念会议，也非常感谢江苏人民出版社在这样短的时间，在这个重要的时刻推出了精美的《叶秀山全集》。我跟叶先生是同事关系，我们同事几十年，也是朋友关系，我们虽然年龄有差距，但是几乎无话不谈，经常私下交往，在学术活动、社科院的学部等活动中间也经常公开见面，无论在公众场合还是私下都是非常好的朋友，我和叶先生也是师生关系，虽然不像在座各位是叶先生的嫡传，但是叶先生永远是我的良师益友，所以今天的心情也是非常的激动。

《叶秀山全集》的出版向我们验证了一个传奇，叶先生的一生就是个传奇。从这个《全集》中间我们看到叶先生从古希腊哲学走过来，一直走到现当代哲学，从西方哲学走过来一直走到中国哲学，他从哲学走过来走到科学、走到宗教、走到艺术、走到音乐，这一路走的是非常的潇洒。所以我们说做哲学很难很累，但是叶先生说是愉快的学与思，所以他在哲学中找到了乐趣，这个是一种非常高的境界，值得我们很好地体悟、学习。

叶先生《全集》又是一面镜子，照出叶先生的风骨、风格、风韵、风采，叶先生在他一生中间不仅有纯粹的哲学，而且有高尚的人格，他的人格魅力和他纯粹的哲学相映生辉。我们寻找中国文化的精神、中国文化的灵魂，在这面镜子当中我们看到了，所以这面镜子光彩照人。同时在这面镜子中间我们又找到了自己的差距，如何做人、如何做学问，这个是非常非常重要的，叶先生为我们做了非常重要的楷模。所以这个《全集》的出版给我们带来很多的反思，也带来很多的遐思，在这些思中间我们体悟到叶先生的人格魅力，我们也感觉到自己身上的压力，当然这种压力我们不是按照现在时髦的话说"压力山大"，"压力山大"我们都是想到他的导师亚里士多德用哲学的智慧化解人生的压力，所以向叶先生学习我们也可以沿着叶先生的足迹，学着叶先生的榜样，在这种学习中，尤其是在纯粹哲学、高尚人品的学习中，我们也可以有愉快的思与学。这种愉悦应该说是我们哲学人的一种精神理想，也是我们人生的快感、快乐，所以在今天我们虽然一开始有一种沉重的怀念的心情，但是通过学习、领悟这个《全集》，我们体悟到叶先生对人生、对学问，尤其是对哲学精神的这种爱，我们要把爱、智慧永远做下去，而且要把它做得更好，谢谢大家！

中西哲学兼通的丰碑

李存山

尊敬的各位专家学者、各位老师学友，我也怀着非常激动的心情来参加纪念叶秀山先生逝世三周年和《叶秀山全集》发布会。我是搞中国哲学的，虽然我在后来和叶先生的交往不多，但是我想起在我们北大读书和北大毕业以后，因为我搞过一段中国气论，尤其是先秦气论的研究，在这个研究过程之中，我非常认真地读过叶先生的《前苏格拉底哲学研究》，为什么当时读这本书？我是把它当作一个经典来读，我觉得要弄清楚中国气论的起源在先秦的发展，它的特色，尤其为什么中国的气论能够长足发展，这是我当时考虑的一个问题，中国认为气都是由气凝聚而成，西方认为是由原子构成。所以我当时主要引了亚里士多德的《形而上学》《物理学》，罗素的《西方哲学史》，包括黑格尔的《哲学史讲演录》，其中一本重要的就是叶先生的《前苏格拉底哲学研究》，我是把它作为一个经典读的，后来在我写的书里面经常能够罗列下来的亚里士多德怎么说，黑格尔怎么说，罗素如何说，叶秀山先生如何说，在我的书里面这种引文有几处，后来我发现有的抄我这本书的就说亚里士多德怎么说，都是同一句话，黑格尔怎么说、罗素怎么说都是同一句话，后面把叶先生怎么说变成他自己说。我认为中国先秦的气论和古希腊伊奥尼亚哲学包括米利都学派和赫拉克利特他们是相通的。当时我写了四点，一个是无形，一个是连续，它存在是连续的，还有一个是阴阳。在伊奥尼亚哲学里说的是寒冷、干湿、温热。还有一个就是聚散，聚则为生，散则为死，在古希腊哲学讲凝聚化和疏散化，李约瑟曾经说过这是中西哲学不约而同发明的概念。

我认为中国先秦的气论，后来因为长足发展一直这样延续的，应该是和伊奥尼亚学派相通的。这里面一个过程就是为什么在古希腊出现了原子论，我经过看叶秀山先生的哲学研究，其中一个关键问题就是爱利亚学派对之前的伊奥尼亚学派进行了逻辑的批判，如果没有那个逻辑的批判就出现不了原子论。和爱利亚学派相近的列出矛盾的就是惠施，"无厚不可积也，其大千里也"，等等，它已经接触到爱利亚学派像芝诺分析的那些问题，以至说日取其半，万世不竭，等等。原子论是经过了爱利亚学派的形式逻辑的批判之后才出现的，所以我昨天拿到叶先生 12 本书之后特地把第一卷，前苏格拉底哲学研究那部分，关于原子论研究的部分又翻了翻，叶先生在原子论里面讲一个是留基伯是芝诺的学生，出自爱利亚学派，还有一句说阿那克萨戈拉是从外部否定了爱利亚学派，留基伯是从内部改造了爱利亚学派，这些我现在翻到了，而且当时读的时候肯定给我很大的启发。

关于气论的研究给我的体会，只有通过中西比较把它内在的机理搞清楚，才会对气论有一个真正的理解。我们知道后来有中国现代物理学等，我曾经搞过中国的气论没有经过那样一个逻辑的批判，所以能够长足发展下去，其中像"至精无形"，至精因为是一个很小的粒子，但是无形又不是粒子，所以这里面牵扯到二重性的问题。莱布尼茨曾经说人类有两个迷宫，断裂性与连续性的迷宫，还有恶的起源的迷宫。中国在善恶上投入更多的关注，对断裂性和连续性接触到了，但是中国没有把这个作为一个严肃的问题，这里面表明对逻辑的不重视，体现了中国哲学的特长，但是也包含着它的缺陷，尤其是近代科学的兴起，没有形式逻辑的批判可能会受到很大的阻碍，而且传承有可能是不可能的。

从这个角度来讲我觉得中西哲学一定是必须要参照儒教。因为我的学历不足，后来读得很少了，所以我是把叶秀山先生作为一个可望而不可即的榜样。在梳理的时候，在中国哲学学科产生过程中有两句话，一个是梁启超在 1902 年说今日欲使外学之真精神普及于祖国，则当转输之任者，必邃于国人。另一个是王国维在 1903 年说，研究西洋哲学之必要，欲通中国哲学又非通西洋哲学，不易明也。异日昌大吾国固有之哲学者，必在深通西洋哲学之人，无疑也。在中国哲学产生之中，一个是懂西学一定要懂国学，要昌大中国哲学必须要深通西方哲学，我认为这至今仍然是中西哲学必须遵循的方向。叶秀山先生在中西哲学兼容、理教兼通方面给我们树立了非常好的榜样，对于我来说我有点可望而不可即，但是我觉得还应该按照这个方向努力。《叶秀山全集》出版，我想有助于我们今后更好领会、学习叶秀山的中西兼通研究精神，我想这是给我们树立了一个丰碑。我觉得我们还是应该尽己所为来朝着中西哲学比较和兼容贯通综合的方向发展。

哲学作为通学

赵敦华

非常感谢清华大学哲学系、社科院哲学所邀请我来参加这次非常有意义的活动，也感谢江苏人民出版社为我们献上了这样一份珍贵的礼物。我和叶先生接触实际上并不是太多，但是每一次接触都给我非常大的收益，我现在还清楚地记得我第一次到哲学所见到的第一位学者就是叶先生。当时我刚刚回国，1988年年底，我在社科院只认识一个人就是傅乐安先生，他到鲁汶大学进修，我和他待了一年时间，很熟。回国以后有一天去城里办事，顺便去看看傅先生，但是我不知道哲学所原来是不坐班的，他们告诉我他们都有一间工作间，可到那里找他。我一看灯都是灭的，只有一间亮的，我看上面写的叶秀山，叶秀山先生是我久仰的人，我出国前就看他的文章，读过他的书，后来我很冒昧地敲开他的门自我介绍了一下，他谈兴很浓，那时候他正在看福柯的书，写得密密麻麻的，和我兴致勃勃谈福柯，你们在国外有什么新的信息，我讲很惭愧，我还没上过福柯的课。叶先生好像口头禅一样，这点很有意思，那点很有意思，从前苏格拉底，从西方哲学之头一直看到后现代西方哲学之尾，可以说意义贯通。后来和叶先生接触多了一点，但是也不多，叶先生很少出来开会，只有到哲学所才能见到他，我到哲学所很少，或者在一起开会，或者我亲自拜访他。他也是我们北大京剧社的社友，他的知识面非常广。后来他又组织了社科的重大项目，就是哲学和宗教关系研究，实际上他不仅仅是哲学和宗教，还包括了科学、艺术，整个都包括在内了，我的体会他是想把哲学的第一哲学、纯粹的哲学和经验世界的世俗的文化都要结合起来，所以我就想到他的一句话，他讲哲学就是通学，后来在北大有个论文集，写了篇文章就是讲哲学是通学的思想。我们北大那时候搞课程改革，"哲学导论"第一讲请张世英先生，第二讲就请叶先生，刚才大家看那个视频，就是他在北大讲课的视频，他的讲课提纲现在也收录到全集里面了。

我又知道他和王树人先生在编《西方哲学史》学术版，也是江苏人民出版社出版的，新书发布会在社科院开的，我也参加了，我记得我还讲过一句话，我讲我们现在西方哲学史研究出了很多了，但是这是一艘航空母舰，是一艘不沉的航空母舰。我当时印象很深，但是因为一个总论，叶先生在总论里面说了，对这套《西方哲学史》，他的一个线索就是康德哲学。我当时还不太理解，我说康德哲学怎么能把从古到今的西方哲学都统起来，后来我陆陆续续读了他的一些文章、一些书，还听了别人讲了他的一些生平事迹我才想通了，叶先生讲的康德哲学不是狭义的，就是指自由之精神、独立的思想还有人格的尊严，这个就是康德哲学的精髓，也贯穿在从古到今的西方哲学当中。所以在这个场合我想我自己也希望我们的同仁，不管哪个学科的同仁，我们要认真学习他的全集，把他的思想贯彻到我们的哲学学科当中去。

一生只为哲学想

王　路

　　《叶秀山全集》出版了，读文思人，仿佛又回到叶先生的身边，《全集》12 卷，蔚为壮观，令人叹为观止。不禁又想起来叶先生的小写作间，想起叶先生睡倒在家中的写字台边，12 卷显示的是勤奋，一辈子笔耕不辍，更是理念，一心向学，为学术而奉献。《全集》主体是哲学专著和论文，令人称道，有些曾是我买来读的，有些曾是叶先生赠送或托人转送的，其中不少思想及其背景曾亲耳聆听叶先生谈论和评价过，也曾当面向叶先生请教和讨论过，12 卷展示的是哲学的成果，一辈子孜孜不倦，也是哲学家的本分，一心向学，脚踏实地，努力进取。《全集》呈现出多样的启发性，除了哲学论述还有美学、戏剧、书法等方面的文章，令人赞美，叶先生关于书法、绘画、京剧那些话，对书画名家的调侃再次回响在耳旁，叶先生的才华使他的生命历程丰富多彩，更令人惊奇的是这部分文字竟只是边缘性的，更加烘托出叶先生一心向学的生命轨迹。《全集》主体是哲学，体现了哲学的方式，使我想起叶先生读书过程的一本本书，桌上一捆捆卡片，以及与我讨论过的一个个问题，这是学者行为方式的表现，也包含了对学术规范的认识和个人的研究习惯。哲学研究既然是专业，是学术性的东西就是有规矩的，这些规矩是一定要遵守的，这是叶先生和我说得最多的东西，也是我最难以忘怀的记忆。

　　我在 2003 年出版的《是与真》一书序中写道，我和叶先生交流是比较多的，尤其是他在社科院9层哲学所的那间小屋我去过多次。叶先生对我的一些看法是持批评意见的，我与他也有过争论，这些批评和争论总是促使我进一步深入思考，特别是与叶先生面对面的交流使我不仅可以向他请教学习，而且可以直接体会和接触到比较有代表性的对于西方哲学的思考方式，并且得知由此产生的思想结果，对我的研究具有极大启发。那时我刚离开哲学所，体会应该是清晰的，诉说应该是客观的，对于哲学成果数量，学界一种认为不宜多写，一种认为多多益善，尤其是在量化研究盛行的今天。我研究生毕业时，导师教导不要急于写东西，一年读一本书，读上十本书再写文章。在我学术生涯早期要求我写东西的一共有三个人，一个是哲学所老所长邢贲思先生，他在1982年对我说不能述而不作，要写文章。另一个是叶先生的同学，我的老师诸葛殷同先生，他说一年还是要写一篇论文，否则以后就不会写论文了。再有就是叶先生，1989年我评副研时候只有两篇论文，事后叶先生对我说你还是要写文章了，后来我才认识到他们说的是对的，研究是我们的工作，也是我们的生活方式，读书和写作是哲学研究的方式，我们读书不是为了自娱自乐，而是为了研究，写作则是把研究的成果写下来，与他人交流，受学界检验和批评，推动学术进步，所以叶先生的做法是对的，他的教导也是对的。

哲学是一个独特的学科，可以做得非常的科学，科学得使不少做哲学的人对它敬而远之，也可以做得很文化，文化得让哲学家对它不屑一顾。叶先生的哲学著作有些非常科学，有些似乎不是那样科学。如果仔细阅读其实可以体会到叶先生一直是在向着科学的方向努力的，叶先生对我说过，哲学研究总还是要搞一些具有科学性的东西，叶先生对我说过的话很多，唯独这句话使我念念不忘，科学是有规范的，是要守规矩的，因而不能随心所欲，也许我对叶先生的宽广的学术视野理解过于狭隘，但是我非常坦然自信地说，至少在科学性这一点上我与叶先生是一致的，我是照着叶先生的教导去做的。叶先生的学术水准是高的，至于多高大概我们可以做一些讨论，评价当然也会见仁见智。叶先生被《全集》的编者和出版者称为著名哲学家和美学家，既是对叶先生学术水准高度的一种评价，在中国哲学家这个称谓很有弹性，不少名人会被冠以各种各样的家，最后要加上一个哲学家，当然不少人被称为哲学家，最后再加上其他什么家，人们似乎觉得只说各种各样的家不够厚重，所以要加上哲学家，而只说哲学家又略显单一，因而要加上其他各种各样的家，叶先生被称为著名的哲学家、美学家，也许因为他有美学方面的论著，也许人们觉得不这样不足以说明叶先生的水准、地位和分量。我想为什么不称叶先生为著名美学家、哲学家呢？柏拉图的对话包含哲学、政治、文学三个部分的内容，但是人们只称他为哲学家，所以表面上称谓是评价，其实却涉及对哲学的认识和理解，既然是对叶先生的称谓和评价，当然体现了对叶先生学术生涯和思想的认识和理解，也体现了对叶先生本人对哲学的认识和理解的认识和理解。按照我对叶先生的理解，叶先生是哲学家，他只是一位哲学家，而且他自认为是哲学家，私下说他是美学家，他大概会莞尔一笑，现在当真这样称呼他，给他戴上美学家的桂冠，我特别想问一下叶先生的嫡传弟子们，你们觉得叶先生会高兴吗？谢谢。

纯粹、自由、理性：
叶秀山先生的教诲

李秋零

尊敬的叶菁女士，亲爱的学界同仁们、朋友们，今天我们在这里纪念叶秀山先生逝世三周年，换句话说，三年前这位慈祥的长者、智慧的导师在自己的书桌前溘然而逝，离开了他热爱但是时常有所批评的世间，也离开了我们这些他关注又不时面对的学生，让我们感到非常的遗憾，也让我们感到怀念，刚才清华学生乐团的悠扬的琴声已经把我们拉入了对叶先生的不尽的怀念。我自己和叶先生初识在30多年前，那时候我还是一个少年，叶先生那时候英姿勃发，不像这个照片上的花白的头发。当然30多年过去，我自己现在也是满头白发了，所以把叶先生催到另外一个世界算是我们的罪过，所以在这个意义上来说我们怀念叶先生是发自我们的内心的，他的音容笑貌始终在我们眼前。当然最好的纪念是江苏人民出版社为叶先生出版了这套《叶秀山全集》。有人当年说康德（这是康德传记作者说的），说康德的生活没什么好说的，他的传记就是他的著作，反过来他的著作就是他的传记。但是叶先生比康德强多了，叶先生还是有很多兴趣、爱好乃至专长的，不像康德那样的清教徒，但是作为思想家最重要的传记或者我们对他最真诚的纪念，依然是他的思想、他的著作，所以作为叶先生的崇拜者，我对辛苦编撰叶先生著作的团队，以及我们江苏人民出版社心怀感激，上次我们在社科院谈到叶先生，就曾经对叶先生第一部专著的出版时间，当时要给大家确认。因为在我自己上大学的时候，在座年龄差不多的有共同的经历，当时有两部著作，当然我作为一个西方哲学的爱好者有局限性，局限在这个学科，两部著作对我的影响非常大的，一个是李泽厚的《批判哲学的批判》，另一个就是叶先生的《前苏格拉底哲学研究》。当时出版的著作也不少了，但是为什么这两本书对我影响最大？因为我在这两本书里面看到的不仅仅是一个史家的研究和记载、介绍，而是渗透了一个思想家自己的思想。我从这里边读到了思想，也就是黑格尔所说的哲学史就是哲学、哲学就是哲学史，从这两本书里面可以得到印证。

所以在这种意义上来说我们今天把叶先生的著作出版了12卷，实际我可以毫不夸张地说，这12卷大部分内容我都曾经读过，虽然我未有幸成为叶先生的入门弟子，但我可以给叶先生入门弟子们说一句话，在崇拜叶先生方面我一点不亚于你们。在叶先生晚年，根据我的理解来说，叶先生似乎有三个词是铭记在心、念念不忘的，这就是"纯粹""自由""理性"。所谓"纯粹"不是不食人间烟火，不是不管现实，而是不为物质所动，不为生活所迫，而是纯粹地思想，也是这份纯粹为我们争得一点自由，这点自由也不是什么人恩赐我们言论出版的自由，而是思想的自由，我们摆脱了自己的感性制约的自由，我们对我们的一种自由，也在这个意义上来说才把我们的理性充分展现出来。所以叶先生晚年和我几次有限的交往中，我们讨论更多的往往是康德哲学，如何在康德哲学意义上寻求理性的纯粹，寻求理性的自由。现在叶先生12卷著作已经摆在我们面前了，我当然也要重温我曾经读过的叶先生的著作，对我们来说现在要学习的不是要知道叶先生说过什么、叶先生有什么样的思想，我觉得对我们来说可能最重要的是叶先生曾经怎样思想，我们怎样像叶先生那样去思想，这句话我和我的学界同仁们共勉，谢谢大家。

和叶秀山先生一起读老庄

陈　静

今天来参加叶先生的逝世三周年的纪念会，我还是很感慨的，就觉得时间真的是挺快的，好像是昨天还在和叶老师聊天，今天就说已经逝世三周年了。

叶老师去世以后我还是经常会想起他，想起的时候当然心里会有淡淡的怀念的情感，但是更多的时候其实我是有一种对自己不满意的一种懊恼感，叶老师在的时候我怎么没有更多地向他请教我心里存在的疑问，好像觉得自己非常不善学，等到老师不在了，才想起我还有很多问题没有问，就是这种感觉让我常常对自己有一种懊恼。

叶老师不在了，我不能再向他像当年那样请疑，再要有问题只能读他的书。这个纪念会之前，我给政法大学备课，重新读了叶老师的两篇文章，一篇是他谈老子思想的一些感想，另一个是漫谈庄子的自由观，这个题目看似有点散漫，但是我在里面看到的是大视野，叶老师有要贯通中西的努力在里面，叶老师自己是以西学为主的，但是他越到晚年越有了一种内在的冲动，或者内在的激情，要读一些中国的书，希望在里面有贯通。在读叶老师的两篇文章的时候。我真的觉得我们学中哲的更多要有一些西学的眼光和西学的素养，可能有些理解才能达到足够的厚度和深度。

刚才李秋零老师也说，自由是叶老师非常关心的一个话题，叶老师在读到老子的时候也关心这个话题，他说老子的自然就是自由，而这个自由实际上是一个自因,他用这个来读老子的人法地、地法天、天法道、道法自然,这样读起来非常有深度,而且好通的。按照中国哲学背景的人读这句话是以层层效法的思路在读,人效法地,地效法天,天效法道,道效法自然,这种读法会产生一个很大的问题。前面的效法都好说,到了道效法自然的时候,就把自然名词化,同时实体化,使自然就成了比道更高一个层次的实体,这是非常有问题的。这个对整个老子的以道为中心的一种思考就是一个挑战。并且再把这样的一个理解嵌回到老子书当中其他关于自然的理解就有问题。但是叶老师读得非常好,他不是像我们层层效法地讲,他讲天是地的因,道是天的因,而道以自身为因,道没有外因,以自身为因。这样一讲深刻度和圆融度都达到了一个很高的高度。

叶老师在讲希腊哲学的时候也讲了自因的问题,他在讲希腊哲学当不再以神为因的时候,他以自己为因,理解这个世界在世界本身找原因来说,就从神学进到哲学,我读叶老师的书获得的启发都是很深的。当然就是说叶老师很多说法我有时候也不太好懂,比如他讲海德格尔的时候,讲海德格尔所说的人不是抽象的人的观念,而就是文化的、历史的、具体的人的时候,他说这就是"真人"。我们知道"真人"观念是庄子提出来的,庄子提出"真人"的概念很难定义,因为到最后都是不能定义的,就有点相当于那个"吾","我"是可以在经验中显现的,而"吾"是不可显现的,其实"真人"也没有在经验世界里面显现,也不能言说的。后来另外一个道家的书,《淮南子》直接说"真人",真人者,未始分于太一者也。"真人"没有从整体里分出来,所以不形成对象性的对待关系,但是叶老师用"真人"说海德格尔说的人是文化的、历史的、具体的、活生生的,我不知道这中间怎么回事,或者他偶尔用了一下"真人",我就有点不太懂他为什么在这个地方用了"真人"的概念讲海德格尔的思想。

另外叶老师讲道,我—他不会形成对峙,会形成限制,我要退出才可能让他自由,同时自己自由,这个时候建立的关系是你—你关系，就是你和你的关系，你—你关系到底是什么样的关系，叶老师说这个问题的时候自己没有展开，我理解起来有点难。

我读的这两篇文章，都是叶老师比较早的文章，都是20世纪90年代的文章，最初的发表都是在《道教文化研究》，我帮助陈先生编《道教文化研究》，当年就读过这个文章，后来也读过，我现在有时候对自己有点懊恼，这些问题怎么没有缠着叶老师跟他再问一问。每次想到这些的时候我就有点懊恼，对自己有点懊恼，觉得真是一个不善学的人，都要等到没有了才来感觉到可悲和怀念。

当然叶老师是我仰视的一个前辈，但是有一点我相信自己和叶老师是一样的，读书、做学问、进行思考，对于我们来讲不仅仅是一个职业的活动，实际上就是我们的生活，而且就是我们所追求的生命的一种状态。所以我现在想起叶老师的时候就会想起在他家里非常随意，也非常愉快地交谈。叶老师自己的书也说愉快地思，这个我相信，因为我们在他那儿有时候是有思的，有时候是没思的，但是总是很愉快的，我很怀念那些时刻，我也很怀念叶老师。

叶秀山先生与当代中国哲学的格局

吕 祥

感谢继杰给我一个机会，按说我没有机会站在这里说话，因为这么多年没有从事过哲学研究，我就想借这个机会和大家表达一个忏悔，刚才听到继杰说我是叶老师第一个博士生，但是他之前也没有带过硕士生，所以是第一个学生也是事实，但是之后非常惭愧，毕业之后基本上没有从事过哲学研究。我最后一篇和哲学沾边的文章写的不是叶老师，写的是赵汀阳，是在 1996 年，当时《论可能生活》出版，因为我作为他的责任编辑，之后写了一篇文章。

其实和叶老师最早是神交，我读本科，1981 年进南京大学哲学系，大概 1983 年、1984 年时候我读了他的《前苏格拉底哲学研究》，那个时候别说这个研究有多好，就说"前苏格拉底"这五个字就足够震撼人了，因为在那之前在中国学术研究里面还没有出现过"前苏格拉底"这个词，尽管在西方 pre 苏格拉底是很早的一个词了，但是在中国学术界作为一本专著是第一本，当时读那本书非常着迷，我认为那是大概新中国成立以后第一本，甚至是西学引进之后第一本真正有专业能力或者专业水平研究希腊的书。之前也有前辈，但是回头看这些前辈的研究，我自己分为两种，一种是文学类的，还有一种带一点点哲学味的，我印象突出的一个是《理想国》

的翻译，这个可能就是过于文学的一个想象，说明我们当时对希腊的研究是非常浅薄的，很多人是把希腊，一个想象的希腊，有很多虚构成分的希腊拿到中国宣传的。在我们生活的20世纪80年代或者更早一点时候，"文革"后刚刚解放思想，今天回顾起来那是一个脑筋激荡的时代，你说有很多建设吗？建设非常少，但是激荡很多。我在1984年给叶老师写过一封信，那时候我还是一个本科生，不知深浅，给叶老师写过一封信讨论希腊哲学，也讨论康德的问题，十天左右收到叶老师的回信，用毛笔写的，而且竖着写的，当时非常震撼，信封也是毛笔写的，非常震撼。很可惜毕业以后搬家很多次，我一箱的书信都丢掉了，要是留下的话真的是可以作为文物了，很可惜，这个也是我特别遗憾的一件事。

我们进了社科院读书，我不知道今天怎么教学，至少在那个时代的哲学所其实没有上课这一说，就是每周二去上班，老师们上班我们也去，跟老师聊一聊你读的什么，他也会问你读了什么，有什么感想。那时候整个哲学所在社科院9楼，整个哲学所最重要的就是两个人，一个是李泽厚老师，李老师的办公室在楼道中央，每到李泽厚老师上班的时候我们会看到楼道两边人呼呼地在他的房间走，他的房间永远挤满了人。另外一个最重要的就是叶老师，叶老师那儿永远是冷冷清清的，他永远待在他那个大概3平方米，在我们楼道西楼的小隔断里面，里面也会有人，两三个人，和李泽厚老师有一个鲜明的对比。我这儿不比他们的高下，我觉得他们贡献都有，但是贡献是不一样的。如果到今天来看的话，那个时代1985年我到那儿读书的时候，叶老师也就是50岁，比现在的我还要年轻一点，李老师稍微大一点，也就是我们现在的年龄，在那个特殊的年代我觉得他们的地位要远远超出今天50岁的人，因为那时候真的是一片荒漠上的建设，而我觉得叶教师的不同之处就是他不会出风头，第一他没有出风头的愿望，第二他确实就是踏踏实实地做研究。

我很高兴挨着陈静做一个发言，陈静是我们中哲史专家，那个时代的哲学到现在格局没有变,记得我读本科的时候,我们老师就和我们说得很清楚,中国哲学,我们哲学系三大课,第一是主干马克思主义,然后两个翅膀,那个老师做了一个比较,一个是中哲史,一个西哲史,这就是哲学的格局,但是到今天这个格局还没有变化。今天说中国哲学就是老子、庄子、孔子所谓传统哲学。中国哲学等同于中国哲学史,西方哲学等同于西方哲学史,这是我们今天的格局。但是我觉得今天是不是得有一个改变,前两天我去了一趟哲学所,讨论的是汀阳的天下概念。当时中哲室一个同事提了一个建议,汀阳应该到我们中哲室来,我们以后不叫中国哲学研究室,我们应该叫中国的哲学的研究室,中国今天是不是应该有中国的哲学,而不仅仅是老子、庄子,我觉得这个进程是必然要发生的,而叶老师就是这个进程中重要的桥梁。对我个人来讲是比较遗憾的,因为我年轻的时候是一个思想很偏激的人,当时高中的时候读了鲁迅的书,鲁迅说不要读中国书,不读中国书最多不会写文章,不读西方的书你就不会生活,这是当时鲁迅说的,我很受这个影响,很长一段时间,我三十几岁才开始读中国书,觉得中国书有很多值得读的东西,很可惜年轻时候没有读,等我醒悟的时候真的晚了,读不懂了,只有一个心得而不会有系统看法。虽然我现在不再做哲学,但是这一生中最大的两个荣耀,一是我在社科院读硕士的时候师从傅乐安老师和叶老师。第二个荣幸,赵汀阳是我的室友,这两年虽然不研究哲学,但经常研究国际政治,也频繁跑美国,去年碰巧我们知道现在美国特朗普的一个顾问白邦瑞,他是一个鹰派人物,也是特朗普非正式中国顾问之一,他也在华盛顿一个小的研究生院带了十几个学生,定向为CIA、为国防部培养的硕士班。那天正好我在,他也让我和他们学生做了一个互动,那天晚上的互动非常有趣,谈的不是贸易战、不是装备,谈的是天下。我当时非常自信地说这个话题我能谈,碰巧它的作者是我室友。

我卖了一点关子,因为所有的学生都说你们天下观念是不是中国要统治世界的观念,我说他们说你要懂天下不是要懂中国,首先要懂康德,其次是胡塞尔,赵汀阳用的是先验方式制造的天下概念,并不是真的从中国哲学史拿来的概念,其实周朝的理解对他只是一点点灵感,根本不是一个出发点,他的整个方式是一套先验的演绎。跟美国学生一说他们的学问,他们闭口不说,因为那些学生大多数没有受过有关自己哲学的训练,所以非常有趣。所以我觉得今天这个纪念会,刚才有我们老师提到叶老师到底是学者还是哲学家,我觉得叶老师应该公平地说是一个偏学者的历史性的人物。我不是说学者一定低于哲学家,或者哲学家一定高于学者,但是好的学者和好的哲学家一样是有价值的,我觉得叶老师就是至少新中国成立几十年历史上一个非常重要的学者,他的研究不一定是开创性的,但是是有历史贡献的。在今天这个时代其实我们作为中国人在全世界游走的时候,我们知道,今天的中国和40年前的中国已经完全不一样了,今天已经到了这么一个时代,我们不是要简单地去说、比较,中国哲学和西方哲学的比较,我觉得这种比较还要做,但是意义可能不那么大,未来我相信一定是要随着我们国家在世界上的地位变化的,未来一定需要中国的哲学,我觉得这一点可能是我们所有哲学界的同仁们应该有的一个志向,我觉得在未来中国哲学不再是老子、庄子,未来可能是我们在座的这些人。

有一个小小的故事可能对大家会有所触动,我们知道汀阳的女儿也去英国留学了,在英国伦敦经济学院读人类学,结果发现老师推荐的十篇名录里面两篇是汀阳的文章,结果女儿很失望,早知如此我干嘛跑到英国来。但是对我来说是一个非常大的信号,中国的哲学可能在未来,这已经开始有萌芽了,未来能放大到什么程度我不敢预计,但是在未来几十年里面应该是一个大的趋势。我个人已经对哲学没有什么发言权了,但我就凭着我读过一点希腊哲学,读过一点俄国哲学,我有一点心得,但是不敢说有学术上的理解中国哲学(我指的是传统哲学),我觉得可能未来我们哲学大概是这样的一个格局，可能我们脑袋应该是希腊式的，我们需要希腊的脑，但是我们的心是中国的，就是一个中国心一个希腊脑，在未来会有具有世界意义的中国的哲学。谢谢大家！

叶秀山先生的思想风格与
西方哲学的本土化

赵汀阳

请允许我先说两句题外话，吕祥是叶秀山老师的第一个学生，也是我的同学，上学的时候我最喜欢跟他一块儿讨论哲学，但是有一个压力，我总是发现他比我更聪明，所以压力很大。还有一个题外话，我非常敬佩出版社出版了这套书，尤其给我一个冲击的是这个封面，我敢说如果我的审美观点是可以信任的，这个封面是我们新中国成立以来，美术类图书不算的，那么它一定是最好的设计、最漂亮的设计，没有之一。而且根据一般浏览的印象，我觉得即使在世界上设计大国做得最好的，比如法国、德国、日本，这个书的封面拿到那边也是第一流的。

关于叶老师，刚才大家都讨论，他到底算是一个什么样的哲学家，这个说来话长，是一个特别有意思的话题，我们都知道叶老师是研究西方哲学的，根据我们的印象，研究西方哲学最常见的有两种模式，一种我可以称之为唐僧取经，也就是说像唐僧一样，把西方最好的思想以最忠实的方式介绍到中国来，这是我们大家都很常见的。还有另外一个模式，可以称之为生活在别处，这些研究者试图在西方自己的语境里面去理解西方，以达到更为深入、地道的理解。这个方式现在也已经很多了，比如我们经常可以看到类似这样的一种陈述，当然这是我胡编的，无论是从比如法国的雅各宾党人，到德国的辉格党,到德国的浪漫主义、理性主义,再到俄国的二月党人,等等,我们都可以看到诺斯替的灵魂,诸如此类的陈述的方式,这个是生活在别处,脑袋已经变成西方的思维在思考。但是这两种模式都不是叶老师的模式,几十年前最早看他的书的时候就发现有一个非常不同的风格,但是一开始没有明白这是什么风格,很长时间才能弄明白的,怎么能弄明白叶老师的思想性格是需要一个过程的。

我们当时上学时候我的老师是李泽厚,上学总要问老师问题,李老师说我也不是什么都懂,西哲你就去问叶秀山,逻辑问沈有鼎,当时我确实有一些不靠谱的想法,但是我没敢问沈先生,因为李泽厚先生警告我他是一个怪人,非常怪,没法打交道的,所以我也没敢问,主要就向叶老师请教。当时图书馆旁边就是他的写作间,借完书要习惯性到他小间里面聊聊天请教一些问题,叶老师不喜欢维特根斯坦,但是我很喜欢,那时候经常借一些维特根斯坦的书或者二手材料,叶老师总是看也没说话。有一次他突然说,维特根斯坦才气很大,思想很硬,"硬"是厉害的意思,但是叶老师说这个人是不念书的,不是个好榜样,摇摇头说不是个好榜样,念书是叶老师的一个本质,他非常看重念书,不断跟我们谈论道,他不叫读书叫念书。念书怎么念,当时说的时候,学生嘛,年轻人出于投机取巧的心理经常借一些二手材料,叶老师就会和我们说,念书当然二手材料要看,但是关键要看本人的著作,本人的著作一定要看很多遍,一遍遍看,反复看,这才叫念书。叶老师自己就是这么实践的,经典著作不知道看了多少遍。从这种念书法,后来经过很久以后,我才体会到他在做一种跟我们上面说的两种模式所不同的一种哲学实践,一种与众不同的西方哲学的理解,这种理解的特点在哪儿?我觉得叶老师既不是取经,也不是生活在别处,就生活在本地,始终拥有本地性,而这个本地性又和世界一样大。怎么理解这一点?我想借用切斯特顿谈到非洲 Timbuktu 的人,Timbuktu 的农民一辈子没离开过家乡,不像 Kipling 到处游荡,但是像 Kipling 这样的小资只得到世界各种地方零碎的地方知识，从来不懂世界。而 Timbuktu 的人没有离开过家乡却拥有世界。我觉得非常类似于叶老师的读法，他始终坚守着一个本地性的位置，这个位置具体来说为什么又等于世界？

第一，他的读法是用落实在个体生命之上、以个体生命的身份来跟经典对话，同时在思考分析问题的时候，用的又是一般的我思。所以个体生命和一般的我思都失去了文化的限定性，既不是中国人也不是西方人，而是一个一般人。所以他做的西方哲学不是像西方那样的哲学，而是后来我意识到，试图用个体的生命和一般的我思创造中国自己的西方哲学，他一直认为中国肯定是非常需要西方哲学的，但是并不需要像西方人那样的西方哲学，而是一个属于我们中国自己的西方哲学，就像我们既然有科学，当然也可以有自己的西方哲学。所以他以生命的方式去解读西方哲学，就显然不是施莱马赫式的解读，而是狄尔泰式的解读，从体验达到理解，叶老师和西方哲学就变成一体，他的生命和西方哲学变成一体，他是一个中国人，这种方式成功地把西方哲学变成中国自己的西方哲学。

哲思的毅力

韩水法

各位同仁、各位朋友，今天我们有幸聚集在这里一起怀念叶老师，庆祝《叶秀山全集》出版，我们要感谢清华大学哲学系，感谢中国社会科学院哲学所和江苏人民出版社。叶老师是他这一代哲学家的杰出代表，在我看来叶老师也是一个非常经典的学院式的哲学家，他做学问的方式有很多可研究的。我今天主要是讲几点，从外在的方面就是在考虑以前读叶老师的书，跟叶老师的交往中得到的几点想法。

第一，兴趣。

哲学就像数学和物理学一样，它的兴趣是研究的一个原动力，缺乏兴趣，单单为了谋生获得现实的利益，学术就难以做得深入，也不可能做得很漂亮。有了兴趣才能有问题，或者一系列的问题。叶老师的哲学写作，他的文字也好，包括平时和他聊天也好，从字里行间，从他谈话中始终洋溢着一种非常深刻的兴趣。所以因为有这个兴趣，叶老师能够把哲学的思维运行得很愉快，所以他说"愉快的思"。因为实际上严肃和深刻的哲学思想有时候是相当艰难的，而且往往会带来精神的痛苦。但是叶老师因为他的兴趣充沛，所以很艰难的事在他看来成了愉快的事。由于这个兴趣就带来无数的问题，我们看到叶老师的哲学文字，尤其是他晚年的论文和著作总是在不断地反思、追问、追索、追思各类问题，他之所以在晚年越来越频繁采用引号，有些人调侃叶老师是引号哲学家，但是在我看来他至少表明他要提醒自己或者提醒别人这个词是有问题的，这个概念是有问题的，要谨慎使用。它所指代的那个现象也是有问题的，或者有特殊的意义。所以这个引号表明他的兴趣、关切里面引申出一些问题。如果我们从叶老师的生涯来看，他的生涯也是一个兴趣的巧合。他从中学起就对哲学有兴趣，他的自传里面说，他对哲学的兴趣来自一位学哲学出身的数学老师的影响。他大学期间——因为北大哲学系本科生都要学自然科学的——叶老师选择了数学，直到他晚年还想补修数学和物理，所以我说他对哲学的兴趣就跟数学和物理一样，成为一个基本的动力。

第二，基础。

以兴趣来从事学术研究带来问题，不单是良好的学术素质。但是如果要建立在一个坚实的基础上，这两者都能得到良好的发挥。叶老师从事哲学研究的基础是康德哲学，这就是一个非常好的基础，尽管从事哲学并非一定要从康德开始，但是从康德哲学开始却是一个无可比拟的优势，以高度的思辨和抽象处理数学和自然科学的基础、道德的基础包括美学的基础，而方法是构造者。前面几位发言也谈到了叶老师对康德的高度重视和关切，这样的方法是康德先验唯心主义的实质，康德并不认为纯粹的思辨和单纯概念有多少价值，他总是要在探讨数学、自然科学、道德、美学这样的一些基础上，正是在这样一个坚实的基础上，叶老师的思考和分析问题，包括思考和分析其他西方哲学家的问题，包括他到晚年开始思考中国哲学的问题、中国传统哲学问题的时候，他总是能够得心应手、收放自如。

第三，环境。

我们也不得不承认，叶老师从事哲学的学术环境可谓得天独厚，他的本科指导老师是郑昕先生，中国那一代的康德大家，也是中国康德研究的开启者。他的中国哲学史老师是张岱年先生，这样一种环境对他的哲学发展、哲学兴趣的发挥，对他打下哲学的基础都有非常好的帮助。在他日后的学术生涯中还得到了贺麟、沈有鼎等先生的指导，叶老师平时和我聊天时候也说过受到哲学所其他老先生的指导，当然叶老师也是非常乐意请教的人，有好的环境他又善于利用这个环境，所以成就了他哲学上的成就。当然叶老师有他独特的兴趣，他不仅对学术有兴趣，而且还有广泛的其他兴趣，对音乐、书法、京剧、戏曲、美学，这样一些兴趣对他从事哲学的研究、从事学术的研究大有帮助，这些都是非常高雅的兴趣，某种意义上都和哲学相关，思辨的、抽象的、高度的精神构造，这一点也是非常重要的一个方面、一个因素。

第四，叶老师非常有毅力。

大家谈到了叶老师各方面的特征，但是我觉得有一点要提到的，叶老师是个非常有毅力的人，大家刚才提到他每天去哲学所的小工作室，年纪很大也坚持去，这些是非常不容易的，但这还是表面。从实质上来说他不断追溯各种问题，从古希腊哲学、现代欧陆哲学到后来中国哲学，凡是有问题的地方他都要去思考，这个我想他是长久的，从进入北大哲学系开始一直到生命的最后一刻都在做这个事情，这是非常不容易的。

另外一点，我刚才为什么说他是一个学院的哲学家，他根本不为外境所动，总是沉浸学术。我刚进哲学所就听到叶老师很少参加会议，甚至学术会议都不参加，更不用说和学术没有关系的会议，这也是一种毅力的表现。因为一般人很难能够坚持，甚至有时候简单的人情都很难推却，请你开会你不去，叶老师就能做到，所以一般学术会议上很少能够见到叶老师，我们见到叶老师也是在他的工作间或者所里活动的时候，或者直接约叶老师去见才能见到。所以我想这是一种毅力，这种毅力也不是一般人能有的，因为现在经常看到尤其到了这个年龄，说很忙很忙，忙在哪儿？不在忙读书、写论文，而是忙在参加各种会议，对照一下，我们觉得叶老师非常了不起。

另外还有一点，叶老师是一个很有兴趣的人，但是兴趣是非常有限制的，限制在学术，限制在他喜欢的书法、音乐、戏曲这些东西。他内在的精神、学术研究也是面很广，而且也有一个内在的平衡，所以这些东西都是非常值得我们学习的，不过我们现在学习也来不及了，我就讲这些，谢谢大家！

希望之后的哲学：
叶秀山先生的哲学遗产

江 怡

各位前辈、各位同仁、各位朋友大家下午好！

其实我今天来参加这次纪念活动真的非常激动，为了能够更清楚表达我的思想，我事先准备了一个文字稿，但是我不会按照文字稿念，我会大致讲讲这个意思。

在今年4月26日哲学所开了一次叶秀山老师的遗著《哲学的希望》研讨会，在那个会议上我谈的主题是"希望的哲学与哲学的希望"，是借用叶先生1991年发表的一篇论文题目，说明了他向我们展示的希望就是一种开放的未来，由此表明人类在有限时间当中感受和追问无限的未来。那次会议上我才得知《叶秀山全集》正在编辑出版的消息，没想到时隔不到五个月时间《全集》就出版了，昨天收到出版社馈赠的12卷全集，真是感慨万分。在这里首先我要表达我对江苏人民出版社，对叶秀山先生思想遗产出版鼎力支持的感谢，同时感谢叶先生的高足弟子对叶先生事业的继承和发扬。

前面听了几位先生的讲话获益匪浅，加深了我对叶先生为学为人的理解，我今天发言的主题是关于希望之后的哲学，主要想谈谈叶秀山先生的思想遗产，刚才大家在讨论我们究竟称叶老师是哲学家还是学者，我个人觉得不妨应当管他叫作真正的思想家，思想家的概念不是仅仅满足于他自身的思想的创造，更多的是他可以通过自己的思想活动为我们提供了一套完整的更加深刻的思想遗产。

叶先生离开我们已经三年了，但是我们总能够感觉到叶老师始终是与我们在一起的，我们随时都能感受到他的存在，正如前面几位讲话所表达的意思，其实叶老师一直是与我们在一起的。无论是今天这样的研讨会还是我们在微信圈里转发他的文章，或者是各种论文对他的文章或者思想的引述，都在向我们表明其实叶老师并没有离开我们，他始终是以思想者的方式存在于我们中间，我借用爱因斯坦的一句话说，一个人的存在价值应该在他的创造和贡献，而一个思想者的永恒价值就在于他的思想本身。身体性的物质存在一定会消亡的，但是思想性的精神却会在物质存在的传递中达到永恒。我个人认为这种永恒的思想具有两个明显特征，第一，这种思想是对历史的真实记录，直接反映了不同时代的精神生活。第二，这种思想是对人类心灵的鲜明刻画，永远会在不同时代人们心中传递。我想叶先生的思想遗产正是这种永恒的思想，所以他们会使我们感到常读常新，并且泽被后代。

一方面，叶先生留下的所有的文字不仅是他个人内心世界的独白，更是对他所经历的时代所做的精神描写。所以有人说我也愿意把叶老师所留下的这些文字看作是对那个历史时代、思想的记录，而不仅仅是看作他自身的一个思想的表达。特别是对近40年来广义的中国哲学的研究所发生的一系列的变化的思想缩影，比如他的两卷本的古希腊哲学研究《前苏格拉底哲学研究》和《苏格拉底及其哲学思想》，应该是看作改革开放之初国内西方哲学的鼎力之作，启蒙不少后学在古希腊哲学以及西方哲学园地里努力耕耘。他的《现象学和存在学的研究》又开启了国内现代外国哲学研究的先河，为后来者打开了思想大门。他的美学著作早已经成为国内近40年来美学研究的经典，他的《启蒙与自由》《科学·宗教·哲学》，以及撰写的《西方哲学史》（第一卷·总论·上篇）代表了目前国内西方哲学史研究的最高水平，并且也将成为后人研究中国当代哲学历史发展的重要见证。未来的人们在研究20世纪后半叶以及21世纪初中国哲学研究历史的时候，一定会把叶先生留下的著作当作一个重要的历史见证。他的《中西智慧的贯通》和《哲学的希望》这些著作是对中西比较哲学的重要尝试，为中国哲学未来发展提供了重要的思想途径，这一点刚才各位特别是从事中国哲学研究的几位老师都表达了这样的一个意见。所有这些都是直接反映了我们这个时代哲学研究格局，也为后代的哲学研究留下了宝贵的第一手的研究文献，这一点是不容置疑的。

另一方面，叶先生所留下的文字并非只是记录了他的思想历程，更是对人类心灵世界全面的揭示，从具象性的《京剧流派欣赏》《古中国的歌》到概念式的《愉快的思》《知己的学问》和《在，成于思》散文随笔等著作，都深刻反映了人类思维活动的基本方式和规律，也就是以感觉为起点，以思想为目标，追问人类心灵的基本方式。为什么我们在阅读叶先生著作的时候会有常读常新、回味无穷的感觉呢？我想一个重要的原因就在于他的著作中包含那些具有永恒价值的思想，我们无论在任何时候阅读他的著作都会被其中的这些思想所震撼、所鼓舞。当然有意思的是，这些思想的表达并非有惊人之语，相反都是用十分平常的话语表达了每个心灵都可以捕捉到的思想火花，也解释了为什么叶先生经常喜欢使用引号的一个理由。我记得上一次会议上好几个发言者都讨论说为什么叶老师喜欢用引号，有些人反对滥用引号的做法，但是有些人认为他用引号别有深意，我在这里给出我自己的看法。我倒认为因为加上引号的平常的话语正是表达了十分不平常的思想，比如他说：对于哲学来说思是最重要的，关于美的哲学也不例外，哲学的思不是空想、幻想，既是理论同时也是很实际的，根据实际的材料来思，而实际的材料只有通过学才能得来，我们要学他人何所思、如何思，思要有内容，言要有根据，不是胡思乱想，思要有史的根据，对诗的思也不例外。再比如他又说：意义不是概念，也不是感觉，而是世界向人显示出来的那个样子，models、forms，等等，在这个理解下意义也不是一般的价值，不仅仅是实用的或者道德关系，因为实用侧重于感觉，道德侧重于概念，"应该"也是一种概念式的思想方式。

所有这些看上去他用了大量的引号来囊括他所使用的每一个重要的核心概念，听上去这些话语都是非常平常的话语，但是包含着不平常的思想。

最后，我想说在暑假当中我阅读了张申府的文集，我朋友圈专门发了张申府的文件，1915年5月发表在《新青年》上的《危险思想》，其中说到凡思想都是捣乱的、革命的，凡思想都是破坏的、可怕的，无论什么特权、特点、固定的制度、舒服的习惯，思想对他们都是一无情思。一百多年过去了，当我们读到这样一些话语的时候，我们仍然感觉振聋发聩，以至于无颜面对。不禁让我想起德国哲学家布洛赫在《希望的原理》中说，思想就意味着超越，而超越任何既定存在就意味着希望具有一种肯定的关系，及尚未完成的此在的明确性。我想叶先生的思想遗产正是这种具有超越性的永恒价值，而且我相信再过一百年，今年是2019年，再过一百年2119年的时候，当人们阅读到叶先生的著作，也会与我们阅读张申府先生的一样，有一种强烈的历史超越感。谢谢大家。

问题在哪里，
叶先生就在哪里

尚 杰

感谢主办方的邀请，《叶秀山全集》的出版是中国学界的一件盛事，非常值得庆贺，它是一笔宝贵的精神财富，将会产生十分深远的学术影响。叶先生是当代中国杰出的哲学家，他的作品对我产生过重要的影响，我在这里也借这个机会向他表示深深的敬意、感激和缅怀之情。

叶先生留给我们一种精神，我认为这种精神就是孜孜不倦，把全部生命都奉献给学术研究的科学精神，这在他那一代学者中十分突出，我们要继承这种精神，无论外部环境如何变化，追求哲学真理的毅力永不改变。我认为叶先生在学术研究中自觉地有一种化的精神，我读他的著作发现他很少只是做纯粹的注释性工作，他能把经典著作自觉地化为他自己的独立思考，化为地道的汉语表达，这种接着说的能力特别难能可贵。叶先生学术研究过程中所涉及的范围极其广泛，他始终有问题意识，是跟着问题走的，问题走到哪里就是哪个领域里的哲学问题，在这个意义上他不仅仅是西方哲学的研究专家，更是一个哲学家，这对于当下的学者也是一个很好的启示，因为现在的学科体系、管理规范在某种重要的意义上只是引导研究人员成为某个领域的研究专家、一个注释者，而不是像叶先生那样的通才，不是博览群书，阅读范围非常狭窄，尤其是写的文章风格是很匮乏的，缺乏个性。风格问题不是简单的修辞问题，而是独立思考能力问题，这种能力会自动形成某种写作风格，在这方面叶秀山先生也是我们的榜样，他的文字表达句式短，经常以问话的形式出现，没有很多注释，叶先生文章中的那些引号可以有很多种解释，言不尽意固然是一种解释，但现象学的科学严谨的研究和思考态度用胡塞尔的原话说也是一种加括号的方法。引号也是汉语表达过程中的加括号，就是说一词多义，选取多意中的一种继续往下写，这种写作是流畅的，娓娓道来，不是逢迎读者，而是忠实于自己的所思所想，这是一种很高的精神境界，这本身就是值得我们思考的哲学问题。

我认为叶先生给我们留下了一种启蒙精神，关于启蒙有各种各样的理解，叶先生的方式是以文本写作的形式显示心灵的自由、思想的解放、文笔的洒脱。现在大家提倡让哲学说汉语，叶先生在文章中早就这样做了，换句话说，这个提倡不仅仅只是一句口号，任何口号还只是停留在事物的外部，要想进入思考的内部，就要让思考不知不觉地自动流露在笔端，这个过程中并不需要想什么让哲学说汉语，但却是实实在在的让哲学说汉语的过程。

这里我想到另一个学术问题，我想它主要是哲学的。叶先生的文章若要翻译成英文是有很大困难的，为什么？因为汉语的表达方式翻译越困难反而可能写得越好，就像诗歌一样，叶先生写的是中国的哲学，我的朋友王路教授曾经问过一个翻译工作者，他负责将中国的哲学著作翻译为英文在国外出版，王路问他哪类哲学著作最好翻译？他说用汉语写的马哲类著作。我琢磨为什么好翻译呢，因为现成话太多，通用概念太多，但这种容易翻译的书反而表明表达思想的简单，思想太清楚明白了反而不深刻，我觉得叶先生喜欢那些思想隐讳的哲学家，他说在西方哲学家中主要有两个人，一个是赫拉克利特，另一个是德里达，我读了他说的这句话以后，当时做博士论文决定研究德里达，德里达逝世后一家刊物约我写纪念文章，我还记得我写了一句话，在德里达逝世后一种写作风格也就永远消失了，因为他是不可代替的。今天我也可以把同样的话用在叶先生身上，当然我可以补充一句，虽然风格不可模仿、不可置换，但是风格的精神应该是我们追求的，这也是我们中国人在春秋时期那个自由的百家时代留给我们的宝贵的精神遗产。我们今天在这里缅怀叶先生，最好的方式就是用汉语写出高质量的哲学著作，为世界哲学做出我们自己的贡献。

以上就是我的发言，谢谢大家！

历史性地做哲学

刘 杰

各位学者、各位专家,非常感谢清华大学黄裕生老师邀请我参加纪念活动和新书发布会。

据说叶先生在北大讲课,在清华做过教授,在北京之外唯一当过我们山东大学的教授,大概是20世纪90年代中期在山东大学聘请了四年还是几年,他培养了一批学生,很多人受叶先生影响后来走向了研究西方哲学和哲学这条道路,所以叶先生和我们山东大学有非常密切的关系。

我本人除了在山东大学听过他的一些课之外,后来我在中国社科院读研究生期间,叶先生也给我们那一届做过两次学术报告,所以和叶先生是有一些接触的。同时叶先生当时写的书,特别是刚才大家都提到第一本,《前苏格拉底哲学研究》,当时我们还很年轻,感觉非常兴奋,觉得那个书写得太棒了,在国内做希腊哲学研究的那种情况下,确实感觉到很震惊,我们还真是认真读过。后来叶先生写了很多东西,我们当时陆续读过一些,当然没有全部读。

上一次我记得4月份在哲学所王齐召开那个会议,当时我讲了怎么看待叶先生,我们怀念叶先生、纪念叶先生,最好的办法是继承叶先生做学问的方式,和他在哲学上哪些问题做具体工作,由于时间问题我当时说得很简短,实际上我一直认为叶先生属于当代哲学背景下,我们放在世界背景下看,他走的是第三条道路。我们知道美国哲学家蒯因曾经认为做哲学的人至少在20世纪做哲学的人分成两种，一种就是 doing philosophy，做哲学研究，另一种是研究哲学史。他认为只要在哲学圈里当教授、写文章无非就这两种人，蒯因因为是做分析的，特别强调 doing philosophy，干哲学，这个词非常粗俗的，但是现在流行起来，最近好多书名我一看四五本就是 doing philosophy，可见到现在都有影响。做哲学史是非常古老的传统，写过哲学著作的，像韦伯，像写了十几卷通史的人，大家并不认为他是一个哲学家，但是我们都承认他确实在哲学界工作。很多哲学家一生当中没写过多少东西，但是很重要，最著名的就是 Edmund L. Gettier，一生当中写了一篇一千多字的文章，大家都知道那篇文章，一讨论认识论的时候都会谈到这个哲学家，但是他自己并不在研究，当后来那篇文章发表 50 周年的时候，开世界性大会的时候邀请他去，他都不敢去，他说因为我就写了那一篇文章，从此再没写过知识论的东西，结果大家纪念他、吹捧他，他就一篇 1500 字的文章，英文，很短的，提了两个反例，就挑战了柏拉图的那套哲学定义。

但是我们知道无论做哲学史还是 doing philosophy，分析之后，在西方当代叫大传统，除此之外还有小传统，就是我下面要讲的，我认为叶先生就属于这种传统的人，历史性地做哲学。首先叶先生是哲学家，尽管叶先生写过纯哲学史的著作，包括编了几卷本的哲学史通史教材，那是做哲学史的工作，但是总的来看，叶先生是做哲学的。黄先生刚才也提到关于真理问题、自由问题、上帝问题、意识问题，这都是哲学问题。但这种人和做哲学那种人最大区别，一切做哲学一定要放在历史当中。包括叶先生谈真理问题、谈自由问题，我们会看到他是把他放在历史当中看待。很多人说谈哲学史，实际上不谈哲学史，真做哲学史的做得比他要琐碎、细节，抠词语多得多，叶先生不是那么做的。所以我的叶先生就属于我们现在知道的小传统，这种小传统实际上在西方，因为叶先生读好多书，叶先生是读英文的，放在英文背景上看，实际上在英文当中是有的。比如 1961 年有人写过《形而上学和历史性》，1936 年有人写过《哲学和历史》，当然还有《真理和历史性》等很多。我们搜一下就有很多。最近要参加元哲学讨论会，题目就是怎么做哲学，我有意看了一些东西，同时翻叶先生过去的著作，我就想从叶先生那边是不是能找到一点当代中国人做哲学也是属于 doing philosophy。上次在王齐会上发言，当时看了我就觉得是。所以我觉得叶老师如果真的使我们学一点什么的话，应该是这样一个人，是哲学家，但是既不是搞纯哲学史，也不是美国主流哲学家搞的 doing philosophy，以问题为导向的这样一些人。这个第三传统深受黑格尔，深受德国欧陆哲学的影响，刚才有人提到叶先生不喜欢分析哲学。实际上在以前分析传统，确实这个传统很小很小，最近有所恢复，最近有几本书、几本论文集大谈 doing philosophy，主要是因为英语哲学界发生了变化的结果。

所以，对叶先生来讲，哲学的真理永远是在历史中展开的。实际上他的探索不仅具有历史性，而且正是在历史性中呈现出叶先生本人的品格和个性。他有本书叫作《无尽的学与思》实际上也是他的一种行为，正是在无尽的学与思当中完成了自我构造和自我学习过程，我们经常会忽略哲学家自我形成和自我构造，我们哲学家在做研究过程中形成的，这需要有历史。

叶先生还有一点特别值得我们学习，他写了这么多东西，他不停在写，所以不停地写就成了哲学家，多写就是一种哲学的生活，多写就让哲学活着，才能让真理展开。所以说不仅是无尽的学与思，更是无尽的写与发表，就构成了具体的哲学自我，我觉得叶先生真是很勤奋。要是和他同龄人比起来，很多人早就放弃了，但是他不是，这还不完全是一种爱好、一种乐趣、一种享受，我觉得主要是长达几十年当中他慢慢形成的哲学的自我、哲学的品格，这一点很重要。所以我觉得叶老师实际上在哲学研究方法上更受黑格尔的影响，而不是康德。也就是说把思想的历史发展当成哲学事业重要的构成要素和成分，并且在分析和辩证的推论模式下叶先生坚定地选择了辩证而不是分析，我和王路老师也谈过这个问题，我觉得叶先生从骨子里就不喜欢分析,但他喜欢辩证,这恰好是需要历史的。哲学研究不能完全靠分析的方式就可以完成,我读了叶先生很多东西,我觉得这一点是非常重要的。所以如何再从辩证法、从历史塑造当中去理解叶先生,是我们把握叶先生哲学研究特色和特点非常重要的话题。希望能够多去看一看叶先生的《全集》。叶先生作为一种 case,中国人也能做第三种哲学,谢谢大家。

为真理和自由写作

傅永军

非常感谢主办单位的邀请，让我们在这儿一起来缅怀叶先生，并且祝贺叶先生《全集》的出版。

昨天上午收到了出版社寄赠的12卷的《叶秀山全集》，就迫不及待打开看了，因为叶先生就像刚才刘杰说的，和我们共同工作了几年，所以看到这个《全集》以后，叶先生在山大工作、生活、研究、吃饭、聊天栩栩如生的形象就出现在面前，心情非常激动。

今天来这个会应该讲什么？我想还是谈一下看这个《全集》，特别是浏览之后从中能寻索出来的叶先生对我的精神感召，以及因为这种感召使我对自己发的哲学的愿力，想做什么，所以昨天晚上就写了几句话，现在看时间飞快过去了，我就不发挥了，把我写的话念一下。感谢现在电子技术不用打印。

我是怀着无比崇敬的心情参加叶先生《全集》发布会这一中国哲学界的盛事的。我们失去叶先生已经三年了，今天看到12卷皇皇巨著摆在面前，仿佛我们又走到叶先生身边，聆听叶先生谈玄论道、追问纯粹、向风慕义、令闻令望。古人把立德、立言、立功称为"三不朽"，为人生追求的最高境界，当今中国哲学界在我看来叶先生可谓是集三者于一身的哲人。就立德和立功而言，叶先生一生学问人生、求真求善、著书立说，嘉惠学人，其贡献之巨为学界公认，在哲学界，尤其在外国哲学界一提起叶先生就是一句话，叶先生玉洁松贞，高山仰止。立言更不用说了，摆在我们面前的皇皇12卷巨著就是明证，叶先生治学刚才很多前辈还有同辈学人都回忆了，通达西哲、神交古人、横跨文史哲艺术等多个领域，并且在许多领域做出贡献是至今无人超越的，比如叶先生的京剧和书法研究，哲学领域叶先生著书的重要性无须多言，看看改革开放以来中国哲学界对西方哲学理解受到他的影响，以及后辈学人从他那儿得到的教义，任何语言的表述都显得有点苍白了。更为重要的是叶先生哲学书写的纯粹追求和真理追求，皆有所为而发，这个所为就是叶先生所倡导的真善美，就是纯粹和自由，这种追究说起来很简单，但是矢志不渝地坚持起来非常困难，尤其在现在立言变成一个非常危险的事情的时候，能够坚持真理地去言说，做自己的哲学就更加困难了。我们从当年司马迁因说真话遭到宫刑，到清朝的文字狱，使无数知识分子丢掉头颅，事例比比皆是。像叶先生那样为真理和自由写作，让写作能对得起自己，可能就是我辈学者的追求。在这样一个言论威胁的时代，真诚的写作就像一个真诚的生活一样，是一个哲学家必须追求的最低底线持守。

所以从这点上来说，我们看到这12卷皇皇巨著就是叶先生留给我们最宝贵的精神财富，将成为我们的研究对象，同时更给我们一种典范、一种力量，鼓舞我们为自由和真理而发声，最少要说自己想说的话。所以从这个意义上来说，我们要感谢敬爱的叶先生，要向叶先生致敬。我们读您的书、研究您，我们继续写作，当然会像您一样真诚地去写作。当然就像赵老师说的，我也非常的感动，江苏人民出版社这么高效率，并且编辑质量这么高，出了这么一套非常好的《全集》，应该向你们致敬，你们慧眼如炬，出好书、有价值的书、可以流传百世的书，用行动诠释了一个出版人应该持守的最低的价值。

这本书令我非常赞扬的是，全书的装帧，就像刚才赵汀阳老师说的非常考究，而且书籍的开本形式还有纸张的选择都是精益求精的，力求尽善尽美，真正做到了不慕奢华，力求典雅，真的要感谢你们。

除此之外，我还要感谢叶先生的弟子这么高效率的工作，就像刚才刘杰说的，我们4月份开会的时候知道《全集》在编辑当中，但是时隔四个多月《全集》已经摆在我们面前，应该说这是叶先生的弟子以自己的实际行动去将叶先生所提倡的哲学求真的精神发扬光大的一个实际行动，谢谢你们。

世界哲学的希望在中国

干春松

在叶先生逝世三周年的时候做一个《全集》发布特别合适，因为老实讲，三年了，我们不应该老那么悲痛，应该拿着清华发给我们的书回去愉快地读，这可能是对叶先生很好的纪念。

我因为上次4月二十几日开新书会的时候，在其他地方有个活动就跑了，王齐后来给我下了一个活，一定要让我写一个关于叶老师的中国哲学，后来聊了半天，说实在的我特别惊讶，我以前看过《中西哲学的贯通》，《哲学的希望》没看过，我突然发现叶先生做一个比较完整的中国哲学史写作，从编辑角度来讲是从古代写到近现代，一直要写到现代，他特别有意思的看法就是认为世界哲学的希望在中国，我觉得特别振奋，原来我觉得选错了，现在觉得做中国哲学特别合适。

第二，我做了一个课题，中国哲学口述史，专门收集各种八卦，我们哲学所很多八卦都在里面。包括李泽厚，做了一个五六万字的，当然现在被很多出版社拒绝出版，因为里面有些问题，我特别想做一个叶老师的，刚才王路老师和汀阳老师经常可以到叶先生写作间里面假装向他问问题，我是问都不敢问，我都是从门口过，后来他到清华来，我和黄裕生讨论要做一个叶老师的八卦访问，他正好住在这里，刚才谁说想请他吃顿饭没请成，我真请成了，吃的浙江菜，他说他牙齿不太好，我说叶老师您说的哲学我都不太懂，您能不能给我讲点八卦。他喜欢京剧，他就讲八卦，是他怎么给楼宇烈先生介绍对象，可惜这个书现在也发表不出来，但是那些事我记录下来了，但是正经的哲学方面的东西还是用了王齐和叶老师的对话，因为我觉得我实在没有能力做叶老师的学术，只能做他们那时候怎么听京剧，和楼先生在北大念书是怎么样，听完叶老师讲这个故事我回浙江，每次回去都扎在小百花戏曲团里面，我对叶老师的印象就是他是一个有趣味的人，现在有趣味的哲学家太少了，我希望多一点，谢谢各位。

三面之缘与一生之憾

周　濂

各位学界的前辈、同仁还有各位朋友大家下午好！

首先要感谢清华大学哲学系邀请我，让我有机会在这个场合向叶秀山先生表达我无尽的哀思。其实之前发言的各位朋友要么就是叶先生的亲传弟子，要么就是多年故交，我的出现其实有些不合时宜，我就在想我到底代表什么样的一类人，后来想其实是代表广大的受到了叶先生教诲、受惠无穷，但是始终无缘和他进行面对面深入探讨的沉默的大多数。

说起来我和叶先生总共见过三次面，我印象都非常深刻，第一次是1996年、1997年的时候，叶先生到北大外哲所讲三大批判，那时候就久闻大名，知道20世纪80年代社科院里面有大名鼎鼎的李泽厚、叶秀山先生，果不其然当时讲三大批判就给我有醍醐灌顶、融会贯通的感觉。说实话那两个小时下来我是觉得我当时的确是有任督二脉被打通的感觉，当然很快就堵上了。说到这里顺便说说思想的所得永远不是一劳永逸的，经常某一刹那我融会贯通了，但是时过境迁就觉得茫然若失，这可能是思想的常态。第二次是2005年我从香港中文大学即将毕业，那年春天我到北京谋职，当时只投了两个地方，一个是人民大学，还有一个是社科院。我记得很清楚，当时赵汀阳老师带着我在社科院拜码头，领我到了叶先生的办公室，叶先生握着我的手跟我说"我读过你的文章"，我当时嗡的一下，我当时完全是一个无名小辈，他竟然读过我的文章，而且第一次进去礼见叶先生就给我留下非常深刻的印象，首先他双目炯炯有神，其次非常有代表性的眉毛，像两根倒插的令箭，整个人像从画像中走出的人物一样，虽然看着不怒自威，但是为人特别温和。他说我曾经读过你的文章，我就感动莫名，但是各种机缘巧合我最后去了人大没去社科院，所以再次失去了向叶先生当面讨教的机会。第三次是2015年3月15日，80岁高龄的叶先生到人大做了一次讲座，题目是"源头的意义"，我记得当天叶先生身体有恙，没有做充分的准备，也没有PPT，也没有讲稿，只是有一两张小纸片，但他竟然抱着病体在那两个小时当中滔滔不绝地从古希腊一直梳理到现当代，而且思路之清晰、逻辑之严密，确实让我叹为观止。

那次讲座之后过了一个月左右，我和宋继杰还有崔唯航在清华东门外有个小聚，吃饭时候他们告诉我一个陈年往事，2012年时候我曾经拿着我的那本《现代政治的正当性基础》到社科院评奖，后来宋继杰告诉我说在评奖过程当中其实遇到了一些阻力，有些人提出不同的意见，但是是叶先生力排众议，认为这本书是有学术价值的，于是我后来还是得到了胡绳奖的提名奖，这也是作为学术界的边缘人物有生以来第一次在体制内得到学术界的肯定。但是叶先生从来没有告诉我，是本着自己的原则或者理念帮助一个素昧平生，没有任何私交的学界晚辈，是古风盎然，让我非常钦佩。和宋继杰交往过程中，听他讲过叶先生私底下喜欢读我和我太太的文章，有时候也会转我的文章，我当时和宋继杰说，你这么一说我就有点勇气想和叶先生来一次私下交往，找机会我想请他吃一次饭。但是很遗憾，2016年9月7日叶秀山先生因病离开我们，也让我永远失去了这个机会。我当时在美国访学，得到这个消息真的有些追悔莫及。因为2015年见到叶先生时候我感觉他是精神矍铄，可以长命百岁，没想到以一种突然的方式离开我们。我有时候在想如果给我一次机会我会问他什么问题，我读宋继杰文章评价叶秀山先生的哲学是自由哲学，我们知道他把康德哲学作为整个思想体系的根基，但是我始终觉得叶先生在形而上学的层面做自由的问题。我们知道欧美政治哲学主义当中康德主义是非常强的潮流，但是罗尔斯他们是去康德主义者，如果我有机会见到叶先生，当然只是在梦中或者思想的神游当中，我也许会问他形而上学基础的自由和去后形而上学的自由之间的关系是什么，欧陆传统的康德主义和当代英美政治哲学的康德主义之间的关系是什么。我的人大同事和老师李秋零先生说，我们要像叶秀山先生一样去思考，我想叶先生可能更希望我们后学晚辈不仅像他一样思考，还要接着他去追问。

学者的生命就活在著作中

王　恒

带着叶老师的书，这本书跟随我多年了，满足了一个心愿，我一次都没见过叶老师，所以我才是沉默大多数的代表，我鞠躬在叶老师目光的亲炙之下，我就像与他结上了师生缘。

尊敬的叶菁女士、各位前辈和朋友，在这有些悲伤又令人欣慰的日子里，首先感谢清华大学哲学系、中国社会科学院哲学所、江苏人民出版社的邀请和辛勤工作，让我们能够这么快就见证《叶秀山全集》的隆重面世，我只是在其作品中追随叶先生，我的博士论文有幸入选叶先生主编的《纯粹哲学丛书》，我有一位硕士生张严考上叶先生的博士生，让我无比骄傲和荣幸。最早读这个书是上大学时候，这本书是我毕业之后才买的，因为上学时候没钱买，我今天把这个书带过来。《前苏格拉底哲学研究》是很早了，很多老师谈到看了这本书才知道我们可以这样做。我在工作一段时间之后收集了他很多的书，书法、艺术、美学，后来没有收集齐，结果这次我来的时候路上才听说这个《全集》已经寄到我们单位了，我就特别欣喜，非常感恩江苏人民出版社做了一个这么好的工作，感恩黄老师、宋继杰兄他们的辛苦的工作。

叶先生是一个传奇，叶先生是一部史诗，一部英雄史诗，这个传奇和诗史不是或不仅仅是八国联军的天赋，也不是或不仅仅是从苏格拉底到金庸的才气，也不是每周二神仙会的学术神曲，也还不是容含七十二贤人如沐春风的泱泱师门，而是先生的人格，温润如玉，而又气象万千，真实的哲人。作为哲人，叶先生的一生就是本源的、鲜活的本质，文字概念和知识，是璀璨的艺术世界。叶先生没有离去，因为学者生命就生活在著作中，活在弟子后人承继的精神脉络里，甚至就在他所听过的每首乐曲中，在开场的贝多芬弦乐四重奏演奏的时候，我就感到叶先生的目光在闪烁，非常直接的感受。哲人其萎，我不太知道先生对西方宗教的真切体会和信心如何，但是他对中国文化的沉潜涵泳将使先生千古于民族传统的文脉之中。谢谢大家。

不止一种语言，不止一种哲学

——写在《叶秀山全集》新书发布会之际

于奇智

2013年11月16日，叶秀山先生《启蒙与自由》出版学术研讨会在清华大学成功举办，那天再次相见，竟成了我们的最后一面。真是万万没有想到。

2016年9月7日，叶先生在书斋逝世，书桌上还放着刚刚读过的法国哲学家柏格森著作、中国哲学家文献的读书笔记。我在南印度洋一叶小岛上撰写了一副挽联："哲意如水刻东西，匠心似风雕龙文。"真诚地表达了我当时的心境与遥思。

2019年4月26日，在叶先生工作60年的中国社会科学院哲学所举办了集其一生总结与升华的遗著《哲学的希望》出版研讨会。今天，2019年9月7日星期六，在清华大学中央主楼举办纪念叶秀山先生逝世三周年暨《叶秀山全集》新书发布会。在此，向叶先生表达真诚纪念之情，向叶先生表示崇高敬意，向为《全集》付出巨大努力的叶先生弟子与江苏人民出版社同仁表示崇高敬意。

哲学不仅要讲汉语，而且要讲多种语言，从而生成汉语与多种语言、中国哲学与多种哲学的互联共格之势、会通融合之果。叶秀山先生已为我们铺就了一段路，在其一生的追寻探究中，都将多门外语学习放在心上，遂有"八国联军"之说，经历了古希腊哲学、德国哲学、法国哲学三个黄金时代的深度研究，进而扩展到中国哲学思想的考察，不止于此，还兼及美学、宗教学、科学、京剧、书法、西洋音乐等多个领域。我们发现，叶先生的哲学思想具有一个突出特色，那便是总要回到通透、自由、理性的纯粹哲学上来。也许，我们可以把叶秀山哲学称作"通合哲学"。这是一种大鲸鱼沉海式的摸"底"试验。这种摸底试验必须落实到艰苦卓绝、旷日持久的阅读行动上，特别要重视古典哲学的"复习"，要报怨"没有正经读书的时候"。叶先生在1999年12月16日给我的书信中写道："我自意大利回国后，没有正经读书……年底分房子事，颇费脑筋。看来不到春节以后，不得安宁。我在读海德格尔论谢林的书，觉得重新复习德国古典哲学非常重要。有时间建议你也复习一下，一定有收获。"这些朴实中肯的话语时常提醒鞭策着我。总之，不止一种语言（德里达语，转述自张逸婧未刊稿《哲学是否可以翻译?》），不止一种哲学，也不止一门学科，恰似"学兼文理求天籁，志汇中西归大海"（唐稚松先生语）。

哲学总要讲一种语言或某种语言，但又不能只讲一种语言，必须讲多种语言，诸如希腊语、拉丁语、法语、德语、英语、意大利语、汉语等等。中国的西方哲学学者不仅应有责任将西方哲学引入汉语，而且应有志向将汉语引入西方哲学。

与《叶秀山全集》一道，我们期待着哲学讲汉语，汉语讲哲学，也期待着哲学继续讲多种语言，多种语言继续讲哲学，最终形成一个"不止一种语言，不止一种哲学"的时代。我们看到这个时代正在来临。既然它正在来临、正在路上，我们应当以我们自己的语言和思想去迎接，进一步挖掘潜存于汉语文献中的哲学思想，探索汉语哲学的可能性条件，以促成"汉智学"（sinosophie）的发生。

纪念叶先生

鲁 路

《叶秀山全集》出版了，这是纪念先生的最理想方式。先生走了，而先生的终身著述留下来了，就仿佛先生未走一般。

遥想20世纪80年代，《前苏格拉底哲学研究》横空出世，当时国内西方哲学研究无出其右者。在当时那样的历史条件下，先生可谓筚路蓝缕，以启山林。嗣后，国内治学条件又有改善，于是先生厚积薄发，且一发而不可收。这一套《叶秀山全集》洋洋大观，是先生治学一生、著作等身的明证。先生治学，从美学到哲学，从京剧到书法，样样精通，恐怕至今国内依然无出其右者。

先生治学，其一曰广博，其一曰深邃。所谓广博者，指先生突破古希腊哲学研究、古典哲学研究、现代哲学研究各自画地为牢的界限，甚至突破西方形而上学与中国传统思想各自的学科界限，熔古今中外思想于一炉。所谓深邃者，指先生直指哲学的根本问题，而不像通常的教科书那样，只是罗列出各种理论体系以及观点主张。先生深入各种理论体系以及观点主张所针对的原初哲学问题，循着原初哲学问题，高屋建瓴地一步步解释下来，也就解释清楚了各种理论体系以及观点主张的始末缘由。从原初哲学问题入手，先生便从哲学史层面深入哲学层面，并由哲学层面贯通哲学史层面。就治学之广博而言，先生可谓国内少有的哲学史家。就治学之深邃而言，先生可谓国内难以比肩的哲学家。而先生能够做到"经""史"并蓄，靠的是他深厚的学养与敏锐的洞察力，并在此基础上做到大开大合、自成一家。

想必是由于形而上学源于西方文化传统，对中国人来说过于艰深，所以国内这一研究领域的有些著述写得佶屈聱牙，文字读起来比外文著作难读多了。与此截然相反，读先生的书，大有亲切之感。先生的文字，顺理成章，不但通俗易懂，而且朗朗上口。明明是很难写清楚的艰深哲学问题，先生处理起来却似在聊家常话。文字自然而然，而且不乏诙谐幽默的语句，令人读起来如饥似渴、大快朵颐。先生落笔，行云流水，令读者安然坐看云起时。先生的文字透露出一个朴素的道理：问题想透了，文字自然就通顺了。所以，凡是文字读起来费劲的著述，肯定是作者考虑问题费劲，没想透。毕竟，文字是思想的家。作者是不是思想的主人，从文字上一看便知。做客他人家里，客人才会拘谨不自然、没地方放手脚。而像先生那样，主人在自己家里，则安逸闲适、得心应手。

在《前苏格拉底哲学研究》中，讲到德谟克利特的伦理学时，先生提到"怡悦"概念。其实，先生自己何尝不是"怡悦"的化身！在思想上和在文字上都做到游刃有余，勤勉固然不可或缺，但更重要的是水到渠成、景自天然。用先生的原话说就是：有话不得不说。也就是说，不是作者搜肠刮肚、勉为其难地硬要写些什么不可，而是"什么"自己非要从作者的笔端流露、宣泄出来不可。"有话非说不可"与"苦思冥想说什么"简直天上地下！这样，作者才会才思如泉涌、落笔如有神。而这正是先生的真实写照。享有这样一份难得的禀赋，先生治学，便不是一份辛苦差事，而是一种享受、一种怡悦，尽管先生享受这份怡悦，是以勤勉为前提的、是由勤勉积累而来的。

在治学方法上，先生也对晚生后辈多有启迪。记得很早的时候，先生就嘱咐过我，读书不要贪多。我想，先生的意思是："读那总是有读头的书！"只是如何确定一部著作"有读头"，却涉及学识和眼界。自己生性愚钝，想学先生，却学不来。在阅读重要的第一手文献之余，总不得不去阅读与此相关的第二手文献，以便从中有所汲取，佐助自己对第一手文献的理解。尤其是像先生那样，判定从《胡塞尔几何学起源引论》入手阅读德里达，远非自己凭借浅薄学识就可以做到。但无论如何，先生这种眼界，至少可以作自己筛选阅读书目时的一个理想目标。

自己后来读书时，也反复去读先生的一些相关著述，试图从先生对西方哲学的总结中得到一些提纲挈领性的提示。记得自己先读德国解释学的书，后读法国解释学的书，都依赖先生关于伽达默尔与利科的专门论述作引领。读先生对伽达默尔的"游戏"观念的总结，便领略了自己读伽达默尔时体会不深的一些内容。尤其是读先生的一些发挥性理解，更让自己有所感悟，理解的层次明显深了一步。如果说在伽达默尔解释学思想中，康德的线索、海德格尔的线索还算明显，那么利科的解释学思想，由于更加新颖一些，加上自己对法国哲学更加生疏，所以自己把握起来更加不得要领。带着茫然再去读先生关于利科的"意义"与"事件"的关系、关于"看""听""写"的关系等认识，便增加了自己理解利科时的有益思路。所以说，先生的启迪作用，或是潜移默化、润物无声的，或是显而易见、立竿见影的。

每当读到书中一些段落时，自己往往回想起上学时先生涉及相关内容的谆谆教诲。先生平日里旁征博引，评论鞭辟入里，"破""立"兼具，且立论充满真知灼见，以至于自己聆听先生教导，常常感到自己还离形而上学殿堂太远。这里聊且列举自己感触颇深的一两个事例：自己上学时，由于博士论文的研究对象是雅斯贝尔斯，先生开导说，雅斯贝尔斯觉得海德格尔的 Dasein 太经验了，所以使用 Existenz 这一更具超越性的概念。毕业后多年，当自己又从德国教授口中听到类似的评论时，不禁莞尔：我们中国人早就独立地意识到这一点了！记得另有一次，同样是在哲学所那间狭小的斗室里，先生说道："海德格尔讲的'Sorge'，不就是中国人讲的'仁'嘛！"当时自己一瞬间如拨云见日，豁然开朗：原来自己人云亦云地看重"海德格尔与老庄"这一类老生常谈的话题，实在是以偏概全、背本趋末了!

　　先生仙逝，弟子们再没有机会亲耳聆听先生教诲、学界友人再没有机会向先生当面讨教学问了。就连先生著述，也戛然而止。而我们原本指望，能看到先生一篇又一篇新的文字，以便缘着先生一次又一次的引导，在学术上一步步积跬前行。这实在是国内学界令人痛心的损失。毕竟，我们这个民族，太缺乏形而上学了。而形而上学的损失，较之任何"形而下"的损失都可以计量来说，是无以估量的，仿佛"生命中不可承受之轻"。

　　可以想象，国内有多少学子像自己一样，是由先生领进哲学之门的。而莘莘学子最渴望的，莫过于有像先生这样的导师。由此，自己有一个想法油然而生：自己上学时就听说，国内有硕士论文以钱锺书《管锥篇》为研究对象。所以，在《叶秀山全集》已然出版，并且先生的藏书（连带先生写下的旁注）及读书笔记保存下来这一前提下，再传弟子当中，可否有一两位青年才俊，以先生治学作为论文研究对象？接受先生启发，是一回事，而总结先生的思想，是另一回事。前者只是接受而已，而后者则在接受中带有回馈。这种回馈指的是，不但与先生对话，而且对先生的观点做出分析，对先生的学术做出评论，甚至可以对先生的思想提出批评。这恰恰与时下的"导师的崇高感"反其道而行之，因为这一研究要符合学位论文的要求。当然，自己也无意看到国内出现一门"叶学"，毕竟，中国人讲究谦虚。而且先生一生谦和恭俭，因而对此未必认可。记得先生曾教导过自己"功成身退，才有自由"的哲理，"自由"才是先生的理想。但是，先生是他那一代中国知识分子中的翘楚。后人总结先生的学术成就，就是以"典型"的方式总结先生那一代知识分子群体的学术成就。希望自己这一并非心血来潮的想法，不至于贻笑大方。

　　记得先生70岁诞辰时，学界友人与弟子们集结文章，出版了一本《斯人在思》为先生祝寿。当时自己恭添一篇讲述雅思贝尔斯形而上学的文章，以弥补原先的博士论文的不足，向先生表示，自己仍在学习。如今出版目前这本纪念文集在即，自己谨此奉上一些类似回忆录的纪念性文字。

先生之风，山高水长。

愉快的思，爱智的果

王　齐

今天是叶秀山先生逝世三周年纪念日，也是《叶秀山全集》发布的日子。此时此刻，心潮起伏，觉得必须提笔写点什么。但一想到跟从叶先生学习的 23 年时光中那些令人难以忘怀的回忆，不免心生"千言万语，不知从何处谈起"之感。看着书架上新添的《叶秀山全集》12 卷，想聊一聊叶秀山先生的哲学遗产。

叶先生自 1956 年北京大学毕业分配至中国社会科学院哲学所工作，直到三年前的今天，他在哲学的园地里辛勤耕耘六十载，见证并参与了新中国哲学研究的曲折历程。摆在我们面前的这 12 卷著作，就是叶先生个人在哲学道路上不懈探索的结晶，是叶先生送给我们的礼物。

人们常说，无人能摆脱时代的影响。倘若一个人生活在一个不平静的时代，这种影响就更难以摆脱。但我总觉得，叶先生心中自有天地，他一直在有意无意地远离他所身处的时代。上大学时，叶先生在课堂上很少发言，算不上是优秀的学生。写毕业论文时，在那个批判唯心主义的时代，他却偏偏要说康德的先天性"还是有点道理的"。到了"文革"，叶先生不甘心虚掷光阴，想尽办法自我营造出一个自由的空间，硬是把十年"文革"变成一个"自修期"：白天阅读英文版"毛选""语录"，晚上打手电偷看英文版《傲慢与偏见》；明里用毛笔抄写诗词语录，暗里临古代碑帖；后来索性自学希腊文，其中一个原因也是想通过从事古代哲学研究，远离现实。

正因为有了前期的准备,"文革"一结束,叶先生就焕发了学术青春。虽然在《前苏格拉底哲学研究》中,叶先生仍是站在唯物主义的立场上衡量和评判古代哲学,但他很快摆脱了时代的烙印,通过广泛涉猎西方现当代甚至后现代各家各派之说,弥补因长期封闭造成的思想滞后。自20世纪90年代中后期,叶先生又带着新的视角和新的问题域,从"科学""哲学"和"宗教"三条线索出发,采用"迂回 – detour"的路线,一次次回溯哲学史——不仅重新审视西方哲学的思路历程,而且自觉把中国传统哲学的问题纳入哲学思考的范围。

在这个循环往复的过程中,叶先生的哲学精神或哲学气质渐渐显明。叶先生的研究没有界限,横跨古今中外,但我觉得他最钟情于德国古典哲学。我清楚地记得2001年至2003年叶先生在参与主持并写作八卷本《西方哲学史》时,他主动要求承担尼采一章的写作,因为他在其间的某一个盛暑中读尼采,感觉酣畅淋漓,以至于叶先生在一次全所大会上直言,读尼采"能防暑降温"。在行文中我们不难感受到,叶先生欣赏、赞同尼采对康德的犀利批判,但他又不愿放弃康德的立场。

叶先生钟情古典哲学的另一个突出表现在于他视哲学为"科学",正因为这个认识,叶先生并不固执于古典哲学的立场,比如在思考"时间""瞬间"的问题上,他就绕开古典哲学,从克尔凯郭尔入手,一直走向柏格森。叶先生在《在,成于思》的"后记"中自己总结说,他"从不是一个'哲学体系'的'构造者'",虽然主要研究像柏拉图、亚里士多德、康德、黑格尔这样的哲学家,他说自己的工作常常是"'就事论事','片段'地'想','片段'地'写'"。在这个意义上,叶先生的哲学思想又带有了鲜明的后现代性,从一个侧面彰显了古典哲学所推崇的"精神"的创造性力量。

叶先生送给我们的这份礼物也是他六十载"愉快的思"的结果。之所以用"愉快的思"来概括叶先生的著述生涯,不仅仅因为这是叶先生为自己的首部学术短论集取的名字,而是因为叶先生从不觉得哲学思考是痛苦的。凡跟叶先生有过接触的同仁，大概都能忆起叶先生在谈及阅读中新发现的问题和兴趣点时脸上浮现的欣喜之色，就好像儿童得到了新玩具，兴奋，慰藉；还有他爱说的"多好玩儿啊"。这不正是"爱智"的本真表现吗？叶先生终生追求纯粹思辨的乐趣，直到生命的最后一刻，"爱智"就是原动力。在这一点上，叶先生永远是我们的楷模。

叶先生的学术生涯是与中国社科院哲学所、与西方哲学史研究室同时共在的。在哲学所成立的第二年，叶先生即由贺麟先生选拔至当时的"西方哲学史组"工作，一干就是六十年。叶先生在老一辈哲学家贺麟、王玖兴、杨一之的培养和熏陶下成长，受益于哲学所和西方哲学史研究室的学术传统，他本人又以六十年的笔耕，深化、丰厚了这一传统，将之进一步发扬光大。叶先生爱跟我们聊天，于闲谈间把老一辈学人的风范和治学心得传递给后学。感恩叶先生有意识地把这些往事的片断变成文字，把那些易逝的瞬间固定下来，永远地放置在时间和历史当中，留给所有"有耳的"人，让所有后来者与前辈哲人"同时共在"。

自从叶先生离开我们后，我开始思考"什么是西方哲学史研究室的学术传统"的问题。对所有自愿认同者而言，传统就是一种无形的凝聚力。或许我们还可以给出一个简单的回答：西方哲学史研究室的学术传统是一种明确的治学要求，如重视原典阅读，重视思想原创性。这一传统还讲究学术平等和学术批评，我从叶先生身上看到了这一点。每回请叶先生为我在他的新书上签名的时候，他都会写"小友"或"学友""批评指正"。叶先生非常重视晚辈的意见。我曾经一再怀疑"中国哲学是否有机遇"，叶先生便不厌其烦地为我解说。有一年夏天我迷上了福柯，当然也重读了叶先生论福柯《这不是烟斗》的旧作"'画面''语言'和'诗'"。我告诉叶先生，那篇文章对西方现代艺术的认识和评价还带有 20 世纪 80 年代的偏见，需要重新思考和修正。过了几天，叶先生发来信息，说有时间定要重新做这项工作。如果有时间，叶先生会重新思考福柯，他还有很多写作计划……

　　叶先生认为，我们这代人定会超过他，因为我们的起点高，因为他们这一代被无情地耽误了太多的时间。我理解，这绝非叶先生对后学的虚妄鼓励，这是他对我们这一代以及更晚辈的学人的殷切期许，也是他内心深处想追回那些被耽误的时间的呼喊。在这个意义上，今天摆在我们面前的这 12 卷著作，当是所有后学努力追赶和超越的目标。

叶秀山的智慧人生

王 齐

2019年9月7日是叶秀山先生逝世三周年的日子。当天，在清华大学召开了《叶秀山全集》发布会，会上播放了一段反映叶先生生活的视频。当叶先生的音容笑貌伴随着《神秘花园》的旋律出现在屏幕上的时候，我的眼泪止不住地流了出来。三年过去了，对叶先生的思念无时不在，虽然这思念渐渐摆脱了悲痛，化为一种思想和行动的力量。但那一刻，与叶先生相识二十三年的往事，一下子涌上心头……

初次与叶先生见面的时候，他才刚满58岁，每天都到位于社科院大楼九层的哲学所写作间里读书、写作，接待来访的学界友人和学生。这个写作间对于所有已知其存在的人来说，已成为当代学术史上的传奇。那时每周二我也会到这个写作间，除了向叶先生提些粗浅幼稚的问题外，更多的时候是听叶先生讲他新近的读书心得和正思考的问题。当时我根本不可能跟上叶先生的思路，甚至都提不出什么问题，只是间或有一种茅塞顿开之感，或者在心中荡起一种因领悟而生的惊喜。叶先生的思绪总是源源不断地袭来，倘若所里有人突然来访说事，人走之后，他立刻就能接上先前的思路，丝毫不受影响。在讲述的过程中，叶先生双目炯炯有神，脸上常浮现出一种时而欣喜、时而怡然的神情。末了，他往往会加上一会"多好玩儿啊"。随着时间的推移，我逐渐体会出叶先生以《愉快的思》命名为他所珍爱的学术短论集绝非偶然，因为他真正体会到了哲学思考的乐趣。可以说，"好玩儿"是叶先生在哲学园地里不懈耕耘六十载的原动力。"好玩儿"并不代表哲学思考是简单的，在一封写给我的电子邮件中，叶先生谈了哲学与宗教的关系，说想这些问题是"重脑力劳动"。叶先生自愿从事这种"劳动"，并且珍惜这种"劳动"机会。他不仅在文章中写过，在聊天时也常跟我们说，他这一代人被耽误了太多的时间，现在好不容易能够从事学术思想工作了，他感到很知足。在社科院物质条件最差的那段时间，他常用这一点来说服我们留下来，珍惜专心做学问的机会。

叶先生生活的主体内容是读书和写作。自从我认识叶先生开始，他在读书方面就已经不求广博、但求深入了。他常告诉我们，读书要读经典著作，"读那总是有读头的书"。他说，经典著作不会"大言欺人"，如果有些部分你读不懂，那就过一段时间再返回重读。黑格尔的《精神现象学》就被他反复读过多次，上面布满了不同颜色的笔道，每种颜色代表着在新的问题域之下的新阅读。他说过："要是有人看到这书，肯定觉得我疯了，几乎每句话都给画上了。"说时一脸笑容。每当他在电话里告诉我现正重读某书的时候，往往会说"怎么之前就没注意到这个意思呢！"悔恨之情溢于言表。终于有一天，我也有了叶先生描述的这种体会，自觉已经很熟的书开始出现陌生感，甚至不明白之前画的那些道道意义何在。告诉叶先生这个感觉，他对我说："你进步了。"叶先生曾经明确地说："哲学忌浅薄"，因此他并不看好那些把问题说得很清楚的书籍和文章，但对那些未及或未能展开的灵动想法更有兴趣。在治学生涯中叶先生矢志不渝地采取"detour——迂回"的方法，反复思考和攻克同一问题，皆因他希望在哲思的深度上有所推进。

从我认识叶先生以来，他已很少外出参加学术会议。我开始参加学术活动的头几年，总有同仁问我，叶先生为什么不来。当我把这条信息与叶先生交流的时候，他告诉我，他年轻时是参加会议的，曾随哲学所代表团参加了波士顿和布莱顿的世界哲学大会，还访问过德国、中国香港和中国台湾地区等地，每当在会上听到不乐意听的言论之时，他都忍不住要跟人辩论。随着年事渐长，他越来越不爱开会，但每次我参加了国内国际的会议后，叶先生都会主动询问有哪些有趣的人和事。

虽然喜静，但叶先生其实是动静皆宜的。叶先生不爱旅游，理由是"你不可能走遍世界上的每一个地方"。他也不爱锻炼身体，只爱走路和逛街。以前我们在研究室常用 city boy 来打趣叶先生，他生长于上海，爱逛街是情理之中的事。自从写作间收回后，叶先生转战家中，上午是工作时间，雷打不动；下午叶先生会去逛街，主要是逛音像店，搜罗各式版本的音乐碟和唱片；晚上看闲书和电影。2001 至 2004 年间是我们写作学术版《西方哲学史》多卷本的日子，每个周二返所日，参与项目的哲学所同仁会到社科院附近的餐馆午餐，美其名曰"二中全会"，从严肃的学术问题，到写作进度的汇报，甚至年末的催稿，都在餐桌上进行。饭后叶先生也不午休，立刻兴致勃勃地带我去新街口或王府井逛音像店。他对录音公司、知名指挥家和演奏家的名字如数家珍。在叶先生的引领下，我对古典音乐的欣赏从最初寻求声音之外的升华感，迈进到对作为整体的音乐的欣赏，虽然我一直也未达到叶先生热爱纯粹声音的境界，那实在是一种欣赏美的精细精神。

后来午后逛音像店的节目被取消了，一是因为随着年事增长，叶先生需要回家午休；二是他实在没什么可买的，该收集的差不多都收集了。再后来，叶先生学会了上淘宝，逛街的机会更少。叶先生对现代科技不仅不拒绝，而且大有欢迎之势。电脑写作，手机短信，智能手机微信，网上购物，叶先生样样行，因此他对于把现代科技与人的异化相连的观点十分不屑。对于音响设备就更不用说了，叶先生是发烧友级的，大到音箱、功放、播放器，小到新款音响专用线，他都门清，不知从哪里找来的时间。我搬新居后想置办一套音响，叶先生按照我的预算，亲自去音响店挑好了音响，才电话叫我去付款、提货。因他推荐的是高于我家音箱配置的功放，几天后他还专程到我家里来听音效，看是否真的"物有所值"。晚年的叶先生越来越喜爱跟年轻的朋友们交往，听新鲜事儿，我想这是他在沉潜于书本和哲思世界的同时，保持开放心态的一种特有方式。

除了读哲学书外，叶先生爱读史书，尤其是中国近现代史，但却不喜小说，跟我的阅读兴趣正好相反。十多年前我读了艾柯的《玫瑰的名字》后力荐叶先生读此书。他一听是小说，立刻表示没兴趣，还说"原来你爱读假的呀"。在我搬出亚里士多德"写诗比写历史更真实"的命题后，叶先生也不甚了了。叶先生的京剧和书法造诣之高是有目共睹的，或许因我对京剧的欣赏仅限于"样板戏"、书法体验仅限于描红的缘故，叶先生从不跟我聊这两样。在观影的偏好上叶先生颇有些出人意料，他爱恐怖电影，收集了不少鬼片，原因就一个——"那是假的啊！"只有一次，他说晚上看一部日本鬼片，感觉有点瘆人。我一直在想，叶先生从小受到京剧和书法这两种唯美艺术形式的熏陶，后来自己培养起了对纯粹声音的执着追求，何以会喜爱恐怖电影。简单的解释就是叶先生对真假有一套自己的评判标准，但更深层的原因，在于叶先生身上深刻的理性精神。叶先生常告诉我，在处理生活问题上要像希腊人一样 wisely，他不主张轻易动情。或许正是这种理性精神，才把他的多种艺术趣味统一起来，也才使他获得了对纯粹艺术形式的欣赏力。

但也有例外。2003 年因为"非典"肆虐，我们很长一段时间都没有返所，那时每天打电话联系。解禁的当天，叶先生和我逛王府井。音像店把音响设备搬到大街上，我们走近时，响起的正是贝多芬的《命运叩门声》。此情此景，我们都被感动了。叶先生和我驻足聆听了片刻，当即买下了正在播放的旺德（Günter Wand）指挥的北德广播交响乐团演奏的贝多芬第五和第九交响曲。那是我少见的叶先生动情的时刻。

叶先生告诉过我，晚上一个人的时候听《水上音乐》，"安安静静"，非常惬意。我在晚上听过，但心不静，没有叶先生说的感受。我跟叶先生是两代人，生活的步调不可能一致，但叶先生过去提及的经验和体会，我已开始有所感知和体悟了。想来会有那么一天，《水上音乐》也会在静谧的夜晚带给我惬意的享受。

第二部分

学术思想评论

纯思者的"纯粹"

杜小真

纯粹而不杂，静一而不变

——《庄子·刻意》

伴随生活直至死亡。

——利科[1]

如果不谈到所有对我有影响的人，我就无法说出我是谁。

——利科（《作为他者的自我》）

叶秀山先生走了，留给我们的是"纯思者"的永久形象。

法国哲学家、思想家利科（Paul Ricoeur，1913-2005）在悼念他的挚友、法国人格主义运动的代表人物慕尼埃（E. Mounier，1905-1950）时说："……他不再回答我们的问题了……死亡的残酷在于彻底改变了正在进行着的文字事业的活动：不仅因为它不再继续，它终止——就这个词的所有意义而言——了，而且因为它脱离了把作者置于生者之中的交流、提问和应答的运动；从此变成了一种文字著作，仅仅是文字的，和它的作者的断裂完成了；从此，它进入了唯一可能的历史，那就是读者的历史，即它滋养的那些生者的历史……而最没有准备进入这种关系的生者，肯定是那些熟知并

---

[1] 参见利科《陪伴生命直至死亡》，《精神》杂志《利科思想专号》2006年总第323期，第316—320页。

且热爱（生前）作者的人……"这简直就是热爱和熟悉叶秀山先生的人们面对不可改变的命运的心境的写照：叶先生的遽然远去让他们不得不接受这种历史关系的改变，他们难以相信，从此再也不能当面与之交流、向他求教；难以相信，从此再也不能向他倾诉"我思"过程中产生的愉悦和疑惑；他们也不愿相信，从此，只能在重读他的书时与之相遇，而每一次重读，都会再次唤醒心中的记忆，都会再一次变成对他的祭奠，也会再一次带来深深的哀恸。我不能说特别熟知叶先生，但我肯定是热爱他的人中的一个。我会想念他在近三十年期间对我这个法国哲学研习者的不吝赐教；我会心存感激地想到他以"哲学活在法国"之文对我的研究予以的理解和支持；我会想起那些轻松愉快、无拘无束而又让我获益良多的交谈，想起在我们共同敬重的老人去世时叶先生表露出的关怀和痛心；我还会想起近些年来在遭遇生活、命运变故时叶先生不露声色的关心和鼓励，至今仍感受着珍藏在心的温暖；当然，我还会想起，每次在会议、答辩或通电话之后告别时，叶先生常常会说："小真，有空来我这儿听音乐，刘东说这是'京城第一音响！'"每次我都说："叶先生，以后有空一定去！"没有"有空"，也没有"以后"了……

　　1999 年法国哲学家利科来北大讲学，其间曾到社科院做过一次讲座。[①] 讲座结束时，叶秀山先生与利科先生有过一次简短的对话。之后，叶先生曾感叹说："……思想如此干净的老人！"在叶先生仙逝两个多月之后为追思而写这篇小文时，我又想起了叶先生的这句话。其实，叶先生的评论用于他自己身上再合适不过。叶先生说的"干净"，意义非同寻常，一方面，它意味着思想的纯净，而只有"纯思者"才具有这样的"干净"——一种思想状态，或者说一种

[①] 叶秀山先生后来为《利科北大讲演录》写过一篇《利科的魅力》的文章，文中说："在当代法国哲学的趋势中，利科不是最激进的一个，但确是基础最扎实、最为博学慎思的一个……在利科的思想更加注重与传统接续这一点来说的。"《利科北大讲演录》，北京大学出版社 2000 年版，第 109 页。

思想境界；另一方面，又意味着一种反思的结果，因为这种"干净"或者说"纯粹状态"并非通常说的原始状态或"虚无"和"乌有"，一如许多哲人（比如巴什拉）希望回归的孩童状态，其实与真正的孩童时期的童心并不相同，成人经由反思重获童心和孩童状态，靠的是厚重的知识根底和丰富曲折的人生经历，更依靠的是与生命同在的"思"，非如此是不能获得真正的纯净的。正如叶先生所说："……真正的、有内容的'纯粹'是在经验—经历之后，是'后—经验'，这里的'后'有超越、高于的意思"[①]，更偏重于逻辑意义，"纯粹"在此也是超越、高于时间的。"纯粹"是叶先生的追求，是他的志向，是选择了以"思"作为生活方式。《晋书·张翰传》记："人生贵得适志，何能羁宦数千里，以邀名爵乎？"如果说张翰因在洛水边见秋风引发"纯鲈之思"而毅然放弃名爵，那叶先生一定是在这纷乱动荡的功利世间对"非宗教，但有神圣性"的纯哲学的永恒思念而放弃了尘世间许多人习以为常的林林总总的欲望和诱惑……

叶秀山先生是公认的当代中国研究西方哲学的杰出专家，更是许多人心目中传授哲学知识、指引学问之道的良师。法国哲学家纳盖在谈到法国当代希腊哲学学者皮埃尔·韦尔南（Pierre Vernant, 1914－2007）时曾经说过："我一生见过三种类型的杰出教师。第一类令人敬而远之：讲授不容置疑的科学，高高在上，要求人们毫无疑义地接受他们传授的知识，讲课结束，立即离席而去；第二类是不容异见的教师，他们强加自己理论和思想，要学生把他们的思想视为楷模，只认这一种思想，比如弗洛伊德；第三类是自由主义的教师，即苏格拉底式的教师，韦尔南就属于这第三类，他的聪明话语使我们每个听者感到这就是我们的聪明……一个不把他的真理强加于人，而让每个人都发现自己的真理的人。韦尔南就属于这后一

[①] 参见《启蒙与自由——叶秀山论康德》，载《凤凰文库·纯粹哲学系列》，江苏人民出版社2013年版，第13页。

类的。"① 后一类的教师是最让人向往、最难能可贵的老师，叶先生就属于这一类的教师。非常羡慕经常围绕在叶先生周围的不同时期的学生，他们深得叶先生的智慧真传，在叶先生指引的纯思之路上行走，变得越来越聪明，也许他们正在或将要成为那第三类的教师。由于特殊的历史原因，我没有接受过系统的哲学训练，没有师从这样哲学大家的幸运，乃此生一大遗憾。因此，虽然从教多年，我始终保持着学生心态，因为我知道，我已没有机会成为叶先生这样的老师的正规学生，当然也没有机会成为这第三类型的教师。不过，叶先生的弟子说过："在近五十年的哲学生涯里，叶先生满怀虔诚地以思想为生活，满怀敬慎地实践和守护这思想的自由与自由的思想。这使得任何一个思想者在自己的思想道路上……能够和叶先生相遇……"②不能从师，却能相遇。三十年前，经姚介厚先生引荐，走进叶先生的"书房"，有幸在我迟到的思想道路上与"以思为生命，以思为乐事"的叶先生相遇。

能够与叶先生相遇，自以为是他的"非正宗学生"，缘由其实是法国哲学。多年前，由于各种复杂的历史原因，一些法国当代哲学家的思想在国内先后受到不太公正的对待。有些人一提起法国哲学，特别是法国当代哲学，就和法国的时尚文化联系起来，认为其特点就是浪漫，异想天开，离经叛道；甚至以此得出法国哲学不纯粹，不是真正的哲学的结论。而以希腊哲学和德国古典哲学研究成就学术声名远扬的叶先生，很早就开始关注法国当代哲学，特别重视法国当代哲学提出的重要理论和现实的问题。他的法国近当代哲学研究在中国大陆堪称一绝，独树一帜。之所以这样说，首先是因为叶先生把法国哲学放在西方哲学思想的起源与发展中思考，法国文化

---

① 韦尔南《古希腊的神话与宗教》，杜小真译，生活·读书·新知三联书店2001年版。第87页。

② 参见《斯人在思》编者前言，黄裕生、宋继杰、吴国盛等编，凤凰出版传媒集团、江苏人民出版社2006年版。

的最优之处在于思想，法国哲学的强大也正是出于思想的强大。其他诸多领域的深刻内涵和独特魅力，都是思想力量造就的成果。叶先生钟情法国当代哲学，其实是和法国"纯思者"之间在学术旨趣、精神追求与个人修养上的默契和呼应，是思想之路上的相遇……其次，因为和利科先生一样，叶先生善意、大度、宽容地对待、理解和评价各种思想流派和学术倾向，不带任何偏见；"干净"而又纯粹地对之进行理性的思考和分析，排除一切杂质。两位学者都是和所有学科长存友谊、进行对话的哲学家，其实这也是心中存有"大爱"才可能有的态度。宽厚的学术气度让叶先生理性地把法国哲学和希腊哲学、德国古典哲学、现象学、笛卡尔"我思"哲学等西方哲思传统连接起来，进而深入思考和评述法国当代哲学贡献的活力和创新。他告诉我们，法国哲学活在当代，它的生命力依靠的是其"深厚"的哲学传统和基础，法国当代的许多哲学家都抓住哲学传统中不容易找到恰当位置的问题（诸如身体、生命、时间、欲望、他人、伦理，等等）展开、发挥到极致，进而开出一片新天地、新气象来，使传统有一个新的面貌和方向，新的问题也才能在传统中生根发芽，开花结果。[1] 这应该是法国当代哲学的最本质的特点。最后，是因为叶先生的"纯粹"的智慧，让他能透过被人称作"荒诞"或"费解"的文字，排除偏见和一切非哲学因素，阐释和评述法国哲学家的著述。他有不少文字是为汉语读者易于理解那些法国优秀哲学家而作的。比如在国内外备受争议的雅克·德里达（他甚至在去世后还遭受无端的指责和诬蔑），叶先生用纯粹的说理为之"辩护"："德里达的书很难读……但我称他为'隐晦哲学家'，不仅是因为文字上的原因，而且还有学理上的理由。我们知道，古今有许多大哲学家的思想被认为是'隐晦难懂'的，但在学理上是有根据的，在西方大概只有古代的赫拉克利特和当今的德里达两个……当然，'隐

---

[1] 参见叶秀山《利科的魅力》，载《利科北大讲演录》，北京大学出版社2000年版，第110页。

晦'主要是学说上的一种主张,并不是真的不可懂,所以,赫拉克利特是'可理解的',德里达也是'可理解的'。"①叶先生用汉语明白而又顺畅地疏通了那些藏在"隐晦"之中的难解关节,使看来不可能理解的文字成为可理解的。因此,虽然法国哲学非叶先生的最专,但他为汉语法国哲学研究做出了非凡贡献,当今和以后的法国哲学研习者们会永久铭记,并且会永存感激:不仅仅是为他的著述,更是为着他的"志在纯粹"的精神。

台湾作家齐邦媛曾经这样描述自己期待的死亡:"我希望我死去时,是个读书人的样子。最后一刻仍然书卷在手,最后一刻仍有'腹有诗书气自华'的优雅,最后一刻眉宇间仍然保持一片晴朗洁净……"这是否就是叶先生离去那一刻的形象?每念于此,痛彻心扉,不忍回顾。我只想再说一句:"并非所有人都能够那样从容、优雅地离去,在思中生活,需要智慧,更需要勇气。我想,叶先生在另一个世界,又会和那么多他熟悉和心仪的纯思者们相遇:他一定会对利科微笑,会心地说:我们都做到'活着直至死亡'(而不是海德格尔所说的'向死而生'),我们都是以'读书人'的样子和这个世界告别,因为我们都是'纯思者'"……

---

① 参见《意义世界的埋葬》,载《当代学者自选文库·叶秀山卷》,安徽教育出版社1999年版,第262页。

在书道和文本际会中达到哲学的纯粹

——追思叶秀山先生沟通中西哲理的学说

张祥龙

得知叶先生骤然离世，不胜悲痛，过去二十几年中与他的交往在心中幕幕重演，先生惠赠的著作也再次唤起回忆，仿佛又在聆听他发表睿见，于是思感交集，写下此篇小文。

1992年留学归国后，在北京怀柔举办的贺麟先生思想研讨会上，我得以当面拜识叶先生。之后不久，我发表了一篇题为《海德格尔的〈康德书〉》的文章，遇到叶先生的时候，他当着好几位学界朋友，很真诚也很内行地夸奖了这篇东西，说它揭示了海德格尔解释康德的要害，就在康德《纯批》的分析篇中找到了与现象学相通之处（先验想象力、图形论等），不失严格性地沟通了两者。此文源自我在美国作的英文博士论文中的一章，回国后重新改写、深化，美国那位对海德格尔深有研究的老师也未特别注意到这层关系，所以本以为在国内发表后不会有多少反响，但马上就得到这样的共鸣，惊讶之余，内心深处就引叶先生为知己。后来参加各种会议，阅读诸家书文，在我接触到的学界范围内，的确再无别人能够有这种眼力。那时研究现象学的人们，还很少联系哲学史脉络来搞清楚现象学思想方式的来源和独特性。后来读叶先生的书，才知这种眼力有深邃的哲学功力的背景，对他那打通史论的敏锐和通透，十分钦佩，在《现象学思潮在中国》中还做过一点评议。再之后，通过吴国盛等叶门弟子的接引，我也曾数次登门拜访叶先生，倾听他纵论古今中外、哲学艺术、人文掌故，甚至是音乐发烧友的逸事，得到纯洁的精神享受。多年来，每次见到先生，感觉到的皆是温暖、愉悦和受教益。

一

在这里，就想从叶先生主张的哲学的"纯粹"性讲起，主要谈谈阅读他打通中西哲理文字的感想。叶先生的《思·史·诗》给我很多的学术启发，而让我对他的思想有更亲切了解的，则是他题赠给我的《中西智慧的贯通》。[①] 此书是先生多年来关于中国哲学和艺术，以及中西哲学关系的文章汇集，俯拾皆是闪光的思想珠玑，但让我最受教益也最有共鸣的则是《"有人在思"——谈中国书法艺术的意义》这一篇，以及与之相关的《中国艺术之"形而上"意义》。

对于叶先生来说，书法或书道不仅是中国古代艺术中最"奇特"（《贯通》，第 57 页）的，或在世界各民族艺术中最有自家特色的顶级艺术，更是具有现象学存在论深义的时机化纯思。"书法艺术的'内容'在'字里行间'，不在那'所说'（所谓、指谓）的'事'、'理'之中。"（《贯通》，第 59 页）书法写字，但它写的字摆脱了、超越了平常人们认为话语及文字获得意义的方式，如表象、指称某物某观念，而是直接通过"字里行间"得其意。"于是这个'意义'就是'超越'了'文'的'故事'和'道理'的，是一种'超越'的'意义'。"（《贯通》，第 59 页）但这超越不是西方传统哲学那种

[①] 叶秀山：《中西智慧的贯通——叶秀山中国哲学文化论集》（以下简称"《贯通》"），江苏人民出版社 2002 年版。

通过分析、综合和概括所得到的抽象的、无时间可言的概念化超越，而是"侧重在对'时间性'的总体把握"（《贯通》，第186页）。对时间性的统握势必是直接的，但因其不只在时间之中，而更是体现时间本身的当场构成，就在字里行间的时机化书写中直接构意构时，所以这书法是"把'时间'凝固在'空间'中"（《贯通》，第188页），是"对'形而上'的直接把握"（《贯通》，第186页）。有人曾指责中国古代思想缺少形而上的维度，又有人则按西方概念化或主体化哲学的方式来找出中国这边的形而上学，但叶先生却是在与西方逻辑抽象不同的思维结构中，找到了在书法的书写中被直接把握的形而上，有时间性可言的形而上，与胡塞尔的本质直观和海德格尔的形式显示思路相通。这种时机化、直观化、发生化的形而上，才是叶先生所谓"纯粹哲学"的最恰当义，尽管他承认概念逻辑化也是一种进入形而上的方法。

因此，叶先生认为一切超越的东西并不超脱时间和历史，而有形而上思意的书法"实际上原是一种远古意义的存留，只是我们历代祖先不但并未把这个历史的存留'遗忘'掉，而且还不断地维护、加工，使其成为多姿多彩的艺术品"（《贯通》，第59页）。这种远古意义来自前文字时代的刻画活动，现在还表现在幼儿们的涂鸦中，它产生的"道道"与自然事物包括其他高等动物留下的遗迹不同，表明"有'人'在这里'思想'"（《贯通》，第60页）过。这种原思首先不是思些"什么"或对象，而是最原发和基础性的思。所以，笛卡尔的"我思故我在"，要在"我写（刻、画）"和"我说"的意义上才有道理（《贯通》，第60页）。西方哲学在古典时期崇尚观念化或理念化形而上学，到现代开始破除之，到后现代则完全否定基础性的意义和存在本身；但中国哲人不一定要跟从这种或彼或此的路子，可以在脱开实体形而上学的同时仍然看出本源性的意义和存在。"中国的书法艺术为保存那基础性、本源性的'意义'提供了一种有价值的'储存方式'"，因为这艺术既超越，又原始，"保存了那个原始的、超越的'是'和'在'的'意义'"（《贯通》，第61页)。而西方人对文字的书写就没有达到这种见地,他们的"书法"也就从来不是一种顶级艺术品(《贯通》,第57—58页)。这些是非常新颖和深刻的见地。我认为儒家是一种远古意义的存留,即对远古人类的家庭化文化和思想的自觉继承和艺道化、仁道化,所以殊不同于那些只阐扬文明出现后的见地的宗教和哲学。

这么看来,书法之所以是中国传统艺术形式中最"单纯"(《贯通》,第187页)者,不是因为它的形式最抽象、离经验最远,而是因为它最原本,离我们的直观经验最近。书写的道道既不是几何学的线,也不是代表他物的符号,而是"实实在在的'有'"(《贯通》,第60页),又正在以这在场之有显示或构造着我们可以感受和欣赏的超越美意,所以浸润于、明了于这种意义和存有的哲人,就深知"有—人—在—思",而且是在思一切对象、主体、规律之前的状态,思那道道之道,也就是最合乎人性和天地之性的原发尺度。

二

从这种原书写的原思、原在、原是、原意、原道里,曾经以西方古典哲学为专业的叶先生看出了中国这边"有西方人所未曾见及的独到的、先进的视角",它表明"中华民族是最善于知根、知本的民族,是最善于从包括'文字'在内的一切'工具性'的'符号'中'看出''是'和'在'的民族"(《贯通》,第62页)。由此,叶先生对中国哲理及其关系的看法就绝不是以西方为中心的,而是来自不同范式之间的平等对话。

他对中西哲学关系的基本态度,也沉浸在他的书法现象学和书法存在论的见地里。比如,他主张在发表任何看法之前,要"让文本自己说话"(《贯通》,第4页),因为这些哲学大家们的书,"都不是说'死'了的",而是"开放的",也就是正在引动我们的、留有空档的文本。这样,如果我们老老实实地去读它们,就会进入其中，得其启发，还可能让这些文本没有说完的话就从其被阅读中自行说出。这就叫"让文本自己接着说"(《贯通》，第6页)。所以文本就与书法的道道有相似处，两方都不止于工具性的符号，而是在与人偕行中自发地构成意义。在这种"让文本自己接着说"打开的意义空间里，中西哲理是"通"的，"读着读着，我渐渐地觉得，'学'无论中西，都是'通'的"(《贯通》，第2页)。而这通是比较的根源。"'比较'要在'通'的过程中或基础上自己出来，而不是外在地做一些类比。"(《贯通》，第3页)这都是我完全赞同的，如果没有让中西文本自己接着说的功夫和引发过程，中西哲学的比较就会变得牵强和肤浅。而且，叶先生所谓的"文本"不是一个个孤立的文本，或按哲学家人头来分类的文本，而是贯通的、网状的和历史化的互涉文本。所以他读斯宾诺莎、康德、黑格尔等的文本，不离古希腊和中世纪的文本；读胡塞尔、海德格尔、列维那斯、福柯、德里达的文本，也不离康德、黑格尔，等等，当然也包括他们相互的引动(《贯通》，第205—209页等)；而读西方文本或中国文本，也是互涉互引的。比如此书中《我读〈老子〉的一些感想》一篇，就是《老子》这个文本与西方古今文本的交互引涉。而当叶先生听到德国教授说海德格尔思想对于德国人来说也难懂时，回答说对中国人来讲，也许海德格尔的文本反倒更好懂一些(《贯通》，第21页)，这无疑也是与他通过中国文本如《老》《庄》等来阅读海氏文本有关。

因此，他对于流行的"研究中国的学术，大都重视以西方的学术为参考系；但研究西方学术的往往不很重视以中国学术作参考系"(《贯通》，第211页)的现状，多次表示不满意、不赞同，而主张这种研究和文本指涉应该是双向互补的。研究中国文本时指涉西方文本和思想自不必说，而自觉地"从中国的哲学视角来研究西方哲学"(《贯通》，第1页)也是必要的，不然就会"使我们自己的研究工作悬空起来，几乎成为一门'死学问'，真的用以'谋生'而已"(《贯通》，第1页)。而他是相信哲学是一门"活学问"的，而要将这学问，包括研究西方哲学和各种学术做活，就必须首先"生活在中国这块土地上"（《贯通》，第1页）。从让文本自己说话的角度上讲，就是要不离开自己的母语（《贯通》，第220页），也就是将海德格尔"语言是存在的家"的见地体现在中西沟通上来。只是，有的人包括德国和中国一些搞海德格尔研究的，从这种说法就得出中西哲理文本或不同的语言之家之间无法相互沟通的肤浅结论，而叶先生则从他对书法和文本应机应时构意的见地出发，看出如果我们真正进入语言这个思想的家园，那么它们之间就会出现"揭蔽真理"之间那样的非概念化和范式间的原沟通，就如同中西大艺术家之间的关系。"梅兰芳的艺术中国人崇拜，外国人也崇拜，就像我们也崇拜贝多芬一样。"

海德格尔尽管痛切意识到不同的语言之家之间在观念范式和语词翻译层次上的不可通约性，但仍然写道："此〔老子之〕道（Tao）能够是那为一切开出道路（alles be-weegende）之道路。从它那里，我们才第一次能够思索什么是理性、精神、意义、逻各斯这些词所真正切身地要说出的东西。很可能，在'道路'（Weg）即'道'（Tao）这个词中隐藏着思想着的说（Sagen）的全部秘密之所在。"［海德格尔《语言的本性》，引自《海德格尔思想与中国天道》（人大版）第341页］这就是在承认"道"与西方的"逻各斯"相互不可翻译、无法概念对应的前提下，去努力揭示双方的范式间处的"道（路）"相通。叶先生"让文本自己说话"的主张，也是运作于这个超概念构架的和范式间的道说维度中的。只要我们的文本经验是"到家"的，那么就可能允诺我们超出家的现成界限而进入家际间不确定的、只能去意会摸索但又可能有意外收获的地带。

三

叶先生懂多种外语，但赋予母语以崇高的哲学地位。在写于

1998 年的《想起了"语言是存在的家"》这篇文章中,他主张:"在哲学的层次上,仍然是母语起主导作用。"(《贯通》,第 223 页)因为只有在母语及其构成的生存之家中,我们才能达到超概念的存在。"'哲学家'要使自己进入'Dasein'的层次,亦即使自己成为'Sein'的一个部分——Sein 的现时状态(Da),才能真正'说'到那个'存在'。'哲学'、'哲学家'与'存在'同'在'。在这个意义上,'哲学'就真的不是一种'理论'的'工作',而是一种'存在方式'、'生活方式'(维特根斯坦)。"(《贯通》,第 221 页)从另一方面看,如果一位哲学家真的能够"'说'到那个'存在'",也就不会画地为牢地死待在自家门框里,尤其是在今天这种多语共存共现的时代,不仅因为母语有不够用的时候,而且由于进入其他的语言之家,会带给我们另一个层次上的或家际间的新体会,构成只待在一种语言或一个家中所无法达到的丰富和拓展。

于是,叶先生以反常的方式来理解"上帝淆乱人类语言"(《旧约·创世记》)的寓言,即不将它看作是对人类的削弱,而是视为对人类的成就。这么看来,哲学承认异己,又以非同化的方式化解异己,成为语言际的,就是反上帝之道而行之的一种"抗争"。但这种语言际追求不同于科学主义的人工语言、网络语言倾向,那是要摆脱一切母语或自然语言的普遍主义一体化,如果大行,则无真哲学可言了。所以叶先生认为:"我们抗争上帝的办法,就只能是坚守自己的母语,同时努力将不同语言的哲学思考成果,消化过来。"(《贯通》,第 225 页)由此我想到,未来中国自己哲学的独立、拓展和兴盛,只能走这样一条以异质多元方式扩建母语的存在之屋的道路。没有"母语",我们就会被强势的西方同化;只待在母语中,则可能被习惯同化。而要挣脱这"同化",就要像当年宋儒出入于儒家经典和佛家经论之间那样,在两种或多种"语言"及其哲理的冲突张力里,经受"无公度性"状态的折磨,由此获得让思想震颤起来的边际效应。

哲学与哲学史

——回忆叶秀山先生

张志伟

我不是叶秀山先生的入室弟子，但是我一向把叶先生看作是我的老师。

第一次见到叶秀山先生是 1983 年在内蒙古首府呼和浩特召开的中华全国外国哲学史学会成立大会暨第一次年会上，那时我在读研究生，跟随苗力田先生、钟宇人先生和李毓章先生参加了这次学术界的盛会，代表有 300 多位，一时盛况空前。叶秀山先生刚刚从美国访学回国，在大会上做了主题发言，题目好像是《试论从〈逻辑哲学论〉到〈哲学研究〉的转变》，他将维特根斯坦这一转变比作康德从《纯粹理性批判》到《实践理性批判》的进展，令人耳目一新。先生意气风发，神采飞扬，给我留下了深刻的印象。前几年在清华大学哲学系讨论叶先生的新书时，我和先生说起当时的情景，叶先生也十分感慨：那是 30 多年的事了……而真正受到先生思想的影响，是在我 1985 年留校任教之后，与先生当面请教则始于 1992 年我的博士论文答辩。苗力田先生请叶先生做我的博士论文《康德的道德世界观》的评议人。记得当时把叶先生的评议书拿给苗先生看，大概是叶先生的评语不错，苗先生很高兴，说能够让叶秀山说不错可不容易啊。此后也偶尔去先生在社科院哲学所的阁子间问学，虽然次数不多，但总是获益匪浅。

叶先生著作等身，成果卓著，而对我影响最大的还是先生最早的几本书：《前苏格拉底哲学研究》（1982）、《苏格拉底及其哲学思想》（1986）和《思·史·诗——现象学和存在哲学研究》（1988）。叶先生对哲学的看法，深刻地影响了我的哲学观和哲学史观。在某种意义上说，我们这一代人是读着叶先生的书成长起来的。

我是中国人民大学哲学系78级的本科生，1982年毕业时读到了先生的《前苏格拉底哲学研究》，1985年研究生毕业，第二年读到了《苏格拉底及其哲学思想》，1988年我师从苗力田先生在职攻读博士学位，《思·史·诗——现象学和存在哲学研究》出版。那时叶先生的新书每一出版就会引起我们年青一代的热议。初读《前苏格拉底哲学研究》，先是被先生中规中矩的史料功夫所折服，然后便是因其中细微之处的精辟见解而深受启发。《苏格拉底及其哲学思想》一出版，我们便发觉先生的哲学研究有了很大的变化，这固然有研究对象的原因，因为苏格拉底毕竟是由柏拉图阐述的，从而给研究者留下了解释的空间，不过我们可以明显感受到先生研究哲学史的"路数"与以前不同了。通常我们研究哲学史要求史论结合，不过由于种种原因，我们的研究往往有史而无论。叶先生的《前苏格拉底哲学研究》相比而言史料偏重，而《苏格拉底及其哲学思想》则是理论突出，最初我们还真有些不太适应。及至《思·史·诗——现象学和存在哲学研究》出版，一时洛阳纸贵，引起了热烈的反响，应该说先生的哲学研究的思路在这部书中真正得到了充分的展现。我们终于明白叶秀山先生的学术著作之所以吸引我们的魅力在哪里了：它们不仅是哲学史的研究著作，更是哲学研究的著作。叶先生不仅是哲学史家，更是哲学家。

我是1985年研究生毕业留校任教的，1986年正式登上讲台讲西方哲学史。那时的青年教师在教学和科研方面还没有现在这么多和这么大的压力，我有相当一段时间没有课，可以专心备课，正是利用这段时间，我基本上把能够找到的哲学著作都读了一遍，这段时间对我后来的教学与科研可以说获益匪浅，30年过去了，现在有时还得益于那时的阅读，至今还在"吃老本儿"。我在备课过程中产生了许多问题和困惑，例如人们经常把哲学称作科学，但是哲学却并不具备自然科学最基本的外在特征即普遍性与必然性，那时人们普遍受黑格尔的哲学史观影响，主张全部哲学史不过是"一种"哲学发生发展的过程，每一位哲学家的理论学说都代表着对于"绝对"的一种认识，这种认识凝结而成一个"范畴"，后来的哲学家在此基础上进一步发展哲学，而最后的哲学将把所有的"范畴"构成一个体系，这个哲学作为哲学史的必然结果，不仅是以往哲学的概括和总结，而且使哲学真正成了科学，这就是所谓"哲学就是哲学史"的哲学史观，我们只需把"头足倒置"的黑格尔再"颠倒过来"就是了。我虽然也深受其影响，但却不免心存疑惑，原因很简单，黑格尔哲学最终被扬弃了，而按照"辩证法"，后来的哲学应当也会被扬弃……当时刚上讲坛，基本上照本宣科，讲哲学史就是把哲学家的理论学说讲清楚而已。就在这个时候，《哲学研究》1986年第11期上刊登了叶秀山先生的一篇论文《历史性的思想与思想性的历史——谈谈现代哲学与哲学史的关系》，让我眼前一亮，这篇论文深刻地影响了我的哲学史观。

《历史性的思想与思想性的历史——谈谈现代哲学与哲学史的关系》这篇论文原是叶先生在全国现代外国哲学学会第四届年会（1986年）上的发言稿，经过整理发表在《哲学研究》上，两年之后便是《思·史·诗——现象学与存在哲学研究》的出版。先生开宗明义，说明这篇论文的目的是解释一下为什么研究哲学史的人突然从古代跳到现代研究起当代西方哲学而又不甘心承认是赶浪头的理由。这在今天看起来似乎用不着解释，研究古典哲学与研究现代哲学并没有非此即彼的界限，但是在当时的确是需要说明的，因为哲学史与现代西方哲学貌似泾渭分明的两个研究领域，从哲学史转向现代哲学，一是会被认为"不务正业"，二是相当于"侵入"了他人的研究领域。先生这篇论文看似说的是现代哲学与哲学史的关系，实际上讲的是哲学与哲学史（广义的哲学史也包括现代哲学）的关系，在叶先生看来，对于一个哲学家来说，对于真正的哲学思考来说，哲学与哲学史是不可分割的。因为哲学是哲学问题的历史性的思考，而哲学史则是哲学问题的思考的历史。哲学史是思想（性）的历史，哲学是历史（性）的思想。因此，不但研究哲学史的人必须研究现代哲学，而且研究现代哲学的人必须研究哲学史，这种"必须"，不仅仅是一般意义上的知识性的"必须"，而且是一种哲学性的内在性的"必须"。哲学的这种"必须"与哲学问题本身的特点是分不开的，因为哲学的思想永远是一个过程。由于哲学是古往今来的哲学家们围绕哲学问题而展开的永恒的探索，哲学问题没有终极答案，因而哲学是活生生的思想，是活人的思想，应该集过去、未来于一身，本源性的思想也就是历史性的思想，所以学习哲学和研究哲学离不开学习和研究哲学史。虽然历史上的哲学家们早已离我们远去而作了古，但是他们的思想却留存在他们的著作中，读他们的著作是古人在引导着你自己思考，因而实际上是一种特殊方式的"对话"和"讨论"。在"对话"和"讨论"中，以往哲学家的思想就成为你的思想的一部分，这意味着我们在思想哲学家们的思想的时候，也就是在不同的时代以不同的立场、观点和方法把历史上的思想重新再思想一遍。这样一来，你的思想就是你自己贯通古今的思想，所以你的思想并不是你一个人在思想，而是许多人在思想，但同时又好像是你一个人在思想，这就是历史性的思想，就人类作为一个历史性的总体而言，你是在想你"过去"想过的问题。

　　初读先生的这篇论文，给我的震撼和启发难于言表。须知那时候学术界深受教条主义的束缚，马克思主义哲学产生之前的西方哲学史毕竟还为其提供了"来源"，而此后的西方哲学则是帝国主义时代腐朽没落的资产阶级哲学，没有任何可取之处，貌似真理被终结了，所以研究现代哲学的目的就是对之展开深入的批判而已。叶先生关于哲学与哲学史之间关系的思想使我从黑格尔关于"哲学就是哲学史"的思想中看出了不同的意义。从此之后，在我编写或主编的西方哲学史教材中，在我的教学科研工作中，我都会发挥先生的思想并且贯彻始终。

黑格尔主张哲学是哲学史，意思是说哲学史中只有一种哲学，或者说，哲学史是一种哲学发生发展成为真理和科学的过程，历史上所有哲学家的思想理论学说终究会被扬弃而成为哲学的某个环节，而黑格尔以其辩证法将所有的哲学思想即所有的环节构成一个有机的体系，所以黑格尔哲学既是哲学史发展的产物和结果，也使哲学达到了完成——哲学到此为止终于成了科学，而哲学之所以是科学就体现在由哲学史所构成的体系之中。我们也主张哲学是哲学史，但是与黑格尔的意思正好相反。哲学问题与自然科学的问题不同，它们虽然没有标准答案，也没有终极答案，但却是人类精神不得不追问的与终极关怀密切相关的一系列问题。哲学体现了人类精神的超越性，正因如此也体现了人类精神的局限性，因为人是有限的存在。在我们这个科学的时代，经常会听到对哲学的嘲笑，然而实际上这并不是对哲学的嘲笑，而是对人自己的嘲笑：哲学之所以不是像自然科学那样的科学乃源于人自身的局限性，而这恰恰也凸显了人类精神的开放性——它永远指向未来，指向无限的可能性。

所以，学习哲学就是学习哲学史，只有通过学习哲学史才能学习哲学。哲学家们思考的是根本性的问题，他们的思考亦是根本性的，从而便将一条思想之路推至极端，而在后人眼中，那路的尽头竖立着一块牌子，上面写的是"此路不通"，谁若是要继续开辟智慧之路，便须另辟蹊径。于是在哲学史上留给我们的就是一条条试图通达智慧顶点的道路。在这里，亚里士多德不能代替柏拉图，黑格尔也并没有超越康德，他们的哲学思想就像一座座绕不过去的里程碑，各自有其独特的意义和价值。所以，学习哲学就是将历史上的哲学家们所思所想的问题再思想一遍，把哲学家们所走过的思想之路再走一遍，然后选择我们自己的路，或者开辟一条新路。由此，我们可以把学习哲学看作是"对话"，我们的思想与哲学家们的思想之间的思想对话，因此学习哲学不是学习知识，而是训练思想。

叶先生不仅是他那一代专家学者中的哲学家，也是当代中国学贯中西，纵横古今的哲学家。不恰当地说，《思·史·诗——现象学和存在哲学研究》这部著作标志着叶先生著述生涯的"转折点"，在此之后，先生的著作不仅是史论结合，而且论多于史，他是在就史论学，先生不是在讲哲学史，而是在讲哲学。

叶先生是真正的哲学家。

据说叶先生曾经说，人的精力有限，一辈子只要能把一件事做好就行了，而他选择的是哲学。这话放在哲学之外说也许合适，若放在哲学之内，恐怕有很多人就不一定同意了。且不说叶先生兴趣广泛，京剧、书法、音乐……造诣皆非泛泛，有书为证，先生有论书法的书（《说"写字"——叶秀山书法谈丛》），也有论京剧的书（《古中国的歌——叶秀山京剧论札》）。在哲学领域中，在通常人们的眼里，叶先生更算不上是"专一"的人。他最初的研究方向是古希腊哲学，原来的计划是写作从前苏格拉底哲学、苏格拉底哲学、柏拉图哲学到亚里士多德哲学的系列专著，可惜兴趣转变，柏拉图和亚里士多德付诸阙如，令人遗憾。再看先生的全部著作，所涉猎的领域包括西方哲学、中国哲学、美学、宗教、科学……可谓贯通中西，纵横古今。或许有人感叹，以叶先生的造诣，若是把精力集中在某一个领域，当是顶尖的专家学者。然而，或许我们少了一位关注于某个细致入微的专业方向的顶尖的专家学者，却多了一位顶尖的哲学家。其实，先生涉猎看似庞杂，但却十分"纯粹"，恰如他主编的那部"纯粹哲学"的丛书，所有的庞杂都被"纯粹"到了哲学之中。他在哲学的理性王国中从心所欲自由往来，美丽的风景尽收眼底，汇入笔端，铸就了一座令后人高山仰止的丰碑。

叶秀山先生是一位哲学家。我们有许多老一代乃至更老一代的哲学家由于种种原因没有留下他们思想的记录，他们的思想湮没在历史的尘埃之中，令人禁不住扼腕叹息。而叶先生则把思想灌注于笔端，给我们留下了丰富的宝藏，这是叶先生的幸运，更是我们的幸运。

"哲学的启蒙"与批判的理性

——叶秀山先生对"启蒙"的一种读法

李 河

近期在做启蒙的话题，这个话题自然与康德有关，他 1784 年的文章《什么是启蒙》使启蒙成为近代思想史上最具冲击力的概念。[①] 那以后的 200 年，谈论启蒙的声音从未少歇。1984 年福柯在其与康德论文同名的文章《什么是启蒙》概括说，从康德黑格尔之后，经尼采、韦伯、霍克海默直到哈贝马斯，几乎没有一种哲学能够回避启蒙问题。他接着指出："现代哲学就是这样一种哲学，它一直在试图回答两百年前非常贸然地提出来的那个问题：什么是启蒙？"[②] 可见现代哲学在福柯心目里就是"（关于）启蒙的哲学"。

检索有关文献时，还读到叶秀山先生 2004 年的文章《康德之"启蒙"观念及其批判哲学》（简称《康德之"启蒙"》），该文开篇提到福柯说，"福柯这篇同名文章，注意到了康德'启蒙'论文和

[①] 康德：《对这个问题的回答：什么是启蒙?》（简称《什么是启蒙》），载詹姆斯·施密特编：《启蒙运动与现代性：18 世纪与 20 世纪的对话》（以下简称《启蒙运动与现代性》），徐向东、卢华萍译，上海人民出版社 2005 年版。

[②] 参见 M. Foucault, "What Is Enlightenment?" 载 *Ethics: Subjectivity and Truth*, edited by Paul Rabinow, Translated by Robert Hurley, The New Press, New York, pp. 303 – 304。

他整个哲学之间的联系，是很有启发性的"[1]。不过，将福柯与叶先生对康德启蒙思想与批判哲学的论述对比阅读，会发现二人的路向很不一样：如果说福柯对康德的启蒙给出了"福柯解读法"，则不妨说叶先生也给出了"叶氏解读法"；如果说福柯解读法丰富了"启蒙的哲学"，叶氏解读法重点关注的则是"哲学的启蒙"。进而言之，叶先生终身从事的哲学史研究，都是以"哲学的启蒙"作为圭臬的。他从这个角度来评价康德和德国古典哲学，也从这个角度权衡现代哲学。正是这个观念，注定叶先生心目中的哲学一定是向未来开放的，他的"哲学的启蒙"同时又是"希望的哲学"。

一　"哲学的启蒙"：重申理性与自由的订约

在我的印象里，启蒙不是叶先生的话题，因为在这个左右互搏的时代，该话题太政治了，而叶先生则无论哲学写作还是心灵休闲向来是走纯粹路线的，他主编的丛书叫"纯粹哲学"，他享受的也正是纯粹的去政治的人生。有此印象，以下事实才格外令我关注：叶先生不仅有专文论述启蒙，还用"启蒙与自由"命名了他的一部文集——该文集20余篇文字的唯一主题依然是康德的纯粹哲学。

当然，说启蒙话题比较政治，不是说它天然不适合哲学的谈论。福柯说，"启蒙作为我们今天依然相当依赖的一系列政治、经济、社会、制度及文化事件，构成了一个优先的分析领域"，这里的分析无疑会触及现代性社会赖以运行的那些初始概念或原则，难免具有强烈的政治味儿，但从学科分工来看，这分析本身却只能是哲学的工

---

[1] 叶秀山：《康德之"启蒙"观念及其批判哲学》，载《启蒙与自由——叶秀山论康德》（简称《启蒙与自由》），江苏人民出版社2013年版，第128页脚注。在叶先生提及的那篇文章中，福柯说："我无意夸大（康德）这篇短文在康德著作整体中的地位，但却认为仍有必要强调它与三大《批判》之间的联系。"参见 Ethics：Subjectivity and Truth，p. 308。

作，在这个意义上说理论、宗教、历史和国家社会等多个角度，对现代性精神进行了一番哲学教科书式的讨论。

"启蒙的哲学"涵盖的现代性领域和原则甚多，从哲学角度看，最高的概念由两个词表达：自由与理性，这正是康德启蒙文章开篇申明的两大主题。他说，"启蒙是人类脱离自我招致的不成熟"，德文文本的"脱离"写作"der Ausgang…aus"，重在强调脱离不成熟状态的"出路"，[1] 英文译法（如"emergence from"或"release from"）和中文译法则重在强调"脱离"行为本身。虽然有此细微区别，但这些词的交汇点都是"free from"（从……摆脱出来或免予……），这正是"自由"的确切含义。接着康德又说，"不成熟就是不经别人的引导就不能使用自己的理性。……勇于运用你的理性，这就是启蒙的座右铭"。[2] 这里的"理性"（Verstand）也可译为"理智"，主要指具有主体具身性的认识、判断和行动能力。显然对康德的启蒙来说，"勇于运用理性"与"自由"是一回事。

应该看到，康德"勇于运用理性"的说法预设着人的自由的内部条件，即"向往自由的意志"，与之相反的则是"情愿不自由的意志"，康德对此感触颇深，说出了那段醒世名言："很多人，即使大自然已把他们从他人的外在引导下解放出来，但出于懒惰和怯懦，还是心甘情愿地终身处于不成熟状态。他们何以如此轻易地将他人奉为监护人有许多原因。处于不成熟状态真是太安逸了。一本书可代替我去思考，一位牧师可以取代我的良知，一个医生可以替我安排健康食谱，等等，由此我就没必要让自我辛劳了。只要对我合算，我不必去思考。"在这里，康德多少表露出一些精英主义色彩，他认为多数人为了安逸情愿不自由，"只有少数人才能通过自己的精神奋

---

[1] 福柯在其《什么是启蒙》一文对此进行了细致的分析。
[2] 以上两段引文参见《启蒙运动与现代性》，第61页，同时还参照了康德文章的德文与英文译本。

斗脱离不成熟"。①

康德还从外部的社会条件的角度谈自由："公众应该启蒙自己，只要他们被赋予自由，这一切几乎是不可避免的。"但正是在这里，他显得比较犹豫，提出应对理性的"私下运用"和"公共运用"加以区分：当人们处于特定岗位或履行特定职务时，他"必须服从"，这里少有自由可言，其理性的运用只能是私下性的；但履行岗位或职务并不妨碍一个人从事具有公益目的的思考，这就是"理性的公共使用"，这种使用让他成为以思想为己任的学者（Gelehrter）。好社会应保障"理性的公共使用"的权利，"对理性的公共使用必须是自由的，只有这种自由能够给人类带来启蒙"。在这里，康德无疑非常看重作为思想者的学者在启蒙中的重要作用，他说，"如果作为人民精神监护者的学者自身居然都不成熟，那无疑是造成种种荒谬连绵不绝的最大荒谬了"②。

福柯对康德的上述思想非常关注，他将康德谈论的人的自由的内部条件，解读为"摆脱不成熟状态的精神的或伦理的条件"，同时将康德对理性的公共使用与私下使用的区分，理解为"摆脱不成熟状态的制度的和政治的条件"，③这两个条件蕴含着三大关联主题，即"（自由）意志、权威和理性的运用"④。不过福柯认为康德对三者关系的处理尚有待改进：其一，福柯认为康德对"人"的用法比较模糊，如果把它当作历史观中常见的那个大词 Menschheit（人类），那么启蒙自然会被刻画为事关人类整体、具有某些确定本质的宏大历史进程。但福柯强调，从对自由的承诺来看，启蒙终归是个"要由个人完成的行为"，终归是"作为个体的主体自身之事"（the business of the subject himself as an individual），只有个体主体才是自

---

① 本自然段两个引文分别见《启蒙运动与现代性》第 61 页和第 62 页，中译参照英文文本有所改动。

② 本自然段的引文分别见《启蒙运动与现代性》第 62 页和第 63 页。

③ 参见 Ethics：Subjectivity and Truth，p. 306。

④ 同上书，p. 305。

由意志的真正承担者。① 其二，福柯认为，康德对理性的公共使用与私下使用的区分是欠准确的，具有将"思想批判"与"服从"等而视之的倾向，不能将"良知自由"贯彻到底。对此福柯指出，"公开自由地运用理性"不是"服从"之外的事，反之，"它是服从的最佳保障……"接下来他以康德的口吻强调说："那些必须服从的政治原则，本身必须符合普遍理性"——福柯将此称为"自由理性与理性专制之间的契约"。② 显然，将启蒙落实于个体主体的自由，保持思想个体对各种秩序的批判，让思想自由成为个体和制度的最大公约数，这是"福柯解读法"的重要出发点。

与福柯类似，叶秀山先生的《康德之"启蒙"》对康德文章的解读也是从梳理"自由、理性和权威"的关系开始的，但其解读重点不在于谈论个体的自由意志、理性的运用以及对外在权威的摆脱，而在于阐明哲学是如何使人在精神层面上"摆脱'他者—神学'的统治，而成熟地运用自己的理性"的。他称这是"哲学的启蒙，哲学的成熟"③——这确实是个新颖而又具有互补性的视角：如果说"启蒙的哲学"旨在以哲学的方式对各种现代性初始概念或原则进行批判，"哲学的启蒙"就意味着哲学对自身的批判。"哲学的启蒙"是启蒙中的启蒙！

康德的启蒙文章简约且通俗，对"理性"的界定不像康德其他哲学论著中那样严格，但其中依然明确表达着18世纪启蒙精神的基本主题，即理性与自由的订约。但到了福柯的时代，各种质疑理性

---

① 福柯这一看法与哈贝马斯类似。后者在1985年出版的《现代性的哲学话语》中指出，现代性承诺主体性观念，而在主体性观念所包含的四大要素中，第一要素就是"个体主义"，而其他要素还包括"批判的权利"和"行为的自由"等。参见曹卫东等翻译的《现代性的哲学话语》，译林出版社2004年版，第20页。

② 哈贝马斯：《现代性的哲学话语》，曹卫东译，译林出版社2004年版，第308页。

③ 参见《启蒙与自由》，江苏人民出版社2013年版，第144页。为节省篇幅，本文援引叶秀山先生论述时酌情删减了原文中一些引号。

的声音不绝于耳，人们普遍对理性与自由的关系心生疑虑。在此背景下，叶先生的文章重申理性与自由的订约，他说，"理性与自由同一"。

需要说明，叶先生谈理性与自由的文章很多，除《康德之"启蒙"》外，《哲学作为爱自由的学问》与《康德的"自由"、"物自体"及其他》等都有不少精辟论述。他从康德对"启蒙"的界定出发，将"free from"即"自由"刻画为理性的本质属性，从而顺理成章地将理性的观念史描绘为摆脱各种羁绊的历史：这种羁绊曾经来自中世纪神学，后来经过路德的新教革命，理性开始与外在权威决裂；这种羁绊曾经来自文艺复兴后人们对感性世界的迷恋，但凭借笛卡尔对感觉经验的质疑，理性得以从感性论的束缚解脱出来；这种羁绊还来自人类漫长的压抑自由的历史，人虽生而自由，但在很长时间内却把自己的自由"托付"了出去，现在需要将它赎回，赎回不仅需要物质力量，也需要精神力量，即理性的力量；最后，这种羁绊尤其在当代还来自日常生活中作为"必需—被迫力量的肉欲"，唯有希腊以来的"理性追求"才能守住其"爱智慧—爱自由"的本性，才能维护"灵欲"的力量；等等。[①]

总之，在叶先生看来，"理性与外在权威的决裂，形成了理性的内在权威，亦即，理性与自由同一。自由乃是'自己'。一切出于'自己'，又回归于'自己'。启蒙精神乃是'理性'精神，'自己'精神，'自由'精神，乃是摆脱外在支配，'自己'当家作主的'自主'精神"[②]。需要看到，文中所说的"摆脱外在支配"，不仅意味着摆脱神学权威或世俗的政治权力，而且是指摆脱一切"他者"，为此叶先生将"摆脱'他者—神学'的统治"一语确定为"哲学的启

---

① 以上论述见于叶秀山《康德之"启蒙"》《哲学作为爱自由的学问》和《康德的"自由"、"物自体"及其他》，载《启蒙与自由》（江苏人民出版社2013年版），特别参见该书第233页和第225页。

② 叶秀山：《启蒙与自由》，江苏人民出版社2013年版，第130页。

蒙"标准表述,"摆脱"意味着"成熟","摆脱"的未完成意味着"哲学启蒙"的尚待完成。

二 批判与"批判哲学":为理性划界的两种方式

"哲学的启蒙"以理性摆脱一切"他者的统治"为特征,但理性运用不当,则可能自身陷入"幻象",自身沦为"他者",甚至沦为新的遏制思想自由的"外在权威"。消解理性向"他者"沦落的最有效方式是"批判",批判的重要内容是给理性划界。正是出于这个意识,批判成为福柯与叶先生所分有的另一主题。

福柯的《什么是启蒙》赋予批判以极高的地位,他说,"批判记载了理性在启蒙中逐步成熟起来的轨迹;而反过来说,启蒙又是一个批判的时代"[1]。此外,福柯还在1978年就启蒙写了另一文章,标题就是《什么是批判?》[2],它与《什么是启蒙?》时间相近,逻辑相承。有趣的是,叶先生《康德之"启蒙"》的第二节标题读起来与福柯的文章很像,叫作"何谓批判哲学"。福柯谈"批判",叶先生谈"批判哲学",但二者对批判和理性的解读路向确实不同。

福柯说"批判记载了理性在启蒙中逐步成熟的轨迹",换句话说,理性的成熟是以批判为标志的,这确乎是对18世纪以来现代性历史的准确总结。毫无疑问,康德的启蒙文章充溢着理性与自由相得益彰的乐观态度,18世纪不少法国启蒙思想家更是崇信"理性为王",相信它能带来科学、进步、自由和文明等一切善果。但至少自卢梭1750年的《论艺术与科学》之后,另一些思想者对理性的怀疑批判也并行延续着。到了20世纪上半叶,对理性的批判成为霍克海

---

[1] 参见 *Ethics: Subjectivity and Truth*, p. 309。
[2] 詹姆斯·施密特编:《启蒙运动与现代性》,徐向东、卢华萍译,上海人民出版社2005年版。

默、阿多诺《启蒙辩证法》的主题。他们认为，理性不仅全然蜕变为以自然科技和管理技术为代表的工具理性，还越位到人类精神的所有领域，全面瓦解了道德理性赖以存身的基础。人蜕变成工具、部件和算子，人性与诗性受到物质力量的碾压，理性走向反面，启蒙自我毁灭。这种理性批判对福柯产生了强烈影响，在他看来，现代性的一个根本问题在于，起初靠反抗权威成长起来的理性是如何蜕变为更强大的外在权威或权力的？他在《什么是批判？》就此说道，16世纪后的"现代"以"统治技艺"的普遍化为主要特征，"如何统治"成为社会各领域各阶层必须回答的问题，而理性主义的发展给"统治技艺"提供了强大助力。在此背景下，自由自主性的思想应优先考虑的问题就是：如何不被统治？福柯说，"这是一种普遍的文化形式，既是政治的也是道德的态度，是一种思想方式等，我简单地称之为不被统治的艺术，或更恰当地说，不像那样和不付出那种代价而被统治的艺术。因此，我将提出这个一般特征以作为对批判的初步界定：批判就是不被统治到如此程度的技艺"[1]。

不难看出，福柯虽沿用了康德的"批判"和"理性"等概念，但其意蕴与康德不尽相同。当他说"正是对理性的不正当运用，才引发了教条主义和他律"时，那里的"理性"与霍克海默、阿多诺《启蒙辩证法》一书的用法大致相当，那里所说的近现代理性的自我分裂和自我矛盾表现为：科学知识理性因其在自然领域中取得的长足发展，蜕变为马克斯·韦伯所说的工具理性，它全面渗透于人的科技活动、经济生活和社会管理，成为具有强烈政治色彩的、无处不在的"统治技艺"，就此而言，理性从最初允诺的自由保障者沦为全面遏制自由的"他者"和空前强大的"外在权威"。与此相应，道德王国的理性则在工具理性的全面侵袭下根基摇动，失去了为自由提供可持续保障的力量，现在它彰显其存在的唯一方式只能是

---

[1] 参见詹姆斯·施密特编《启蒙运动与现代性》，徐向东、卢华萍译，上海人民出版社2005年版，第390页。

"批判",即成为一种"不被统治的技艺",这里我们不难读出福柯的无奈感。

福柯的理性批判在路向上与康德若即若离,而叶先生对批判哲学的解读则要直接回到康德。虽然如此,这两个看似不同的取向是内在相关的:要理解福柯的无奈,对康德问题的理解依然是前提。进而言之,只有理解了康德批判哲学的问题,才能透彻把握当代理性批判(即所谓"启蒙辩证法")的确切含义。

叶先生对批判哲学的解读是从训释"批判"开始的:"'批判'乃是'批审—厘定'的意思,而所谓'批审—厘定'正是指'划清界限'而言。'界限'观念是德国古典哲学从康德到黑格尔的一个核心的概念;而'界限'的确立,乃是理性'启蒙''成熟'的标志。因而,就哲学的意义言,在康德看来,过去的传统哲学—形而上学,其弊病就在于'界限'不清,从而是不够'成熟'的。于是,'批判哲学'就不是眉毛胡子一把抓,而是有'界限'的、'成熟'了的理性哲学。"[1] 这段文字言简意赅地阐明了"启蒙"在哲学史上的含义:不仅尊崇理性,而且要对理性进行批判,进行"限权"。康德以前的"传统哲学—形而上学"虽然不乏对理性的声张,但因为缺乏这种"限权"意识,因而是不成熟的。唯有康德的批判哲学,才使哲学开始成熟起来。[2] 笔者素知叶先生有言近旨远话康德的功力,但读到《康德之"启蒙"》的以下文字时依然会赞叹不已:"哲学的领域犹如一个'王国'。这个王国由理性来统治,因而是有秩序的,而不是无政府状态;然则理性也不是一位独裁的君主,理性并不是不加区别地在不同的领地、领域行使相应的权力,种种不同的权力是有限制的,因而理性在行使自己的权力时也有个'僭越'

---

[1] 参见《启蒙与自由》,江苏人民出版社2013年版,第133—134页。
[2] 叶先生在《康德的"批判哲学"与"形而上学"》一文中谈到休谟打破了"独断论的迷梦"时说:"理性由对世界的'审度'转化为首先对'理性自身'的'审度'。理性由启蒙早期'初生牛犊不怕虎',发展为需要'审度'自身的能力,有了自知之明,是为'启蒙'的发展,'启蒙'的'成熟'。"参见《启蒙与自由》,第65页。

的问题，划清理性在哲学的不同领域之不同的'权限'，不使其自身'越位—僭越'或者'降格—不到位'，乃是康德'批判哲学'的首要任务。于是，在康德眼里，哲学的王国，也如同现实的王国那样，最为理想的政治，乃是'共和国'。"①

有趣的是，叶先生谈论批判哲学时喜欢使用王国、领地、立法、审查等政治学的或法学的比喻。他谈及《纯粹理性批判》时说，知识是理性的一个领地，理性对之具有立法权，只有在这块理性具有立法权的领地上，知识才具有普遍有效性和必然性。那么哪些内容可以成为这个知识王国的"合法臣民"呢？经验对象可以，当且仅当它接受了时空先天直观形式和先验范畴的构造。相形之下，诸如神、灵魂不朽、意志自由等超越概念，虽然也是理性的，也可以通过某种逻辑推论或习惯推论而得到证明，但因其超越于时空直观之外，所以不能成为范畴构造的对象。它们不是知识王国的合法臣民，把它们当作知识就是理性的"僭越"。至此，叶先生从"哲学启蒙"的角度概括说："理性之僭越乃是理性'不成熟'的表现。传统形而上学妄图将'神—灵魂不朽—意志自由'诸观念也当作'自然概念'一样，纳入理性的'知识王国'，正是这种'不成熟'的一大例证。揭示此种做法的'不成熟性'，乃是康德批判哲学的奠基性工作。"②

接下来叶先生引入"自由"问题议论说，理性在知识王国是以"自然"的名义而拥有立法权的，既然是"自然"，理性在这里的自由就要受限制，"就如同自由在'私下'范围内受到限制一样，'自然知识'和'社会职务'都受到经验的限制"③。——这确实又是神

---

① 参见《启蒙与自由》，江苏人民出版社2013年版，第134页。

② 同上书，第138页。除《康德之"启蒙"观念》一文外，叶先生还在《作者的话：论康德》《"一切哲学的入门"》《康德的"批判哲学"与"形而上学"》等文章中多次使用王国、领地、立法权等比喻来描述批判哲学，参见《启蒙与自由》序言第4—5页，还有正文第5页，第66页。

③ 同上书，第137页。

来之笔！康德论启蒙文章中对理性的"私下使用"与"公共使用"的区分，被叶先生信手拈来以阐明康德自然理性与实践理性的区别，这不仅贴切，而且具有重要的文献研究启示。因为康德1784年发表论启蒙一文时，他的《纯粹理性批判》刚刚问世3年，《实践理性批判》尚有4年才会面世。在此背景下看理性的"私下使用"与"公共使用"，就知道它不是康德的即兴表述，而是对知识与道德领域关系的一次命名尝试。

无论在"理性的公共使用"的语境，还是在"实践理性"的领地，以"free – from"为基本特征的"自由"都是核心主题词。叶先生解读说，虽然"自由"这个理念在自然知识王国不具有合法身份，但它正是因其超越特性而具有两个重要功能：其一，就其与源于感性现象的知性—知识王国而言，"自由"是引导知识从有限走向无限、从建构走向开放的向善的范导性、创造性力量；其二，在道德王国领域，"自由"是唯一具有"立法权"的理念，是实践理性大厦的"拱顶石"。[1] 在伦理学领域，自由依然有个"通过摆脱……而成熟起来"的问题，譬如要摆脱与自然律、功利计算有关的自然欲望的束缚。

总之，叶先生对批判哲学的解读旨在表明，"成熟起来"的理性应清晰界分其在自然知识领域和道德领域的"权限"，各司其职，各安其位，不允许以某一领域的权力来取代其他领域的自主权。但理想是丰满的，现实是骨感的。回头看看霍克海默、阿多诺和福柯对理性的批判，不难发现理性在康德之后的200年中发生了形变：首先，理性的"划界"或"限权"逐渐蜕变为理性自身的"分裂"或"隔离"，对此霍克海默在《反对自己的理性：对启蒙运动的一些评价》一文指出，随着劳动分工进入精神领域，科学真理、道德真理和宗教真理各自"隔离"。其次，理性自身的相互"分离"进一步

---

[1] 参见《康德的"批判哲学"与"形而上学"》，载《启蒙与自由》，江苏人民出版社2013年版，第76—78页。

在科学真理、道德真理和宗教真理等"不同领地"之间形成了高度不对称的格局：专一追求手段、程序和效率的科学真理膨胀起来，而关注人类生存价值和命运的宗教真理或道德真理则萎缩下去，它们像古老的文化传统一样被"隔离在自己的保留地"，失去了效力。简言之，理性把自己窄化为知识论意义的、价值中立意义的工具理性，而工具理性则因此将自己膨胀为全部理性。总之，工具理性的"僭越"和道德理性"缺位"，构成了所谓"启蒙辩证法"或"理性反对自身"的基本内涵，霍克海默忧虑地说，"正是追求知识和规范评价之间的这种分工有可能摧毁一切意义"①。

　　行文到此，不难发现20世纪的批判理性与叶秀山先生对康德批判哲学的解读是内在相通的：叶先生说，康德眼中的哲学是个"共和国"，相形之下，霍克海默和福柯等所抨击的则是工具理性虽占用了理性之名，但却是一个"专制帝国"；叶先生说，康德强调批判哲学的首要任务是让理性在哲学各领域各司其职，"不使其自身'越位—僭越'或者'降格—不到位'"，相形之下，霍克海默和福柯等所忧虑的则是工具理性的全面越位和道德理性的全面降格。由此可以说，叶先生对批判哲学的梳理不是对康德的简单复述，而是从理性和自由的角度重新勘定了康德哲学在哲学史，乃至对整个现代性理论的启蒙价值。他将康德对理性的"私下使用"与"公共使用"的区分用于解读康德的知识论与伦理学的关系，对于康德哲学研究具有重要的学术启示。更为重要的是，他不断强调唯有"摆脱他者的统治"，思想才能获得自由，哲学才能成熟起来，人才能脱离自己的不成熟，这是留给我们这些后学的宝贵遗训。

---

①　霍克海默：《反对自己的理性：对启蒙运动的一些评价》，载詹姆斯·施密特编《启蒙运动与现代性》，徐向东等译，上海人民出版社2005年版，第369页。

三 "人能希望什么?":哲学向未来开放

1980年9月,德国思想家哈贝马斯在接受阿多诺奖时发表题为《现代性:一项未完成的方案》的演讲。他认为,当时西方艺术与思想界流行的"后启蒙"(post-Enlightenment)与"后现代性"(post-modernity)等思潮提出了这样的问题:"我们是否应该坚持启蒙运动的宗旨,即使它自身已经问题百出?还是我们应该全盘放弃现代性的方案?"对此,哈贝马斯的回答是:"我们应当从那些错误的运动以及伴随着现代性方案产生的一系列偏差中总结经验,而不是放弃现代性和现代性方案。"5年后,他推出文集《现代性的哲学话语》,针对欧陆哲学中的多个后现代学说,对启蒙和现代性观念作了全面的审视和辩护,他在那里重申:现代性未完成,启蒙未完成。

哈贝马斯的活动表明,启蒙或精神领域中的现代性不是一蹴而就的事情,了解后现代哲学,投入与后现代思想的对话,是"启蒙的哲学"或"现代性的哲学"必须要做的功课。由此反观叶秀山先生提出的"哲学的启蒙",不难形成这样的看法:康德固然是"哲学的启蒙"的一座丰碑,但"哲学的启蒙"绝不止步于康德。因此,要完整了解叶先生的"哲学的启蒙",不能不涉及他对现代哲学的阅读和思考。

熟悉叶先生的同事弟子都知道,他不仅是古希腊哲学或德国古典哲学的专家,而且对现代西方哲学、中国传统思想都有精深造诣——他是个思者,"斯人在思"就是对"思者"的最佳诠释。[①] 思者有立场而无教条,叶先生就是证明。在专业化的时代,一般古典哲学方面的专家不大愿意染指现代哲学,其首要原因恐怕在于两者

[①] 参见黄裕生、宋继杰、吴国盛主编《斯人在思:叶秀山先生七十华诞纪念文集》,江苏人民出版社2006年版。

的范式差异过大，古典哲学以理性为第一义概念，现代哲学则多以拒斥形而上学理性为使命，或以"非理性"或"反理性"的面目示人。但叶先生不是标签派，他不拒绝亲近和了解现代哲学。2000年，有记者在伽达默尔100周岁华诞采访他时发现，这位老人桌面摊开摆放着一本德里达的著作，此事一时传为美谈。叶先生在这一点上不遑多让，这位以研究古希腊哲学和德国古典哲学而闻名的学者，逝世前案头上摆着柏格森的《材料与记忆》一书，上面圈点批注笔墨尤新，这个场景极富象征意味，在每个凭吊者心中定格为永恒。此外，他专论康德哲学的文集《启蒙与自由》，同时还收录了几篇探讨列维纳斯、德勒兹等现当代思想家的文字，他1994年出版的自选文集《无尽的学与思》[①]更是辑录了多篇深入细致论述西方现代哲学的文章，可以说他是改革开放后最早系统研习西方现代哲学的中国学者。的确，对叶先生来说，"古典"或"现代"只是两个时间定语，它们所标示的对象都是哲学。谈论"哲学的启蒙"不能不与现代的哲学家们共同追问和思考。

《无尽的学与思》把我们带回20世纪80年代到90年代初，那是叶先生潜心攻读欧陆现象学、解释学和后现代理论的十年。如同对康德的研读，叶先生对当代哲学的谈论大都以原文原著为依据，故其行文绝无当时多数外国哲学介绍文章常有的转述口吻和模棱语气，更无似是而非的隔靴之论，今日读来许多论断和见解依然极具穿透和启发力量。1989年问世的《"哲学"面对"历史"的挑战》一文，对古希腊哲学、德国古典哲学、胡塞尔现象学、海德格尔存在论、解释学哲学乃至当代的"消解学"（今译为"解构论"）进行了贯通性的梳理，系统展示了古希腊时代以来哲学与历史的对峙消长关系：哲学旨在探寻寂静的智慧本体，历史则在时间性中显化。几年后，他将这种关系进一步概括为"理念论传统"与"存在论传

[①] 《叶秀山哲学论文集——无尽的学与思》，台湾仰哲出版社1994年版。

统"的互动。① 同一年，他还发表了另一重要论文《意义世界的埋葬》，这是国内最早全面阐释德里达思想的论文之一，文中对"意义世界"的解读耐人寻味，而其副标题"评隐晦哲学家德里达"更提示了一个重要的哲学史思路：胡塞尔甚至海德格尔以前的传统的形而上学，大体可以被称为"明学""显学""显现学"或"现象学"，而德里达思想的颠覆意义在于，他高调宣示的是"隐晦的哲学"，追寻的是一条日益痕迹化，不断处于延异、涂抹中的"归隐之路"。② 在叶先生看来，"归隐"或"隐晦"不是不可理解的，"德里达也是'可理解的'"。正是基于这种同情性理解，该文对德里达大量概念的解读透彻清晰，至今仍颇具解惑效力。此后，1990 年的文章《论福柯的"知识考古学"》着重描述了福柯意义的经验论、"人"产生与死亡、知识型观念和话语观念，等等。1991 年的《哲学的希望与希望的哲学》则从"意义与事件"的视野出发分析了利科对解释学的改造，并从看、听、写、读的不同维度对古希腊传统与希伯来传统、语言学结构主义与以生存论意义的文本为基本单位的解释学的基本特征进行了极富想象力的讨论。最后，在 1992 年的文章《"现象学"与"人文科学"》中，叶先生更明确指出，胡塞尔的现象学有一个重要功能，那就是提供了一条建立作为"活的科学"的人文科学的道路。他说，"胡塞尔要恢复人文科学的核心，所用的方法，借重于笛卡尔的'悬搁'……我以为这个'科学'是以'你'为核心对象的"③。总之，叶先生的当代西方哲学论文，笔调

---

① 在《前言：我是做什么的?》中，叶先生写道："西方哲学的历史发展，有一个'理念论'传统，也有一个'存在论'传统，现代自海德格尔以后，'存在论'在西方流行，而'理念论'则有被冷淡的趋势。"参见《叶秀山哲学论文集——无尽的学与思》，前言 v。

② 在《"现象学"与"人文科学"》一文中，叶先生围绕列维纳斯的"存在"观念，展开了对"明"与"暗"、"有"与"无"、"时空"与"永恒"等讨论。参见上书第 8 页。

③ 分别参见上书第 3 页、第 18 页。

依然是深入浅出、从容不迫,议论总是新意迭出,发他人之所未发。

一个研究古希腊哲学和德国古典哲学起家的学者,为什么要花大气力来蹚现代哲学的"浑水"呢?对此叶先生在《无尽的学与思》的前言辞气诚恳地写道:"近几年我做事,常处在'新'、'旧'矛盾之中。一方面我渴望读新书,觉得自己所知太少,另一方面又迫切地想重读旧书,因为感到我不仅所知太少,而且所思太浅。"①后来在《启蒙与自由》文集的前言中,他再次提到阅读中的"新与旧""博与约"和"深与浅"的问题。在他看来,现代哲学并非与传统哲学格格不入的"异类",那里有迫切需要了解的"新东西",这些新东西与过去的老东西,其话语形态虽世殊时异,其旨趣却并非断离。对此他说:"可能与我从哲学史入手并长期做哲学史的工作有关,我所谓深、浅,常与挖掘的历史层次有关。我总觉得对问题(主要是哲学问题)深入乃是能将古今贯穿起来思考的那种融会贯通的思想境界,在这里,理论的思考与历史的思考是统一的。"② 显然,在叶先生看来,贯穿起来思考古今哲学问题,不厚古薄今,不以今非古,在更深层面上将思想或问题"打通",是"哲学的启蒙"或让哲学"成熟起来"的题中应有之义。

不过,"贯穿"或"打通"不是随波逐流,喜欢阅读新东西的叶先生不是个让思想旋如飘蓬、随境而转的学者。孔子云"吾道一以贯之",庄子说"道通为一",这是叶先生终生崇奉的座右铭。③而这个"一",依然是古希腊哲学、笛卡尔哲学和德国古典哲学,依然是康德哲学那种要"统一哲学王国的疆土"的理想。因此,他对胡塞尔现象学的叙述以古希腊哲学和笛卡尔为起点,探讨福柯"知识考古学"时要第一节的标题确定为"还是要从康德说起",解读

---

① 参见《无尽的学与思》,前言 v。
② 同上。
③ 叶先生在《启蒙与自由》中以崇敬的语气提到,"我们面对的这位哲学家康德,却是一位'吾之道一以贯之'的大哲"。见该书前言第 3 页。

利科的"事件与意义"理论时，更是频频追溯古希腊哲学、笛卡尔哲学和德国古典哲学。在 2011 年出版的《启蒙与自由》文集，第一篇文章的标题是《一切哲学的入门》，而它当然是谈论康德哲学的。在文集前言叶先生坦陈："也许是随着年龄增长，精力的衰退，我的阅读范围逐渐地收缩了。最近这些年，我读书的范围主要集中在我们所的'德国古典哲学'这一段，从康德到黑格尔，特别是康德和黑格尔，或许是因为从我做哲学以来，从未离开过他们的思路的缘故。"① ——"从康德到黑格尔，特别是康德和黑格尔"，为什么会如此？因为叶先生一贯认为，它们是哲学"成熟起来"的里程碑。

其实说到底，叶先生的思想终生守护的"一"就是形而上学。在叶先生告别仪式上，他的学生黄裕生在悼文中披露了他的一段话："如果没有形而上学，权力就是真理。"这里所说的"形而上学"当然不是国内教科书里的那个贬义的语词，用德勒兹在《什么是哲学?》一书中的说法，它萌发于古希腊那块"领土"，随后传播到整个哲学的"大地"。② 这种形而上学的理论特征是以追问和分析的方式穷尽事物的根本之理，它的知识社会学特征是"为思而思"。思想正是在为思而思的运行中获得自主性和内在权威，这个自主性的思想就是康德在《什么是启蒙》中提到的"理性的公共使用"，其本性是旨在"摆脱……他者统治"的自由。一个社会如果没有这种形而上学，思想的内在权威终将无法建立，而没有权威的思想便只能向世俗功利、外部权力乞食，在浮躁喧嚣和浅尝辄止的氛围中苟延。就此而言，"没有形而上学，权力就是真理"实在是叶秀山先生留给后辈思者的至理名言。

需要补充的是，如果说康德的批判哲学把以往"理性的专断"变成了"理性的共和国"，那么叶先生心目中的"形而上学"则是

---

① 《启蒙与自由》，第 2 页。
② 参见德勒兹等《什么是哲学?》，张祖建译，湖南文艺出版社 2007 年版，第 319 页。

个民主制的思想国度：那里有理性的哲学，也有对理性哲学的批判；有"理念论"传统，也有与之制衡的"存在论"传统；有对寂静思想本体的追问，也有从生存、时间、历史和变异而来的挑战；有严密推敲概念证明程序的由隐及显的显现之学，也有尽力抹去一切确定性痕迹而沉入绵延或延异的归隐之学；一言以蔽之，有以追问事物最后真理或本质为宗旨的传统形而上学，也有不遗余力对之进行解构的反形而上学。其实，哲学史上那些最强大的反形而上学家，个个都是形而上学家——他们的批判题材来自传统形而上学，他们的哲学创造激情、彻底的追问态度以及对打造全新概念工具的迷恋，丝毫不逊于传统形而上学思想家。就此而言，"形而上学"毋宁说是一种思想制度，正是基于为思而思的原则，它足以将形而上学与对形而上学的挑战包容一身，因而为思而思本质上是鼓励思想的穷究、创造、竞争和批判的。当许多现代性理论的学者将数百年来现代性的成就归结为各种外部制度或政治条件时，很少有人意识到它还有一个最为重要的内部精神条件，这就是"形而上学思想制度"。没有它就没有"哲学的启蒙"，更谈不上使哲学"成熟起来"。

总之，叶先生对现代哲学的理论热情表明，真正的哲学是面向未来的，它思入未来，让未来以"希望"的方式进入思想，照进现实，"希望"是叶先生对哲学的最高期待。他把关于利科解释学的论文命名为《哲学的希望与希望的哲学》，文中高度关注利科对"希望"观念的论述。叶先生说："'希望'的确是古典哲学中常被忽略的一个问题。康德在提出'人能认识什么''人应做什么'之后，还提出了一个'人能希望什么'的问题。"在叶先生看来，"希望"是希伯来思想区别于古希腊哲学的一个关键概念，希望是向未来开放，它超越知识论，甚至不受道德论的局限，它通过对未来的预言和许诺实现着人们对现实的自由超越。在该文的最后，叶先生以一种箴言体口吻写道："'世界'不仅是'知识'的对象，'人生'也不仅是'德性'的丰碑；'人世'本已作出了'许诺'，闪烁着'希望'。请读'人世'这本大书：它不仅'告诉'你'过去'，也向你'预示'着'未来';'未来'作为一个'许诺',总能增加你的'信心'。"① 这应当就是叶先生"希望的哲学"的梗概,也可视为他的"哲学的启蒙"的最后注脚。

---

① 以上两段引文分别参见《无尽的学与思》,台湾仰哲出版社1994年版,第90页和第96页。

纯粹哲学如何可能？

谢文郁

叶秀山先生对我来说是一位不朽的思想者。先生高龄仙去的消息传来，还是给我带来震惊和惆怅，深感不舍！先生执着地在哲学界特别是西方哲学界耕耘不息，一直在读书、思考、讨论、写作、出版，而未尝歇息，给中国哲学界留下了丰富遗产。一一数来，不禁令人肃然起敬而叹息不已！

回想起来，与叶先生相交是在20世纪80年代。改革开放之后，大学恢复高考。我有幸进入中山大学哲学系读书（1978年）。虽有学子读书心切，但是，中国学术界当时是一片凋零，只能提供一些思想贫乏、学术不济的白纸黑字。那是令人窒息的年代，只有半扇窗户开着透气。1979年，偶尔在书店发现了李泽厚的《批判哲学批判》，我曾兴奋一时。这本书让我的思想开了窍。不过，这种有思想的书当时是凤毛麟角。1981年，我又在中山大学图书馆内找到了陈康先生的《巴门尼德斯篇》（1944年商务版），如获至宝，让我在写学士论文时灵感不断。但是，接下来，我很快就有了一种无书可读的惆怅。我当时读书时总是出现这种经历：新书在手，开卷惘然！勉力而读，厌情生焉！我1982年大学毕业后就去了西安医学院（现为西安交通大学医学院），在那里教授马克思主义哲学。那年26岁，正是意气风发的年华，读书欲望强劲。去到西安之后，汉语无好书这个想法是越来越强烈了。念头一转，我可以用我那半桶水的英语知识去读英文书啊！于是，我就常常泡在联合国教科文组织设立在陕西师范大学的图书馆（当时不过是一个几十平方米的阅览室而已）。记得是在 1982 年年底，在书店里看见了叶先生的《前苏格拉底哲学研究》，眼睛一亮，就买下来了。打开书本，看了那些希腊文字，以及叶先生的分析和讨论，把我对苏格拉底以前哲学家的研究兴趣马上点燃了。同时，在联合国教科文组织设在陕西师大的那个图书馆里，我找到了 Jonathan Barnes 的 *The Presocratic Philosophers* (1983)。两本书合起来读，每天都和那些残篇打交道，一个字，一句话，都有实实在在的分析和理解。我把自己埋没在那些哲学家的残篇里，有一年多的时间，感受并分享他们的思想兴趣和论证思路；凭着当年的自负，竟然公开宣称自己已经通释了苏格拉底以前哲学家们的思想。从当时的中国学术界的角度看，叶先生的这本书实际上是引入了西方哲学史学界的学术规范；就我个人的学术成长而言，叶先生的这本书扎扎实实地把我引入了苏格拉底以前哲学家的思想及其研究中。

1985 年，我考入北京大学哲学系，攻读西方哲学方向的硕士学位。硕士论文题目是关于柏拉图的《蒂迈欧篇》。在校期间，为了表达对叶先生的尊敬和感谢他的书对我的帮助，我专程去中国社会科学院拜访他。叶先生没有嫌弃我这个未照过面晚辈的唐突要求，特别安排了见面时间。当时，哲学所的研究员们似乎都拥有一个小方块地盘（一个大厅分隔而成）属于自己的天地。我的印象中，叶先生所在的方块是东北边的一个角落。我们便在这个角落里谈了半天。当时谈话除了涉及我在阅读柏拉图著作中遇到的问题之外，叶先生对我提出了两点期望：其一，他说，哲学是纯学问，要耐得住性子，要专心；其二，他鼓励我，要掌握至少一门西文写作能力，不然的话，我们对西方哲学的体会和把握就不可能深入。坐冷凳板本来就是我的习性，所以我完全同意。但是，为什么一定要掌握西文的写作能力呢？——叶先生说，思想和语言是一体的。可以说，叶先生的这两点指教深深地刻印在我的学术生涯中。我 1988 年研究生毕业后留在北大哲学系西哲史教研室教西方哲学，第一年就开设苏格拉底以前哲学家这门课；1992年去美国开始宗教哲学的学习和研究，注重基督教思想史；2000年取得博士学位后，开始转向比较哲学。可以说，我一直都在进行纯学术研究；而在英语学界混迹多年，至少可以说基本掌握了哲学论文的英语写作能力。我想，叶先生对我的哲学研究生活提出的两点要求，我都做到了。

2005年，在英语学界打滚十几年后，我重新回到汉语学界。我很快就注意到，叶先生在2002年公开提倡"纯粹哲学"的说法，并且和江苏人民出版社合作出版"纯粹哲学系列"。纯粹哲学这个说法，乍一看，好像是要建构一个哲学象牙塔，与人的现实生存无关的纯思辨活动。但是，细读叶先生的《关于"纯粹哲学"》一文，可以发现，叶先生并无意把哲学推向一种不食人间烟火的境界。恰恰相反，叶先生是引用康德的理性分析来说明纯粹哲学。他谈道，康德在进行纯粹哲学活动时是对理性活动进行分析。在分析经验知识时，康德注意到了理性活动的两种工作。首先，对经验知识，我们是用在先的主观形式来整合并建构经验对象的。这些主观形式是先于或超出经验的，却又不脱离经验。如果缺乏对它们的研究，则我们对经验世界的认识就是混乱的，缺乏可靠性。其次，人们在使用在先的主观形式时往往指向非经验对象，从而构造了很多关于非经验对象的经验知识。如果不把这些知识从经验知识中驱逐出去，而是把非经验知识当作经验知识，那么，我们无法分辨哪些经验知识是可靠的，哪些是虚幻的。这里，在先的或先验的主观形式分析和经验知识的划界分析都是纯粹哲学问题。当然，纯粹哲学研究的范围比康德提出的这两项工作还要宽。有一点可以指出的是，在人类知识建构这个问题上，缺乏纯粹哲学研究，所建构的知识大厦是不结实的。显然，叶先生提倡的纯粹哲学研究并非在建造空中楼阁，而是一种实实在在的接地气的工作。

叶先生以康德哲学为例来谈论纯粹哲学问题。我们知道，康德哲学是分析的。他对经验知识中的在先（或先验、先天）形式（包括感性时空形式、知性范畴形式以及纯粹理性形式等）的分析对我们理解经验知识的构造是很有帮助的。不过，在近代主体理性主义的大环境中，康德十分严格地把自己的分析工具称为理性的。在处理经验知识时，他采取了经验论思路，并把这种思路推至极端。同时，他把知识论问题完全限制在感觉经验范围内，放弃对非经验对象（比如，理念所指向的对象或幻象）的认识论分析。在处理实践理性问题时，康德也分析出道德判断的在先形式或范畴形式（绝对命令），并在此基础上，对一系列宗教用词进行意义阐发，如上帝、灵魂、自由等。从经验知识中的在先范畴形式到道德实践中的在先范畴形式，康德实际上是对不同领域的概念进行语义界定。

康德在《未来形而上学导论》（第四十三节）中谈道："我在《批判》里的最大目的决不仅仅在于能够把几种知识小心地区别开来，同时也在于从它们共同源泉里把所属各种的概念推演出来。这样，我就不仅可以知道了它们的来源，以便妥善地规定它们的使用，而且也可以有预想不到的，然而是不可估价的便利，使我得以先天，也就是从原则上，去认识我对概念的列举、归类和区分。不这样做，形而上学就只能是零零碎碎的东西，人们永远不知道所掌握的东西是否已经够了，或者还缺不缺点什么，什么地方缺。我们固然只有在纯粹哲学里才能有这种便利，不过，这种便利是构成纯粹哲学的实质的东西。"对于康德来说，研究概念界定及其使用的学问便是纯粹哲学。我想，叶先生也是在这个意义上谈论纯粹哲学的。这一点可以从叶先生的文字使用中表明出来，即，把所有需要明确界定的名词用引号标出，考究它们的意义。

概念界定问题是西方形而上学的核心问题。过去30多年来，这个哲学核心问题一直在引导我的阅读和思考。对于叶先生提倡的纯粹哲学研究，我是深有共鸣的。也许，我在这个问题上的思考和回答上不同于叶先生的思路。但是，我相信，我们面对的问题是同样的。2005年回国后，我在山东大学讲授形而上学多年，最近把讲稿整理出来了，取名为《形而上学与西方思维》（广西人民出版社2016年版）。本书呈现的便是一本纯粹哲学著作。很遗憾，先生仙逝，已经没有机会当面和先生请教并深入讨论这个话题了。不过，思想是持续的。我想值此机会和先生继续讨论纯粹哲学。

哲学的原始含义是追求智慧，是人们在理解周边世界时出现了根本性障碍而寻求破解时出现的求知冲动。因此，就其起源而言，哲学是人类理解活动陷入困境时出现的思想活动。所谓的"困境"，指的是我们无法按照现有的理解范式对某种实在的东西进行理解。我们可以简单追踪古希腊哲学的起源来展示这一点。我们知道，赫西奥德的《神谱》追踪了诸神的谱系，并最后落脚到原始神，称为"混沌之神"。在希腊神话思维范式中，宇宙是一个有秩序的世界，诸神分工明确，掌管自然万物的不同领域。诸神虽然肉眼不可见，但却是实实在在的，是可以被理解的。通常地，人们对诸神的理解是通过对诸神各自管辖领域的事物（感觉对象）进行拟人化想象来实现的。但是，"混沌之神"作为原始神不管辖任何事物，因而无法对任何事物进行拟人化想象来理解它。也就是说，在神话思维中人们无法理解"混沌之神"。这便是神话思维所陷入的困境。

从理解的角度看，如果"混沌之神"是不可理解的，那他就是不实在的。如果他是实在的，我们就一定能够理解他。赫西奥德的《神谱》是被广泛阅读的。人们在读到"混沌之神"的说法时都是有所理解的。上述理解困境仅仅表明，人们无法在神话思维中理解他。换句话说，当人们在谈论"混沌之神"时，已经超出了神话思维方式。或者说，如果在神话思维中无法界定"混沌之神"，人们在谈论"混沌之神"时肯定是使用了其他理解方式。可以看到，早期希腊哲学家在努力走出这个理解困境的同时，实际上是在寻求一种新的理解方式，比如，泰利士采用了类比的理解方式；巴门尼德则进一步提出论证的理解方式；等等。

古希腊哲学一开始就遇到了概念界定问题。在巴门尼德之后，这个问题就成为核心问题了。我们看到，混沌之神一词无法在神话思维得到理解或界定，但在类比思维中却是可以理解和界定的。在类比思维中，混沌之神转化成了本源。不难发现，在这个转变中，概念界定是在两个方面展开的。一方面，概念界定是在某种思维方式中进行的；另一方面，不同的思维方式会导致不同的概念界定。有了这点认识，我想，在推动纯粹哲学研究时，我们必须充分注意概念界定的这两个方面工作。康德在处理经验知识时基本上是从经验论视角出发的。他对经验知识中的经验内容和在先形式进行区分，但对于先天形式的来源采取搁置的做法。而且，康德认为，纯粹理性中的理念缺乏感觉经验对象，因而指向一种幻象。我们在感觉经验中无法呈现上帝，因而上帝这个理念指向一种缺乏实在性的幻象。但是，这些在先的时空、范畴以及理念是如何被界定的呢？

在康德的认识论分析中，只有一种实在的认识对象，那就是感觉经验对象。这是一种唯名论立场。康德是一位坚定的反实在论者，完全否定思想对象的实在性。我们知道，中世纪的实在论者认为所有的概念都指向一个外在对象，因而主张存在着一个抽象世界。这个抽象世界和经验世界同时作为我们的认识对象。在唯名论的冲击下，实在论全线溃退。但是，真的没有思想对象这种存在吗？我们来考察这个三段论：张三高于李四；李四高于王五；所以，张三高于王五。在这个三段论中，作为前提的前两个命题都是在经验中证实的，属于经验对象，其真值可以在经验中给出；但是，结论并非经验对象（因为张三和王五从来没有在一起比过高矮）。这里，结论是一个真命题，却完全不依靠经验，因为它从来不是感觉经验对象。这些依靠推论而形成的结论，我们称之为思想对象。它们的实在性来源于论证。只要接受或理解了相关论证，它们就拥有真理性。

而且，康德的认识论分析还排除了情感的认识论功能。对于所有不在感觉经验中呈现的对象，康德一概称为幻象，因而不是我们的认识对象。然而，在实际的认识活动中，我们发现，人认识周围世界不仅通过感官，而且还通过情感。情感是具有原始性的认识功能的。这里试以上帝一词的赋义为例。康德认为，上帝是一个理念，所指的对象是幻象，缺乏实在性，因而不是我们的认识对象。当然，上帝不是感觉经验对象。这一点对于任何头脑清醒的人来说都是共同认可的事实。但是，对于一个上帝信仰者来说，上帝虽然不能被感觉，但却是实实在在的，是可以被我们认识的。或者问，上帝究竟是否能够成为我们的认识对象？

　　对此，我们可以作如下两种处理。站在康德的立场上，上帝理念是一个幻象，因而不是认识对象。关于幻象的认识不可能建构可靠的知识。至于信仰者在信仰中宣告上帝存在，这不过是一种信仰宣告，没有任何认识论意义。这种处理显然无法说服信仰者。在信仰者那里，他在信仰这种情感中实实在在地接触到了上帝。对他来说，上帝的实在性高于任何感觉对象的实在性。要理解这位信仰者关于上帝的认识，我们就必须分析他的信仰。信仰归根结底是一种信任情感。信任情感是连接两个主体的纽带。在信任情感中，信任者是不加判断地接受从信任对象那里而来的一切。"不加判断地接受"意味着信任对象是全善全能全知的。人不可能信任一个不怀好意的主体，不可能信任有缺陷的能力，也不能信任会出错的知识。因此，一旦信任某位主体，这位信任对象就是善的、有能力的、有真知的。换句话说，信任情感对信任对象具有原始性的赋义功能。

　　可以看到，我们的认识活动指向了三种对象：感觉对象、思想对象和情感对象。我们在不同的认识途径中对它们形成知识。但是，其中的概念界定必须分别对待。我们不能把情感对象当作感觉对象或思想对象来谈论，也不能把思想对象归为感觉对象或情感对象。我们需要在纯粹哲学中分辨三种对象，分别考察它们的知识构造，进而在相关语境中给出概念界定。我想，这种工作应该和叶先生所推动的纯粹哲学研究是合拍的。

叶秀山先生的哲学追求

王　路

　　王齐寄来叶秀山先生的遗著《哲学的希望》，说4月末要给叶先生开一个会，让我参加并发言。重读叶先生的书，感触良多。

　　叶先生是我的前辈学者。他20世纪50年代入哲学所，80年代初去美国访学，两年后回来写了《前苏格拉底哲学研究》，然后写了《思·史·诗》等著作，文章不断。80年代末我每天在哲学所办公室里看书，常去他的那个写作间，与他聊得比较多。叶先生很健谈，诲人不倦，让我受益。那时他的生活很有规律，上午在写作间看书，午饭自带，饭后午睡，下午去逛王府井购书买碟。这种情况延续到90年代下半叶，直到哲学所将写作间收回。2002年我来清华以后，与叶先生交往就少了，只是出了书送一下，春节电话问候一下，聊一下。记得很久以前吴国盛就给他出过文集，好像有四五卷，后来江苏人民出版社出版纯粹哲学系列丛书，叶先生写了总序，出了几本书，也转送来他的著作。如今获得遗著，叶先生的音容笑貌又出现在眼前。

　　叶先生多才多艺：善书法，喜京剧，好音乐，对中国传统文化情有独钟。多才多艺的学者，自然与众不同。一次他评价一位书画大师的字：小学大字课老师大概也是不能给画圈的。这话贬低至极，但是叶先生说得那样从容不迫，你只能信服。有一年哲学所评职称，美学室的韩玉涛申报研究员受到质疑：他的成果很少，只有一个关于书法的小册子。但是叶先生（还有王树人先生）却大力支持。叶先生谈论书法和中国文化，盛赞韩老师对书法的理解和造诣，结果还引来美学室一些人的不满。有一次叶先生说起美学，谈到他曾当面对一位美学名家说，你不要那样说美学，美学我也会搞，我也搞过。他的意思是说，美学没有什么好吹嘘的，它没有什么科学性，与哲学不同。叶先生有一句话令我记忆很深：哲学研究，总还是要搞一些具有科学性的东西。叶先生曾经写过他出国前让余丽嫦带他去看金先生的故事，话里话外透着他对西方哲学的向往和对美学的不屑。他曾对我说过多次，你不要只学逻辑，还是要学习一下西方哲学。正是对西方哲学的热爱，使他一路走来，直到为我们留下这部遗著。

我在哲学所 21 年。最幸运的是能够认识众多像叶先生这样的学者。我去过金岳霖先生家，听过贺麟先生的课，但是，真正说到对哲学学术传统的认识和理解，最主要的还是来自像叶先生这样的学者，受教于在他们身边耳濡目染，得益于他们潜移默化的影响。从他们那里，我听到许多关于金先生、贺先生等老先生的故事，在他们身上，我看到了金贺老一辈学术传统的体现和延续，由他们的所言所行，我学到了如何做学问。以前身在哲学所，对这种传统比较麻木，来到清华以后，总听说要继承金岳霖传统，我才开始反思，这种传统是什么？十几年过去了，如今终于认识了什么是金岳霖传统，这其实就是一种学术传统，一种为学术而学术的传统。感谢对这种传统的认识，今天我可以非常坦然地说，在对哲学的追求上，我与叶先生是相通的，但是在关于哲学的认识上，在哲学研究的方式上，我和叶先生还是有些差异的。

叶先生那一代人以及他们的上一辈，大都有一种家国情怀：为天地立新，为生民立命，为往圣继绝学，为万世开太平。经过"文化大革命"，这种理想和抱负虽然并未时时处处体现，但是渗透到骨子里，忘却也难。叶先生晚年对中国哲学显示出的巨大热情，在我看来，就是这种精神的体现。金先生写过《论道》，那不过是"旧瓶装新酒"。贺先生论过中国哲学，最终还是明言"不能与黑格尔离婚"。叶先生则似乎是青出于蓝。很多年以前我读了叶先生一篇刚发表的关于（好像是参观故宫）文物的文章，向他询问写作的意图。他说，作为中国人，总还是要做一些与中国思想文化相关的研究。所以，他从美学这样与经验相关的研究进入哲学，走进形而上学的殿堂；他不满足于西方哲学的文本，最终步入中国思想文化的世界。他的学术轨迹是不是呈现出黑格尔所说的否定之否定姑且不论，最终的结果却一定不是心血来潮。他自谦对中国哲学下的功夫很不够，也仍然要写"中国哲学"，要讲述中国哲学的"博大精深——止于至善"的精神，要谈论中国哲学的"机遇"，要对中国哲学"寄希望"，并称它为"未来"。叶先生的高足黄裕生教授认为，哲学是科学，又不是科学。这种辩证的统一似乎可以对叶先生的研究工作做出解释：前一句相应于叶先生所提倡的具有科学性的哲学，后一句大概可以涵盖叶先生关于中国哲学的看法。我认为，哲学就是形而上学，中国哲学是在"哲学"前面加了"中国"二字，因而是一种加字哲学，与哲学不同，至少与形而上学不同。所以，我读叶先生的遗著会有不同的感受。看到"中国古代思想家失掉一次推进思想的机会，中国浅尝辄止的'以物观物'，又回到'以天观物'的传统上去"，我大致可以明白叶先生在说些什么，而读到"唯有'理''上下古今'无往而不'在'，无往而不'通'。'形而下'者'变异'，'形而上'者'恒存'，'放之四海皆准'"，我觉得似乎也可以理解叶先生为什么这样说，但是对于"哲学家比较感兴趣的是他（程颢）的'道通天地有形外，思入风云变态中'两句，的确是一种'形而上'的'趣味'"，我就只能赞叹：叶先生的才华和想象力，真的是让人望尘莫及。

与金贺前辈相比，叶先生这一代人也有不同。经过"文革"10年，他们消耗了大好岁月。"文革"之后一度有一个口号：把失去的时间补回来。这个口号显示出一种紧迫感，暗含着责任感和使命感。我熟悉这个口号，只不过今天淡漠了。如今年过花甲，总觉得时间不够用，论文读不过来，转眼就是一年，大约也是有了一种紧迫的感觉。做研究，有没有紧迫感，大概还是不一样的。叶先生无论是研究和生活，显得洒脱自如，其实节奏一直是紧张的：他那二十多部著作都是他自己一个字一个字写出来的，即使主编西方哲学史多卷本，他也是自己撰写一卷（导论卷的上卷）。所以，年复一年，日复一日，他阅读，他思考，他写作，他在写字台前度过自己的一生。

叶先生妙笔生花。他写的《沈有鼎的大蒲扇》脍炙人口。但是他晚年的哲学写作中引号用得太多了，多少阻断了文采，有些像歌唱家说的失去了 legato。我曾对叶先生说过，大量使用引号让人读不懂。叶先生对我严肃地说：王路，我那是有专门含义的。我体会，引号的使用，体现出叶先生的思考。他的思考超出所用语词的日常用法和含义，而具有了专门的意义。有人说，叶先生这是自成一派。在我读过的哲学家中，的确未曾见到这样的文本。对于这样使用引号，我始终不能理解。这次阅读叶先生的遗作，面对引号，再次想起叶先生的话。

文字是思想的载体。引号是语法符号。但是在叶先生这里，它们已经成为文字的一部分，因此要把它们看作是有含义的，是帮助表达思想的。看着层出不穷的引号，我隐约觉得，它们似乎在提示，那里包含着叶先生读书思考的感想和认识。我可以努力体会到叶先生沉浸在自己的思想世界里，信马由缰。我好像能够真实地感受到他的表达，那似乎不仅是思想的表达，而且是情感的表达，一种带有紧迫感的思想和情感的表达。

我一直认为，研究不是写文章，而是在前人研究的基础上说出新东西。这就包括对一手文献和二手文献的阅读。所以，说出新东西，说说容易，做到却难。我在哲学所时叶先生曾经写过一篇关于康德二律（"头顶的星空"和"胸中的道德律"）的文章。他送我的时候说，他买了 50 本杂志，要好好送一送。那种发现新大陆的感觉，溢于言表。读书会有想法，感觉到有好的想法就想写下来，再自然不过了。但是，好的想法与新东西毕竟还是有区别的。叶先生对于这样的思考很有心得。他曾在讲座和文章中说过，要好好读书，一定要读得有了想法才能写。我和叶先生讨论过这个问题。我认为，有想法是很容易做到的。但是一定要有新的想法，却是非常不容易的。你感到自己的想法是好的，大概还是比较容易的，但是你如何能够知道自己的想法是新的呢？这里其实涉及学术标准。不读文献，就不会知道别人说了些什么，因而也就不会知道自己的想法是不是别人没有说过的，是不是新的。所以，"新"是一个标准，一个要求，是学术研究最起码的标准和要求，却又是非常高的标准和要求。

叶先生说的读书要读得有想法，一定也有出新的意思，只是没有说出来而已。他们那一代人，即便是搞西方哲学，信奉的还是学贯中西，追求的是融会贯通。叶先生说的读书要读得有想法，似乎就有这样的信念追求。与《前苏格拉底哲学研究》相比，可以明显感到遗著在文献使用方面的变化：在遗著中，叶先生更多的是阐述自己思考的成果。透过引号，我们可以体会到叶先生在努力实现融会贯通：一个哲学家的思想要放在哲学史的背景下来理解，一个命题要联系某一种理论来理解，一个概念甚至也要结合某一种文化来理解。我钦佩叶先生的努力，但是总觉得这样的融会贯通少了些东西，比如缺欠一些深入细致的分析。冯友兰先生说，金先生的本领是将简单的东西说得复杂，而他的本领是将复杂的东西说得简单。借这个说法，我觉得叶先生的本领在二者之间。引号告诉我们，事情并不像字面上表达的那样简单，但是究竟为什么不那样简单，它也只是提示而已。也就是说，引号尽管可以告诉我们它还表达了更多的思想，但是毕竟没有告诉我们它表达了什么思想；引号也许可以提示我们去进一步思考，但是，它终究没有提示我们如何去思考。我这样说，并不是对叶先生求全责备，而是告诫自己，与叶先生相比，我们毕竟还是赶上了可以安心读书，可以按部就班从事学术研究的好时代。在学术研究上，我们只能并且也应该比叶先生做得更好，而不能像叶先生所批评的那样："拥学术而'投入市场'"，"把哲学学术当作仕途的敲门砖"。

阅读叶先生的遗著，似乎又走进他的那个小写作间：社科院大楼9层中段尽头，靠北，阴面。一张写字台，卡片一摞摞，一张折叠床，书籍杂志铺天盖地。我至今清晰地记得他在哲学所成立50周年纪念会上的讲话，他说："把时间留下来！"他感叹，他在哲学所的写作间没有了，"如果有，我还会回来！"这是他治学的肺腑之言，我认为也是他的呼唤。叶先生是学者，一个有使命感的学者。他提倡要好好读书，要搞"纯粹"的哲学，要做具有科学性的哲学研究；他一辈子研究西方哲学，又觉得一定不能脱离中国的思想文化，而这才是未来的希望；他从古希腊哲学出发，将形而上学的视野扩展到整个西方哲学，最后又将西方哲学的研究与中国的思想文化结合起来，为我们奉献了一部学贯中西的著作。

王齐说，《哲学的希望》这个书名颇费了一番心思，她希望它可以被看作是出自叶先生之手。哲学是科学，有自己的研究对象和规律，有自身的理论和方法，因此它是学术，至少可以是学术的东西。哲学可以加字，从而也就可以超出学术的范围，成为文化的东西。"哲学的希望"，可以表示叶先生对纯粹哲学和具有科学性的哲学的认识和奉献，也可以体现叶先生对中国思想文化的热爱和追求。这个名字，恰到好处。

传统与思

——纪念叶秀山先生《哲学的希望》出版

张　慎

以讨论著作、回顾思想的方式来纪念叶先生，应该是他本人认同并可以接受的方式。叶先生去世两年多，这还是我们第一次在哲学所坐在一起，纪念这位杰出的哲人。

叶先生一生都在哲学所工作，他在西方哲学领域的努力和贡献，应该也属于可以把照片挂在墙上的人之一。

我们通过读书和众多先生们的口述了解墙上的这些前辈们。而我们有幸通过多年的亲身接触来了解叶先生。不过，我们了解的是他作为"老叶"和"叶先生""叶老师"的这一段，在座几乎没有人能称呼他"小叶"了。

我们回到《哲学的希望》这本书。我这里想借上卷的第十章，"欧洲哲学中知识论与存在论的关系"，来谈谈叶先生的基本思想和治学风格。

首先，他的哲学是思的哲学。但是他的思，不是随意性的，他坚持研究哲学中的大问题，纯粹哲学的问题，例如本体论、知识论、形而上学、自由等。换句话说，他以德国哲学中的理论哲学领域为自己的工作重心。他有强烈的问题意识，他不是对某段历史或某个学说泛泛而谈，而是抓住其中重要问题，或者在历史上有影响，或者在现代有重要意义，然后作为自己的课题。比如第十章"欧洲哲学中知识论与存在论的关系"，就几乎涵盖古代与近代哲学的全部领域。

其次，他的思，建立在对传统思想的理解上。从第十章和其他几章我们看到，他在讨论问题时，大都是从问题的起源，从古希腊哲学史开始论述的，把问题的产生和演变娓娓道来。本书上卷的每一章，几乎都是一部小哲学史。这体现了他娴熟的历史知识。他经常对我们说，书要反复"念"。他平常在室里聊天，从来都是围绕这些传统的东西，使用熟悉的概念，从不生造什么"惊人"的东西。

最后，他的思，又绝不局限传统，他一直在开辟新视野，新的问题域。

我觉得正是在以下三方面体现了他学术活动的独创性。

一、他对古希腊哲学的了解，使他能从源头对德国古典哲学进行梳理，看到其中更深刻的问题。他关于康德和黑格尔的作品是很有深度和不刻板的。

二、他在20世纪八九十年代改革开放后，接触了法国哲学，尤其是法国现象学，这给了他新视野，审视西方哲学史，探讨有现实性的问题，而不是老生常谈。如追溯哲学的起源，回到"宗教""混沌"等哲学之前的问题；对有限性、时间性、连绵的思考等。不一一枚举。

三、他在本书的下卷，单独以中国哲学为题，开始向中国哲学转向，从西方哲学的角度重新审视中国哲学经典，研究中国哲学的机遇。这大约发生在2007年前后，但在2002年出版的《中西智慧的贯通》一书，就表明中国哲学和文化从来没有离开他的视野。他喜爱中国戏剧和书法，也熟悉中国的典籍。叶先生转向中国哲学，是一件要打引号的事情。我们都知道，他是比较"崇洋媚外"的。所以他并不是简单地在中西哲学中进行比较，而是强调精神上如何"贯通"。我觉得他的转向有这样几个原因：一是当2000年以后兴起从中国人视域谈西方哲学，让西方哲学说中国话。叶先生希望他的西方哲学研究能在一个更高的新维度进行。二是当时的国学热，叶先生不会趋炎附势，但他一直认为中西学问是相通的，他希望研究中国哲学的经典，从中找到一些共同的范畴和话语。三是就事情本身而言，中国人在中国文化背景下长大，年轻时热衷某些异域的东西，晚年会转向自己思想中更深层的东西，更原初的东西，更一触即发的东西。所以回到思想萌发的地方，唤醒沉睡多年的东西，会让人有回家的感觉。从学着说到自己说，这种文化状况正在亚洲学界发生。

总之，"我思故我在"。叶先生的学术生命是建立在"思"的基础之上。传统与创新是他思考的两个侧重点。

哲学的希望

张志伟

王齐研究员在编辑叶秀山先生的遗著时，经黄裕生教授提议，以《哲学的希望》为其书名，恰当地反映了叶先生晚年关于"欧洲哲学的发展趋势与中国哲学的机遇"的深入反思。[①] 本文以"哲学的希望"为主题，既是为了应和先生的哲学思考，也是把它当作一个问题来追问：一说到"哲学的希望"，一定是哲学出了问题，所以才有"希望"的企盼。这等于是在追问：哲学还有希望吗？或者，哲学的希望何在？这看起来好像有些突兀甚至不可思议：哲学不是很好吗？的确，哲学作为一个"学科"现在发展得很好，但是哲学自身却未必如此。这篇短文依序讨论哲学本性、为什么会陷入危机以及哲学的希望何在，这就构成了它的三个关键词：起源、危机与希望。

近年来我发表的论文和做的讲座很多涉及"哲学的危机"，甚至往往以此为主题。人们或许会感觉诧异，哲学现在活得很好：有哲学系的高校越来越多（超过了80所），有哲学一级学科博士授予权的高校越来越多，哲学的从业人员越来越多，哲学的产品（论文论著）越来越多，哲学系培养的学生越来越多……因此与过去相比，哲学学科的生存状况好了很多，何言"哲学的危机"?! 我想从哲学

[①] 参见叶秀山《哲学的希望》，江苏人民出版社2019年版，第9页，"编者的话"。

的起源说起，然后探讨哲学的危机和希望。

一　起源

哲学是古希腊文明的产物，源初哲学和科学是一回事。

按照雅斯贝尔斯的"轴心时代"理论，公元前800年至公元前200年这600年的时间里，世界各大主要文明相继构建起自身的核心理念：中国的先秦诸子、希腊的哲学、印度的奥义书和佛陀、伊朗的索罗亚斯德以及巴勒斯坦的犹太先知，等等，从而为后来的世界文明奠定了基础。雅斯贝尔斯的"轴心时代"理论已广为人们所熟悉，虽然在很多方面有商榷的余地，但是我们可以忽略其细节，而视之为一个解释人类文明的理论框架。尽管雅斯贝尔斯把中国、印度和西方都笼统地称为"哲学"，但是实际上只有希腊人创制了哲学，也可以说只有希腊人创制了科学，因为哲学和科学原本是一回事。这或许令很多人难以接受，道理却十分简单：哲学（科学）无用。说哲学无用或许可以接受，说科学无用则肯定难以理解。实际上，在希腊人那里，哲学和科学是一回事，面对的是科学的问题，而解决问题的方式则始终是哲学的，即自上而下合理地解释宇宙的理论学说。亚里士多德声称哲学起源于惊异或好奇，且看他举的例子："不论现在，还是最初，人都是由于好奇而开始哲学思考，开始是对身边所不懂的东西感到奇怪，继而逐步前进，而对更重大的事情发生疑问，例如关于月象的变化，关于太阳和星辰的变化，以及万物的生成。"[①] 亚里士多德说的是哲学的起源，不过举的都是自然科学的例子。因为那时还没有形成统一范式的自然科学，哲学的问题也是科学的问题，而科学的问题是通过哲学的方式来解答的，所

[①] 亚里士多德：《形而上学》，参见苗力田主编《亚里士多德全集》第七卷，中国人民大学出版社1993年版，第31页。

以哲学就是科学，科学就是哲学。叶秀山先生在《科学·宗教·哲学》的序中称哲学在其源头处是一种"科学"的形态。实际上这句话也可以反过来说：科学在其源头处是一种"哲学"的形态。

不仅如此，希腊人创制哲学（科学）的目的只是求知解惑，有解释世界的意图却没有改造世界的野心。所以对希腊人来说，哲学是为了自身而被追求的东西，这意味着哲学体现的是希腊人基于自由而"学以致知"的科学精神。亚里士多德说，"显然，我们追求它并不是为了其他效用，正如我们把一个为自己、并不为他人而存在的人称为自由人一样，在各种科学中唯有这种科学才是自由的，只有它才仅是为了自身而存在"[①]。几何学方法在巴比伦和埃及存在了上千年之久，只是到了希腊人这里才把几何学本身当作研究的对象，他们不太关心几何学的用途，而是致力于相关的推理证明，从而使几何学成了科学。就此而论，我们以为哲学和科学是普遍存在的，而实际上它们的最初出现有些"反常"因而带有偶然性，我们完全可以设想一个"平行宇宙"，那里和我们的地球一般无二，只是没有哲学或科学。换言之，古代文明例如中国文明崇尚"学以致用"是十分正常的，到今天仍然如此，我们基本上不太能容忍古希腊式"学以致知"的"屠龙之术"。事实上哲学也的确无用，并没有帮助希腊人强盛，而东方文明在相当长的时间里在财富和技术等方面居于世界领先地位，只是到了17世纪，由哥白尼"日心说"引发了科学革命，才使得无用的哲学（科学）与有用的技术相结合，激发了实验科学的发展，遂使得西方文明迅速超越了东方文明，至今仍然居于领先地位。

因此，我同意吴国盛教授的观点，李约瑟难题在某种意义上是一个"伪问题"。当李约瑟追问"为什么中国没有产生近代科学"的时候，言外之意是中国古代科学曾经很发达而且世界领先，只是

[①] 亚里士多德：《形而上学》，载苗力田主编《亚里士多德全集》第七卷，中国人民大学出版社1993年版，第31页。

到了近代才落后了。然而实际上除了希腊人之外，中国乃至所有的古代文明都没有产生科学，所以中国不只是没有产生近代科学，实际上也没有产生古代科学。①

在某种意义上说，科学求真，技术实用。古代科学是哲学，近代科学则是我们通常所说的"科学技术"。17世纪笛卡尔所引发的哲学革命虽然试图以重建形而上学的方式为新兴的科学技术奠定基础，但是由于哲学自身仍然坚持"自上而下"解释宇宙的理性主义方式，实际上已经埋下了哲学危机的种子。简言之，哲学的危机与哲学开始有用（或者说是哲学中的科学精神从17世纪起促进了技术的发展）有一定的关系。或者说，哲学中的科学因素与技术相结合，恰恰是哲学自身与科学技术分道扬镳的开始。不过话说回来，如果没有不具备实用性的古代科学（哲学），也就不可能有近代科学技术的发展。就此而论，我们如果仅仅把科学理解为近代以来的科学技术而忽视古代科学（哲学），恐怕我们的科学技术也走不了太远。

二 危机

哲学的危机是多方面的，起因也具有多种因素。赵敦华教授在《现代西方哲学新编》的结束语"西方哲学的危机和出路"中讨论了西方哲学历史上的四次危机。② 我们可以把哲学的危机分为内部危机和外部危机两种情况。所谓哲学的"内部危机"说的是哲学问题始终处在众说纷纭莫衷一是的困境，哲学总是由哲学问题推动着发展和演进，因而危机原本就是哲学的"常态"。所谓哲学的"外部危机"说的是哲学自身的存在出现了麻烦，也就是我们通常所说的

---

① 参见吴国盛《什么是科学》，广东人民出版社2016年版，第273页以下诸页。
② 赵敦华：《现代西方哲学新编》，北京大学出版社2000年版，第452页以下诸页。

"哲学的终结"。我们在此讨论的"哲学的危机"属于"外部危机",它涉及哲学的生存问题。造成哲学危机的原因有很多,我们讨论其中的几个方面。

首先,哲学的危机开始于近代科学的飞速发展。以笛卡尔为开创者的近代哲学虽然在近代科学革命中发挥了重要的作用,然而恰恰是因为原本不具有实用性的古代哲学(科学)因为与经验相结合促进了技术的发展,使技术插上了科学的翅膀,从而具有了实用性,哲学与科学开始了分化。套用"工具理性"与"价值理性"的术语,古代哲学或古代科学具有价值理性的功能而不具备工具理性的作用,近代科学技术则是一种工具理性。尽管哲学仍然坚持自上而下合理地解释宇宙的理论工作,但是当哲学试图为自然科学奠定基础的时候,它自身自然科学化了,而且成为像自然科学一样的科学对它具有强烈的吸引力。于是,作为价值理性的哲学似乎"迷失于"作为工具理性的科学技术的伟大成就之中而不能自拔。

在西方哲学的近代时期,哲学与科学的关系非常密切,例如近代哲学的创始人笛卡尔本人就是数学家和物理学家,他是解析几何的创始人,莱布尼茨与牛顿几乎同时发明了微积分,康德也曾经因为用牛顿力学解释太阳系的起源,在科学史是青史留名(康德—拉普拉斯星云假说),而牛顿则把他的代表作命名为《自然哲学的数学原理》。因此,近代哲学对于近代科学的发展发挥了重要的作用。不过伴随着自然科学的迅速发展,一方面哲学作为哲学仍然是自上而下合理地解释宇宙的理论学说,这使得哲学与科学终于分道扬镳了,而另一方面哲学成为科学的理想促使它向自然科学的方向发展,于是哲学虽然没有达到自然科学知识所具备的普遍必然性,但是哲学却成了像自然科学一样的一个学科。

然而,哲学可以是古代科学,但却不是近代科学(技术),如果我们主要把科学理解为近代以来的科学技术,那么哲学肯定不是科学。即便哲学被看作是像自然科学一样的一个学科,走上了职业化和专业化的"正规",也依然如此。自 17 世纪以来所发生的哲学与科学的分化，最终导致了霍金的一句"名言"："哲学已死。"原本由哲学回答的问题现在都划归自然科学了，"哲学跟不上科学，特别是物理学现在发展的步伐。在我们探索知识的旅程中，科学家已成为高擎火炬者"。① 换言之，哲学已经完全被自然科学所代替了，而这也是海德格尔在《哲学的终结和思的任务》中要表达的意思：哲学试图合理地描述宇宙，这一理想由自然科学和技术完满地实现了，因而哲学终结于自然科学。②

其次，哲学的危机源于哲学作为一个学科的职业化和专业化。

19 世纪初由德国柏林大学引领的大学革命产生了两个后果：一个后果是随着西方的学科体系逐渐成熟，哲学成为所有研究型大学的标准配置，哲学成为一个具有职业化和专业化特征的"学科"。另一个后果与此相关，正是因为哲学成为一个专业学科，所以"在结构上，大学革命把哲学家古老的全能知识角色分化成了各种各样的专业学科"。③ 例如按照教育部的学科目录，哲学作为一级学科下属八个二级学科：马克思主义哲学、中国哲学、外国哲学、伦理学、逻辑学、美学、科学技术哲学和宗教学，任何一位哲学工作者都必须归属于一个二级学科之下，并且还会进一步划分到"三级学科"或"研究方向"上去。就此而论，哲学在我们这个时代虽然不是科学但却具备了一门科学所具备的学科制度，因而哲学的发展指向了职业化和专业化的方向。

迄今为止，哲学系几乎成了任何一所研究型大学的标准配置，我们现在的哲学从业人员恐怕比过去 2000 多年所有的哲学工作者之总和多出了很多倍。例如 20 世纪末，仅美国哲学协会的会员就超过

---

① 史蒂芬·霍金、列纳德·蒙洛迪诺：《大设计》，吴忠超译，湖南科学技术出版社 2011 年版，第 3 页。

② 参见海德格尔《面向思的事情》，陈小文、孙周兴译，商务印书馆 1996 年版，第 58 页以下诸页。

③ 科林斯：《哲学社会学——一种全球的学术变迁理论》下卷，吴琼等译，新华出版社 2004 年版，第 745 页。

了 8000 人，《美国哲学家名录》所列的哲学家超过了一万个名字。①毫无疑问，哲学成为一个学科对于哲学这个学科来说是一件好事，但是对于哲学自身而言却并非如此。因为哲学发挥作用的方式与自然科学不同，我虽然不懂自然科学和技术的专业知识，但是完全可以共享它们的成果，而哲学的论文论著包括译文译著如果大多数人读不懂也不去读，就没有任何影响力，最后也就沦为学术圈子里专家学者们自娱自乐的东西，这意味着哲学学科的繁荣与哲学对社会的影响成反比——哲学学科的繁荣体现在专业化和职业化上，哲学产品的技术含量越高就越是少有人能理解，从而对社会没有影响和作用。

我不是反对哲学的专业化和职业化，而是忧虑在哲学的理论与社会大众之间缺少关联的中间环节，因而哲学难以对社会发挥作用，甚至对社会没有作用。这才是最可怕的"哲学无用"。

再次，哲学的危机源于大众文化的威胁。

我们这个时代是大众文化的时代，哲学在大众文化的时代被边缘化了，遂有"坚守学术""坚守象牙塔"之类的"豪言壮语"或悲壮的誓言。在某种意义上说，哲学属于精英文化，这种为学术而学术的东西很难普及化。大众文化时代以前是精英文化的时代，哲学作品虽然大多数人读不懂也不会读，但是它们仍然可以成为文化的代表并且引领文化的潮流和方向。然而，自从进入了大众文化的时代，亦即进入了商业文化的时代，任何可以流行乃至发挥作用的文化产品必须符合商业规律，衡量的标准不是学术水平或教化作用，而是"热搜""排行榜""票房"和"点击率"，加之哲学的职业化和专业化使得哲学的产品"拒绝"大众的理解，遂使哲学基本上退出了与大众文化竞争的舞台。虽然哲学界也会有少数学术明星，但是从总体上难以对大众文化社会发挥有效的影响，而正是哲学的职

---

① 参见 C. P. 拉格兰、萨拉·海特编《哲学是什么?》，韩东晖译，人民出版社 2014 年版，第 53 页。

业化和专业化与大众文化的泛滥相配合,导致了哲学的退场。就此而论,哲学越来越演变成为学术共同体自身内部"自娱自乐"的舞台,在这里的确也"风起云涌",围绕各种理论问题可以有激烈的思想交锋,然而其影响却很少能够超出哲学圈子,这意味着我们貌似解决了一个又一个理论问题,但是仅停留在哲学工作者的头脑之中,实际上什么都没有解决。

最后,最严重的哲学危机源于轴心时代的没落,传统观念退出历史舞台,而哲学家们却对此毫无反应,这意味着哲学失去了它的"大问题",从而失去它的存在价值。

哲学职业化和专业化的结果是任何哲学工作者都被限制在哲学一级学科下属之二级学科之下的三级学科或研究方向上面,哲学家们的确从"粗放型"的全能天才走向了专业细分的专家学者,我们每个人都存身于哲学的细微部分,由此而遗失了哲学之整体的问题。哲学工作者们默默地耕耘,有条不紊地培育着一篇篇一部部的哲学作品,其丰硕成果与哲学的危机形成了强烈的反差。

如前所述,哲学是古希腊人的创造,起源于轴心时代各大文明所面临的虚无主义的挑战。雅斯贝尔斯解释轴心时代出现的原因时说,人类开始意识到整体的存在、自身和自身的限度,"人类体验到世界的恐怖和自身的软弱。他探寻根本性的问题。面对空无,他力求解放和拯救。通过在意识上认识自己的限度,他为自己树立了更高的目标。他在自我的深奥和超然存在的光辉中感受绝对"。[①] 从那时起,轴心时代的理念便主宰着世界各大文明,西方人"言必称希腊",我们总是要回到先秦诸子百家去。然而,随着 17 世纪科学革命和 18 世纪启蒙运动,西欧从传统社会转型为现代社会,全世界都未能幸免,其后果就是雅斯贝尔斯所说的那个轴心时代最终没落了,原本相对于传统社会的传统文化失去了现实影响力,哲学和宗教首

[①] 雅斯贝尔斯:《历史的起源与目标》,魏楚雄、俞新天译,华夏出版社 1989 年版,第 8—9 页。

当其冲，不仅上帝死了，存在、实体、真理、至善、天、道、仁义礼智信……统统失去了现实意义。这就是我说的"虚无主义的威胁"，这乃是哲学的最根本的危机。

如此一来，终有一天，哲学可能已经死了，而哲学这个学科却仍然在热火朝天地蓬勃发展。

最后，我们说说哲学的希望。

三　希望

一说到哲学的希望，令人颇费踌躇。如果造成上述这些危机的因素都不能消除，那哲学的希望在哪里？

叶秀山先生的遗著《哲学的希望》分为上下两编：上编讨论"欧洲哲学的发展"，下编分析"中国哲学的机遇"。我同意叶先生的说法，现在是中国哲学的机遇，因为前述之哲学的危机严格说来主要是西方哲学的危机，中国哲学是一种与西方哲学完全不同的"哲学"。既然有所不同，中国哲学或许能够成为西方哲学的补充，弥补西方哲学的缺陷。只不过要从事这项工作，首先需要切实地理解西方哲学，与此同时切实地理解中国哲学，这是前提条件，两者缺一不可。可惜的是，这两个条件我们现在都不能满足。

自西学东渐以来，不过百年之久，想当初佛教东传，用了几百年的时间才中国化，所以就我们学习西方哲学的时间来说，远远不够消化其营养，生长自己的肌体。我们的西方哲学研究既不系统也不全面，更难说深入，这意味着我们所了解的貌似是一个残缺不全、时序错乱的西方哲学。再说中国哲学。显然，我们研究中国哲学比研究西方哲学的有利条件多了很多，但是未必如此。因为一方面自西学东渐以来，中国在走上现代化道路的同时，造成了传统的"断裂"；另一方面走上现代化道路意味着我们从传统社会转型为现代社会，这意味着原本适应于传统社会的传统文化失去了现实影响力，这就是轴心时代的没落对我们的影响。显然，解决上述两方面的问题都需要时间，而且相应于西方哲学的中国化，我们还需要传统文化的"现代化"。就此而论，任重道远。问题是，时代的需要究竟能够留给我们多少时间？恐怕并不多。

因此，现在的确是中国哲学的机遇，只不过中国哲学能不能抓住这个机遇，我不乐观。中国人在沿着西方人开辟的现代化道路努力前行，我们也在从传统社会向现代社会转型，作为"外源性的现代化道路"，转型的结果是古今之争，传统的断裂。既要现代化，同时还要保持传统文化，这本身就带有悖论的性质。例如有人在反启蒙和现代性，亦有人主张重建启蒙和现代性的方案；有人认为海德格尔对西方哲学的批判预示了中国哲学的希望，也有人认为中国不缺少神秘主义的东西，欠缺的是理性主义。如此等等，不一而足。

如果我们试图以中国哲学来补充西方哲学，那么我们的课题是，如何复兴传统文化（准确地说是让传统文化现代化）以便驯服现代化，这看起来只是我们的问题，实际上具有世界性的意义，因为轴心时代的没落是世界性的问题。我想把叶先生说的"中国哲学"的范围扩大一些，用来指现代中国的哲学，而不是仅仅指中国古代哲学。如果中国的哲学可以用自己的声音说话；如果我们兼收并蓄，融汇中西，乃至不问西东；如果我们不仅仅局限在专业性的学术问题研究，也关注当今社会重大的社会问题和理论问题；如果我们能够找到哲学专业知识普及大众的方式，让哲学发挥社会影响……实际上还有很多类似的"如果"。这些"如果"乃是哲学的希望的条件。迄今为止，这些还只是"如果"。寄希望于这些"如果"能够变成现实，这需要我们的努力，可能需要几代人的努力，只不过到了那个时候我们是否还有"机遇"，也就是说我们会不会已经错过了"机遇"，不得而知。

还好，希望毕竟还在。有希望，就值得努力。

纯粹哲学有多纯粹？

赵汀阳

叶秀山先生的遗作《哲学的希望》是他晚年的著作，正文前收有叶先生为"纯粹哲学"丛书所作的两篇解释纯粹哲学概念的序言。纯粹哲学是叶先生理解哲学的关键概念，也是他的一贯观点。以我的记忆，自从 1985 年以来，多次听到叶先生谈起纯粹哲学这个概念，表面上指有别于生活哲学或实践哲学之类的无功利附加值的哲学，在其深层含义上，对于叶先生来说，纯粹哲学约等于（合格的）哲学，他几乎想说，在纯粹哲学之外无哲学。因此，纯粹哲学的说法并非在哲学内部划分出一个种类称为纯粹哲学，而是对哲学本身的定性。按照这种定义，恐怕只有柏拉图、亚里士多德、笛卡尔、康德、黑格尔、胡塞尔和海德格尔等一部分哲学家的部分思想被确认为纯粹哲学。

这个看起来苛刻的定义却缺乏明确的边界封闭性，于是，有些最伟大的哲学家就不容易被确定为纯粹的还是不纯粹的。比如维特根斯坦的《逻辑哲学论》是极端纯粹的，其纯粹程度甚至超过康德和海德格尔，尤其是维特根斯坦从来没有讨论过政治哲学，对伦理学也采取了冷酷的分析方式，更增添了纯粹的色彩，然而其后期哲学非常强调经验细节以及生活实践对理性规则的塑造力，因而又有一种远离德语传统而接近英国哲学的倾向。按照纯粹哲学的概念，维特根斯坦的形象就在波动中有些含糊了。据我所知，叶秀山先生看轻以经验为本因而导致"短视"的哲学（这也是欧陆哲学对英国哲学的一种传统理解，不过在美国取得话语主导权之后已经发生很大变化），而且对政治哲学毫无兴趣，因为政治哲学显然是不纯粹的，因此，叶先生对既是经验主义又特别关心政治的英国哲学传统缺乏兴趣。不过，叶先生却很看重列维纳斯和福柯，可是这两个哲学家却有明显的政治性。尽管列维纳斯在讨论形而上问题时很纯粹，但其思想深处却以犹太教信念重新解释了形而上的基本概念，这种以宗教为本的解释方式有几分类似中世纪以基督教信念去解释亚里士多德，于是就不纯粹了。福柯则更加不纯粹，福柯通过对话语本质的发现而揭示了知识与权力的共谋关系，于是知识（不包括严格的自然科学）就不可能纯粹了，不可能具有客观性或中立性。如果福柯的发现是对的，那么，绝大多数的哲学都是不纯粹的。

看来，哲学的纯粹性仍然是一个值得分析的问题。

如果从人类知识—思想系统的内部状况来看，就很容易看到有一些在实践上可以致用的知识以及一些貌似"无用的"知识，比如工程技术是典型有用的，而哲学是典型无用的。"无用"往往被认为是思想纯粹性的证据，因此部分哲学家会以哲学无用而自豪。对哲学的这种理解通常被认为源于亚里士多德关于哲学起源于"对知识的好奇"的说法，不过我相信更与一度追求"为知识而知识"的现代哲学有关，类似于19—20世纪的"为艺术而艺术"观念。不过，为艺术而艺术的观念已经终结于杜尚、沃霍尔、博伊斯等后现代艺术，而为知识而知识的观念也因为马克思主义、福柯理论、当代政治哲学而动摇。尤其是，以量子力学为代表的新物理学、哥德尔定理所揭示的数学系统的不完备性、复杂科学的兴起，更是要求重新理解真理的概念，简单地说，真理的绝对性和唯一性已经变得可疑。

亚里士多德可能是有史以来最厉害的哲学家，他创立了逻辑学，仅此一项发明就已经无人匹敌，但他对哲学起源的猜测却有些可疑，至少容易产生误导。对知识的好奇意味着对因果关系的好奇，这一点基本可信，但问题是，追问因果而产生的知识是科学，并不是哲学，换句话说，研究因果关系而发现必然规律，这是科学的起源，却不是哲学的起源。哲学根本就不是也不可能是一种知识，事实上，哲学从来没有解决过哪怕一个哲学问题，任何一个哲学问题至今都没有一个唯一正确的答案，所以哲学不是知识。哲学问题居然没有答案，这是维特根斯坦反思哲学的一个重要发现。由此看来，亚里士多德所说的对纯粹知识的好奇，实为科学的起源，而联系于哲学则是后世的一个错位想象——希腊时期的哲学与科学尚无明确区分，只是哲学被认为是最高级的知识（episteme）。可以说，前苏格拉底的思想，虽然包含一些哲学问题（例如巴门尼德），但大多数其实是对万物起源或本质的前科学想象。

　　严格意义上的哲学始自苏格拉底，更准确地说，哲学始于政治，而苏格拉底是对哲学思维方式有着自觉意识的第一个希腊人。为什么说哲学始于政治？这是个大论题，只能简要地说，哲学始于观点争论。如果没有思想争论，就意味着一种文明有着充分的共识，也就不需要哲学了，显然，如果没有需要争论的问题，也就不需要反思。所有文明都具有哲学的潜能，但哲学的产生却需要触发条件，这个触发条件就是政治。

　　请允许我借用"知识考古学"回溯到思想的初始状态。思想产生分歧的基础是可能性，如果没有复数的可能性，就无可挑选，也就无可争议。那么，人类思想如何开发了可能性？这要追溯到语言之初，当人类发明了否定词（不；not），就在思想中发明了复数的可能性。说出"不"等于暗示另有选项，也因此在理论上敞开了无数可能性，于是，思想维度由"一"裂变为"多"。能够以一种可能性去质疑另一种可能性，或者说，能够对某个给定的现实说不，就是反思的开始。在能够说"不"之前，生活里只有王与奴仆的关系，而能够说"不"，就创造了对等而不可还原的他者之心。因此，在知识考古学的意义上，否定词是第一个哲学词汇（详细的逻辑论证参见《第一个哲学词汇》，《哲学研究》2016 年第 11 期）。当然，否定词只是反思的潜能，哲学的出现还需要政治条件。

　　哲学的思想对象是可能性，而不是数学和科学所寻求的必然性，所以说，前苏格拉底的那些探求万物"始基"的思想实为科学的先声。苏格拉底的反思基于希腊政治生活的条件，即能够以自由人的角度去反思政治生活而产生了争论（中国的思想反思同样也始于政治，是从圣人角度去反思政治，圣人的思想也是自由的。这是题外话）。为什么争论始于政治？因为只有涉及重大利益和权力的政治问题才会产生必须计较、不可让步的严重分歧，而生活中的小分歧都会在日常磨合中互相让步而化为社会共识和习俗。

希腊产生反思哲学的背景是城邦（polis）及其公共事务。一个典型城邦有着一系列公共设备：神庙、政府、政治广场（agora）、剧院、运动场等。其中，神庙代表既定共识，无须争论；广场则是对共同（common）事务展开公开（public）争论的公共空间，在那里产生了公共领域（public sphere）。在争论中，人们各有各的说法和道理（logos），进而产生了关于争论的元问题：怎样才是有理的？由于争论的问题大多事关政治或伦理，首先就引出对伦理和政治理由的反思，于是，希腊的思想焦点由自然之道（Physis，类似于天道）转向人为之道（nomos，类似于礼法），可见反思其实始于很不纯粹的问题。比如，希腊人困惑于什么是美德（arete），以及美德是否可教之类的问题——教育居然是最早的哲学问题之一，这倒是意味深长。人们为了赢得争论而使用了修辞术，即诉诸情感的花言巧语，使听众在泪水中失去理智，于是，对理由的合法性的反思产生了辩证法，即诉诸理性并正确使用理性的方法（这与黑格尔之后的辩证法完全不同），辩证法以无法反驳的冷酷理由把软心肠变成硬心肠，其主要成就是创造了逻辑学，使思维本身成了思想对象，当思想开始反思自身，哲学就开始变得纯粹了。苏格拉底是反思哲学的开始，而亚里士多德的逻辑学是希腊哲学的最大成就。

后来的哲学发展表明，最符合纯粹标准的哲学问题大多与逻辑有关。逻辑虽然纯粹，却绝非无用，相反，显然极其有用，如果没有逻辑，数学和科学的发展就会有困难，一切争议也会陷于混乱。问题出在"无用"的说法有着误导性。显然，哲学意义上的"无用"不可能指没有用处（useless），而是指"高于"因而远离经验或实践的思想层次。在 20 世纪 90 年代初的一篇关于哲学是否有用的文章里，我设想了一个外星人的视角来观察哲学是否有用。假定有外星人对人类文明进行"人类学"的研究，那么，无论从功能主义还是结构主义的角度都会发现哲学对于人类非常有用，因为哲学观念建构了人类文明的思想框架以及几乎所有基本假设，这意味着哲学和科学技术是同等有用的。

当然，一个哲学问题不会因为是大问题就有意义，而必须同时是一个必要问题才是有意义的，否则很可能是多余的问题甚至是伪问题。所谓必要，是指一个哲学观念对于解释或解决人类生活或思想中的普遍难题有着不可或缺或不可替代的作用。有一些存在于哲学史叙事中的哲学问题就恐怕不能满足这个标准，比如前苏格拉底时期的一些观念，诸如世界本源是水或火或四因之类，或者后世的白板理论、先验统觉之类，这些问题作为思想往事的纪念碑对于哲学史有意义，但对于哲学理论却缺乏建构意义，就是说，如果一个哲学理论不包含那些问题，甚至人类没有想过那些问题，生活不会因此有什么实质变化，思想和知识体系也不会因此无处奠基。

分析哲学曾经试图清理形而上学伪问题，尽管后来被证明有许多扩大化的过激行为和冤案错案，但有一部分批判仍然是可信的。逻辑语言是对自然语言的性质、功能和结构进行分析和反思的元语言，当把自然语言所表述的哲学命题还原为逻辑语言，就会发现有一些哲学问题只存在于自然语言中，而在逻辑语言中就消失了，这意味着，有一些哲学问题在逻辑空间里无法被定位因而在逻辑上并不存在，而是自然语言的语法产生的副产品。每种自然语言都是一个特殊的文化现象，语法各有不同，因此，由特殊语法而产生的"问题"就只是表达了语法现象，并没有表达作为思想对象的普遍问题。比如 nothing，可以表达 not exist，也可以表达 not a thing，也可以表达 there is not，这三笔不同的账目不能随便算成一笔账，如果分开算清，就只是逻辑上可以理解的平常功能，只有混在一起才会产生"深刻问题"的幻觉，比如说"世界是无"之类，尤其是给 nothing 多加一些语法后缀，比如 nothingness，就更容易产生具有深刻意义的幻觉。

在此可以讨论一个最有争议的问题。如果把"存在本身"（being）归入无意义的问题，或者说，being 只是特殊语系的语法现象而不是一个哲学问题，那就要了传统形而上学的老命了，估计会使一些哲学家义愤填膺。但我想说，尽管分析哲学有其严重的局限性，但分析哲学对伪问题的批判却仍然有效：关于形而上学对象，既不存在相应的可验证描述命题，也不产生对思维有建构意义的形式命题，就是说，既不表达经验，也不表达理性本身，因此，关于形而上学对象的话语其实是伪装为哲学的文学。可以这样分析：系动词 is（以及不定式 to be 或动名词 being 形式）具有逻辑有效的表达功能，然而作为名词的 being 却仅仅是一个语法现象，并不存在一个与之对应的思想对象，它在思想的坐标系中无法被识别。不过，我愿意采取一个兼顾逻辑和语言的看法，being 可以被理解为：至少存在一个事物的必然性，并且，存在无穷多事物的可能性。于是，being 是一个有意义的概念，但不是一个有意义的问题，因为无所问也不能被提问，或者说，being 是存在论的一切问题的前提，但其本身却不是存在论中的一个问题，因为关于 being 的任何有效的意义解释都不可能超出其重言式（即 being is being），任何超出这个重言式的解释都是虚构故事。being 涉及一切在者（beings）的创世秘密，人类不是世界的创造者，无从知晓这个秘密。

这里试图说明的是，哲学的纯粹性并不在于把思想表达为无用的语言游戏，这两者并无必然联系。哲学的纯粹性只在于反思性。所谓反思，在于建构思想的"元"（meta）层次，思想进入元层次，就超越了现实经验，也就具有纯粹性了。亚里士多德的 metaphysics 是第一个元理论（meta–theory）。与中国先秦发现的天道与人道结构类似，希腊人也发现了 physis 和 nomos（即自然之道和人为之道）之别。自然在特殊经验中显示为个别事物，而自然之道却是对所有事物普遍有效的原理，显然不是有限经验所能够表达的，因此需要在超越了经验的更高维度里去理解自然之道，也就是 metaphysics。有趣的是，希腊人没有发展出与 nomos 相应的元理论，比如 metanomology（这是个虚构的概念）。也许可以替希腊人编造一个理由：nomos 属于人的实践，从创意到实现的整个过程都属于人，因此不存在外在于人的秘密，人就是自己的破壁人。这里的假设是，只有当一个系统的创意是隐蔽的，才需要建立一个元系统来解读其密码，人的行为虽时或不可理喻，却没有隐藏的密码，而只有错误——苏格拉底尝言：无人故意犯错。反驳错误不能依靠形而上学，因为各人有各人的形而上学，而只能依靠逻辑，可以说，逻辑学就相当于 nomos 的元理论了。观念都可以表达为命题，逻辑是关于命题关系的元理论，不过，逻辑只能确定命题关系是否正确，却无法判定命题本身是否正确，因此，逻辑学只是关于人的思想的半个元理论。另外半个元理论一直缺失，所以至今哲学家几乎都不完全同意另一个哲学家的意见。

元理论是对一个系统的整体性质的反思，比如数学的元理论，最典型的是罗素计划（把数学还原为逻辑）和哥德尔定理。哲学本身已经是反思性的，所以，就功能而言，哲学理论都是元理论，但有个问题，哲学理论并无绝对必然的铁证，很少有哲学命题具有数学或逻辑命题那样的强制力或自明性，因此，尽管哲学已经是元理论，仍然还需要更高层次的元理论来解释，比如维特根斯坦有个"哲学语法"的概念（philosophical grammar），意味着对哲学自身的反思，即关于哲学自身的元理论。

哲学本身是反思，同时又需要被反思，这个特殊情况使哲学具有脱离实际的纯粹性。对此也许可以这样解释：人都能够思考，思考的产品是想法，人人都有想法，比如说"我认为事情是如此这般的"，就是一个想法，这是一阶思想；如果我们对想法进行反思，即关于思想的思想，反思的是思想的合理性，由此进入思想的元层次，其产品是哲学，这是二阶思想；哲学语法则是对反思的反思，这是三阶思想，其产品是关于哲学的元理论（例如逻辑哲学、维特根斯坦哲学、福柯的知识考古学等）。对于日常生活，通常只需要一阶思想，但如果遇到疑难问题则需要二阶反思。当被问到行事是否需要"三思"，孔子说，再思就够了。对于一般的思想问题，二阶反思确实够了，但对于哲学本身的奠基问题就需要三思了。那么，为什么不需要四阶、五阶乃至无穷反思？其实，所谓的理由无穷倒退只是一种理论想象，实践上并非如此，只要达到三阶反思，即对思想系统的整体反思，思想就只能在同一个层次上原地踏步或者循环论证，再也没有更进一步的理由了，所谓"更进一步"的理由只能是已知理由的重复或者等价表达。这就是维特根斯坦所说的挖不动的硬基底（bedrock），或者说思想界限，也就是无可选择的地方，于是只能说：事情就是这个样子，不能是别的样子。那么，抵达思想界限的思想似乎就是最纯粹的了，似乎距离现实最远，对此应该说，是又不是，这要看是哪些哲学问题。如果是涉及逻辑形式、逻辑悖论或先验范畴之类的问题，确实距离现实很远；但如果是涉及生活形式、价值观或信念的问题，则距离现实很近。按照维特根斯坦的看法，对事情的解释终结于实践，实践的选择是生活问题的最后证明，于是，生活问题的边界具有这样的形式：事情就只能这样做。至于为什么只能这样做，而不是那样做，却是个无意义的问题，因为不存在别的选择，而只有当存在至少两个选项的时候，才能够追问为什么这样做。

哲学家曾经以为哲学是更高的或关于整体的知识，这是一个幻觉。哲学不是知识，因为不能给出任何一个问题的答案，而仅仅表达了问题的极限，即到达一个问题走投无路的地方。比如说加缪问题：为什么不自杀？也许会这样回答：因为想活；为什么想活？因为生活有意义；为什么有意义？什么样的意义？这里几乎走投无路了。我喜欢梁漱溟的一个故事：有人问他：生活的意义是什么？梁漱溟反问：你为什么要问这个问题？显然，如果在生活之外寻找答案，所能想到的答案（比如神的目的之类）只不过是等价于生活意义的同义词，它可以被替换为任何一种答案，但都等价于同义反复。可见，生活的答案只能在生活内部，于是只好用整个生活去回答，也就等于没有回答。如果一个问题跑不出这个问题的所在地，这个所在地就是问题的极限。几乎可以说，每个哲学问题最终都要抵达思想的极限，而思想界限不可能再加解释。极限问题都没有答案，问题本身就是答案。因为触及思想边界，哲学问题最彻底表达了人类思维的性质。有一个可以反观哲学问题性质的镜子：哲学问题相当于图灵机人工智能无法回答的那些问题，可以粗略地归为三类：

（1）涉及无穷性的问题。如果一个系统是有穷的，哪怕是有着万亿个星系的宇宙，在理论上就存在一个能行算法或推导过程来获得终极答案，尽管实践上几乎无希望。但对于一个开放而永不完成的无穷集合，就不存在穷尽算法。许多哲学问题都具有此种令人绝望的性质，即使是最好的价值比如说自由，我们也不敢说，在无穷多的每种情况下，自由永远都是好的。还有另一种情况，如果是一个完成式的因而有边界的无穷集合，是否就可以达到一种哲学的终极理解？我不知道哲学是否有此种神力，但康托是一个达到上帝思维的数学家，他在数学上理解了这种完成式的"有限"无穷性。莱布尼茨相信只有上帝能够在瞬间一览无余地看到无数可能世界，所以知道存在的秘密，而人显然缺乏理解无穷性的能力。康托数学可以看作是对莱布尼茨问题的数学解答，但只是纯形式的解答，仍然不能表达实质事物的无穷性，因此仍然低于哲学家的期望。胆子最大的哲学家试图理解相当于上帝所掌握的关于存在的实质秘密，比如黑格尔对绝对精神的演绎，但大多数现代哲学家认为黑格尔想多了。无论如何，哲学家至少能够对涉及无穷性的哲学问题给出有意义的解释，尽管不是答案，但足以乐此不疲。

（2）涉及悖论性的问题。包括自相关、恶循环和两难：1）自相关（a的整体意义等价于a的一个构成部分）并非都是悖论，要取决于是良基的还是非良基的。生物细胞的DNA包含这种生物的全息，即部分与整体可以实现完整映射，这是良基的自相关。此类神奇性会引起哲学的浮想，但除了数学，哲学尚无能力达到此种神奇境界。与之不同，严格的说谎者悖论"这句话自身是假话"（原版为"克里特岛人说的都是假话"），则是非良基的自相关，其部分与整体的关系并非全息遗传，因此产生荒谬结果。关于此类悖论，至今尚无最终解答。我有个分析是这样的（未必正确）：这句话之所以能够同时推出是假话并且是真话，问题出在，"p是假的"的含义溢出了p，同样，"p是真的"的含义也溢出了p，其真值判断预设了在p中没有表达的真理标准，即暗中挪用了在p之外而多出来的某种含义，因此，"这句话本身是假的"与"这句话本身'是假的'"之间并没有形成完整映射。这种思想走私是许多哲学论证常用的技巧。哲学中有太多经不起追问的价值预设，不足为奇。2）恶循环（a推出非a，非a推出a）是哲学的纯粹推论经常遇到的尴尬状况，比如二律背反。不纯粹的现实事物有着大量约束条件，因而几乎不可能产生二律背反，纯粹思想获得了自由，缺乏足够的约束条件就容易产生恶循环，因此哲学很怕循环论证。不过，并非所有的循环论证都是坏的，事实上，有的循环论证是良性的，而且是思想抵达思想边界的胜利标志，即a推出b而b推出a，其中并没有矛盾，只是显示了走投无路的不可逾越边界，而这正是哲学所能够寻找的"真理"（不是科学真理，只是唯一选择）。3）两难困境。这是哲学家热衷争论的问题，但其中实有大量假两难，虽然有趣但并非无解，比如"布里丹之驴"，唯一合理解是选择其中任意一堆草料；又如"有轨电车悖论"，许多哲学家参加了讨论，情节越演绎越离奇，但都预设了自相矛盾的价值观而作茧自缚，其实并非无解，而是有两个合理解：如果涉及的是具体人，那么有情景性的多种合情解；如果是抽象人，那么功利主义是唯一理性解（详细论证参见《有轨电车的道德分叉》，《哲学研究》2015年第5期）。真正的两难困境必须涉及两种绝对必要的事情，不能两全又不可放弃其中任何一种，即，对于给定选项，不存在数列式的无矛盾排序。凡是能够两害取其轻的选择都不是真正的两难。哲学家对两难的兴趣在于，人类的基本需要和基本价值几乎都具有形成两难的潜力，至少在特定条件下必定形成两难，这说明了人类的价值系统是自相矛盾的，比如公正、自由、平等、真理等价值之间都是互相矛盾的。

（3）涉及未来性的问题。对于未来有效的问题，除了将要出现的问题，也包括自古以来一直有效或永远有效的问题，显然，如果一个问题永远有效，就等于始终在场，在未来也将继续在场，所以，未来性包含了仍然有效或永远有效的在场问题。在这个意义上说，哲学问题的根本性质在于问题具有未来性。由此可以理解为什么哲学不关心历史而关心永恒，准确地说，是不关心不再在场的那种历史，而一直在场的历史意味着一直在场的问题，因此，一直在场的历史在存在论上属于未来，也就仍然是哲学问题。

以上三类哲学问题是纯粹的还是不纯粹的，我们无法抽象地进行判断，而要看一个问题与现实的相关性。根据前面所论的三思层次，二阶思想与现实只隔一层，而三阶思想与现实隔了两层，那么二阶思想就似乎不够纯粹。比如政治哲学讨论秩序、公正、自由和平等这些生活问题，与现实只隔一层，因此被认为是不纯粹的。但事情并非尽皆如此，数学或逻辑与现实也只隔一层，数学—逻辑基础的元理论（例如哥德尔的工作）才是隔了两层的研究，可是人们通常认为"只隔一层"的逻辑和数学已经非常纯粹了，至少比作为纯粹哲学的形而上学和知识论更具纯粹性。可见理论与现实的相关度不足以判断一种理论是否纯粹。然而问题是，哲学为什么渴望与现实划清界限？应该说，这是属于希腊—欧陆哲学的一个内部问题，别的哲学未必有此愿望。按照希腊—欧陆哲学的假定，表现在经验中的现象因为变动不居而缺乏必然性和确定性，所以是可疑的，真正的知识对象必须是不变的形而上存在。但是，重视经验的英国哲学并不承认这个假定，其他哲学也未必承认，比如中国思想最关心的问题就是变化（变易），理由是，变化才是存在的根本性质，如果无变化，就等于不存在，而且，如果无变化，也就无问题，或者说，问题无从提出。

这里涉及曾经有过争论的一个问题：中国思想是不是哲学？这个问题其实与学理无关，只不过是个命名。如果以希腊—欧陆传统来命名哲学，那么其他文明的思想（包括中国）都不是哲学，这样的话，哲学就只是欧洲的特殊文化，就像中医是中国的特殊文化；如果以思想功能来看，许多文明都有对基本问题进行反思的思想，希腊—欧陆传统只是其中一种反思方式。因此，如果以"反思性"功能来定义哲学，那么，各种反思都属于哲学。需要澄清的事情仅仅是，命名乃约定俗成，假如一定要把哲学当成是希腊—欧陆思想的专名，只要人们普遍认可此命名，就无须争论了，而其他思想可以另外命名，比如根据功能来命名为反思学或形而上学之类（中国本来就有形而上之名）。在人们愿意重新命名之前，我们暂且把哲学当成一般概念来使用。

认为纯粹哲学等于合格的哲学，这与希腊—欧陆形而上学的三种基本诱惑有关，即追问存在、超越性和完美。这三个诱惑虽然美不可抗，可是却超出了思维能力，人类不可能发展出能够解释存在、超越和完美的理论，因为存在、超越和完美都是"不可说的"，因此，这三个最根本的概念无法构成有意义的思想问题，或者说，这三个概念反而拒绝了反思。可以想象，这个维特根斯坦式的看法一定让人感到失望，但我还是试图说说理由。

（1）存在是最大的概念，却不是问题。在前面已经分析过，只有在神学里，存在才成为问题，是神对自己的提问。正如莱布尼茨想象的，只有上帝才需要思考应该创造什么样的存在，于是在无数可能世界里挑选出了"最好可能世界"。但存在对于人却不是一个问题，而是给定条件，人没有创造存在的能力，也不能挑选世界，显然，在没有第二个选项的地方，就不存在任何思想问题。关于存在的概念，唯一能够说出的必然命题是重言式（tautology），唯有"being is being"这个命题是"分析性的"（具有必然性的），其他关于存在的言说都是"综合性的"，而综合命题必须有经验内容，很遗憾，人类不可能获得关于存在本身的经验内容，这意味着，关于存在，所有超出重言式的断言，都是缺乏真值的想象。比如说，存在是无，或，存在是绝对，此类言说都令人心潮澎湃，可惜都不是真命题。因此，关于存在的言说只是文学，却不是知识，也许海德格尔是对的，存在的迹象只在诗中显现。不过，存在的概念却能够引出一个极其重要的衍生问题：如果存在变成行为的其中一个选项，即存在分裂为"去在或去毁灭"（to be or not to be），就涌现为一个最严重的问题，但这个问题就不再纯粹了。

（2）超越者（the transcendent）这个概念有着宗教背景，本应该属于神学问题，但一旦出现在哲学中，则转化为一个超越思想界限的问题，可是思想超越思想是悖论，在思想中不可能表达超越者，于是这个问题就进一步化归为一个如何确定思想界限的问题，即对有效思想边界的探索，也就由存在论转入知识论，同时也从超越性转向超验性（transcendental）。这是康德最早提出的问题，试图研究先验性（a priori）何以能够普遍必然地应用于经验，即独立于经验的先验性何以对于经验具有超验的有效性。这个问题至今仍然是最重要的哲学问题之一。

（3）完美存在（the perfect）只属于概念，不可能具有现实性，比如几何上的绝对圆在现实中并不存在。经验中的事物必定是不完美的，纯粹哲学不满足于不完美的经验，因此试图寻找高于经验的完美存在。不过，在这个问题上，哲学的目标与神学相形见绌，很显然，在任何意义上都完美的存在被假定为上帝，哲学寻找的理念或绝对精神都不及上帝的概念。人类思维能够理解和表达的完美存在只能出现在逻辑或数学的纯粹形式概念中，一旦哲学试图建构含有经验内容的完美事物，就不得不削弱其完美性，于是就表现为从来无法定义的"理想"。

可以发现，存在、超越性和完美是互相解释的概念，也都是人类思维力所不及的思想对象，都具有某种程度的神学色彩。甚至可以设想，假如没有中世纪和神学，仅以希腊资源发展出来的西方哲学很可能面目全非，纯粹哲学的比例会小得多——考虑到希腊哲学对政治哲学的重视不亚于形而上学。事实上正是中世纪的神学激发了西方科学和形而上学的虔诚而纯粹的动力,都是为了认识上帝所造万物的秘密。一直到文艺复兴,西方哲学才重新认识人自身,但其形而上学的神学底色却不曾褪去。当代西方哲学以政治哲学和科技哲学为主,不再强调哲学的纯粹性,但形而上学仍然是所有哲学的基础。

如果局限于西方哲学,或可这样总结:人类意识力所能及的纯粹思想对象大概包括:(1)具有先验性(a priori)的纯形式对象,也就是数学和逻辑。这是纯度最高的对象。(2)重言式命题,表达分析性的语义,虽有内容,却是已知内容的重复,在纯度上稍次于数学和逻辑命题。(3)自相关(reflexive)或循环论证命题,在纯度上又有所减色,具有不重复的内容,但其意义却形成循环解释,因此形成一个具有内在意义的封闭域。(4)超验性(transcendental)的思想对象。这是哲学家最感兴趣的纯粹对象,自从康德以来,哲学家进行了大量研究,胡塞尔可能是最后的成功者,他证明了我思的意向性能够构造内在于我思的纯粹所思(cogitatum qua cogitatum),即独立于外部经验、仅凭自身而在意识中在场的对象。此种所思具有独立于外部世界而仅仅属于意识的内在客观性,因此是纯粹的,这一点证明了主观性(subjectivity)能够在主观性内部创造客观性(objectivity),于是,主观性就拥有纯粹属于主观性自身的一个完整世界。这可能是关于"宇宙即吾心"的唯一成功证明。不过,这个现象学证明真的是唯心主义的胜利吗?是也不是,虽然它证明了意识中有个内在世界,但同时也证明了意识的内在世界缺乏存在论上的重要性,因为它无法解决外部世界里的任何一个问题,无力解决任何实践问题(包括政治、伦理和经济等问题),也无力解释语言问题,也无力解释涉及他人的问题。简单地说,"现象学世界"只是解释了自我意识,却没有解释外部世界,因此不能回应存在论问题。这就不难理解为什么海德格尔转向在世的存在论而背叛了胡塞尔。在当代哲学里,现象学的思想力量不及分析哲学、政治哲学以及福柯为代表的法国哲学，就不足为奇了。

　　最后，回到叶秀山先生的问题。纯粹哲学的重要性在于它是哲学的基础，但纯粹性不等于排斥现实，按照叶先生的说法，纯粹性只是意味着在间接的"深层次上"去思考现实。也许可以说，除了探索形式真理的数学和逻辑，任何有"内容"的哲学问题都是不纯粹的，因为无关现实的问题通常不会被提出来，即使偶然被提出，也不会长时间被讨论，就是说，无关现实的问题缺乏持续生长的条件。因此，哲学的纯粹性不在于问题，而在于方法，就是说，哲学问题不是纯粹的，但用于分析和解释哲学问题的方法是纯粹的，是诉诸理性本身的方法。

　　叶秀山先生有一个侧面提示，他把市场化的"生活哲学"看作是纯粹哲学的反面，由此可见纯粹哲学概念的指向，即哲学必须超越世俗利益和兴趣。生活属于俗世，但蕴含有待分析的深刻问题，比生活更通俗而又拒绝思想问题的是格言、哲理以及宗教性的安慰启示。只有劳动才能慰藉心灵，而不给安慰的反思才是哲学。只有苦难才有精神性，只有苦难才值得反思，只有苦难，无论是精神的苦难，还是理性的苦难才构成永不退场的哲学问题。

哲学的希望与希望的哲学

——写在叶秀山先生遗著《哲学的希望》出版之际

江 怡

在学生们的共同努力下，叶秀山先生的遗著《哲学的希望》最近出版了。在他生命的最后五年零八个月里，叶秀山先生的思考主要围绕着欧洲哲学的危机和中国哲学的希望。经过一生的哲学探索，他从前苏格拉底的古希腊哲学到近代康德哲学，再到现代法国哲学和德国哲学，最后走向了具有世界意义的中国哲学。在最后完成的课题中，他对哲学与科学、哲学与宗教的关系做了全面而独特的分析，他对哲学发展未来方向的考察正是基于对这些关系的深刻思考，而这个方向就是他心目中的"希望的哲学"。

我认为，在本性上，哲学就是一种关于希望的学问，是对人类未来的思想展望，也是对人类命运的观念预测。这里的"希望"不是哲学家一厢情愿的主观愿景，而是哲学家通过对人性的透彻领悟形成的对未来的积极展望，也是哲学家通过理性的逻辑分析得到的关于人类未来的理论图景。面对当下瞬息万变的社会发展和科技进步，作为人类未来的希望，哲学总能以理性的视角审视着光怪陆离的世界变化，以敏锐的目光透视着社会变迁中的人性起伏，以鸟瞰的高度把握天下纵横的世界走向。这种承载着人类未来希望的哲学，只能而且必须把自身的存在置之度外，这就需要以自我牺牲的精神完成着人类共同的历史命运，也就是以哲学的方式化身于社会的变化和人类的发展,用观念的形态阐释世间万物和人类自身的不竭命运。这种作为人类希望的哲学,总是把"地狱不空,誓不成佛"作为自己的价值格言,把"众生度尽,方证菩提"作为自己的行为指南。而"横渠四句"的"为天地立心,为生民立命,为往圣继绝学,为万世开太平",更是把哲学的使命提高到了无以复加的地步。然而,在我看来,作为人类希望的哲学,更是能够让哲学家以"我以我血荐轩辕"的勇气奉献自己的不朽事业,是能够让哲学家以生命"点燃自己,照亮世界"的思想火炬。叶秀山先生正是用自己的一生追求着这种哲学,他在生命的最后时刻为我们留下的,依然是那永不熄灭的哲学之火。

在《哲学的三种境界》一文中,叶秀山先生提出了哲学的这样三种境界:哲学作为智慧之学、哲学作为自由的科学、哲学作为存在—生活的方式。这些恰好构成了作为人类希望之哲学的核心:人类正是以智慧享誉万物灵长的美名,人类正是以自由作为知识和行动的前提,人类正是以特有的存在—生活方式显示了哲学对人类的价值。在这里,我们可以看到,人类之所以拥有未来的希望,也正是由于人类拥有了智慧和自由,由于人类拥有了作为存在—生活方式的哲学。因而,希望的哲学就是人类的希望。相反,任何企图诋毁人类智慧、取消人类自由的尝试,都是在摧毁人类的希望,也就是在摧毁人类的未来。

叶秀山先生早在1991年发表过一篇讨论当代法国哲学的文章,题目是《哲学的希望与希望的哲学》。他在文章中提出,"'开放的未来'是一个'希望'。这个'希望'不是空想,因为它是'过去'所提供和启发出来的,是可爱的,也是可信的"。他说,"人抱有'希望',要作出'许诺'和'预言',要有一个'未来',这就意味着人的现实世界还不够好,人间有'恶'"。因此,"'希望'是'看'到的,'许诺'是'听'到的,但'希望'和'许诺'又都是'读'出来的。'世界'不仅是'知识'的对象,'人生'也不仅是'德性'的丰碑;'人世'本已作出了'许诺',闪烁着'希望'。请'读''人世'这本大书：它不仅'告诉'你'过去'，也向你'预示'着'未来'；'未来'作为一个'许诺'，总能增加你的'信心'"。每当我读到这些文字，都不禁内心起伏。他在这里指出的"希望"，显然不是一般意义上的未来期许或承诺，而是对过去和现在的反省，更是对人类的时间性存在的哲学概括：人类正是在有限的时间中去感受和追问无限的未来。

晚年叶秀山先生通过对欧洲哲学末日的反思和对中国哲学的重新发现，为我们描绘了一幅哲学在中国的全新图景。这幅图景的特点在于，它借用西方哲学的概念和分析方法，对中国哲学的基本观念做了素描式的处理，通过对某些哲学家思想的局部放大和增强，使得中国哲学思想显露出之前未曾所见的重要内容。这里有两个基本观念在叶秀山先生那里得到了特别强调，即时间性概念与生死关系。虽然这两个概念都来自对西方哲学家思想的比较，但叶先生把它们作为理解中国哲学思想的重要关节。从解读《老子》的时间性根源，到讨论道家思想中的生死观念，叶先生都是以一种设身处地的方式向我们揭示了中国传统思想的微言大义。最为重要的是，他把这种具有历史感和满载生命意义的中国哲学，看作是未来哲学的希望。他在《欧洲哲学发展趋势与中国哲学的机遇》一文中明确指出，"西方哲学，也即是'日落'之哲学，它把从东方旭日普照开始直至日落归于黑暗的世界内化为一个内在的自由世界。作为东方思想之国，中国哲学面临着在'朝日'之光下消化并重新照亮、复生这个自由世界的机遇"。他向我们提出了这样的希望："值此新旧'交替'之际，'中国哲学'理当以'天下'为'己任'，'收拾'被'破'为'碎片—片段'之'残墙断壁'，以我们的'智慧'，'重建''哲学'之'家园'。"他"寄希望于未来"，我们也希望能够在叶先生的光照之下复生哲学的希望。

秀山藏情怀，叶高天地远

——与叶先生结缘及其遗著
《哲学的希望》思想探析

张能为

2016年9月，81岁的叶秀山先生走了，我们深感悲痛！叶先生是我国西方哲学研究大家，也是一位哲学研究和行文写作独具风格的哲学家。对西方古典哲学尤其是希腊哲学造诣精深，其研究并不简单地停留于一般哲学史的理论知识和思想逻辑研究，也不是只局限于古典哲学而是涉及现代和后现代哲学及其跨学科性的宗教、科学、艺术、中国哲学等领域，并能够"以史带论"以至"以论带史"，触及并深刻地面向哲学问题本身而阐发其独到的哲学沉思。晚年的叶先生更是站在世界性的视野来审视和思考中西哲学的交流、融通和互鉴，为哲学的希望和希望的哲学做出了自己清晰和独到的分析，指出了人类未来哲学发展的可能方向，提出了"哲学的希望"的伟大构想。

一 与叶先生学术结缘及其遗著《哲学的希望》

以前曾阅读过叶先生多部著作和文章，其深刻的思辨和对纯粹哲学的情怀与坚守，于我烙印深深，影响至远。不过直到21世纪初才见到叶先生本人，并因学术而幸运结缘聆听教诲。

我的硕士生导师钱广华先生本科硕士都毕业于北大，是国内康德哲学专家郑昕的硕士生，毕业后曾在北大哲学系工作过一段时间，与北京多位老先生感情甚笃，与叶秀山先生也是过从甚密。钱先生曾跟我说，当年他作为全国政协委员每年去北京开两会时都要去看望苗力田、梁存秀和叶秀山几位老友，我 20 世纪 90 年代在北京读博时还专门嘱咐我有空去看看叶先生。后来大概是 2002 年因《西方哲学史》（学术版）一书而有了直接聆听先生教诲的机会。

2002 年我的博士论文除送给其他三位专家外，还呈送于哲学所王树人和谢地坤两位老师评审，他们看后，觉得还不错，就向叶先生提起我的伽达默尔研究的博士论文情况，后来叶先生亲自阅看了我的论文，同样觉得还可以，有幸评价较高，说过这样一句话，没想到安徽大学还有这样一位研究伽达默尔深入的人（此博士论文《理解的实践——伽达默尔实践哲学研究》后获中国人民大学优秀博士学位论文奖，并经修改完善由人民出版社出版），也正是因此机缘，很快（大概是在 2002 年下半年或 2003 年）在确定多卷本《西方哲学史》（学术版）具体研究人员时经谢老师提议最终由叶先生和王树人老师决定《西方哲学史》第七卷《现代欧陆哲学》卷的伽达默尔（Hans – George Gadamer 1900—2002）部分由我来研究撰写（这些情况是事后谢老师和陈志远告诉我的）。2005 年 1 月份，在交出伽达默尔部分研究初稿后，谢老师与江苏人民出版社周文彬先生就稿子的修改和技术完善事宜与我有密切联系，在此过程中，谢老师也通过邮件一次次告诉我这也是叶先生和王树人老师的意见想法。《西方哲学史》（学术版）八卷本于 2005 年出版后，哲学所还举行了新闻发布会，会上与叶先生和王树人老师等人见了面，再一次当面聆听了两位总主编对此套多卷本西方哲学史著述的总体想法和各卷研究的特点分析，也在会上感谢和称赞了大家的努力和付出。记得此书于 2017 年还获得了中国社科院优秀科研成果一等奖。所以，叶先生也是我的学术导师和引路人。

另一件事是，2002年我博士毕业后，就意愿去哲学所做博士后，提交了申请材料，进行了体检，有一天应约前往哲学所面谈，所里叶先生、王树人、谢地坤、周晓亮等人在场，汇报和交流了一些进站的科研规划和想法，大概出于之前对我博士论文研究情况有一定了解，记得当时叶先生非常和蔼亲切，问了我老师钱广华先生的一些情况，仔细听了我的一些研究设想，他和在场的老师当时给予了不少鼓励和支持，最后他们商议决定同意我来所做博士后。应该说，作为拟合作导师，叶先生至关重要，也是同意我来所做博士后的最应该感谢的人。虽然，后来一切手续都办妥，人事处一位女同志亲自给我打了电话，但叹于我校本身的一些原因，而致使此事最终未能如愿成行，而失去能够直接当面经常性地向叶先生和所里多位老师问学的机会，但在心里一直感恩叶先生的支持和帮助。

未曾想，感到十分哀伤的是，叶先生于2016年9月7日溘然长逝，真是悲痛不已。钱广华先生当时身体也不是太好，叶先生去世之事后来告诉他，当年86岁的他听后边言边流下眼泪，说，我的老友先我走了！今年春节期间，我去钱先生家里看望，老先生还一遍遍提起已经过世的叶及苗、梁、杨等老友。

叶先生逝世后，我所在哲学系向社科院哲学所发了慰问唁电。欣慰的是，经过叶先生多位弟子和学术同行两年多的努力，其身后遗著也是其生命最后五年八个月的研究力作《哲学的希望——欧洲哲学的历史发展与中国哲学的机遇》面世流芳，嘉惠学林。

叶先生一生潜心学术，哲思万物，成就非凡。一部部大作就是一座座学术丰碑，《前苏格拉底哲学研究》《苏格拉底及其哲学思想》《思·史·诗》《美的哲学》《无尽的学与思》《中西智慧的贯通》《哲学作为创造性的智慧》《哲学要义》《学与思的轮回》《科学·哲学·宗教——西方哲学中科学与宗教两种思维方式研究》《启蒙与自由》《知己的学问》，等等，每一部著作的研究和思考都闪耀着其思想的光芒，业已成为包括西学研究者在内的广大读者奉为当代中国著名哲学家的重要经典文献。

今年年后，收到哲学所王齐老师的叶先生遗著出版研讨会邀请函，并感谢其惠寄来叶先生的《哲学的希望——欧洲哲学的发展与中国哲学的机遇》绝笔大作。洁白的封面意喻着叶先生的品性高洁，对万物的纯粹哲思和人们的哀挽；龙飞凤舞的汉字草书，寓意着当代哲学研究的民族性观照；其字意又告诉人们哲学虽非宗教，但一样需要虔诚之心，哲学是一门需要被严格对待和训练的学科，哲学史正是哲学自己训练自己的历史，如叶先生所言"'哲学'不是'有限公司'，而是一个'无限公司'，做'哲学'须得'慎之又慎'"[①]；而著作的书名，更是透出了一代哲人其哲学的情怀和希望，这种希望就在于融通中西，会通古今，在欧洲哲学的发展和中国哲学的机遇里，让哲学的希望以其本身向我们发生和显现。叶先生此遗著之书名正题"哲学的希望"是其身后由黄裕生教授提议而确定的，与此或有关联的是，叶先生本人于1991年发表过讨论利科思想的文章，文章名亦为"哲学的希望与希望的哲学"。王齐在其所写"编者的话《欧洲哲学的历史发展与中国哲学的机遇》的'前世今生'"文中，表示希望"哲学的希望"书名"可以被认同为出自叶先生之手"。从全书的内容和旨意来看，"哲学的希望"构成叶先生该著作整体性思考和研究的主题，应该说，该书名是名副其实的，准确地表达了该著作作者的研究意图和希望。

二 《哲学的希望》凝结着叶先生关于未来哲学的伟大构想

阅读叶先生《哲学的希望》一书，深感作为哲人，叶先生蕴含于其心中的关于哲学的未来和希望的情愫、旨向和信心，这部遗著

[①] 叶秀山：《哲学的希望——欧洲哲学的发展与中国哲学的机遇》，江苏人民出版社2019年版，第33页。

凝结着叶先生关于人类未来哲学的伟大构想，阐述了哲学的希望在哪里？一种希望的哲学应该并何以是可能的？本人研究不深，理解也十分粗陋，这里就其"哲学的希望"思考谈点自己的体会和认识。

《哲学的希望》是叶先生的遗著，但可以说是叶先生一生治学的总结和哲学未来可能发展的希冀与回答。此书"以'原典'为依据，探讨'哲学问题'"[1]，坚持"史论结合，以史带论"，在哲学本身的意义上，富有问题意识地展开对欧洲哲学史和中国哲学史的深入研究，这种研究正如叶先生所言，"虽是历史的，更是哲学的"[2]，处处散发着研究者新的视角和独立的思考，并于其中阐发着作者高屋建瓴地对于哲学之希望的理解和信念。这种理解和构想，叶先生在此书中，主要从三个大的方面进行了阐述和分析。

首先，"中西融合、古今会通"之大立场与大视角。叶先生长期以治西学见长，虽后期亦广泛涉猎东方文化特别是中国哲学思想，但于中国哲学的研究叶先生还是非常谦逊的，他说："对于中国哲学，功夫下得很不够，这个课题中只是做出一些'轮廓—大纲'式的阐述，读者当重在把握课题人的宗旨和理论根据。"[3] 研究有专长，但叶先生的立场和视角则是广阔的，本书中明确地表现出融通中西，会通古今的大视野、大格局、大思考。按照尼采"视角主义"（Perspectivism）思想，事物的意义和人们对意义的认识就表现于处于不同视角的不同解释之中，视角的不同选择，意味着选择了对某种意义的期待，甚至可以说，就选择和决定了某种意义。叶先生的研究既不是以西研西，也非以中研中，同样也不是以历史研究历史，以现实研究现实，而是确立了这样两个立场："站在现代的立场探讨历

---

[1] 叶秀山：《哲学的希望——欧洲哲学的发展与中国哲学的机遇》，江苏人民出版社 2019 年版，第 408 页。

[2] 同上。

[3] 同上书，第 409 页。

史的意义，同时也站在中国的立场探讨西方哲学的问题"① 和这样两个视角："从'中国哲学'的'理路'来'研究''欧洲哲学'的'理论'，也用'欧洲哲学'的'思路'来研究'中国哲学'的'理路'"②，这种研究立场和视角也就自然影响着叶先生的整体性思考，实质上，叶先生是要在中西融合、古今会通的立场上将中西哲学的概念范畴研究（理念、自己、绝对、主体、客体等或仁、义、诚、中庸、道、天然等）"无分'中—西'统统要归到'思路—理路'上来"③，不是以哲学之"名"而是以哲学之"实"来看待中西哲学的问题和结合的可能。毫无疑问，如同汉字语言学家周有光先生强调的"从世界来看中国"的看法一样，正是具有这种"无分西东""中西融合、古今会通"之大立场大视角，叶先生从哲学本身的"理路—思路"所做出的哲学的希望思考甚至是预言，不能不被人们重视和认真对待。

其次，中西哲学的各自问题与消解可能和道路。叶先生深耕古典哲学，但对西方现代包括后现代哲学也多有研究，面对西方哲学无论是理论形态还是问题研究的"思路—理路"的变化，叶先生深感哲学在西方已处于自身地位和意义危机之中，那种自古希腊以来的古典哲学诉诸抽象的普遍化、统一化和本质性的思考方式以获得关于宇宙万物之绝对永恒的认知和理解开始走向崩溃瓦解，"被'破'为'碎片—片段'之'残墙断壁'"④，叶先生要指出的是，"在进入 21 世纪以来，欧洲哲学出现相当'停滞'的现象，'脱离'原已根深蒂固的'本真'问题，努力'参与''解决'各种局部、暂时的'实际问题'，而'放松'甚至'放弃'对'本真'问题的'创造性'的'探索'，逐渐失去'追根寻源'的'哲学精神'，如

---

① 叶秀山：《哲学的希望——欧洲哲学的发展与中国哲学的机遇》，江苏人民出版社 2019 年版，第 408 页。

② 同上。

③ 同上。

④ 同上书，第 410 页。

不警觉,将迎来一个'哲学'的'荒芜'时期"[1]。这种判断与其说是对西方当代哲学性质的一种分析,不如说是对西方哲学之当代命运的忧思和警醒,当然之所以做出这种理解和担忧,基本上可以看出,叶先生既是属于西方传统哲学阵营而发出的"哲学之忧思",更是基于人类哲学的未来发展而作出的批判性反思,根本上,是一位哲人对哲学自身命运的忧患。

而从中国哲学来说,叶先生在本书中多处谈到,中国哲学以及中华文明之所以在近代以后被"质疑",甚至被一些人"否定",虽原因错综复杂,但从根本上是因为其"非哲学"的原因[2],也就是说,与西方哲学的那种纯粹理性思辨哲学相比,中国哲学和文明的根基往往停留于一种生活和社会的经验层面的概念思考,而没有上升到纯粹理性本身上来,因而也就无法达成那种哲学式的应有的思想普遍性。应该说,叶先生的这一判断受到了黑格尔在《哲学史讲演录》中有关孔子和中国思想认识的影响,这一点,叶先生也有过明确的表述:"黑格尔的批评应引起我们的重视,尤其是他对于东西方哲学文明的分析,很有启发作用,为以前的研究所未曾重视。"[3]不过,在对造成中国哲学文化受"质疑"甚至被"否定"的原因的解释上,叶先生的说法恐还可再作商榷。他认为,主要是因为中国近代以来国力衰弱和没有理解黑格尔对东方文化所抱有的偏见所致。叶先生在此书的"导论"和"结语"部分都谈道,"近代以来,中国综合国力薄弱,外侮内乱,致使敏感的人对于中国根基的信念发生动摇,这种态度,当会随着综合国力之增强逐渐消失,自不待

---

[1] 叶秀山:《哲学的希望——欧洲哲学的发展与中国哲学的机遇》,江苏人民出版社2019年版,第410页。
[2] 同上书,第13、407页。
[3] 同上书,第13页。

言"①,还说,"无可否认,黑格尔对于东方—中国哲学抱有偏见"②。应该说,这两种解释基本上还是属于一种外围性的解释。不过,此种情况的原因解释并不重要,关键的是,如何哲学地重新理解和认识中国哲学并让其以真正的哲学的精神和方式呈现,焕发出有希望的未来。叶先生的看法是,"我国或无'哲学'之'名',但却有'哲学'之'实'"③,这表明,叶先生注意到在集中表现中国传统思想文化的经、史、子、集中虽无"哲学"之名,也无哲学这一学科,哲学产生于西方,但是需要强调的是,哲学在中国思想文化中是有其"实"的,叶先生在本书中对中国哲学部分的研究和分析就是要从哲学的层面和高度阐述其哲学性意义,让中国传统思想以哲学的面貌向我们发生和呈现,并在此基础上,打通中西哲学,会通古今思考,走向人类哲学新发展、新未来。

最后,哲学的希望在非西方、在未来。叶先生在此书中,引述了由黑格尔学生整理的黑格尔《历史哲学》中所表达的一个看法,即"世界文明起于东方之'日出',而终于'西方之日落'"④。对于"日落",叶先生做出了自己的一个解释,那就是"日落并不意味着世界之'泯灭',而是另一种方式的'存在':'日落'一切归于'黑暗',此时人们把'世界''吸收'到'内在'中来,加以'反思','日落'将'世界''内在化'"⑤。黑格尔曾说,他的哲学是头足倒立着的世界,也正是把"外在"的世界"内在化"了的缘故,可以说,叶先生所理解的黑格尔的这一思路,为其阐述西方哲学之衰落和中国哲学的当代生命力及其未来哲学之希望奠定了思想和理论根据。"日出"就是世界万物之开显和显露,是表现出来,规

---

① 叶秀山:《哲学的希望——欧洲哲学的发展与中国哲学的机遇》,江苏人民出版社 2019 年版,第 13、407 页。
② 同上书,第 13 页。
③ 同上书,第 12 页。
④ 同上书,第 13 页。
⑤ 同上。

定阐发出来；而"日落"则是把已开显之物内化—内在化，将世界万物吸收进"思想"中来。叶先生认为，从某种意义上说，"内在化"就是一种"深化"，西方利用了"日落"机遇，化腐朽为神奇，"将自己的哲学传统推进了一大步"[1]，当然这种"日落"的内在化不仅适用于西方——"欧洲哲学已由'日落'中'复生—再生'"[2]——同样也为东方中国传统思想文化的重生或者说"日出"带来了重要的机遇，那就是自我反思并为内在化西方哲学思想提供了可能。为此，叶先生指出，"中国哲学也有能力将包括欧洲'落日'成果在内的一切'化为''空间—必然'之'事物'，重新'吸收'到'时间'中来，'接续—推动''哲学'之'历史'与'自由'"[3]，"将西方哲学之精髓'吸收'到'自己'的系统中来，从而也必有一番新的面貌"[4]，"反观中国昔日之辉煌，后生小子，敢不自策？就哲学言，能够'反躬自问'之时，能够进入'时间—历史'进行玄思—沉思之日，亦即'再生—复生'之时"[5]。

作为一个具有深厚民族情怀的学者，叶先生对中国思想文化是情有独钟的。叶先生在多处赞赏性地谈道，中国哲学具有一种"兼容并蓄""融会贯通"和"博大精深—止于至善"之精神和能力[6]，这种"博大精深"故"兼容并蓄"、"止于至善"故不断"自我完善"是一种"批判"的精神而不是"盲目"的精神，这种精神和能力体现于中国文化历史发展的各个阶段。历史上"儒佛道"三家共存而"兼容并包"，不仅外在上并立，而且是内在精神和义理上的将"异己"化解为"自己"的"会通"，使"万物—众异""皆备

---

[1] 叶秀山：《哲学的希望——欧洲哲学的发展与中国哲学的机遇》，江苏人民出版社2019年版，第14页。
[2] 同上书，第17页。
[3] 同上。
[4] 同上书，第407—408页。
[5] 同上书，第17页。
[6] 同上书，第13、407、409页。

（归）于我"使自己趋于"至善"，可以说，这种"兼容并蓄"和"融会贯通"中体现着批判性的思考和内在化的能力。"中华文明肇始远古，中国哲学自成体系，独树自己旗帜于世界哲学之林，虽几经摧折，不仅能自我修复，而且兼容并蓄，发扬光大，不断更新再生，显示着顽强之生命力"[1]，正是在此意义上，叶先生认为中国哲学的当代"日出"或者说"重生—再生"很大程度上取决于此种精神和能力的自觉和发扬，"中国哲学的前景和将来，取决于'中国哲学的研究者'对于这种'融会贯通'的'批判—批审'精神之自觉"[2]。

应该说，叶先生对我国民族文化的未来是乐观的，并因中国哲学文化所具有的这种"兼容并蓄"和"融会贯通"之精神和能力而对人类哲学的未来是充满希望的。这种哲学的希望就在于未来，就在于东方。在叶先生看来，西方的哲学已陷问题之中，但仍有希望，他宣称："从某种意义上说，'西方哲学'的'希望'在于'非西方'，'希望'在'东方'，在'东西方之融合'"[3]，"东方是世界文明的发祥地，东方为世界文明带来'曙光'"[4]。全书最后的结语，深深地表达了一位中国哲人叶秀山先生对于中国哲学和人类未来哲学的某种期许和强烈希望——"我中华文明数千年来在社会和实际经济生活方面，时有起伏涨落，但'哲学'之'根源'未尝'枯竭'，'哲学'之'精神'仍'植根于'我们'心中'，'追根寻源'之探索精神未曾间断，'创造性'之'自由思想'仍在'激励'我们热爱'真理—至善'之'勇气'，借此新旧'交替'之际，'中国哲学'理当以'天下'为'己任'，'收拾'被'破'为'碎片—片段'之'残墙断壁'，以我们的'智慧'，'重建''哲学'之

---

[1] 叶秀山：《哲学的希望——欧洲哲学的发展与中国哲学的机遇》，江苏人民出版社 2019 年版，第 12 页。

[2] 同上书，第 409 页。

[3] 同上书，第 12 页。

[4] 同上。

'家园'","就这个意思来说……寄希望于'未来'"①。

如此理解，恐在叶先生看来，中西方之融合，且具有内在化能力并于将来真的有朝一日实现了内在化西方哲学的中国哲学，自是人类哲学的希望所在，这既是哲学的希望，也是希望的哲学。可以说，哲学的希望在非西方，在东方，在已经"内在化"了西方哲学的中国哲学，这便是叶先生其遗著《哲学的希望》之"哲学的希望"之所在，这既是其根本性的结论，也是其关于未来哲学的伟大构想。由是，叶先生的哲学担当、民族情怀与未来寄望之气之情可谓峥嵘尽显，"我们在中国做哲学，固当以曾是'朝日'之光辉而自荣，更当以'再生—复生'为己任，将'试看今日域中（哲学之领域中），究竟谁家的天下？'这个问题，铭记在心"②。

三 蕴涵于《哲学的希望》中的哲思维度与逻辑

叶先生在其遗著《哲学的希望》中所阐述的哲学的希望抑或说未来的哲学，是有其一些重要的哲学思考的基本维度和思想逻辑的，这些基本维度和思想逻辑，应该说，对于叶先生论述世界哲学的发展以及中国哲学的可能出路，都具有极为重要的影响，并形成其关于人类新哲学构想的关键性思想向度。

第一是，科技主义的狂飙性发展与哲学命运的辩证性理解。

自欧洲近代理性启蒙以后，科学和理性成为衡量一切的准则，一切科学化和理性化，既是人类思想，也是由此种思想所形成的社会组织生活的普遍状态。现代社会就是一个科学技术化时代，科学理性和技术统治着人类生活的一切方面，人们依赖于技术理性或工

---

① 叶秀山：《哲学的希望——欧洲哲学的发展与中国哲学的机遇》，江苏人民出版社2019年版，第410页。

② 同上书，第17页。

具理性而生活,正如现代解释学家伽达默尔所言,这是一个消除所有禁忌而"信仰科学的技术时代"①,是一个建立在近代科学理性基础上的"科学的组织形式"以及由此形成的"科学的公众意识"支配人类生活的时代,它从根本上改变了一切自然关系。社会的统治是通过掌握科学的专家团体来进行和完成的,科学技术构成了以全球工业化为特征的世界经济的支配力量。人类在对科学理性的依赖和由笛卡尔所创立的科学方法论的控制下,荒废了对人类自己行为进行理性反思的判断力,"技术的思想开始成为一种普遍的世界因素"②。

如何看待这样一个科学技术化的时代,哲学还有何作为?面对此种状况,有两种典型性的看法,一种是认为,这种狂飙性的科技化力量是没有任何力量能与之抗衡的,古典的哲学思考和力量同样也会在科技化的时代寿终正寝,趋于终结,原有的主要是知识论诉求的哲学性思考任务和功能,已完全能够由科学取而代之。对此,英国物理学家霍金就认为,随着科学的迅猛发展,原有的哲学的认识已跟不上科学发展的步伐,哲学的任务已由科学取代了,为此深刻提出了"哲学已死"的著名看法,而现代英美语言分析哲学亦可视之为是向迅速发展的科学的"退却""投降",在"拒斥形而上学"理论旗帜下,已放弃或者说否定了关于世界存在和事物本质性思考的哲学任务,而是依附于科学理论,不再从科学之外只是在科学理论之中去对已有的科学命题陈述予以语言逻辑分析,哲学任务完全变成了在现成的科学原理和知识体系中澄清语言意义的命题分析性活动。另一种认识则是,认为现代科技化已带来西方思想和社会的严重危机,需要进行新的启蒙,从科技控制一切的技术理性迷梦中惊醒,重新强调人文理性的力量,焕发哲学的光芒,哲学没有

---

① 伽达默尔:《赞美理论——伽达默尔选集》,夏镇平译,上海三联书店1988年版,第89页。

② 同上书,第95页。

死去，哲学依旧充满活力。可以说，现当代西方诸多哲学家特别是欧陆哲学家大体上都抱有此种理解。

叶先生在其《哲学的希望》遗著中，谈到他对此问题的认识，可以说，其认识不同于上述两种看法，而是提出了第三种不同理解，既反对哲学的科学化，哲学已死之论，也反对"因噎废食"的否定科技化的非明智之举。

叶先生说，"面对当今世界经济的严重冲击，20世纪初期欧洲有些哲学家已经觉察到科技（高技术）的发展对（包括'哲学'在内的）'人文科学'的'窒息—消极'的作用，他们多以'遏制''科技'的发展'速度'和'抑制'其'范围'来'拯救''人文科学'，实在是一个'因噎废食'的'空洞'的'呐喊'"①。这意味着，在叶先生看来，科技的发展毫无疑问极大地推进了人类文明的发展，已经也是一种无法改变的事实，任何以"人文科学"之名的抑制、遏制都是因噎废食的无视现实的空想，也是不会有效果的，相反，要正视科技的作用和力量，顺应科技发展，只有在此情势中的思考才是切合实际的，也才会避免一种寄托于"人文科学"的一种"不自量力"的彻底改变世界的想法。

当然，叶先生在此基础上，也充分意识到，现代一切科技化所给人文科学特别是哲学带来的危机，自然也是带来的机遇。在叶先生看来，正是在西方一切都科技化的状况下，20世纪以来，欧洲哲学出现了脱离或放弃了对"本真"问题的探求，逐渐失去了"追根寻源"的"哲学精神"，哲学发展出现了某种"停滞"的现象。叶先生说，此种情况，"如不警觉，将迎来一个'哲学'的'荒芜'时期"②。显然，叶先生对这种一切科技化的状况和哲学的命运是充满忧思的，并有一种紧迫感，要改变这种状况，哲学必须利用这种

---

① 叶秀山：《哲学的希望——欧洲哲学的发展与中国哲学的机遇》，江苏人民出版社2019年版，第409—410页。

② 同上书，第410页。

秀山藏情怀，叶高天地远　177

时代发展机遇，寻求新突破和新发展。这种突破和机遇，就在于突破西方哲学当下的视野，为一种融入东方思想特别是中国哲学元素的未来哲学建构提供可能和空间。应该说，叶先生在面对科技化时代的综合性思考，是一种整体性的辩证性的理解，也是一种切合实际的关于未来哲学发展构想的重要的思想向度。

第二是，文化交流视野内"中西融合、古今会通"中的哲学再生—重生。

文化交流，是人类文化发展的阶梯，是人类文明发展的重要源泉和推动人类社会进步的动力。这既指一个民族、一种文化体系内部不同派系、不同思想观点的对话；也指不同地域、不同国度、不同民族之间的文化碰撞与融合。可以说，人类文化的发展，就是不断通过交往而超越自身的封闭性、自足性，创造出具有普遍意义的能为所有人享用的人类共同的思想文化，这一点在传媒日渐发达的现代社会尤为突出。正如英国哲学家罗素所言，"不同文明之间的交流过去已经多次证明是人类文明发展的里程碑。希腊学习埃及，罗马借鉴希腊，阿拉伯参照罗马帝国，中世纪的欧洲又模仿阿拉伯，而文艺复兴的欧洲又仿效拜占庭帝国"[①]。

叶先生的《哲学的希望》一书，虽然分为上下两部，主要讨论了欧洲哲学发展和中国哲学主要理论，但叶先生并非为研究欧洲哲学而研究欧洲哲学，也不是为研究中国哲学而研究中国哲学，而是于其中贯穿着一种重大的思想构想，那就是试图在"中西融合、古今会通"中阐述欧洲哲学的发展及其问题、中国哲学的发展及其问题，并力图从哲学本身的"理路—思路"上来贯通和融合两者，并为未来的哲学或者说新哲学的建构提出方向、方式与具体路径。

能够明显看出，叶先生已经不再局限于中西文化交流史上的

---

① 罗素：《一个自由人的崇拜》，胡品清译，时代文艺出版社1988年版，第8页。

"中体西用""西体中用""中西互为体用"等多种基本性看法，其思想完全超出了"体""用"的简单之分。在叶先生看来，"体""用"之分可能还只是一种停留于"孰优孰劣"的较幼稚和较低级的比较性思考，真正的哲学的未来希望是必须超出这种简单的比较性辨分的，是要从哲学本身上来看待和融通中西和古今哲学的，一切都只是因其能够作为未来哲学的要素而重现和彰显其理论的魅力与生命力，世界哲学和未来哲学，构成我们正确对待和理解中西和古今哲学的重要思想向度。

应该说，叶先生关于"哲学的希望"思考中清晰地反映着其两个"贯通"的原则、思路和努力，那就是："中西贯通"和"古今贯通"。正是在这两种双"贯通"中，叶先生分析了西方哲学的现代发展问题和中国哲学的机遇，探讨了古典哲学与现代哲学中所蕴涵的哲学问题本身的运行逻辑和未来表现。叶先生说，"'欧洲哲学的历史发展与中国哲学的机遇'（简称'机遇'）旨在研究'欧洲哲学'历史发展中所遇到的问题及其解决方式，直至20世纪（包括'后现代'）诸家在理论上出现的'困境'，为中国哲学的发展'提供'了一个'历史发展'的'机遇'"[1]。还说，"本课题计划是从西方哲学的历史发展入手，在历史性回顾的基础上，着重分析欧美哲学在近现代的发展特点，特别是从20世纪以来当代欧美哲学的趋势，在理论探讨的基础上，揭示它们强弱两个方面的具体内容，从而对应我国哲学自'西学东渐'以来对于中国传统哲学革新的思路历程，特别是在马克思主义哲学在近代中国的影响扩大并曲折地巩固阵地以后，我国固有传统哲学的变革发展以及面临的问题"[2]。显然，叶先生的两个"贯通"是有其强烈的现实所指，也是从根本上服务于其关于未来哲学的构想的。

---

[1] 叶秀山：《哲学的希望——欧洲哲学的发展与中国哲学的机遇》，江苏人民出版社2019年版，第407页。

[2] 同上。

叶先生还特别强调，面对西方哲学现代发展出现的问题和困境，"中国哲学理应很好地'利用'这个历史机遇，吸收众长，补充自己，创造出哲学的新天地，为哲学做出应做的贡献，这也是哲学的历史发展所赋予自己的使命"①。那么，具体而言，中国哲学要如何利用这种难得的发展机遇，重塑自己的哲学，焕发出未来的生命力呢？

于此，叶先生在《哲学的希望》中多有论述，主要有三个方面，其一是改变中国哲学的"非哲学"质疑，承认和肯定中国哲学虽无"名"但有其"实"，通过哲学本身的"理路—思路"让中国传统思想以哲学的方式和面貌向我们重新展现，可以说，需要重塑中国哲学，这也是叶先生在此书的下半部所做的根本性努力和工作；其二就是"日落"的内在化努力，在叶先生看来，西方的"日落"不是一切归为虚无，而表现的是一种内在化精神和能力，中国哲学的未来发展要充分发挥这种"日落"的内在—内在化能力，吸收或者说化西方哲学于自身之中，经过这种内在化西方哲学的中国哲学将是哲学未来的希望；其三是中国哲学要经过"日落"内在—内在化的"再生—重生"，还依赖于中国哲学研究者对于存在于中国传统思想文化中那种"兼容并蓄""融会贯通"之"批判—批审"精神的自觉。在叶先生看来，中国文化具有很强的"兼容并蓄"和"融会贯通"精神，儒佛道之融合就表现了这一点，而这种兼容、融合和贯通之精神并不是一种"盲目"的精神，而是内含着一种批判精神和能力，正是基于批判精神，才有分辨，也才有分辨基础上的兼容和融通。如此一来，叶先生指出，"中国哲学随着历史社会发展的变化，在实质和形态上都有很大的转变，或者说'革命性的变化'也不为过。做哲学的人'变'了，'哲学'也不得不变，但'万变不离其宗'，中国哲学的'革命—变革'，仍须得在自身的'源头'和

---

① 叶秀山：《哲学的希望——欧洲哲学的发展与中国哲学的机遇》，江苏人民出版社2019年版，第407页。

'历史'中'有迹可循','中国哲学'的'土壤'有'能力''吸收'一切'外来'的'营养成分'来'变化—滋补'自己,也有'能力''拒斥'一切'内在'和'外在'的'有害成分—毒素','保持'自己的健康,甚至'分解—化解'这些'坏因素',使之成为'好因素',一切'坏东西'也有可能在一定的'条件'下,成为'中国哲学'的'良药'"[①]。

显然,叶先生关于未来哲学的这种思考向度是极为重要的,既不是从西方哲学,也不是从中国哲学,而是从世界范围,从未来发展,根本上是从哲学本身上来思考和分析中西哲学各自的问题和未来哲学的希望所在。毫无疑问,这种思考问题的向度是合理的,也是具有重要启发性的,或许它会构成一切关于未来哲学探讨的一种无法绕开的也是必须高度认同的构想维度。

第三是,"现实"与"历史"、"理念"与"现实"、"空间"与"时间"、"内在"与"外在"、"中国"和"西方"互动促进的思想逻辑。

在以往哲学史上,大概不同的哲学家都会涉及现实与历史、理念与现实、空间与时间、内在与外在的关系处理问题,当然,中西思想关系也构成一个重要论题。问题是,以往哲学的思想逻辑,虽然也强调它们之间的相互关系,但思想逻辑基本上是将它们视为性质不同的方面,甚至将一项视为另一项的实现和展开,有"主从""虚实"和"轻重"之分,譬如柏拉图将理念视为真实的根本性存在,现实只是理念的外化,是不真实的,是变动不居的,再如黑格尔认为,历史便是历史观念的现实化,是历史观念实现自身之过程,一切有违历史本质之进程终将为历史观念实现自身之逻辑所校正,等等。而叶先生在其《哲学的希望》一书中,深刻地表现出了一种"现实"与"历史"、"理念"与"现实"、"空间"与"时间"、

[①] 叶秀山:《哲学的希望——欧洲哲学的发展与中国哲学的机遇》,江苏人民出版社2019年版,第409页。

"内在"与"外在""中西思想"互动促进的思想逻辑,也正是这一不同寻常的思想逻辑为人类未来哲学的希望奠定了中西融合、古今会通的可能和方向。

这一思想逻辑在叶先生这里表现出的就是一种哲学的辩证法,这种辩证法"是以一种'对立面''转化'的眼光来'看—理解'世界的,不执着于事物的一面一偏,而是'看到—理解到'事物的'全面'"①。当然,哲学上所讲的全面,也并非是说要穷尽事物的一切属性,而是要"'看到—理解到—意识到凡事都向'自己'的'相反'方面'转化'"②。"'辩证法'是指'道理上''(允许)说两面的话',一个'道理—判断''可以—允许''分''正—反'两面来说,也就是后来所说的'二律背反',说两个'相反'的'道理',都是说得通的。"③ 正是基于此种哲学辩证法或者说思想逻辑,在叶先生看来,现实和历史、理念与现实、空间和时间、内在与外在、中西思想之间都不是单独孤立发展的,实际上,它们相互之间构成一种动态的"二律背反"的互动逻辑,它们都是开放的、发展的,在其发展中形成一种"动态性"的相互促进。叶先生指出,在其课题研究中,"'现实'和'历史'、中国和西方蕴涵一种'互动'的关系,尽管这个相互'运动—推动'的过程—进程,不是直线的,而是复杂曲折的"④。并认为,其研究过去是从侧重历史到侧重原理,现在则是又从原理进入现实,"注重'理念'与'现实'的'二律背反',因而注重二者之'互动',在'互动'中'促进'历史现实的'发展',这个思路,一直贯串到近代的哲学的德国古典哲学"⑤。

---

① 叶秀山:《哲学的希望——欧洲哲学的发展与中国哲学的机遇》,江苏人民出版社 2019 年版,第 2 页。

② 同上书,第 3 页。

③ 同上书,第 45 页。

④ 同上书,第 408 页。

⑤ 同上。

叶先生在时间和空间关系问题上,同样强调了这种思想逻辑,认为,人们有能力将"空间""吸收"到"时间"中来,就如同人们有理由将"感觉""吸收"到"思想"中来一样[①]。按照传统哲学的认识,"现实的时间"是由"内在的时间"开显出来的,也就是说,"空间"是"时间"开显、创造出来的,不过,叶先生指出,还有另一种思路,即"'时间'并非'开显''空间',而是把'空间'吸收进来,使之也成为'内在'的,使'空间'的'必然性''内在''化为''时间'的,'时间'中的'空间','自由'中的'必然','内在'中的'外在',这就是'历史性',亦即海德格尔所说的,'历史'之所以成为'历史'的'历史性 – Geschichtlichkeit'"[②]。可以说,历史并不仅仅是过去事实之间因果必然的关系,而且还是"时间"中"人—行为—事情"之间的"自由"的关系,对此,叶先生深刻地谈道,"'历史'之所以成为'历史',不仅仅因为'人'有'记忆',而且是因为'人''在''时间'中,'人'不仅有能力把'时间''外化'为'空间',使得世间万事万物都有'意义',使'空间''开显'出'时间—历史'的'痕迹 – trace(德里达的意思)',而且也有能力'内在化''空间',使'历史事实''开显'出'内在'的意义"[③]。

正是基于这样的动态的互动的思想逻辑,叶先生阐述了中国哲学作为哲学之未来希望的可能性,他说:"哲学有能力将'空间''吸收'进'时间',中国哲学也有能力将包括欧洲'落日'成果在内的一切'化为''空间—必然'之'事物',重新'吸收'到'时间'中来,'接续—推动''哲学'之'历史'与'自由'。"[④]

我们看到,这种思想逻辑对于叶先生阐述未来哲学的希望是极

---

① 参见叶秀山《哲学的希望——欧洲哲学的发展与中国哲学的机遇》,江苏人民出版社 2019 年版,第 16 页。
② 同上书,第 15 页。
③ 同上。
④ 同上书,第 17 页。

其重要的，在现实和历史、现实和理念、空间和时间、内在和外在、中国和西方之间，叶先生不是注重某一方面，而是赋予了它们同等的重要性，并认为正是它们之间的动态的相互促进的发展逻辑规定或者说决定了事物的发展，也决定了哲学与人类文明的进程，同样，只要相信并基于这种思想逻辑，未来中西融合、古今会通的哲学，特别是哲学的希望在非西方，在东方，就在内在化了西方哲学的中国哲学方有可能，也才有坚实的思想逻辑基础。

其四是，"哲学的希望"是一种"概率"逻辑的实在性，是概率意义的确证和体现。

叶先生阐述和分析哲学的希望问题，是与他从"概念"的实在性转向重视"概率"的实在性思想逻辑相联系的。叶先生指出，做哲学的超越性思考，不仅有"概念"的实在性的方式，还必须重视"概率"的实在性的方式，即"'允许'以'概率'的方式，'计算'出'事物自身'的'存在'"，概率的实在性"是允许'科学地''计算—预算'出来的'现实性'"[1]。换言之，实在性既可以是事物本质概念的现实性展开，也可以是一种概率可计算的可能性的实现，此种可能性就表现为一个"希望"，它"'保证'了'未来'的'实在性'。'未来'不停留在'尚未存在'，而且是'将来'，'未来'是'将会存在'，因而就哲学意义说，对我们'理性'，不仅有一个'永恒'的'现时'，有一个'永恒'的'同时'，亦即有一个'无时间'的'永恒'，而且还有一个'永恒'的'将来'，这是一个'有时间'的'永恒'。'在''时间'中的'永恒'，它的'超越性'在于'超越''现时'，'将来'是一个'超越''现时'的'存在'，是一个'可能性'的'存在'"[2]。

"概率逻辑"（probability logic）是现代归纳逻辑的重要理论，

---

[1] 叶秀山：《哲学的希望——欧洲哲学的发展与中国哲学的机遇》，江苏人民出版社2019年版，第168—169页。

[2] 同上书，第169页。

它是由梅纳德·凯恩斯创立,并为现代西方逻辑经验主义哲学家赖欣巴哈、卡尔纳普及科恩等人所发展,赖欣巴哈是最主要代表,著有《概率理论》一书。逻辑经验主义的"经验证实原则"存在一个由强到较强再到较弱的"证实原则"——"检验原则"——"确证原则"的发展历程,概率逻辑便是表现"确证原则"的一种不同于"真值意义"理论的"概率意义"理论。经验主义古典归纳逻辑,以经验的完全证实为原则,通过归纳逻辑寻求的是事物的一般性、必然性的知识和原理,这是一种真值意义理论;不同于这种真值意义理论,概率逻辑虽然也是一种归纳逻辑,但它诉求的是原则上有经验证实的可能性程度,反映的是概率的确证度问题,它用概率论的定量分析以及公理化、形式化的方法来探讨有限的经验事实对普遍原理或事实的确证度、逼真度,这是一种崭新的概率意义理论。赖欣巴哈提出,古典归纳逻辑所强调的那种"真值意义"理论所要求的关于语言命题的完全证实是不存在的,因而,任何命题,当且仅当它能被权衡概率的才有意义,否则就没有意义。

赖欣巴哈认为,"概率陈述所表述的是重复事件的相对频率,即是作为一个总量的一个百分数而计算的频率。概率陈述一方面是从过去观察到的频率中推导出来的,另一方面并包括着以同样频率在未来之中将近似地发生这个假设"[1],如此一来,任何科学的理论本质上都不是可完全证实的,而都是有待证实的未来的理论,因而,一切科学理论都是假设性的普遍理论,在概率意义理论中,科学家就是一群高级的理论赌徒。赖欣巴哈说:"一切科学知识都是概率知识,只能在假定的意义上被确认","虽然所有的陈述都只是或然的,但是我们却把它当作是真的,并据此而行动,也就是说,我们把它

---

[1] 转引自夏基松《现代西方哲学教程新编》,高等教育出版社1998年版,第132页。

们当作假设，科学知识就是这样一些预言的假设"。[①] 按照这种概率逻辑，意味着，任何关于未来的普遍性命题，人们是无法以经验来完全证实其普遍性、必然性的，但是通过概率逻辑却能够在其或然性中显明这种普遍性命题的确证度或者说证据支持度，当然这种概率逻辑本质上也是一种证实，只是它是一种反映着确证度、逼真度意义的归纳逻辑证实。

显然，叶先生受到了现代西方最新语言意义理论即"概率意义"理论的强烈影响，不完全是从概念的实在性或者说传统的"真值意义"理论来谈论哲学的希望和未来的哲学的，而是大胆地吸收了"概率意义"的新语言意义理论，以概率计算来分析"希望"作为一种可能性的实在性意义，这既突破了传统之概念"存在着"的实在性理解，也为将一种可能性作为一种实在性理解确立理论基础。正是以此为基础，或者说，正是在概率的可能性的实在性思想上，叶先生提出并阐述未来哲学的希望和希望的哲学，也就是说，这种哲学的希望是一种可能性，也是一种实在性的存在。之所以能够也应该以此来做出这一判断，是因为叶先生自己有一个明确的说明："'概念'面向着'过去'，面向着'完成'；而'概率'面向着'未来'，把'未来''转化'成'将来'。"[②] 应该说，正是在这里，反映了叶先生关于未来哲学的希望的构想的思想逻辑，那就是不能从概念的实在性而是要从概率的实在性来理解其哲学的希望，哲学的希望在非西方，在东方，在中国哲学，这是一种概率计算的可能性，也是一种概率允许"科学地"计算出来的现实性、实在性。既然是一种概率计算的可能性，那其"哲学的希望"只是一种"预测—预言"，并不是一定如此，也还存在或然性；但另一方面，既然

---

① Hans Reichenbach, *The Rise of Scientific Philosophy*, University of California Press, 1951, p. 241.

② 叶秀山：《哲学的希望——欧洲哲学的发展与中国哲学的机遇》，江苏人民出版社2019年版，第169页。

是一种概率允许"科学地"计算出来的现实性、实在性,那其"哲学的希望"便具有一种事实性和真值性意义,而绝非胡思空想之论。

　　秀山藏情怀,叶高天地远。叶先生逝世了,是怀着也是留下哲学的希望远去的,他永远活着;哲人虽萎,但精神永存,其思想遗产冠华叶茂,下自成蹊,泽被后学。愿与先生一道思考,拥抱哲学的希望!

爱智贵在会通融合

——读叶秀山《哲学的希望》

于奇智

长久以来，我在自己的法国哲学研习中有一大困惑，这便是：对于我来说，专业领域或视野主要是当代法国哲学，作为"自我"的"法国哲学"如何接纳和吸收作为"他者"的"中国哲学"？换而言之，中国人如何研究"法国哲学"并思考"中国哲学"？进一步讲，如何结合"中国哲学"推进当代法国哲学研究，从而与法国哲学家的"理论实践"产生"汇合"，也与叶秀山先生的"中西贯通"探索生成"呼应"？最终做些我的"小学问"并走出一条"小路"来。本属于自我的"中国哲学"成为"他者"或"异托邦"（借福柯的表达），即自己的文化成为陌生、未知、隔绝的世界。不管我有怎样的困惑，不管这困惑有多大有多小，我都坚守以哲学姿态面对此种困惑，也总是读叶秀山先生的论文与著作，从而在高等教研机构扮演多重角色，我认为这种角色界定了某种类型的人，或者使某种人存在于世，我称之为"哲学人"或"爱智人"（homo philosophicus）。

每次读或重读叶秀山先生的作品，总令人欣喜若狂，欲罢不能却必须克服许多障碍，非下一番功夫不可入门。《哲学的希望——欧洲哲学的发展与中国哲学的机遇》作为遗著，更是如此。我认为，揭开叶秀山先生这份"哲学大遗嘱"之谜的钥匙仍然在于"通"

（理路会通），而不在"比"（表面比较）。正如叶秀山先生在 2002 年出版的《中西智慧的贯通》"前言"写道："我现在的体会是：哲学上的'同'、'异'的比较，建立在一个'通'字上。异中之同，同中之异，'通'自在其中。"① 这是叶秀山先生一贯强调的哲学研究要义，大概也是叶秀山先生不断"耗费心力"研习中国哲学与佛教哲学的意义所在，意在最终实现中西哲学互动互纳、互通共格，以推动"哲学"或"纯粹哲学"的发展。从"表面比较"到"理路会通"，无疑是一次大过渡、大跨越。那么，如何从"表面比较"过渡或跨越到"理路会通"呢？在哲学过渡—跨越工作中，法国哲学家列维纳斯无疑一直备受叶秀山先生推崇并被视为一个"榜样"、一位"同道"或一位"知己"。那么，叶秀山先生具体如何从事理路会通工作？

先谈谈叶秀山先生所理解的列维纳斯哲学。列维纳斯的工作重点在超出"存在论"或"本体论"，特别是走出海德格尔的存在论，提出哲学的基本问题是伦理学——非康德意义上的形式伦理学，而是舍勒意义上的实质伦理学。伦理学就是伦理学，即作为元物理学—形而上学或第一哲学②，而不是存在论—本体论，也不是知识论—认识论。可见，列维纳斯没有重返"理念论"，这是一种"哲学逃逸"，如同一种"战俘营逃逸"。这意味着，在列维纳斯著作里，存在论与知识论"不再复焉"。这一思路"异于"欧洲传统的存在论与知识论，就是 20 世纪法国哲学所一再强调和开显的"异"（other than, autre que；otherwise than, autrement que, jenseits；beyond, au-déla de, anders als）与"差异哲学"，它也不会使"作为元物理学的伦理学"将来转化为另一种存在论或另一种知识论。当

---

① 叶秀山：《中西智慧的贯通——叶秀山中国哲学文化论集》，江苏人民出版社 2002 年版，第 4 页。

② 列维纳斯著有《伦理学作为第一哲学》（*L'éthique comme philosophie première*, Paris, Rivage, coll.《 Rivage poche 》, 1998）。

然，它使列维纳斯告别"过去"，开创"未来"，以建立异于"存在论"和"知识论"的"另类哲学体系"，即"作为哲学—元物理学的伦理学体系"。列维纳斯一直推崇极具法国风格的"有"（il y a）并试图超越海德格尔的"存在"（Sein）。那个幽灵般的"他者"将销声匿迹，但"有"永在。因此，他直接以法语动词不定式—原形"exister"翻译"Sein"，来表达不受人称约束，甚至不受任何人—事—物约束的行为、动作或状态，当然又期待某种约束、等待某种呼唤。

我们认为，这是列维纳斯在哲学上一次成功的 évasion（"越狱""逃避""散闷"），其"武器"是"伦理学"。这意味着"伦理学"即"哲学—元物理学"，伦理学被提升到元学或超越学（métalogie）层次，即超越或总括高度，没有向作为第一哲学的"存在论"或"知识论"回归。在此，"伦理学"成为"存在论"与"知识论"的"异己"，将它们取而代之或将它们降服而收归门下，从而成为哲学的"主宰"或"统帅"，可以说，列维纳斯无疑是 20 世纪法国哲学领域众多异类中最重要最通透的一位。叶秀山先生强调把列维纳斯视为差异哲学的开创者，进而指出：

> 列维纳斯的哲学尚未引起足够的重视，他强调"伦理学"作为"原（元）物理学"的思路却应该引起中国哲学家的关注。他的哲学深受海德格尔影响……他的哲学工作对欧洲哲学历史发展的重要性在于：在欧洲哲学经过长期努力"消融—化解"了"基督教""神学"问题之后，理应肩负起"消融—化解""犹太教"的任务，这个任务虽然早已有人做了尝试，但这或许只是列维纳斯（以及和他同时代的法国一些犹太哲学家）开始。[1]

---

[1] 叶秀山：《哲学的希望——欧洲哲学的发展与中国哲学的机遇》，江苏人民出版社 2019 年版，第 264 页。

列维纳斯像逃出—走出—越出"战俘营"那样逃出海德格尔的存在论,转向伦理学,进而将伦理学作为第一哲学。转向作为第一哲学的伦理学,我们可以把它看作列维纳斯的"离家出走",终于走出了西方哲学中本体论与认识论"轮流执政"的历史。

我们为什么今日要重视列维纳斯及其哲学?列维纳斯未曾在其哲学建构中对中国传统伦理—哲学表示"欢迎"。这也许是一种大遗憾。对此,我们中国人自己即使研究西方哲学,也不能不重视自己的思想传统或哲学传统。通往中西双向消融—化解之路,即会通融合之路。在此方面,叶秀山先生经年累月的哲思示范无疑是值得我们学习与发挥的。

叶秀山先生会通融合的哲思示范在其整个哲学工作中可谓随处可见,我们在此仅仅略举《哲学的希望》中的几例,以说明(有兴趣的读者可自行列举)。

    1. "未来"就是"未来",没有什么"藏在背后"的"东西""会—能够""转"出来。列维纳斯的"伦理学"不可能在"在""未来"因其"完成"而"转化"为"存在论—本体论—知识学"。[①]

    2. 中国的"世外桃源"在"人间",无非是"避乱隐居"……基督教神学"克服""纷争—矛盾"之道要"彻底"得多,它的"伊甸园"在"天上","超越""时空",是一个"永恒"的"天福乐园"。于是,"地上"的"桃花源"只是"时间"中"长短"的问题,而"天上"的"伊甸园"却是

[①] 叶秀山:《哲学的希望——欧洲哲学的发展与中国哲学的机遇》,江苏人民出版社2019年版,第270页。

"超时空"的"永恒"。①

3. "瞬间"同样也"交会"了东西双方的"哲学"观念,在"追求""人"的"安身立命"之"自己—自由"的道路上,"追根寻源"和"慎终追远"两大思路的"交叉点",诸如此类的种种问题等待进一步的探讨。②

4. 就"哲学—本体论"来说,也许直到海德格尔的"Dasein"观念的提出——"人"作为"Dasein"之"有时限性"——"死"的问题才进入"哲学"层面。因这个问题的突出,《老子》中所说的"生—死"、"有—无"之"一个事物"之"两面",才成为"两个事物","两个"可以"独立""研究—认识"的"知识""对象"。③

5. 《老子》的这个"道"有点像欧洲古代希腊的"apeiron","恍兮惚兮"、"无定形",所用的比喻居然也是"水",按照"器皿"的样子成为自己的样子。就"水"本身言,尚未"成形",但可以"适应—成为"各种"形状",于是"恍兮惚兮",其中有"象",其中有"物"。④

叶秀山先生志在"去"中西哲学的"疆域","破"其"壁垒","拆"其"栅栏",仿佛推倒"柏林墙";志在"开显"哲学的"中性场",踏入中国哲学与西方哲学(叶秀山先生多用"欧洲哲学")之间的"中间地带";志在取下一艘艘沉船的老部件来造一艘远航的新船,置入新的思想装置;志在追求具有包容性与多元性的"自由精神",以走上思想创造的哲学化、纯粹化、超绝化道路,对于哲学不断提出崭新的见解与方案。我们应当如何研究与创造哲

---

① 叶秀山:《哲学的希望——欧洲哲学的发展与中国哲学的机遇》,江苏人民出版社2019年版,第128—129页。
② 同上书,第278页。
③ 同上书,第324页。
④ 同上书,第349页。

学？如何对待西方哲学、中国哲学及其关系？本质上，学无中西、学无古今、学无分科、学无疆域，旨在去疆域或解疆域，哲学自不例外。换而言之，古今本一线，中西亦无别，学科同无碍，疆域要除障，但因语言及其思维、沟通方式不同而造成隔阂，终致对话消失，遂有"翻译"和"译学"出。无论如何，语言造成我们的局限性与差异性，解决的办法就是不断翻译、不断解释、不断言说与不断陈述。

犹如"人类理性，在它的某一个知识部门里，有一种特殊的命运"[①] 那样，一个人在其自身世界有着特殊命运，一部书也有其自身的特殊命运。如何理解东方朝霞与西方落日之间的内在关系？又如何理解中西智慧各自内部的日出日落、潮涨汐退？一位学者能否以其探索与著作给来者许一个前景或未来？对此三问，作为哲学人，叶秀山先生具有很高的精神自觉，在此，我们可引述其《哲学的希望》结语以明志："在进入 21 世纪以来，欧洲哲学……逐渐失去'追根寻源'的'哲学精神'，如不警觉，将迎来一个'哲学'的'荒芜'时期……'中国哲学'理当以'天下'为'己任'，'收拾'被'破'为'碎片—片段'之'残墙断壁'，以我们的'智慧'，'重建''哲学'之'家园'……寄希望于'未来'。"[②]

这是叶秀山先生看见的"今日东方日出西方日落"，但十分要紧的问题是：世界文明能否终于西方日落而起于东方日出？中国人能否取代西方人（英国人、法国人、德国人、美国人）"聚精会神地"筹划哲学的发展、"专心致志地"去做哲学的事情？试看今日哲学领域，究竟将是谁的"天下"？在哲学上，21 世纪是否将是中国人的"天下"？这些问题，我们当铭记于心、反躬自省。在我看来，作为哲学人，我们在中国研究"西方哲学"，应当有意识地学习并吸收

---

① 康德：《纯粹理性批判》，王玖兴主译，商务印书馆 2018 年版，第 2 页/AVII。
② 叶秀山：《哲学的希望——欧洲哲学的发展与中国哲学的机遇》，江苏人民出版社 2019 年版，第 410 页。

"中国哲学"并发展"中国哲学"与"西方哲学"。这并非"多管闲事",而是"分内之事"。唯有会通融合"中西智慧"才能推进"哲学"的真正进步,为此,我们不能成为精神上的"聋哑人"或"沉睡者"。

哲学(爱智学或爱智求知之学,$\varphi\iota\lambda o\sigma o\varphi\iota\alpha$)即"爱智慧""求知识",然而,在爱者与求者不正常、畸形、变异的心态下,或在扭曲而不纯粹的哲学研究环境中,"爱"不能让我们追求智慧,"求"不能让我们欲求知识,反而遮蔽、淹没了"智慧"与"知识",转变成它们的否定—排斥—仇恨力量,挡住了我们爱智慧、求知识的去路。"爱"在我们的错误建构中成了我们与智慧之间的屏障。这是一种爱的障碍,显然是爱者—我们自身造成的。换而言之,如果哲学人或哲学工作者在爱智求知过程中把握不好、出现偏差、导致曲折,"爱智慧"的"爱"可能演变成"人—我—我们"与"智慧"之间的障碍物—阻碍行动,将"我"与"智慧"隔绝,"求知识"的"求"也会在"人—我—我们"与"知识"建筑一堵墙或挖一条鸿沟,将"我"与"知识"阻挡,以致彼此失去接触—打交道的机会。于是,"我爱智慧"与"我求知识"因"爱求不当"而导致的结果将是,我未能爱上智慧、求得知识,反而损害、制约、限制了智慧。

哲学旨在爱智慧、求知识,然不等于智慧—知识本身,曾几何时,"智慧"成了"爱"的"人质","知识"成了"求"的"人质","我"也成了"爱"与"求"的"人质"。因此,我们必须排除障碍、逾越鸿沟,必须把"智慧"从"爱"中拯救出来,必须把"知识"从"求"中救赎出来,使 sophia 从 philo-sophia 中脱离—摆脱出来。这意味着 philo-sophia 中的中介连接号"—"消失,philo 与 sophia 发生断裂,我们必须以健全的心智、健康的心态重新调节、审视与建立"爱—求"与"智慧—知识"之间的关系。"爱—求"与"智慧—知识"之间的这种关系正是"伦理关系",异于存在、别于认识。这便是伦理学的基本主题,而不是"本体论—

存在论"与"认识论—知识学"的基本主题。

智非爱智,哲学作为爱智,只表达了对"智慧"的"爱",并非"智慧本身",然问题是,"爱"是难的,故而容易变质,失去初衷,偏离方向。于是,我们要特别集中关注长期被"爱"(philo, amour)遮蔽、淹没、损害的"智慧"(sophia, sagesse)。解爱智或解哲学(déphilosophie, déphilosopher)以呼唤出"智"(sophia),以将智慧从爱智慧中解救出来,即"直面智慧自身"。如果说,爱智仅仅"瞄准"目标——智慧,那么,解爱智意在"击中"目标——智慧,我们应当把"智慧"(sophia)从"爱—智慧"(philo‐sophia)中解救出来。从狭义智慧学转向广义智慧学(sophiologie au sens large),即纯粹智慧学,进一步挖掘古今中外"人类智慧"的思想资源,而"人类智慧"很可能是会通融合古今中外各分科的大桥。哲学有多种希望或未来,其一可能是:促成哲学的智慧学转向或智学转向,即从爱智学(philosophie, philosophy)转向智慧学(sophiologie, sophiology),我们应当"直面智慧本身",以找回失却的"智慧"与"智慧的逻各斯",从而建立关于智慧的言说体系。叶秀山先生这一代哲学人是一直想有一个体系的,对哲学有许多期待,也满怀希望。这是对传统哲学的承担与保管,也是对未来哲学的盼望,仿佛盼星星盼月亮,可谓"望穿秋水""梦寐以求"。哲学人要建立一个哲学体系,要成为哲学的承担者与保管者。这也应当是今日哲学人的神圣使命。

既然哲学还不等于智慧本身,它只是对智慧的爱。这种智慧学将是广义智慧学,即元智学(métasophiologie, metasophiology),超越—总括中西之哲学、宗教学、神话学(或者爱智故事、宗教故事、神话故事)等,将使哲学中的"智慧"得到更加集中而贯通的体现与表达,以获得自身的深层性、超越性与普遍性,将有别于布尔加科夫(Sergej Bulgakov)以东正教为基础建立的(狭义)智慧学。实现从"爱智学"与狭义的"智慧学"向广义的"智慧学"的转向,这将转向与原来迥然不同的视域融合领域。正是所谓"追根寻源"

和"慎终追远"的大道,即"自下而上之路"与"自上而下之路"的合道,它既将是上升的、抽象的又将是下行的、具体的,从而生成中西智慧学的会通融合之势,即西方式物理/自然/经验—理念—本原/根基—元物理与中国式形而上/道/名—形而下/实/器之间的相遇。会通以安身,融合以立命。对此会通融合问题的探索,列维纳斯哲学与叶秀山哲学思想将极具启示意义,也将起到积极—肯定—能动的推进作用。

智慧的"贯通"[①]

——叶秀山论中国哲学的"希望"

干春松

　　二十多年前,我在中国社会科学院哲学所工作,并与叶先生相识。但因为专业的原因,交流并不多。为数不多的请教还是关于王国维的,当时有出版社请我编辑一本关于王国维的小册子,与此同时,我也写了包括分析王国维与中国哲学研究方法和关于王国维为何自杀等主题的一些文章,其间就一些问题讨教过,他还建议我跟聂振斌先生求教。现在回忆起来,还是恍若眼前。后来我主持一个"中国哲学口述史"的课题,一直想做一个关于叶先生的"口述史"。2017年,趁叶先生在清华大学哲学系设坛传道,经黄裕生的联络,在清华东门口的一家浙江风味的餐馆听他叙谈他对于哲学的理解与哲学未来的看法,可惜谈论的主题比较散,至今未成文。这次要感谢王齐研究员和《哲学动态》,他们邀请我撰写对叶先生关于中国哲学的认识的体会,我将之视为对曾经的"相识之缘"的纪念。

　　[①] 本文写作过程中得到王齐研究员从资料到观点上的帮助,当然,如有不准确的地方,责任仍需要由作者承担,并由衷希望叶先生思想的追随者能关注其在中国哲学问题上所做的探索。

一　中国哲学有未来吗？

　　学科化的建制性学术体制的建立，是西方现代化进程中社会分工的细化的结果。在人类社会的早期，人们对于经验事物的认识与对于这些经验事物的背后的"原理"的总结，体现出一种综合性和整体性的特征。在这样的背景下，哲学显示出其统摄性的力量，这种力量其实是经验科学和其背后的理论并未完全分家的后果。现代学科的产生，也就是这些具体学科向哲学告别的过程，按照叶秀山先生的看法，"哲学"不断把"必然"交给具体的科学，而自己专注于"自由"的问题，这样，哲学由一种"超越"必然进入"自由"的努力而日渐被学科化、专业化。

　　对于中国而言，哲学进一步面临着是"原生"还是"输入"的纠缠。作为一种思考人类生命价值和思维方式的学说，哲学自然是伴随中华文明的产生而产生的。但是，作为学科化的哲学，其传入中国，则是"向西方学习"的结果。只是其传入之处，就遭受质疑。当时主持晚清教育体制改革的张之洞等人认为，哲学可能会导致人们的"怀疑"态度，其次他们主张以"经学"来取代"哲学"学科。而王国维等人则认为哲学所追求的是万世的真理而不是现实的"辩护术"，认为应全面引入西方大学体制，设立哲学学科不仅无害，而且必要。

　　在蔡元培主政北大之后的1912年，北京大学成立了"哲学门"，建制性的哲学学科正式成立。哲学门建立之后，在介绍西方哲学的历史以及基本问题等方面，我们取得了许多成就，学术交流也循序渐进地展开，一些重要的哲学家如罗素和杜威等都来华讲学，在中国找到了他们的知音，当时在北大哲学系任教的张申府就一直以罗素的弟子自居，罗素作为科学精神的代表，是新文化运动乃至后来新启蒙运动的重要思想资源。不过，争论的焦点主要存在于如何建构"中国哲学"。聚焦的问题可以分为两个层面：首先是中国是否有哲学？其次是应如何在学科化的体系中表述中国古代的"哲学"。

如何对中国传统"哲学"进行学科化的叙述，当时有很多的尝试，最具有代表性的是胡适的《中国哲学史大纲》（上卷）以及冯友兰的《中国哲学史》，在金岳霖先生给冯友兰的著作写"审查报告"的时候，提出胡适的《哲学史》是以某一个哲学家的观点出发来总结哲学史，而冯友兰的作品则是以哲学的普遍问题为线索，因此，金先生认为胡适的哲学史是"哲学在中国"。毫无疑问，哲学史不能仅仅是某一种哲学主张的宣传者。金先生的"审查报告"，揭示了一个关键的问题，即必须从中国哲学自身的问题出发来梳理中国的"哲学史"。但随之而起的问题也在这里，我们应该如何来看待中国自身的"哲学"。如果将"哲学"看作是西方经由几千年所积累下来的独特的认识事物的方式并由此而形成的独特的概念体系，那么，"哲学"是由古希腊人所创立的，在西方文化发展史上得到不断发展进步的一种独特的"产物"，就此意义上，中国并没有类似"哲学"的那种知识形态。如果将"哲学"看作是永恒的提问者，那么，"哲学"就是全人类的财富，即使以"形而上学""本体"来定义哲学，中国古代就不缺乏"哲学思想"。

在21世纪初，中国哲学界曾经出现过关于"中国哲学合法性"的讨论，其问题意识是沿着金岳霖先生的思路发展的。关切的问题包括：中国有没有哲学、中国能否有自己的哲学，或者是否必须借用西方哲学的概念范畴来分析中国古代的"思想问题"。这个讨论在中国哲学界褒贬不一，有人将之视为"伪问题"，另一部分人则干脆放弃了"哲学式"的研究，而转向"经学"或"思想史"。但对于"中国哲学"何以"合法"，以及中国哲学应如何应对存在于自身历史和现实基础上所产生的问题，并没有实质性的推进。

叶秀山先生虽然没有直接参与"中国哲学合法性"问题的争论，但通观他的文章，我认为叶先生深入地思考了这些问题，这从他十分仔细地阅读了钱穆先生的《中国学术论衡》一书可以明之。他的思考点就是集中于中西贯通的问题。对此，叶秀山先生有三个解答我觉得很重要，从而在很大程度上改变了对于中国哲学合法性讨论的提问方式。

首先，在叶先生看来，中国学者对于中国是否有哲学的质疑，源自近代以来的文化弱势及由此产生的文化自卑感。因为文化上的隔阂，以黑格尔等人为代表的西方哲学家对于中国哲学存有"偏见"和"批评"，对于这样的偏见，我们应如何应对呢？叶先生认为，应看到黑格尔对于东西方文明的分析的"问题意识"。他说，在他的晚年从黑格尔的中西文明的叙述中得到了很大的启发。黑格尔将世界文明在东方的起源称为"日出"，而在西方的圆满称为"日落"。叶先生认为，如果深入地思考，则可以看到黑格尔的文明史观中的"用意"。在黑格尔那里，"日出"意即让万物"开显"，而"日落"则是"内在化"，将世间万物内化为"思想"。这个"内在化"的过程，让思想摆脱了现象世界的羁绊，而让精神得到"自由"。在叶先生看来，可以将德国古典哲学的终结看作是欧洲哲学的一个新的"机遇"，因为，新一代的哲人从这个"内在化"的世界出发，有了新的发展，比如海德格尔的"存在"的"时间性"和"历史性"就可以帮助我们理解黑格尔的"内在化"的下一步发展。简而言之，现代的哲学家们通过对于"存在"的"时间性"和"历史性"的关系的认识，将历史事件在时间和空间中的发生，视为精神的外化过程，从而赋予历史和人的活动以意义。并且，人亦通过自己的实践活动，不断将历史事实"内化为"纯粹的"精神"，在这样的过程中，人类的精神世界和实践活动，不仅仅是作为一种"历史陈迹"，而是不断绵延地产生"效应"。由此，人的精神世界就是"自由"的，而人的实践活动则是"自由"精神的开显。这个过程，被叶先生视为欧洲哲学从"日落"中的"复生"。那么在这个哲学的转折过程中，中国的哲学如何发挥其作用，而丰富哲学在现代世界的意义呢？

叶先生认为，既然哲学有能力将"空间"吸纳进"时间"，那么，在日渐打破空间阻隔的现代社会，中国哲学有能力将包括欧洲哲学的一切转化为自己探索"自由"的可能的素材。对于中国哲学家应如何具备这样的"能力"，叶先生并没有具体的说明，但对于吸纳的可能性和机遇则体现在叶先生对于列维纳斯的重视上。

  叶先生认为列维纳斯将伦理学视为"元物理学"的思路值得中国哲学家的重视，列维纳斯十分看重"他者"的意义，这在很大程度上可以填补"他者"不在"现象"中"开显"的缺口。"他者"的出现，不仅让人的"死"的意义得以确立并让生命的存在得以绵延，而且，作为道德基础的"自由"，也必须在"他者"存在的环境下得以现实化。在列维纳斯看来，如果自由的本质不能摆脱人群、社会和世界的限制，那么自由就会下降为"自然律"。因此，人类存在的"瞬间"作为与"超时空"的"对应物"而得到重视。以这样的思路来思考，中国哲学正好能够将自己所擅长的对"关系性"和"伦理世界"的关切，转化为哲学的未来的"创构"中。这是因为，中国思想传统十分强调历史和现实的结合，中国思想所强调的时间，从来不是超越于现实世界和社会生活的时间，所以，在中国古代的典籍中，春夏秋冬，从来不仅仅是自然的季节变迁，而是自然对于人类生活的指导。在这样的自然观中，人与自然的关系也得到了彰显。中国人所理解的自然，是人的自然。中国人所理解的人，是自然的人。中国古典哲学以伦理学为胜场，"孔子讲'仁'史'二''人'的关系，'关系'而又'基本—基础'（非经验），这真实哲学所要探究的既有现实内容又有立论深度的进本问题"（《中西智慧的贯通》，第14页）。在中国古典思想中，对于自由的探索，始终是在"他者"的视野下，是自我和异于自我世界的"协调"。叶先生认为经由列维纳斯，那些在哲学史上并不被看重的"敬畏""忠诚""奉献"等都具备了一层哲学—形而上的意义。

二 叶秀山的中国哲学"史"

从《哲学的希望》一书以及叶先生和他的学生们（与王齐等人）的交谈中，我们可以推测到，叶先生有一个系统的中国哲学典籍阅读和研究计划，之所以这么做是基于他对于"中国哲学家"的理解。他说：哲学的使命就是"提问题"，因此，要避免将哲学看成为"谋生"的职业，而成为一个真正的思考者，就得发现问题，提出问题，并给出思考问题的方向。一个中国的哲学家是否应该满足于向国人介绍西方哲学的已有成就，还是要努力融入到这个传统中，提出自己的问题呢？他的回答是后者。"我们中国人生活在中国这块土地上，我们是在中国这块土地上从事西方哲学的研究，要想离开中国的传统，一来是不可能的，二来也是不明智的。我们的生活塑造了我们，与其努力去摆脱它，不如实事求是地去迎接它，从这片土地上吸取营养。"（《中西智慧的贯通》，前言）要达到这样的目标就必须贯通中西，而不是简单地进行所谓的哲学"比较"，即罗列一些中西哲学的概念或人物进行排比，他强调"贯通"的重要性。所谓"贯通"，就是通过走出"自己"，来遇见"异己"。在这方面，他肯定了贺麟和牟宗三的工作。但他不满足于此，认为还可以有一种思路，即从西方哲学本身出发，替他们拟想，按照现在某些有意义的思路想下去，中国的传统哲学在他们的思想道路上会有什么意义。基于此，叶先生认为要十分重视海德格尔和列维纳斯，特别是列维纳斯。如前文所述，他认为列维纳斯从哲学层面讨论伦理问题的方式，对于理解中国传统哲学理念有很大帮助，他相信列维纳斯如果了解中国古代哲学的话，必然会对中国传统理念存有一种内在的欢迎态度，可惜的是因为缺乏对于中国思想传统的了解，列维纳斯失去了重要的思想资源来丰富他自己的思想。或许孙向晨现在所做的对中国的家庭和国家关系的阐述，可以看作是对列维纳斯问题的推进。

叶先生对于中国哲学的研究已经取得了很大的成就，完整和充分的概括需要另文处理，我这里主要列举叶先生在一些重要的人物和概念上的独特分析，以期让大家窥斑见豹。

比如，关于"形而上学"的问题，是近来中国哲学界所关注的"大问题"。叶先生认为，中国并没有发展出西方的形而上学传统，而且中文也没有类似西方的"是"动词。因此，中国古代思想不容易把"是""在""有"作为一个对象来构造一门知识体系，但这并不表明中国古代没有形而上学思想，只能说明中国古代哲学对此类问题的进入采取了另外的路径。叶先生以《道德经》为例说明，老子所关注的不是"是"，而是"什么也不是"。老子所强调的"道"，因为"什么也不是"，所以"空""虚"，像一个大容器，就像海德格尔的"容器"一样，其中无一物，以"待万物"。而对于被黑格尔所批评的只是一些道德格言的儒家学说，叶先生也认为具有"形而上"的意义。因为儒家之"仁"具有一种社会关系性的视野，所以"仁"作为处理"你""我"关系的思想其关切点在一切"什么"之前的"谁"的问题。是真正的"元物理学问题"。固然，中国哲学没有"是"和"在"，但讨论"什么都不是"和"关系"。或许可以看作是"负"的"形而上学"。

1996年，叶先生还撰写了《世纪的困惑——中西哲学对"本体"问题之思考》，可以看作是与前述"形而上学"讨论相关的"基础"问题。叶先生说西方哲学的"理念论"和"存在论"都对经验世界持否定态度，而是探寻超越性的"本体"。然中国哲学并没有"理念论"和"存在论"这样尖锐的对立，但这并不表明他们不关注"本体"的问题。叶先生从"天、地、人关系"出发，指出，在中国古代，属于"地"的都是"成形"了具象的，而未成形的则是在天上的"象"。"象"不提供"知识"，只提供"消息"。与有的学者侧重于从思维方式讨论"言象意"的关系不同，叶先生更为关注由"天垂象"所提供的"消息"。他说这些"消息"不是仅凭视觉就可以把握的，而是需要"感应"，对"象"的感应是"形而上"的，不是"科学知识"，对于"象"的把握需要我们透过显现出来的东西，看到事物背后的"本体"。西方哲学依靠经验和逻辑来超越自身，进入形而上学的哲思，并使形而上学具有"科学"的形态。而中国哲学因为缺乏科学和逻辑，其采用的路径更为倾向于美学和艺术。由此，中国传统却可以更多地直接进入"本体"和"本质""物自身"等。"中国缺乏形而上学的传统，但也避免了这个传统的弊病，在西方'突破'形而上学的传统之后，中西哲学之间理应找到更多的契合点。"

在《哲学的希望》中，叶老师的看法似乎有所改变。他不仅不认为中国缺乏形而上传统，而且恰恰认为，中国古代因为统治的需要，太重视形而上了，乃至颠倒了形而上与形而下的关系。比如，他在"必也正名"的议题中讨论中国与西方形而上的不同道路，从《老子》的"道"论来分析形而上治国方略。

在《哲学的希望》一书的后半部分，叶先生对于中国哲学有一个"历史"式的叙述，在这本书中对于《中西智慧的贯通》中所讨论过的"本体"问题有更为清晰的表述。在讨论儒道的"哲思"一文中，叶先生说，儒道思想虽然缺乏"知识论—概念论"的严密体系，属于朴素的本体论，但其优势在于其不脱离具体的时空条件来说"问题"，这样，就不会将过去看作"完成"而是"过往"，是"现时"和"未来"的绵延，因此，儒道以"变"和"不变"的辩证法来看待我们这个实践，而反对"永恒"。这样，中国人的价值体系中，不会出现类似西方宗教的"绝对观念"抑或"现实世界"与"概念世界"的对立，而是即本体即功能、即本体即现象地理解我们的意义。如果以这样的方式来认识历史，就会认为历史并不是我们已经完成了的事物，我们与过去之间是一种变动中的"连续"性，每一代人都作为创造者，在实现其"自由"的创生和发展。

当然，叶先生也并不是盲目地肯定中国形而上学的"长处"，他还指出，中国式的形而上因缺少了科学，缺乏经验科学和本体世界之间的紧张，从而容易成为空洞的和僵化的独断，对中国哲学的形而上学性的一种"修正"或推进吧。

在《哲学的希望》书中，他对通过对于《周易》研究，认为占卜所指向的"预测"功能，把人的"实践"能力从天地之中凸显出来了。只是汉代之后的意识形态需要，把"预测"变成了"独断"和"迷信"，从而使历史被"终结"，而真正的预测学，则应该给"偶然性"留有充分的余地，这样，人作为"自由"的人的实践创造性才能将自己和世界的"未来"通过"偶然"又必然地显现出来。这或许是我看过的对于周易的历史哲学最为"哲学性"的表述。

庄子也是叶先生特别喜欢的哲学家，叶先生认为，与孔孟甚至老子有所不同的是，庄子思想摈弃了他们对政治理念背后的"形而上"根据的探究，而是以一种彻底的态度认为，所有已经做的、正在做的和将要做的事情都是"徒劳"的，庄子所要揭示的对于确定性的执着，或者对于确定性的反对本身都是不可能的，从而使他的思想具有"彻底"的"反讽"精神。

在叶先生看来，苏格拉底的反讽精神需要有理念论作为对象，也就是说，解构只是手段，而目的依然在于"结构—建构"。这样的传统延续到欧洲的哲学发展史中，无论是康德区分经验世界和物自体，还是黑格尔辩证法中的否定环节，最终要么是为了建构，要么是呈现出不彻底性，最多只能算是"积极—否定性"，唯有庄子哲学才是"消极—否定性"，即庄子不仅否定认识对象的确定性（物），也否定认识主体（我、吾），甚至否定认识的手段（小知），最终所达到的是一种人与自然的"天机自张"的自取、自得。

叶先生通过对汉代哲学的天人关系的研究，提出的一个看法也很有趣，他说，欧洲哲学的模式是"几何学"—"地文学"，他借用胡塞尔的说法，欧洲哲学在由经验科学上升为"超越性"的"无限"过程中，提纯度不够，所以现象学要成为最严格和纯粹的"科学"。而中国哲学传统在汉代之后，始终坚持自上而下的态度，可以称之为"天象学"，是由"形而上"下降为"形而下"的"道路"。

地上的一切，通过人这个中介，接受"天意"，而天意则需要通过"体认"而非概念化的方式去把握，是"混沌"和"恍惚"的。这样的思维方式经由董仲舒确立，而后延续到宋明理学甚至陆王心学中。这些特征使中国思想凡事追问事物背后的原因的"形而上"特征更为明显。

上面所列举的几个例子，主要是围绕着叶先生对于中国思想的"哲学性"的论述而展开的，目的是要阐明他对中西哲学"贯通"的努力。在他看来，中国哲学的"创造性""自由思想"并没有因为社会的变迁而消失，还在不断激励国人热爱"真理—至善"的"勇气"。当欧洲哲学日渐脱离其"本真"问题，而努力参与各种局部暂时的实际问题的时候，中国哲学则要继续其对于本体和"形而上"问题的关切，自觉担负起为哲学延续其"未来"的使命。

叶秀山先生的哲学之"锐气"

崔唯航

在我心目中,叶秀山先生是一个纯粹学者,他的人生和他的学术浑然一体。海德格尔在讲述亚里士多德时,曾经这样概括:他出生、他工作、他死亡。对于叶先生来讲,也大致如此。叶先生一生与哲学为友,在无尽的学与思中思接千载,视通万里,无问西东。

熟悉叶先生的人都知道,叶先生经常说的一个高频词就是"有趣",或"好玩"。他评判一个事物、一篇文章、一本著作、一种思想、一套生活方式……,最常用的标准就是有没有趣、好不好玩。每次说出"有趣"、"好玩"的时候,他的神采总是飞扬的,眼睛发亮、眉毛上扬,一副趣味盎然、甚至童心未泯的样子,给人一个深刻印象:叶先生真是一个有趣的人。的确,叶先生对趣味有很高的要求,对哲学也有很高的要求。他喜欢的哲学、认可的哲学、他自己的哲学,一定是"有趣"的,这种理智上的有趣,源自一种"锐气",一种所到之处无坚不摧、所向披靡的哲学之"锐气"。

一

利用这次写作的机会,我翻阅了《叶秀山全集》,看到许多自己熟悉的文章,不由注目而立,想起当年阅读时的情景,历历在目,百感交集。读到叶先生为祝贺梁志学先生主编的五卷本《费希特著作选集》出版而撰写的文章：《哲学之"锐气"，久而弥笃》时，不仅大为感慨，若有所思。

叶先生一开头就回忆了此文的缘起，"大概是出到第三卷的时候，我深受梁兄那种认真负责、锲而不舍的治学精神之感动，贸然说了一句，'等五卷出齐，我要写一篇书评'"[1]，文章最后则画龙点睛，谈起了"锐气"。

> 还要说几句关于"锐气"的话。梁兄是充满活力，极具"锐气"的人，……但也步入"高龄"，只是"锐气"不减当年。说来仍是惭愧，我在年轻时，就缺乏这种"锐气"，如今老年更是找不到它的踪影了，看到梁兄老是那样精神抖擞地做事做人，怎敢不鞭策自己，于是我把写这个书评，当作策励自己的一个机会。[2]

从这段不长的文字中，透过叶先生不无自谦的描述，可以在一定程度上管窥两位先生的风范。梁先生一生历经坎坷，但始终锐气不减，具有"虽千万人吾往矣"的气魄和精神。相对而言，叶先生给人的印象则是温和的，他待人接物总是彬彬有礼、温润如玉，大有谦谦君子之风。在我看来，这种印象不错，但还不够。叶先生的确是一个温和的人，但温和之外，另有一种锐气在身、在神、在魂，尤其在他的哲学之中。

还是在此文中，叶先生留下了两段十分难得的"锐气"之论。

> 再读费希特的哲学著作，我深深感到他的哲学有一股不可阻挡的"锐气"。"哲学"而又保持住"锐气"，是很不容易的。"哲学"原本应该有这种"锐气"。从柏拉图的理念论我们

---

[1] 《叶秀山全集》第 7 卷，江苏人民出版社 2019 年版，第 360 页。
[2] 同上书，第 369—370 页。

看到一股锐气,针砭大千世界,他的理念世界也是生气勃勃的!黑格尔的"绝对精神"骑在马背上出发去开创自己的世界,是何等的意气风发!然而曾几何时,当历经磨难的"理念"和"绝对精神"回到了自身,衣锦荣归,又显得何等的从容与自得,安详圆通,"精神"回到了自己的"家园"。①

读到这样生气勃勃、意气风发、慷慨激昂的文字,我不由为之拍案叫绝!这是何等畅快淋漓!何等的自信!何等的锐气!这种锐气锋芒所至,所向披靡!这种锐气可以指点江山、激扬文字!这种锐气可以纵横古今、无问西东!这种锐气属于叶先生,尽管初看起来它与叶先生的温和构成一种张力。但温和的叶先生是叶先生,锐气的叶先生也是叶先生。

如果说,生活中叶先生往往是温和的,那么在哲学上,叶先生则从不乏锐气。每逢关键时刻、紧要之处,叶先生总是"不含糊""毫不含糊"。哲思所到之处,无坚不摧!

那么,我们应怎样来面对叶先生的锐气呢?锐气首先表现为一种气度、一种风范、一种品格、一种境界。哲学本身需要一种气,也具有一种气。就像叶先生所说的,"哲学不在于死学问,关键在于得哲学的'气儿'。有的人能得这个'气儿',有的人搞了一辈子也未必能得这个'气儿'。"②

叶先生无疑具有这种哲学之"气儿",但要把握它,最为重要的,在于弄懂一个"通"字。在我看来,打开叶先生哲学大门的钥匙就在这个"通"字。弄懂了"通",一通百通,否则,处处荆棘、举步维艰。在叶先生的学与思中,"通"占据着"制高点"的位置。

---

① 《叶秀山全集》第 7 卷,江苏人民出版社 2019 年版,第 366 页。
② 《抓住中国哲学发展的机遇》,载《叶秀山全集》第 12 卷,江苏人民出版社 2019 年版,第 287 页。

>我的工作重点在于一个"通"字,而不是侧重在"比较"。①

>我觉得,哲学的最高境界应该是"通",……我一直有一个信念:西方哲学是通的,那种过分专业化的研究不足取。……我们所做的就是"贯通"的工作。②

那么,可以进一步追问,这里强调的"通"者,何也?答曰,理路。也就是说,哲学上讲的"通"是理路上的贯通。熟悉叶先生的人都知道,叶先生有自己独特的语言习惯,比如在写作时爱用"引号",在日常交流时也或自觉或不自觉常用一些打上"叶秀山"烙印的"叶氏话语",比如有趣、好玩、怪怪的、带劲、不含糊、……等等,其中特别的一个是:理路。叶先生常常以他特有的语调不慌不忙地讲"在理路上……",可以说叶先生一生都行走在这条"理路"上。

在《叶秀山全集》中,我们随处可以看到叶先生在这条"理路"上跨越万水千山,上下求索的足迹,其中专门谈论贯通之道的文字也不一而足,我印象最深的是 2002 年 4 月,他以《哲学中的贯通精神》为题在"东南大学百年校庆人文大讲堂"的演讲。

第一句话劈头就讲:"从哲学作为一门学问诞生起,它就有一个精神,就是要在理路上求得贯通。"③ 随后,叶先生以异常坚定的语气给出多个论断:

>你要问我"什么是哲学",简单地回答:哲学是一门通学,

---

① 《沉思在这片土地上》,载《叶秀山全集》第 12 卷,江苏人民出版社 2019 年版,第 99 页。

② 《无尽的学与思——访著名学者叶秀山研究员》,载《叶秀山全集》第 12 卷,江苏人民出版社 2019 年版,第 209 页。

③ 《哲学中的贯通精神》,载《叶秀山全集》第 12 卷,江苏人民出版社 2019 年版,第 262 页。

它的理路无往而不通。不通是我们没作好研究，还不懂。当我们懂了以后，哲学都能通过去。①

从康德到黑格尔，一直到胡塞尔、海德格尔，都是哲学史上的创造性范例，他们的理路是通的。简单地说，哲学就是通学，就算是铜墙铁壁也能通，但是得讲理。②

铜墙铁壁也能通，这是何等的坚定！何等的犀利！

叶先生又讲：

哲学好比一座建筑，它的砖都是活的。哲学的概念系统，不像科学的系统完全是一环扣一环，这些砖可以重新组合。但是这种组合是铜墙铁壁，环节不能乱。你想从其中抠出一块砖，这太难了，要么你把它整个炸了。这就是哲学大家的一大特点。③

又是一个铜墙铁壁！想从中"抠出一块砖"，都要炸掉整个建筑！

读到这些文字，我不得不停下来，回味再三。这些"贯通"之论，无疑是方家之言，非登堂入室、窥其堂奥者莫能言。我不由想起庖丁解牛之论，"提刀而立，为之四顾，为之踌躇满志，善刀而藏之。"就对哲学的体会和把握而言，叶先生无疑达到了"游刃有余"的境界，但要说"踌躇满志"，却不是他的风格，无论如何，我都难以将他们联系起来。平日里的叶先生，总是谦谦君子，几分淡然，耳提面命之间，如沐春风、如饮甘露。不要说踌躇满志，就是铜墙

---

① 《哲学中的贯通精神》，载《叶秀山全集》第 12 卷，江苏人民出版社 2019 年版，第 265 页。

② 同上书，第 270 页。

③ 同上。

铁壁这样的"硬话",也很少从叶先生笔下流出。但考虑到"叶氏话语"中的"不含糊""毫不含糊",就提示我们,这种甚少出现的"硬话",这些语言上的"逆行者",反倒值得我们倍加关注。往往就在那里,集中展现叶先生的哲学之"锐气"。

正是在这种锐气的推动下,叶先生的学与思纵横四海、无往不通。在他那里,"通"在不同语境下,有不同的表述,比如贯通、会通、沟通、打通,大意基本一致,倒是有一个与之相对比的词是固定的,那就是"比较"。曾几何时,比较之风潮遍及人文学界。但叶先生对此一直持谨慎、保留态度,他讲沟通、讲会通、讲贯通,往往蕴含着与比较的差异乃至对立。按我的理解,叶先生强调的"通",重在内在、本质上的理路之贯通;比较则往往停留于外在、现象层面的罗列和对比。在叶先生看来,单纯的比较解决不了问题,唯有"贯通"才可以开出新天地、才能在思想上做出创造性贡献,才能把哲学真正推进一步。就像他在《哲学的希望》中谈到自己晚年研究心得时所说的,

> 这个心得的主要支点是:注重中—西哲学在理论上的"会通",而不做表面的"比较",也就是说,努力从"中国哲学"的"思路"来"研究""欧洲哲学"的"理论",也用"欧洲哲学"的"思路"来研究"中国哲学"的"理路",即概念—范畴(理念、自己、绝对、主体、客体等或仁、义、诚、中庸、道、天然等)无分"中—西"统统要归到"思路—理路"上来,而力求避免"乱扣帽子—生硬对比",为此而努力探讨哲学概念范畴的真实含义。[①]

[①] 《哲学的希望》,载《叶秀山全集》第10卷,江苏人民出版社2019年版,第407页。

二

在叶先生看来，哲学无分中西，在理路上都可以"通"。进而言之，哲学必须要通，也能够通。中西可以通、古今可以通、哲学与宗教可以通、哲学与科学也可以通。可以说，贯穿《叶秀山全集》十二卷的核心线索，就在一个"通"字，叶先生一生都在从事这样一个打通、贯通、会通的工作。

在此，我想谈一下自己对叶先生晚年在会通哲学与科学问题上所做工作的认识。大致在 2013 和 2014 年间，叶先生一度集中精力力求"会通"哲学与科学的最新发展，为此，他花了很大"气力"，最终提出一个新哲学范式："概念论与概率论"。他曾以《概念论与概率论：从笛卡尔说起》[①] 为题在清华大学做了专题演讲，作为现场听众之一，我听过之后，一方面为之振奋；另一方面为之困惑。所振奋者，感觉到这是一项多少年来，中国学者独立做出的了不起的原创性贡献；所困惑者，由于新见迭出，大大超出了我的"期待视野"，一时难以消化。但能够确定的是，叶先生对此十分重视。该演讲文稿被收入其遗作《哲学的希望》，我在该书结语中找到这样一段话，印证了我的推断：

> 在阐述欧洲哲学的部分，课题人提出的欧洲哲学从"概念论"到"概率论"的推进，也是近年来的一个新的一得之见。这就是说，"概率—可能性—几率"问题由原来的"哲学范畴（知识论）"到"哲学本体论（存在论）"的"意识"，在这个

[①] 演讲文稿发表于《清华西方哲学研究》，后收入《哲学的希望》，题目改为《近代欧洲哲学发展的另一条思路：笛卡尔的理性主义》，载《叶秀山全集》，江苏人民出版社 2019 年版，第 10 卷。

课题中，被认为是一个"推进"。①

那么，从概念论到概率论的哲学贡献究竟何在？被一向自谦的叶先生视为"一个新的一得之见"和"一个推进"呢？

要回答这一问题，必须先回到叶先生的问题意识，回答他为什么要推进这一工作。叶先生的说明如下：

> 20世纪初期欧洲有些哲学家已经觉察到高科技（高技术）的发展对（包括"哲学"在内的）"人文科学"的"窒息—消极"作用，他们多以"遏制""科技"的发展"速度"和"抑制"其"范围"来"拯救""人文科学"，实在是一个"因噎废食"的"空洞"的"呐喊"。果然，在进入21世纪以来，欧洲哲学出现了相当"停滞"的现象，……逐渐失去"追根寻源"的"哲学精神"，如不警觉，将迎来一个"哲学"的"荒芜"时期。②

在叶先生看来，能否有效回应科技发展的挑战，决定着哲学的未来命运。此前欧洲哲学通过遏制科技发展的方式来拯救哲学，是"一个'因噎废食'的'空洞'的'呐喊'"，其结果导致21世纪以来哲学发展的"停滞"现象。正是基于这种"警觉"，以摆脱哲学"荒芜"的危机，叶先生提出了自己的方案：概念论与概率论。

概念论和概率论是叶先生对欧洲哲学的一个新解释框架。所谓概念论，就是以概念方式来把握事物的哲学范式。概念论关注的是事物的"质"，思维模型是几何学的，思维方式是推理，"准入条件"是必须通过作为感性直观形式的时空这一"观测器"，以形成

---

① 《哲学的希望》，载《叶秀山全集》第10卷，江苏人民出版社2019年版，第407页。

② 同上书，第408页。

图像或图式，最终获得关于事物的知识。在自然科学上，概念论对应的是以牛顿为代表的经典物理学。

"概念论"的"思维模型"是"几何学"的，关系的是"事物"的"逻辑推理"关系，是一种"静止""事物"之间的关系，"事物"的"表现—现象"固然是"变化"的，但"事物"的"本质—概念"则是"稳固"的。"概念"讲"事物""本质化"，也将"事物""固定"化，"思维""喝令""世间万物""保持"其"自身"。①

从笛卡尔、斯宾诺莎到康德、黑格尔，构成了欧洲哲学的概念论传统，其贡献毋庸置疑，但也存在着难以克服的内在困难。

概念论的问题在于它在关注事物的"质"之时，遮蔽了"量"；在追求必然性和确定性之时，遮蔽了可能性；在重视范畴演绎和逻辑推论之时，遮蔽了"计算"和几率；在强调几何学意义上的直观和想象力之时，遮蔽了"数学"意义上的数据和推算；在时空观问题上，局限于牛顿式的传统时空观，认为凡是不能通过这一"观测器"或"窗口"的，都不能成为知识，这就遮蔽了其他时空观；在"事物"的存在方式问题上，将事物的静止和低速运动形态视为自明性前提，从而遮蔽了高速和极速运动形态的存在。

就此而论，概念论实质上是"限速"的，它将事物运动的速度限制在一定范围内，即可以直观和建构概念的范围内。一旦"超速"，就将超越时空、超越直观、超越想象力，也就超越了概念论。比如高速运动的"极微粒子"，对于概念论来说，就是不可理解的"混沌"，属于"物自体"的范畴。

现代科学的发展大大超越了经典物理学，特别是新科技革命风

---

① 《哲学的希望》，载《叶秀山全集》第 10 卷，江苏人民出版社 2019 年版，第 168 页。

起云涌,大数据、人工智能方兴未艾,不断揭开康德意义上那些不可知的"物自体"的"神秘面纱",不仅证明和证实了那些不在"时空"之中、不能直观之"事物"的存在,而且使其"产品"大量进入现实生活,成为"必需品",这就超越了概念论传统的解释框架。如何回应这些新问题,成为叶先生晚年思考的核心。

在叶先生看来,现代科技的发展的确对欧洲哲学传统形成了冲击,但它并没有"消解"这一传统,而是推动它实现一种革命性转化,"'物质—物体'只是'换了'一种'存在方式',因而人们对它的'认识',也要有个'新'的'视角'。"① 这个"新视角",就是概率论。

所谓概率论,是相对于概念论而言的一种哲学范式,它关注的是事物的"量",思维模型是数学的,思维方式是计算,"准入条件"是数字和数据,关注点从必然性转向了可能性。在概率论中,"事物"以高速运动的形态存在,原来意义上"物自体"不仅可以存在,而且可以把握,"事物"不仅可以"推出来",而且可以"算出来",这就打开了一条通往未来的康庄大道。"'概率'的'可计算性',使'可能性'不仅仅是一个'希望',而且是一个'预言—预测',这个'可能性''保证'了'未来'的'实在性'。"②

那么,这是否意味着,概率论将很快完成"代际更替",取代概念论,成为唯一和主导的哲学范式,从而将概念论一劳永逸地送入历史的博物馆,就像青铜器、马车和弓箭一样,仅仅发挥文物鉴赏的价值呢?

并非如此!作为哲学范式的概念论和概率论固然存在根本差异,但二者却并非水火不容,而是相互补充,共同构成叶先生对新的时代问题的哲学回应。

---

① 《哲学的希望》,载《叶秀山全集》第 10 卷,江苏人民出版社 2019 年版,第 171—172 页。

② 同上书,第 174 页。

需要特别指出的是，叶先生的回应是在"形而上"层面对欧洲哲学传统的创造性"发展"，而非其"断裂"。进一步讲，叶先生发展的是至为"地道"和"纯正"的欧洲哲学传统。在他看来，这一传统从根本上讲，是一种"理性"的传统，叶先生自始至终都没有离开过理性的地基一步，走向他同样非常熟悉，也可以信手拈来的非理性、欲望、意志等"异端"思潮的领地。可以说，在这一问题上，叶先生固守了欧洲哲学的理性传统，在这块土地上抬头仰望星空、俯身精耕细作，最终耕耘出一片新天地！

> "人"的"理性""意识"到"概率"的重要性，使"哲学"的"超越"不限于"概念"的方式，尚有"概率"的方式。"理性"不仅以"概念""必然"地"推论"出"事物自身"的"存在"，而且"允许"以"概率"的方式，"计算"出"事物自身"的"存在"。

在这片新天地中，不仅以往被忽视的量、速度、几率等正式进入了哲学思考的中心地带，成为重要哲学范畴；而且许多经典问题，比如直观、必然性、因果律、决定论、自由意志等都获得一个新视域。在我看来，概念论与概率论的提出，是叶先生晚年做出的最重要哲学贡献，它将成为一个通向未来道路上难以"绕道而行"的思想路标。

当然，这并不意味着概念论与概率论已经尽善尽美。叶先生的工作总体上属于原则性和开创性的，尚处于开辟道路、勾勒蓝图的阶段，有待后来者跟进拓展的空间还很大，其中的一些具体论述也未必完全完备周详，一些具体观点也并非不可以商量，但贯穿始终的那股气贯长虹、力拔千钧、无坚不摧的哲学之锐气、创造之精神和自由之思想，则令人无法不感佩不已！对于当代中国哲学来说，这是叶先生留下来的一份弥足珍贵的"礼物"！

三

在我的阅读生涯中，对叶先生的阅读是一次智慧而百感交集的历程。从 1996 年第一次阅读《思·史·诗》，1997 年第一次现场聆听叶先生讲学，至今已 20 多年。其间时而集中，时而零散，时而兴致盎然，会意处如沐春风、如饮甘露；时而思有所得，贯通处醍醐灌顶、拍案叫绝；时而不得要领，困惑处掩卷长思、徘徊再徘徊，交织着许许多多的感触和回忆，令人难以一一叙述。这次阅读《叶秀山全集》，同样百感交集，随着阅读的推进，两个字越来越清晰地浮现了出来：丰富。

叶先生一生治学，其经历可谓单纯，但其思想和情怀却十分丰富。仅就本文所关注的"哲学之锐气"这一"支点"而言，就蕴含着多维意蕴。通常情况下，叶先生的"锐气"体现为思想上的"犀锐"，这种犀锐令他的所思所想无坚不摧、无往不通。但在另一些情况下，叶先生的锐气则呈现出另一副面相。在此，犀锐之气引而不发，那些寻常的人、事、物、思呈现出另一幅不寻常的景象，对此，我能想到的词汇是：敏锐。

如果说，犀锐构成了叶先生哲学之"锐气"的一个面相的话，那么敏锐则构成了其另一个面相。这种敏锐往往能够令他独具慧眼、另辟蹊径，创造出一个充满新气象的新世界。

叶先生在完成专门性著作和学术论文的写作之外，还留下了为数不少的"哲学散文"，或回忆故人、或追忆往事、或谈艺论学。从形式上看，可能不够系统，从内容上看，也可能管中窥豹、挂一漏万，但这种可以"率性而为"的文体却可以让叶先生的真性情和真见识自然而然地流淌出来。

在《沈有鼎先生和他的大蒲扇》中，叶先生的笔墨轻轻掠过了沈先生的学术贡献，仅以一句话概括了自己心目中的沈先生。"沈先生首先是一位博大专深的学者，一个有特等头脑的学者，当然的确也是一个很有趣的学者，有许多奇闻逸事的学者。"① 然后聚焦沈先生的"大蒲扇"，勾勒沈先生的风范。

> 每年夏天晚饭后，干面胡同平房大院里，常常可以看到沈先生手持大蒲扇走来走去，这大概是他读书读"饱"了之后一种心旷神怡的表现。这时，如果我有朋友来，在门口放一张小桌一起聊天时，沈先生就会凑过来，一屁股坐在小马扎上，聚精会神地听我们聊天，很少打扰。②

全文的最后一段，"大蒲扇"再次出现。

> 现在正值夏令，沈先生又该拿着那把大蒲扇在院子里晃来晃去了，不定什么时候就会坐下来跟你聊。当然，这已成了往事了。说起大蒲扇，如今北京很难买到，前几年小女儿碰到买了两把，每年夏天都拿出来用。有了电扇还要用大蒲扇，可谓"沈氏遗风"，不过"青出于蓝胜于蓝"，我的这把是好的，沈先生常拿的是一把破的。③

文章结束了，我却有几分怅然，那把"大蒲扇"一直在头脑中晃来晃去，"沈氏遗风"已逝经年，"青出于蓝胜于蓝"的叶先生也已驾鹤西去。"昔人已乘黄鹤去，此地空余黄鹤楼。黄鹤一去不复返，白云千载空悠悠。"我想，沈先生的那把"破的"大蒲扇已随故人而去，叶先生的那把"好的"大蒲扇如今又在哪里呢！

---

① 《沈有鼎先生和他的大蒲扇》，载《叶秀山全集》第10卷，江苏人民出版社2019年版，第591页。
② 同上书，第593页。
③ 同上书，第596页。

如果此文只有这两个场景，那么我们只能看到"大蒲扇"，还没有"看到"沈先生，叶先生也就还没有成为叶先生。在我看来，沈先生之所以是沈先生，叶先生之所以是叶先生，关键在于下面的第三个场景：

  沈先生的思考、理解力自然公认是第一等的。我尝想，我们一般人即使对自己的"思想"，也总有点虚无缥缈的味道，抓不住，摸不着，但"思想"对沈先生则似乎是一个成形了的具体的东西，是他"修炼"出来的一个"物品"，而且是个"活物"，可以呼之即来，挥之即去，要它往东，它不会往西；只要他愿意，随时随地都可以很快地进入"思想"，好像一个演员，用不着"酝酿情绪"就可以立即进入"角色"。[1]

这段叙述可谓点睛之笔，它将虚无缥缈的"思想"具体化了，特别是在沈先生那里，思想成了一个"上手之物"，一个可以呼之即来，挥之即去的"活物"，这样的沈先生才是沈先生，这样的文章也才是：沈先生和他的大蒲扇。

读完《沈有鼎先生和他的大蒲扇》之后，接下来的一篇文章是《段师傅启示录》，我顺着读下去，发现两篇文章竟有一种呼应关系。

文章一开头就交代了段师傅是谁的问题？"段师傅名守全，是我们研究所的老木工。平日他的职务的维修职工宿舍门窗及办公家具，如有房屋漏雨，他也能及时妥善解决。"[2] 段师傅的技术十分高超，一把斧头在他手中挥洒自如，于是有了下面这段描述。

---

[1] 《沈有鼎先生和他的大蒲扇》，载《叶秀山全集》第 10 卷，江苏人民出版社 2019 年版，第 594 页。
[2] 《段师傅启示录》，载《叶秀山全集》第 10 卷，江苏人民出版社 2019 年版，第 597 页。

> 我非常羡慕段师傅手中的斧子，它可算有了一个"知己"。斧子好像是段师傅身体的一个部分，要它向东，绝不向西，往往一斧中的；而斧起斧落，左右逢源，沉甸甸的斧子在他手中好像没有重量似的。段师傅手中的斧子，像武士手中的刀剑，如此得心应手，那样举重若轻，看段师傅运斧，着实让人体会到什么叫"舞"。①

第一次读到这段文字，我就有一种似曾相识的感觉，在哪里见过呢？就在前面，在前面那段话中。我不知道这两篇文章的具体写作时间，但二者如影随形般的"神似"关系则是确定的。

同样的道理，甚至同样的文字：一个是"要它往东，它不会往西，"另一个是"要它向东，绝不向西，"只不过一个是沈先生的"思想"，另一个是段师傅的"斧子"。我有时甚至想，如果段师傅的文章更名为"段师傅和他的斧子"更好，以示二文互通之意。那么，"通"在何处呢？我觉得通在"启示"，这个启示，是哲学的启示，道理的启示。那么究竟是哪一种哲学？哪一个道理？我至少看到了海德格尔的影子。熟悉《存在与时间》的人都可以看到，以上两段文字不是与其第一篇第15节的那段著名描写息息相通吗？只不过，在海德格尔那里，讲的是"锤子"。

> 例如用锤子来锤，并不把这个存在者当成摆在那里的物进行专题把握，这种使用也根本不晓得用具的结构本身。锤不仅有着对锤子的用具特性的知，而且它还以最恰当的方式占有着这一用具。②

对锤子这物越少瞠目凝视，用它用的越起劲，对它的关系

---

① 《段师傅启示录》，载《叶秀山全集》第10卷，江苏人民出版社2019年版，第598页。

② 海德格尔：《存在与时间》，商务印书馆2016年版，第102页。

也就变得越源始，它也就越发昭然若揭地作为它所是的东西来照面。①

海德格尔对锤子的描写仍然运用了富有"理论色彩"的语言，以概念、逻辑、反思的方式讲述了一个前概念、前逻辑、前反思的生存论"道理"。在叶先生那里，无论是沈先生的大蒲扇，还是段师傅的斧子，都是以日常的、生活的、形象的语言来展示和呈现现实的"道理"，我不敢断言二者是"同一"的，但至少是"相通"的。叶先生曾经在海德格尔那里花了很大的"气力"，也写过不少很有"分量"的文章，但他绝不是简单地叙述或者代言海德格尔，不是这样的。那些抽象甚至晦涩的思想，早已"融化"在叶先生身上，成了一个"成形了的具体的东西"，叶先生就像庖丁解牛那样游刃有余，挥洒自如，"要它往东，它不会往西"。其实，何止海德格尔，柏拉图、亚里士多德、康德、黑格尔……他们的思想都在叶先生那里一一发生"化学反应"，水乳交融之后，再从叶先生笔下自然而然地流淌出来，所到之处，不仅可以无往不通，而且可以"点石成金"，一草一木、一斧一扇乃至日月山川，都可以呈现出或"旭日东升"或"落日余晖"下的"叶氏气象"，这或许就是叶先生的"魅力"所在，也是叶先生的"锐气"之源吧。

在《悼念王玖兴先生》一文中，叶先生讲：

人生常有遗憾的事情。对于王玖兴先生，我感到最为遗憾的，是他没有为我们留下他系统的哲学思想，他是有的，可惜他带走了。②

---

① 海德格尔：《存在与时间》，商务印书馆2016年版，第102—103页。
② 《悼念王玖兴先生》，载《叶秀山全集》第7卷，江苏人民出版社2019年版，第273页。

15年前，我第一次读到这句话时，大为震撼，深为王先生遗憾不已。今天，在叶先生逝去三年后的今天，再次读到这句话，五味杂陈。这样的遗憾，又何尝不属于叶先生呢！他还有那么多"有趣"的研究计划没有完成，还有那么多"鲜活"的思想没有留下，这是叶先生的遗憾，更是我们的遗憾！

斯人"在""诗"

——叶秀山美学要义

赵广明

叶秀山是哲学家,也是美学家,美学思考贯穿他的整个学术生涯,并最终成就他的纯粹哲学气象。他靠着学者的使命感和隐忍平静的心性,孜孜矻矻,在动荡岁月的"缝隙"里,为自己的审美趣味和精神诉求创造了一个家园,使它们能够在纯粹哲思中"诗意地"栖居。叶秀山的哲学与美学本质上是一,即"美的哲学"。

叶秀山把自己的美学历程概括为两个阶段,先是从"艺术"到"哲学",后来是从"哲学"到"艺术"。前一个阶段虽然对康德、黑格尔的美学思想有所研究,但主要精力用在了对戏剧、书法等艺术部类的内部探索和把握上,想通过对具体艺术理论和实践的研究,总结出一些规律,并将它们"上升"到"哲学"的高度。后来他逐渐意识到,哲学的工作不止于此,哲学和一般的经验总结、一般的理论工作是不同的。真正的美学,"还得从哲学的源头抓起"。

20世纪80年代初,叶秀山从美国进修回国,其美学思考开始转向从"哲学"到"艺术"的阶段,也就是从哲学本身思考美学的阶段,或者说,反思哲学本身的审美意义阶段,其美学与哲学思想也随之日趋成熟,渐入佳境。"从哲学的源头抓起",实际上是从德国古典哲学特别是康德的整个批判哲学抓起。在对《判断力批判》以及整个批判哲学系统进行深入研究的过程中,叶秀山思想的许多重要理路澄显出来,而这种澄显与他当时对现象学特别是海德格尔存在论思想的深入研究是相互发挥的。可以说,叶秀山的哲学美学植根于康德哲学,绽放于海德格尔哲学,圆融于中国传统艺术思想,而自成一家。

写于1983年年底的《论美学在康德哲学体系中的地位》一文,可以视为叶秀山哲学与美学思考转向的标识。在这篇文章中,"三大批判"的关系被重新深入思考,审美判断力批判被置于康德批判哲学的基础和本体地位,这种理解在当时的汉语哲学研究界具有开创性:"那个在知识领域里看不见、摸不着的'物自体',却在美的鉴赏中看到了、摸着了。无论咏梅也好、诵海也好,花和大海都不再只是一个现象、一个知识的对象,而是体现了一种本体的意味,或者用哲学的语言说,它们象征着(表现着)'物本身'(本体)。于是,'自然'也好,'自由'也好,在美的鉴赏中,都出于一源:对'物本身'、'世界本质'、'人生真谛'的把握。"这个理路在2006年的《哲思中的艺术》一文中表达得更为明确:"我受康德以后谢林甚至包括费希特、黑格尔的哲学思路特别是海德格尔的思路之启发,曾说康德《判断力批判》或可是他的哲学的'基础','思辨理性'和'实践理性'或是从它那里'分析—解析'出来的,《判断力批判》所涉及问题是'鲜活'的,是'哲学'的'生活'之'树',在《判断力批判》里'人'是'活生生'的,是'诗意地存在(栖居)着'。"

哲学的形态有多种,可以是政治哲学,也可以是道德哲学,还可以是宗教哲学、思辨哲学与科学哲学,但哲学首先或最终应该是美的哲学。美的哲学,本质上不是研究"美"的哲学,而是对生命自然的本质性敞开,在这种敞开中,生命自然自身的"存在"和意义自己澄显出来。这种澄显是"诗意地存在着",一如神圣之光的照亮,乃是哲学的根底与终极诉求,是"哲学""本身"。有了这种神圣之光的澄显,哲学方可以呈现出多种形态,没有这种神圣"存在"之光的澄显,(一切)哲学将失去根基、不复存在。

中国自古不乏政治哲学,更不缺少道德哲学,但对哲学本身的追问却十分稀少,这意味着汉语传统哲学根基的虚弱,也就是生命自然"存在性""本源性"意义的虚弱。因为,生命自然"存在"意义的自身澄显,本质上意味着人与万物的独立、自在、自由,"'诗的境界'是'自由的境界'",无自由,则无哲学。古今中西之辩的核心,在"自由"一词。

叶秀山不甘心于自由和哲学在汉语世界的虚弱命运,他尝试用自己的理路"唤起"其"存在性"意义,让"哲学"澄显于汉语艺术与思想传统。在叶秀山看来,康德美学的"存在性"本体意义虽然"尽善",但尚未"尽美",尚需完善,而这件工作是由海德格尔完成的。正是海德格尔的工作为叶秀山汇通中西提供了切入点,即"时间":"康德《纯粹理性批判》所涉及的乃是'诸存在者'何以能够成为'科学知识'的'对象',而到了《判断力批判》,问题才转向了'存在'……然则,康德仅将'时间'限于《纯粹理性批判》的'诸存在者',即他的'经验之存在(ontic)',而在《判断力批判》里则并无'时间'问题之地位,亦即康德的时间观念尚未至于'本体存在论的(ontological)',这方面的工作,海德格尔做了。海德格尔将'时间'引进'本体—本质'对于哲学思维功莫大焉……当我将我的思考重心从艺术的细节又收回到哲学时,我对中国艺术的理解,一直比较重视'时间'的因素。中国传统艺术的本质是'时间'的,而不仅仅是'空间'的。"

叶秀山没有对康德审美鉴赏中情感和想象力的时间维度作更多考量,而直接诉诸海德格尔对"时间"的存在性思考,并由此思入中国传统艺术的"本质"与"存在"。"时间"的存在性意义何在?"时间"意味着"活的",意味着"鲜活的""生动的"存在。中国的书法、音乐、舞蹈和戏曲,本质上都是"时间"性的,都是"鲜活"生命及其意义的澄显,"为保存那基础性、本源性的'意义'提供了一种有价值的'储存方式'","历代书法艺术就是以各种丰富多彩的形式——即不同的'写'的方式保存了那个原始的、超越的'是'和'在'的'意义'。'写''刻''划'亦即'思',所以艺术性、文化性的'在'(是)实亦即'在思'。这样,书法艺术所保存的'意义',即'思''在思'的意义"。

叶秀山为中国传统艺术找到了"哲学"根基,即"存在论的"根基,进而断言:"中华民族是最善于知根知本的民族,是最善于从包括'文字'在内的一切'工具性'的'符号'中'看出'其'存在性'意义的民族,是最善于从那大千世界的'什么'中'看出''是'和'在'的民族,也就是说,中国人是最善于透过'现象''看''本质'的民族;不过这个'本质'并不像西方哲学教导我们的那样是'抽象性的''概念性的',而恰恰是具体的、生动的、活泼泼的'根'和'本'。"

与其说这是叶秀山对中国传统艺术思想的"断言",不如说是他尝试对之"唤起""去蔽"的表达。中国的传统艺术思想被漫长历史的种种"什么""积淀""淤埋"得太深,需要通过叶秀山这样的纯粹哲人的创造性"唤起"与"去蔽"的努力,汉语文化的"生命""存在""意义"才可能涤除岁月的泥污,"自己""澄显""闪耀"。

叶秀山为他的老师宗白华写过一篇美文《守护着那诗的意境》,可以视为其"美的哲学"或"诗"学的经典表达:"'诗意的世界',在广义的而不是在文体意义上来理解'诗',则是最为基本的、本源性的世界,是孕育着科学、艺术(狭义的),甚至是宗教的世界。在本源性定义下,诗、艺术与生活本为一体,'诗'是'世界'的存在方式,也是'人'的存在方式……在这个意义下,'艺术、诗的世界',就不是各种'世界'中的一个'世界',而是各种世界得以产生的本源世界。"

哲学家的工作在于从"蒙蔽""失落""遗忘"中揭示作为人生世界根底、本源的"诗""意",还人生世界一个本来的"美"的"意境";哲学家的生活则是要"在更多的人为各种实际事物奋斗的时候,守护着那原始的诗的意境。诗的意境有时竟会被失落,并不是人们太'普通'、太'平常',而是因为人们都想'不平常'、'不普通'"。

美的哲学并不玄奥,诗意的人生原本平常。叶秀山在一个"不平静""不平常"的时代,守护住了人生的"平静"与"平常",守住了"思"与"诗",成就了属于他自己也属于世界的"诗意"的"时间—历史"。

"出生入死"的智慧

——读叶秀山先生有关《老子》的临终札记

李 猛

尚未完成的《读〈老子〉书札记》(以下称"老子笔记"),在叶先生临终前摆在他的案头,并不是叶先生第一次援引西方哲学的智慧来激活中国哲学的思想。这是叶先生哲学工作的某种内在旨趣:叶先生自承以"研究西方哲学为职业",但他始终主张,如果不满足于做谋生的"死学问",就必须追问中国人的生活或生命中最深层的问题:

"我们中国人生活在中国这块土地上,我们是在中国这块土地上做西方哲学的研究,要想离开中国的传统,一来似乎不可能的,二来也是不明智的。我们的生活塑造了我们,与其努力去摆脱它,不如实事求是地去迎接它,从这片土地上吸取营养。"①

对于叶先生来说,中国人在中国的"大地"上的生活,不仅是通常所谓"中国哲学"的母体,也是中国人做西方哲学的根基。只有从这一历史传统和现世生活入手,才能使西方哲学研究成为"活的学问"。在这一活着的根基上,即使是"翻译"和"复述"的西

---

① 叶秀山:《中西智慧的贯通:叶秀山中国哲学文化论集》,江苏人民出版社2002年版,"前言",第1页。该文曾以《沉思在这片土地上》为题单独发表在《社会科学管理与评论》2003年第1期上。

方哲学工作，也在某种意义上意味着"自然"生成的"自己的思想"。① 而所谓"原创"性的哲学工作则更是如此。只有站立在这一活的基础上，中国人才能将西方哲学业已成就的智慧（叶先生称为"欧洲'落日'成果"），重新带入时间之中，让其重新进入历史，获得自由。经过这一思想努力，或者说生活努力，西方哲学的研究，才能在中国的土地上，进入"再生—复生"的"创造"。② 这一哲学在中国的重生，是以中国人基于自身大地面对西洋智慧获得的自由为前提，这一自由开启了中国思想理解西方哲学的历史空间。没有中国人命定的生活，中国人的哲学，面对西方哲学的智慧，也就不可能获得自由。这一活的根基，是中国人进入哲学本源性问题的本源性状态。③ 用叶先生自己的话说，"'理'是'事'的理，'问题'的理，把别人的'理'弄'明'了，自己的'理'也就出来了"。但这样的"活理"，只能来自"活人"。只有"活人"才能成为真正的思想者。④ 一旦丧失了这一活的根基，势必丧失了作为哲学思想前提的自由和历史，而哲学的工作也就难免沦为"死的学问"或"表面的功夫"。叶先生还谦虚地检讨自己，曾因为"觉得"中国的哲学传统"不够哲学味"，不愿过多接触，一度使自己的西方哲学研究"悬空起来"，成为一门死学问。⑤

从中国人的生活或生命入手激活西方哲学的智慧，是叶先生研究海德格尔与黑格尔哲学后自己体验到的思想原则。叶先生不仅在

---

① 叶秀山：《西方哲学研究中的中国视角》（原载《中国哲学年鉴——1998 年》，1999 年），载《叶秀山文集·哲学卷（下）》，重庆出版社 2000 年版，第 845 页。
② 叶秀山：《欧洲哲学发展趋势与中国哲学的机遇》（2007 年），载《"知己"的学问》，中国社会科学出版社 2013 年版，第 133 页。
③ 叶秀山：《中西文化之"会通和合"》（原载《读书》1988 年，评钱穆《现代中国学术论衡》），载《中西智慧的贯通：叶秀山中国哲学文化论集》。
④ 叶秀山：《英伦三月论读书》，《读书》1989 年第 6 期，第 136—143 页，引文见第 140 页。
⑤ 叶秀山：《中西智慧的贯通》，"前言"，第 1 页。

讨论西方哲学中的古希腊哲学、康德、黑格尔、叔本华、海德格尔及列维纳斯诸家思想时始终着眼于激发中国传统中相关问题的思考，①事实上，他一直努力直接进入中国儒释道三家思想，寻求印证西方哲学智慧的灵感。②而《老子》一书，叶先生沉潜往复、再三致意，可以说是中国哲学传统中他用力最深的经典，集中体现了叶先生进出中西智慧的精神。

早在三十年前，叶先生深入研究现象学与存在主义时，就特别留意中西哲学在"比较"之外的"交往"。在《思·史·诗》考察"海德格尔与西方哲学的危机"问题时特意附有一节，"在'交往'的路上：海德格尔的'存在'与老子的'道'"，从海德格尔的"Dasein"入手讨论老子之"道"。③几年后，叶先生专门撰文记述了自己研读《老子》的"一些感想"。这篇长文突出体现了叶先生后来坚持从现象学的存在论入手思考《老子》的一贯进路，参照海德格尔哲学，分析了《老子》书中"道""自然""无为"与"功成身退"等概念。叶先生在此文中还特别澄清了他在《思·史·诗》中提出的观点，《老子》守持的那个"Sein"，之所以缺乏海德格尔思想的"Dasein"维度，是因为老子思想的虚位以待正是通过摒除这一"Da"，来保持"道"的幽暗，守住"空"与"虚"。这一为老子弃绝的"Da"，就是社会现实的制度或儒家倡导的各种道德伦理规范。但只说儒家关注人与人之间的关系，老子侧重人与自然的

---

① 较为晚近的作品，例如《论"瞬间"的哲学意义》（《哲学评论》2015 年第 5 期）引佛家思想印证康德与黑格尔的哲学思想；以及生前最后发表的作品，《东西哲学的交汇点——〈作为意志和表象的世界〉再读》，《哲学动态》2016 年第 1 期。

② 早期思考儒家经典的《我读古书的几则笔记》（《中国哲学史》1999 年第 1 期）、《试读〈大学〉》和《试读〈中庸〉》（《中国哲学史》2000 年第 1 期，第 3 期），晚近思考佛家思想的作品，《佛家思想的哲学理路：学习佛经的一些体会》（《世界宗教研究》2015 年第 2 期）。

③ "'比较'重在'分析'、'观察'，'交往'总在'体会'、'理解'"。《思·史·诗——现象学和存在哲学研究》，人民出版社 1988 年版，第 207—214 页，引文见第 207 页。

关系，虽然"不会太错"，仍未达一间。在叶先生看来，孔子学说的核心是与老子的"道"一样根源性的"仁"，而不是"礼、义这类形式化的概念"。作为根源性概念的"仁"，"孳生着一切人伦规范"，而"仁"的意义，比老子之"道"多出的，就是"Dasein"多于"Sein"的这个"Da"。叶先生认为，老子反对一切的"Da"，不仅是仁义道德的规范，甚至比海德格尔走得更远，将语言也看作遮蔽物。但弃绝了一切"Da"，虽然得到或守住了"Sein"，却因为这一弃绝，看不清"道"，毕竟"Da"是让人看见的光，一切"文""明"，都在"Da"的度中。但叶先生在这里却指出，西方思想对存在的澄明，"倒不如"老子坚持主张道的幽暗不明，平实地道出了存在的"本质"或"根"是"看不到"，或"看不清"的，"也不可能让它真的'明'起来"。① 然而，老子这一去"Da"存"Sein"，让人能面对幽玄的大智慧，究竟在政治和人生中意味着什么呢？叶先生在文章中围绕"大智若愚"与"功成身退"对这个问题进行了初步的探讨，但比较简短。这两个主题成为叶先生其后思考和解释《老子》一书持续关注的焦点。

---

① 叶秀山：《我读〈老子〉的一些感想》（原载于《道家文化研究》第二辑，1992年），载《中西智慧的贯通》，第40—56页。《思·史·诗》中提出，虽然《老子》书中的"道"与海德格尔的对"physis"的理解相通，但老子之"道"指向的仍然是一种"主体性原则"未得到充分发展的本源性存在，带有古人"原始性、想象性、幻想性的思想"，是前主体性的存在论，与海德格尔后主体性的存在论似同实异。"从海德格尔的眼光来看，也许问题仍出在 Dasein 的意识不够明确。这就是说，老子已有'存在'的意识，但并未追根于 Dasein，提高到 Dasein 的意识。"（第209—214页，引文见第212页）对比数年后《我读〈老子〉的一些感想》的论述，我们可以发现，借助对《老子》的阅读，以及对列维纳斯的研究，叶先生对海德格尔本源存在论的理解又有所深入（参见《英伦三月论读书》；《从哲学方面说"读书明理"》，《读书》1991年第12期。海德格尔对"澄明"的理解，与从亚里士多德到黑格尔的西方哲学传统相当不同，他相当重视存在的真理中"黑暗的领域"。参见维尔纳·马克思《海德格尔与传统》，朱松峰、张瑞臣译，上海人民出版社2012年版，第148页）。而叶先生有关儒家人伦意义的哲学解释，也是深入研究现象学的结果（《"现象学"与"人文科学"："人"在斗争中》，《中国社会科学院研究生院学报》1992年第2期）。

之后二十多年间，叶先生陆续发表了多篇直接讨论《老子》以及道家思想的论文，援引《老子》的思想为例分析中西哲学问题的文章就更多了。其中尤为值得注意的是，在叶先生生前最后发表的论文中，就包括一篇重新探讨《老子》书的文章。这篇文章完成于2015年11月22日，发表的题目正是《读〈老子〉书札记》。① 有没有可能，夹在《中国哲学史资料选辑（先秦之部中）》庄子"天下"中的"老子笔记"，其实是这篇已经发表的文章的一份提纲呢？当然，我们并不能完全排除这一可能性。但即使这样，已经发表的文章也似乎与"老子笔记"中呈现的问题和脉络有关键的差别。

已经发表的《读〈老子〉书札记》将《老子》书的性质厘定为"从形而上层面阐发治国方略"。全文共11节，前7节，都在直接阐发这一主题：老子作此书，是基于哲学道理的"治国策"，开启了中国古代由形而上阐发治国方略的思想传统；形而上意义上的"无"，对于"形而下"治事的妙用，就在于"无"反而赋予了君王对万物（特别是价值事物）的"命名权"；但"物"的命名权，圣王可以妙用，也要受"道"的限制；但这里的"道"，并非经验科学的对象，也不包含哲学批判的逻辑，反而要求无论是民，还是君，都要守愚，放弃"知识性—思想性"的追求，这才是依据道的"自然"态度。这7节有不少想法，在叶先生之前论《老子》的文章中有所涉及，其中有些重要思想甚至早在《我读〈老子〉的一些感想》中就已现端倪，但这里第一次系统地整合到对《老子》书的"形而上的治国之道"的一种尼采式解读中。"老子笔记"有一些文字与这部分内容有关，特别是这页札记下半部分列在"老子与人"中有关成功之道的条目。但这些内容显然并未指向一个"形而上的治国之道"的解释主旨，"老子笔记"关注的是别的主题。

在发表的《读〈老子〉书札记》的第7节最后，叶先生在讨论

---

① 叶秀山：《读〈老子〉书札记》，《中国社会科学院研究生院学报》2016年第1期。

治国者要向天道学习时指出，"功"和"身"的关系，直接涉及"生"和"死"、"思"和"在"的关系。这篇文章的最后4节为澄清"功成身退"的"天道"，围绕"身"与生死的问题，进一步展开了对"形而上的治国之道"的分析。在这一部分，叶先生再次回到了他一贯关心的《老子》书中生死与存在的问题。这似乎才是"老子笔记"的核心问题。

值得注意的是，生死问题是叶先生讨论《老子》书和道家思想的主要入手点。早在1993年受邀为陈撄宁先生遗著《参同契讲义》作序时，叶先生就强调，道教的养生之道，"在理论上建立在道家学说的基础上"。在考察道家学说作为道教内丹学的理论基础时，叶先生指出，西方哲学传统着眼于人通过精神或思想实现的永恒，但代价势必是将人的物质性和思想性截然分开，而《老子》则是要使人完整的生命长存，在此基础上的内丹仙学不过是要通过修炼技术实现这一理论模式罢了。但叶先生直截了当地指出，"长存"并不等于"永恒"，这里最大的问题是，人能否"起死回生"。养生以"逆法"求延缓衰老，甚至恢复青春，在原则上不无可行性，但修炼的技术能否让人拥有多次的"生命"呢？西方哲学的根本原则是，"'生命'对于每个人来说只是'一次性'的"。为了面对这种"一次性"给人的生命意义带来的挑战，就需要"他人"作为必死者的见证。他人抽象升华后的上帝，或者由他人组成的"社会"和"历史"，都是使短暂的一次性生命具有意义的见证者。而一旦这些使一次性生命得以永恒的见证者在思想上丧失效力，人苦心经营的意义大厦就会坍塌，人生和世界都会陷入到虚空之中。与此思路相反，仙家内丹学的努力则是要使人自己成为永恒，成为神仙，不仅思想永恒，身体也永恒；仙家甚至可以着眼于无限的未来，有机会修改自己行为的一切后果，从而无须操心有限者为自己自由行为负担的"责任"。从某种意义上，我们可以说，这是一种无须操心任何"Da"的纯属"Sein"的生活。但叶先生对道教这一彻底自然化的努力却颇为怀疑，因为成仙的做法，虽然自由自在，但完全摆脱他人的

"度"来追求永恒,反而失落了人生的意义。通过探讨道教养生之道背后的原则,叶先生得以澄清了他所谓西方的一次性生命观的根本意涵,即人生命的意义"恰恰正在那个'一次性'中"。通过将我的"意义"置于"会死"之中,才必须承认他人,建立"人文"与"社会"这一高于作为必死者的"我"的更高意义。[①]

人是"要死的"。叶先生坦承,"这是自从古代希腊以来西方人一个很正确的信念"[②]。但这个有死者的"生命"要延续,只能靠他人或他者,通过时间和传统使生命延续成不断之流。所谓"文物",之所以不同于死的"文献",是"活的",就在于必死的人可以借助不灭的物,与他人"气息相通、共同呼吸"。文物的生命性来自它将人与自由的他者联系在一起的历史空间。[③] 举凡艺术、宗教、社会、历史等诸种人类文明制度,在叶先生眼中,都是这样一种通过他人延续生命的方式。然而这一通过"Da"落实"Sein"的途径,从中西哲学的"交往"看,恐怕至少需要做两点澄清。

首先,虽然叶先生在讨论老子的生死问题时,经常从海德格尔的哲学入手。但借助历史、历史和宗教等各种"Da"来处理人的死亡与有限性的问题,在精神上其实更接近黑格尔,而不是海德格尔的理路。这并非出于对二人哲学意图的混淆,而是叶先生个人自觉

---

① 叶秀山:《中西哲学话"长生"》(《中国哲学史》1993年第2期),载《中西智慧的贯通》,第70—76页。

② 这是比较笼统的说法。叶先生认为,古希腊人虽然坚定认为,人族是会死的,但"相对地缺少进一步的哲学思考"。是基督教发展了生死问题的宗教意义,特别是死亡与自由的关系(死是自由的代价,宗教将之理解为罪罚)。而"人是会死的"这个意思的哲学意义,要到海德格尔这里才充分揭示出来。《道家哲学与现代"生""死"观》(《中国文化》1996年第2期),载《中西智慧的贯通》,第159—160页。并特别参见叶先生在《科学·宗教·哲学:西方哲学中科学与宗教两种思维方式研究》第七章论所谓"末日审判"对这一问题的详尽阐发。社会科学文献出版社2009年版,第265—324页。

③ 叶秀山:《关于"文物"之哲思》(《哲学研究》1993年),载《中西智慧的贯通》,第77—85页。

的哲学选择。黑格尔围绕他人来建立死亡与时间性的努力，在某种意义上借助死亡的升华，获得了精神的自由和生命："如果我们愿意把那种非现实性称做死亡，那么它是最可怕的东西，只有一种无比强大的力量才能够控制死亡……精神的生命不是表现为害怕死亡，与荒芜保持绝对的距离，而是表现为承受死亡，并在死亡中保存自身。只有当精神在一种绝对的支离破碎状态下重新找到自己，它才赢得它的真理。精神作为这样一种力量，作为一种肯定的事物，并没有逃避否定的事物……可以把否定的事物转化为一个存在。"在《存在与时间》著名的第82节中，海德格尔明确批评黑格尔因为缺乏对原初的时间性概念的理解，因而也不能把握到精神与时间的内在关联。这一批评实际是海德格尔自己建立时间性的独特理论路径。在《存在与时间》第二篇从"向死而生"出发讨论"时间性"时，海德格尔首先排除的正是"他人"（第47节）。海德格尔的"向死而生"恰恰是此在没有见证者的可能性，最本己的可能性。死亡的生存论分析断然拒绝黑格尔式的"死亡的形而上学"提供的精神不朽，因为后者同样遮蔽了此在本应在死亡中"最为鲜明地绽露出来"的可能性。面对海德格尔对原初的时间性的追求，黑格尔或许会告诫，体现在死亡中的普遍精神的教化，而不是"严格意义上的原初的或直接的统一性"，才是活生生的真理。萨特在《存在与虚无》中就曾对海德格尔的这种"死亡的内在化"（"我的死亡"）提出了相当严厉的批评。[①]

叶先生敏锐地注意到，虽然海德格尔的"向死而生"，使人作为此在，成为一个真正意义上的"有死者"甚至"会死者"（死成为此在所有可能性的构成条件），但这一对个人自由的建立，代价却是

---

① 黑格尔：《精神现象学》，先刚译，人民出版社2013年版，"序言"，第21、12页；海德格尔：《存在与时间》，陈嘉映、王庆节译，生活·读书·新知三联书店1987年版，第82节，第47节以下；萨特：《存在与虚无》，陈宣良等译，安徽文艺出版社1998年版，第四卷第一章第二节，第676—704页。

忽略了他人的自由，而只有他人的自由才能使"我"再生。基于这一"我在他者中再生"的思路，叶先生大胆地提出：

"我们就可以有能力把被海德格尔'舍弃'的'宗教—基督教'的'问题'：'拯救—再生'吸收到'哲学'中来，加以'化解'，海德格尔这个'Dasein'的'意义'就不仅仅'限于''有死者—会死者'"①。

通过对海德格尔的黑格尔改造，"向死而生"被逆转为一种"向生而死"。但这并不仅仅是一种对海德格尔的颠倒。事实上，究竟将何种"宗教"的"再生"吸收到"哲学"中呢？叶先生非常欣赏的列维纳斯就是借助自身的犹太传统，批评海德格尔将死亡"还原为一个存在者的终结"，忽略了"通往后代的通道"。正是在死亡的威胁中，一种与他人关联的社会性得以建立。② 叶先生究竟遵循哪一道路将"向死而生"点化为"向生而死"呢？在这一过程中，与黑格尔式的用"Da"的光照亮"Sein"的"明德"不同的"玄德"具有什么意义呢？这些问题将我们带回到"老子笔记"的主旨。从"老子笔记"的写作看，焦点仍然是《老子》书的生死观，并在此基础上讨论老子对"人"的看法，后者的思考似乎尚未来得及展开，只标识出一些关键性的概念以及涉及的《老子》书章节，但前者已经浮现出一个新思路的轮廓。而其中对《老子》第50章的解释最能揭示"老子笔记"的主旨。

这一章可以说叶先生始终非常关注的《老子》文本。在1996年撰写的《道家哲学与现代"生""死"观》中，叶先生开篇就将海德格尔的"提前进入死的状态"作为理解《老子》第50章中"出生入死"的理路。从这一角度思考，老子对生死的看法就不是简单

---

① 叶秀山：《哲学作为爱自由的学问》，载《"知己"的学问》，第28页。
② 列维纳斯：《总体与无限：论外在性》，朱刚译，北京大学出版社2016年版，第29—30，223页。叶秀山在《哲学作为爱自由的学问》中提到了列维纳斯的思路，但并没有沿着这一思路展开。《"知己"的学问》，第28页。

地延续生命,反而是"提前进入死的状态""更为适合的表达方式"。"提前进入死的状态",意味着人的死亡,不再仅仅是自然的必然性,而成为一种自觉的行为。会死,首先要求的就是退出事功的世界。从这一思路看,"功成身退"或"功遂身退",就是退出眼下事功的世界,生活的世界,因为事功是不可居的(《老子》第23章),这样也就使"虎无所措其爪,兵并无所其刃"。但叶先生指出,依据《老子》书,"提前进入死亡状态",所谓"出生入死",却不仅是"死的过程",也同样是"生的过程"。但"出生入死",如果理解为"提前进入死亡状态",在何种意义上也是"生"呢?根据第50章的经文,叶先生认为,"生之徒""死之徒"和"生死之间之徒",这些人都是因为求生(以其生生之厚),反倒得死,而道家则要"置之死地"而得生。但对如何解释与"求生"相对的"善摄生者",叶先生有些犹疑。叶先生认为,"善摄生者"虽与道家"长生久视"的养生之法有关,但并非仅限于"道家",而且"摄生"也并非练就"金刚不坏之身",而是要退至死地,无可再退,不求生得生,也就不会失生。[①] 从"置之死地而后生"(或者"没有可以致死的地方")的角度解释第50章的"无死地",与叶先生一向对"长生"的某些迷信之处的含蓄批评有关。[②] 叶先生虽然对"自然的长生"有所怀疑,但却相当认同"历史的长生"。用"历史的长生"来解决"出生入死"的自然困境,更凸显了叶先生从黑格尔式的思路理解死亡对人的生命一次性的规定,以及由此建

---

① 叶秀山:《道家哲学与现代"生""死"观》,载《中西智慧的贯通》,第164—165页。

② 不知叶先生是否读过或听闻陈撄宁先生对《老子》第50章的解释,陈先生也反对河上公注以"养生"解释"摄生",而主张释为"摄持自己身心,勿使妄动"。陈撄宁:《〈老子〉第五十章研究》,《中国道教》1987年第1期,第31页。帛书"摄"作"执"。

立的时间性概念。① 但如何从老子的这一"退"而非"进"的思路，开发出面向未来、超出我自身的"历史性"的眼界来，在解释上仍然有欠缺的环节。② 而且从"提前进入死亡状态"解释"出生入死"终嫌与《老子》文本有所龃龉，不够妥帖。

在临终前发表的《读〈老子〉书札记》最后部分，对第 50 章的解读有了明显的变化。叶先生仍然认为这是海德格尔式的"提前进入退出状态"，但再次面对第 50 章这段"很难解释"的话，叶先生现在强调的是"隐身"的作用。他指出，这一"隐身"并不像通常认为的，靠"法术"，而是"不要抓住'生生之厚'，不是把'身'保养得'肥肥胖胖'，使它'攻击''目标突出'——'出生'"。因此"善摄生者"也就是"善隐身"者，善于以道隐身，而不是以术养生。而这一隐身之道，就是不要占有身外之物，而相反是要"我"为"天下"所有，将"身"投入天下之中。这一新的积极取向的解释，强调将"身"托出去，托给天下，以天下为全身存身之道。实际上是用《老子》第 13 章来解释第 50 章（"故贵以身为天下，若可寄天下，爱以身为天下，若可托天下"）。③

正是在这里，我们注意到，叶先生临终前手边的"老子笔记"

---

① 正如我们已经看到的，黑格尔强调，精神的"生活"不是畏惧死亡，而是"承受死亡，并在死亡中保存自身"。这意味着，只有当人"意识到自己的有限性，因而意识到自己的死亡，人才能真正意识到自己"；"正是甘心死亡……人才最终到达绝对知识或智慧，从而完成历史"。参见科耶夫对黑格尔《精神现象学》"序言"这一关键段落的重要解释：《黑格尔哲学中的死亡概念》（1933—1934 年课程最后两次讲课全文），《黑格尔导读》，姜志辉译，译林出版社 2005 年版，第 642—656 页。海德格尔在 1936—1937 年冬季学期讲授"尼采"课程时也提及了这一段落，将之视为德国唯心论哲学的代表性段落。《尼采》，孙周兴译，商务印书馆 2002 年版，第 1 章第 10 节。

② 叶先生认为，"历史性"的觉悟，"乃是'退'出来的，不是'进'出来的"。但又同时承认，"人生在世，'进入'世界，立功、立言、立德固然很难，但做到'功遂身弗居'也很难，所以人生在世，'进'也难，'退'也难，是'进''退'两难"。《道家哲学与现代"生""死"观》，载《中西智慧的贯通》，第 166 页。

③ 叶秀山：《读〈老子〉书札记》，第 21 页。

指示了一个不同的解释可能，会使我们对叶先生在这一中西智慧"交往"中最终安身立命之处有所体会。

这个新思路的出发点，仍然是叶先生一贯的做法，将人规定为 Dasein，即有限者或有死者，所谓 Dasein 的意义，就是"有死者的意识"，或者说"自觉的有死者"。但接下来在解释第 50 章之前，叶先生却意外地先处理了《老子》第 33 章有关"物"的讨论，然后从"物壮则老"的"不道"反证"空无物"的赤子之"道"，并将这一思想作为解释第 50 章"无死地"的线索。

非常遗憾，我们没有机会倾听叶先生自己对这一思路的阐述。我们猜想，这一解释思路大概是间接受到《老子》王弼注的启发。在注释第 50 章的"善摄生者"时，王弼指出：

"……善摄生者无以生为生，故无死地也。器之害者，莫甚乎兵戈，兽之害者，莫甚乎兕虎，而令兵戈无所容其错误！虎兕无所措其爪角，斯诚不以欲累其身者也，何死地之有乎。夫蚖蟺以渊为浅，而凿穴其中，鹰鹯以山为卑，而增巢其上，矰缴不能及，网罟不能到，可谓处于无死地矣，然而卒以甘饵，乃入于无生之地，岂非生生之厚乎，故物苟不以求离其本，不以欲渝其真，虽入军而不害，陆行而不可犯也，赤子之可则而贵信矣。"[①]

因此，"善摄生者"之所以"无死地"，不是离本求生，以欲累身，从而"入于无生之地"，而是取法"赤子"，"无以生为生"。

虽然以"空尽无物"释"赤"不乏先例（"赤地千里"），但以"空无物"释"赤子"之"赤"却较为罕见。王弼在注释《老子》中的"赤子"和"婴儿"时，皆解为"无欲"，"无欲"，则不会累身，方能"物全而性得"，"不求物而物自归之"。值得注意的是，在之前对第 49 章的解释中，王弼指出，"以明察物，物亦竞以其明

---

① 《王弼集校释》，《老子道德经注》第 50 章，楼宇烈校释，中华书局 1980 年版，第 135 页。

避之"，① 此为明德之大害。所以圣人能使人"如婴儿"，令其"和而无欲"，是因为圣人"心无所主"，"无所求焉"，"无所察焉"。第49章和第50章的"赤子"主题，延续到了第55章："含德之厚，比于赤子。毒虫不螫，猛兽不据，攫鸟不搏。"王弼对这里"赤子"的注释强调，"赤子无求无欲，不犯众物，故毒虫之物无犯之人也。含德之厚者，不犯于物，故无物以损其全也"。叶先生的"老子笔记"，以"空、无物"释"赤"，正是借助了第55章的王弼注（而不仅仅是《老子》书的经文）。但恐怕需要考虑第49章圣人弃其明察，"为天下浑其心"的状态。事物虽然有其宗主，② 但圣人效法赤子，心无宗主，则万物不会失其自然，因此才能"不犯于物"，也不会遭受物壮而老死的遭遇。③

虽然"老子笔记"对第50章的解释线索或许受到了王弼注的启发。但就其根本意旨，叶先生恐怕借助的仍然是西方哲学的智慧。叶先生将第30章的"物壮则老"理解为"物使人老"，与王弼将之解释为"以兵强于天下"不同，着眼于人与自身的关系。④ 借用海德格尔在《存在与时间》中对"死亡"的物理分析以及古希腊哲学的智慧，叶先生指出，死亡"使人物化"，而活着的生命体，之所以能使世界空间化，能使世界"无"化，就在于能够"无物"却能容物。⑤ "赤子"体现了人所能具有的空而无物的"自由"。"老子笔记"中"含糊"的"西哲"两字，将"无死地"中蕴含的"赤"的精神引向了叶先生一贯关心的自由问题："道家常以'赤子—婴

---

① 《王弼集校释》，《老子道德经注》第10章（第33页）；第28章（第74页），第49章（第129页），第55章（第145页）。
② 同上书，第47章（第126页）。
③ 叶秀山：《道家哲学与现代"生""死"观》，载《中西智慧的贯通》，第165页。
④ 比较《我读〈老子〉的一些感想》的解释，《中西智慧的贯通》，第44页。
⑤ 叶秀山：《从 Mythos 到 Logos》，《中国社会科学院研究生院学报》1995年第2期，第22页。

孩'来比喻人之'无'的意识,以此强调人的自由意识之重要性。"[1] 这一做法可以说是贯通了德国哲学传统思考死亡问题的某种精神倾向。无论黑格尔,还是海德格尔,在处理死亡时,都最终将之视为人所固有的某种否定性力量,或者此在本己的对自身的某种否定,一种"我"身上"无"的可能性,这是人之自由的根源。[2]

叶先生援引西方哲学达成的这一理解,与《老子》书以及王弼注存在一处根本的分歧。在王弼对第55章的解释中,世间杀机四伏,赤子的"无死地"是通过无所欲求,摆脱了世间的危险,无所犯于物,故"无物以损其全"。因此,赤子之"赤",归根结底,是与益生厚生的"生生"者"动之死地"相反的"无求无欲",是"退"而非"进"。而在叶先生这里,虽然"赤"是"空无物",但这里的"空无物",恐怕并不是无求无欲,反而是着眼于"做"。[3] 赤子的"空无物",恩可以让人获得做的自由,这是保持生命的自由,是以"退"为"进"。颇为有趣的是,这一理解虽与王弼此处的注释不同,但却与其"体无"之义有相通之处,着眼于借助

---

[1] 叶秀山:《哲学要义》,"跋",(此书是叶先生在北京大学为哲学系本科生讲授"哲学导论"的整理稿,"跋"原拟作为该书的序言:"作为导论的哲学",但后来放在了全书的最后),第203—219页,引文见第212页。

[2] 海德格尔:《存在与时间》,第48、50节。在1928年的课程上,当谈到自己在《存在与时间》中进行的此在分析时,为了避免误解,海德格尔指出,该书中的死亡概念,意在展现此在的超越性。此在作为在世界中的存在,其时间性正是世界的超越性(《存在与时间》第69节)。此在虽在世界中构成,但正是从这一时间性和历史性出发,此在才总是可以自由面对他的根基,面对他被抛入的世界。死亡使此在不是自然中的一棵树(《从莱布尼茨出发的逻辑学的形而上学始基》,赵卫国译,西北大学出版社2015年版,第11节)。

[3] 这无疑是一种尼采式的"赤子":"他也不想做'成'什么事,'做'才是最重要的,'做'就是'生活'。"叶秀山:《试论尼采的"权力意志"》(《浙江学刊》2002年第3期),载《哲学作为创造性的智慧》,第209页。

"无"使世界成为世界,[①] 从而让人的生死有了"存在的命脉"（Gebirg des Seins）。死的龛位供放的是"无",埋藏或保存的却是"有"。[②]

由此,不难理解为什么叶先生会在《读〈老子〉书札记》中将"隐身"解释为"积极地投身到天下（万事）之中"。这一解释不能不说与在"自由"意义上理解的"赤"有关。这一自由意义上的"空无物",就与王弼"无求无欲"的"空无物"不同。无论黑格尔,还是海德格尔,死亡作为否定,恰恰与人身上根本的"不足"有关,从而也与人的欲求有关,在黑格尔那里是精神自我否定、追求承认的动力,而在海德格尔那里,则是此在的"尚未",这构成了此在面向未来的时间性。而这正是叶先生试图通过"空无物"的赤子开展的空间。[③]

巧妙地借助了"自由"意义上的"空无物"这一西方哲学的智慧,叶先生对《老子》第 50 章给出了一个相当儒家化的解释。事实上,叶先生在诠释"功成身退"时,就曾将之与儒家的"善始善终"联系在一起,强调在有所成功后,仍能保持"自由",即"始于自由—终于自由"之义。[④] 虽然我们无法确凿地证实我们这里对叶先生"老子笔记"思路的重构,但在"老子笔记"中我们可以找到一处相当重要的佐证。即在解释第 50 章的过程中,叶先生同时提及了《老子》第 33 章"不失其所者久,死而不亡者寿"这一段。在

---

① "海德格尔说,'自由'乃是'让（出）存在',当我们'让出'、'退出'、'否定'时,'我们'就'自由'了,就不为'名'、'利'所束缚,'功遂身退',保持着本真式的'自由',所以'提前进入死的状态',亦即'真的进入自由状态'。因而'自由'乃可理解为道家的最高境界。"叶秀山:《道家哲学与现代"生""死"观》,载《中西智慧的贯通》,第 167—168 页。

② 叶秀山:《世间为何会"有""无"》（《中国社会科学》1998 年第 3 期）,《叶秀山文集·哲学卷（下）》,第 815—816 页。参见《道家哲学与现代"生死"观》,载《中西智慧的贯通》,第 167—168 页。

③ 叶秀山:《哲学的"未来"观念》,载《"知己"的学问》,第 46—47 页。

④ 叶秀山,《哲学要义》,"跋",第 213—215 页。

发表的《读〈老子〉书札记》结尾，叶先生就是将老子的"死而不亡者寿"理解为"留守"，即留在"家国"，或者说"隐（藏）—寄托"在"世界—天下"之中，而不是"散失为物"。这样的"死亡"，并没有将人的一切都变成物，而是仍然将他的一部分，或许是他生命中最重要的部分，保留在一个自由的空间中，寄托在历史中。正是由此将自己托付给"天下"，人才成为"死而不亡者"。这，叶先生提示我们，"大概跟儒家说的'仁者寿'一个意思"。[①] 因此，这一对《老子》第50章颇为儒家化的解释，恐怕是叶先生最后一次思考《老子》书的总体倾向。

1999年叶先生在为法国哲学家利科在北大的讲演录作序时，盛赞利科年事虽高，但却力图从"生"的角度阐述海德格尔"趋向死"的哲学，特别提到利科曾"动情地说要跟下一代人一起活下去"，对此叶先生颇为感佩。[②] 叶先生在一生的最后一刻，同样在用"生"的精神探讨"出生入死"的问题，把西方哲学和中国哲学的智慧，从死的文字重新变成活的思想，使其在历史和时间中绵延不绝。用叶先生的话说，存在者的"终结—完成"，或许正是显现它们作为"存在"的意义的开始。[③] 留在我们世界中的这页"笔记"，作为一件哲学"文物"，不仅记录了一个活的哲学家在死亡逼近自身的时刻如何努力面对"事情本身"，还通过这一"物"的传承保存了一个思想者自由的生命，它继续活着，并正在进入我们共同生活的历史。这以最好的方式见证或显现了"死而不亡者寿"的真正意涵。

[①] 叶秀山：《读〈老子〉书札记》，第21—22页。
[②] 叶秀山：《利科北大讲演录》"序"（北京大学出版社2000年版）。
[③] 叶秀山：《哲学要义》，"跋"，第216页，参见《"思无邪"及其他》，《中国哲学史》2005年第1期，第12页。

何谓"中国哲学的机遇"[①]

——试论叶秀山先生的哲学观

张志强

叶秀山先生的遗著《哲学的希望》一书于今年初出版了。这部书是叶先生离世前五年开始写作的,原本是以《欧洲哲学的历史发展与中国哲学的机遇》为题申请的国家课题。在一定意义上,这部书可以视作是叶秀山先生一生哲学探索的晚年定论。虽然叶先生的离世非常突然,但本书的主题作为叶先生的晚年定论其实也不为过,如果不是突然离世,叶先生的学与思当然会无尽地绵延下去,但作为一个中国的哲学家,最后以"中国哲学的机遇"作为对"中国哲学"的期待和呼唤,让我们感受到了某种强烈的历史宿命感,或者说是一种使命的完结感。

一

那么,叶先生所谓的"中国哲学的机遇"究竟何所指呢?

叶先生在该书结语中自述说:"'欧洲哲学的历史发展与中国哲

[①] 本文中的引文均出自叶秀山先生如下著作:《哲学的希望》(2019)、《西方哲学史》第一卷《总论》(2003)、《中西智慧的贯通——叶秀山中国哲学文化论集》(2002)、《哲学要义》(2015)。

学的机遇'（简称'机遇'）旨在研究'欧洲哲学'历史发展中所遇到的问题及其解决方式，直至 20 世纪（包括'后现代'）诸家在理论上出现的'困境'，为中国哲学的发展提供了一个'历史发展'的'机遇'。中国哲学理应很好地'利用'这个历史机遇，吸取众长，补充自己，创造出哲学的新天地，为哲学做出应做的贡献，这也是完成哲学历史发展所赋予的使命。"

根据这段自述，所谓"中国哲学的机遇"，在于"欧洲哲学"在历史发展中遇到了"困境"，而这种"困境"为"中国哲学"提供了"机遇"。这一机遇，一方面是中国哲学具有了为"欧洲哲学"的困境提供解决之道的机遇，而更重要的，这更是"中国哲学"完成"哲学历史发展"的机遇。或许可以进一步说，中国哲学的机遇，也恰恰是哲学历史发展的机遇，哲学在中国哲学中有了突破困境继续发展的机遇。中国哲学需要抓住这个历史机遇，"创造出哲学的新天地"。不仅于此，叶先生的"中国哲学机遇"说还包含了另一层含义，这一机遇实际上也是中国哲学发展自己的机遇，中国哲学必定发挥其"'兼容并蓄'、'融会贯通'之能力，将西方哲学之精髓吸收到自己的系统中来，从而也必有一番新的面貌，发扬光大，庶几无愧于先贤圣哲，而不取抱残守缺、妄自尊大的态度"。"中国哲学"也在解决"哲学历史发展"的问题中赢得发展自己的机遇。

从这段自述当中我们也可以意识到，叶先生所谓的"中国哲学的机遇"，其实是在一个重要的前提下成立的，这个前提就是叶先生所谓的"哲学历史发展"。无论是"欧洲哲学"的困境，还是"中国哲学"的机遇，其实都是就"哲学历史发展"而言的，是"哲学历史发展"中的困境和走出困境的机遇。困境和机遇，欧洲哲学和中国哲学，是一个统一的哲学运动内部的互动关系，或者用叶先生的话说，是"相互'运动—推动'的过程—进程"，这一过程—进程中的互动关系，"不是直线的，而是复杂曲折的"。所谓"欧洲哲学的困境"和"中国哲学的机遇"，从根本上说是哲学的困境和哲学的机遇而已，不过是分别展现于欧洲和中国而已。

在本书的导论中，也是叶先生较早集中阐述"中国哲学的机遇"说的《欧洲哲学发展趋势与中国哲学的机遇》一文中，他曾用"'东方'的'朝霞'"和"'西方'的'落日'"的比喻来形容这一关系。这一比喻当然出自黑格尔。在《历史哲学》中，黑格尔说世界文明起于东方之日出，而终于西方之日落。不过，叶先生对东西之间日出日落的比喻，却更着眼于日出—日落的轮回。黑格尔的日出—日落仅仅描绘了太阳在东西方之间一昼夜间的起落，而叶先生则更着眼于从日落到日出的又一循环。叶先生指出，"'日落'并不意味着世界之'泯灭'，而是'另一种'方式的'存在'：'日落'一切归于'黑暗'，此时人们把'世界'吸纳到'内在'中来，加以'反思'，'日落'将'世界''内在化'"。因此，"落日"其实并非"没落"，尽管西方常常以"没落"来自况，但"没落"如果是"落日—日落"的意义，则其实是将阳气收摄于玄暗当中，将世界吸纳到内在中来，是所谓世界的内在化。如果再进一步引申叶先生的说法，东方的日出或朝霞，其实是从玄暗的黑夜当中，从内在化的世界当中，最初的外在化开显。"'外化'为'开显'，'日出'使'万物—世界'开显出来，而'日落'则为'内化—内在化'，把'世界—万物'吸收到思想中来。日落为西方人提供了这样一个机遇，而不会永久陷于'外化'的现象中。'内在化'的'反思''思考''世界—事物'之本质。"叶先生进一步论证说，"所谓'日落'，即世界归于'黑暗'，而在黑暗中，世界—万物反倒得以'本质'地'存在'。"因此，内在化就是深化。也因此，"欧洲哲学正是从积极方面利用了'日落'这个机遇，化腐朽为神奇，将自己的哲学传统推进了一大步"。因此，欧洲哲学的所谓困境，不过是暂时堕入玄黑的暗夜，深化于内在性当中积蓄能量，而东方可能的朝霞，或者说中国哲学的所谓机遇，则是又一次从内在性的玄暗当中发生的外化—开显。叶先生对黑格尔日出日落说的发挥运用，更深入地说明了困境与机遇的辩证运动关系。应该说，叶先生一方面运用了黑格尔的模式，但却颠倒了黑格尔模式的内容，而这种颠倒恰恰是对黑格尔的深化，也是对黑格尔的再诠释。

叶先生对黑格尔的颠倒运用和深化诠释，应该说是以海德格尔开启的现代存在论对黑格尔的再诠释。所谓日落的"黑暗"，正是对海德格尔的"存在"的描述，列维纳斯就曾认为海德格尔的存在是暗的，存在-ilya 似乎是一种创世之前的混沌状态。而这种混沌状态正是时间性—历史性。叶先生认为，黑格尔所谓的内在化也恰恰是万物—事物之本质，是世界之真在—真实，也就是作为时间性—历史性的"存在"。作为内在化了的概念世界是超外在时空的，因而是真正的时间性的世界，亦即历史性的世界。在叶先生看来，"海德格尔的存在之时间性和历史性似乎牢牢地跟黑格尔的'暗中''内在化'思路'吸'在了一起"。于是，日出日落问题，或者说明暗问题，就与内在—外在问题以及时空问题结合了起来，就是与存在和非存在、存在和存在者的问题结合了起来。一方面，作为内在性的时间性外化—开显出了空间以及空间化的时间，开显出了存在者的世界，一个有如正午般明亮的世界，阳光普照，万物清晰呈现的世界，在这个世界里，才会有古代希腊的"理念"和"存在"概念，才会有柏拉图的理念论和亚里士多德意义上的形而上学，才会有科学的理论和理论的科学。"阳光乃是一切文明的物质基础和条件，就连'神'也是先有光，然后再有其他。"而另一方面，则是内在的时间性吸收了空间，将空间内在化，将空间的必然性内在化为时间，将空间变成储存时间的空间，成为"历史性"，从而将空间的必然性转化为历史性的自由的内在意义，同时也将在存在与非存在或者说在有与无的关系当中看待"存在者"，也就是将"存在者"与"非存在者"集于一身的意义上来把握"存在"，也就是在无的意义上把握有。这实际上就是在"变者"的意义上，在辩证的意义上把握"存在"，将"存在者"纳入到历史性的维度当中来把握，也就是在历史性的意义上把握存在者。黑格尔的思辨概念，就是用来把握这种存在者的概念，就其是思想与感觉的统一的意义上，就其是对变者或矛盾者的辩证把握意义上，可以称之为玄思，也可以称之为海德格尔意义上的"在世界中存在"的总体性领悟。"思"之所以"玄",之所以是"暗的","乃在于其'内在''时间'之'自由性'","乃在于变者为矛盾体","时间为自由,亦为矛盾,时间吸收空间是为历史,历史亦为一矛盾体,对矛盾体之思,故为玄思。玄思为辩证之思,历史的思,也是自由的思,而不是形式必然的推论之思"。叶先生用海德格尔改造了黑格尔,从而重建了明暗内外的关系,从而也用明暗内外关系重建了传统形而上学与现代形而上学的关系。古希腊的形而上学属于正午时刻,是对阳光下的万物、对存在者的确定性的知性把握,是理论的科学和科学的理论,现代的形而上学则属于暗夜时刻,是玄思中对存在、对历史、对时间、对人之为人的意义领悟。

  正是在现代形而上学对传统形而上学的批判中,在正午的太阳逐渐收敛光芒之际,中国哲学迎来了自己的机遇。过去,关于中国哲学缺乏古希腊意义上的形而上学传统,一直被认为是中国哲学的一个缺陷,甚至在21世纪初的中国哲学研究界产生了一场关于中国哲学合法性问题的讨论,其主旨就是探讨中国有没有哲学,特别是有没有希腊意义上的哲学的问题。当然,如果我们基于古希腊的形而上学传统来审视中国哲学,那么哲学在中国就不仅仅是一个有实无名的问题,而是根本没有哲学,甚至我们可以说,中国与哲学之间是圆凿方枘的关系。但如果我们把哲学作为一个统一的哲学运动来把握,中国哲学则与日落时分的欧洲哲学,与批判传统形而上学的现代形而上学之间却存在着深刻的暗合关系,中国虽无哲学之名,但却有着深刻的哲学思考,其对哲学问题的深刻理解,说明在中国传统中存在着一个有待自觉的自在的哲学传统,需要哲学的运动去将其纳入统一的进程当中。叶先生曾经特别深入地揭示了《老子》的形而上学思考,他认为《老子》的道为指示性标志,说的就是那个尚不是什么的是,因为尚无什么,所以为无,为空,为虚,为静,与海德格尔关于存在与非存在、有与无的见识十分接近。而儒家思想讲仁者爱人,仁是二人,不需要第三者,我、你、他只讲你我,只讲你我关系，或者说爱人的道理，这与列维纳斯关于伦理学先于物理学成为物理学之前的第一哲学的说法异曲同工。叶先生关于巫史合一的哲学分析，也对中国的历史思维中的历史性做了透彻的解析，面对未来的巫与记录过去的史的合一，正说明了历史活在人心之中，而历史也因为人心对未来、对未存在的想象而不断地赋予意义，从而构成一个过去未来与现在的连续体。历史存于人的心量，是心量赋予历史以意义的整体。正因此，叶先生认为，中国的哲学没有西方的形而上学传统，同时也避免了由这个传统带来的弊病，而中国传统在哲学问题上的说法，在西方突破了形而上学传统之后，恰恰是最值得重视的。正是基于统一的哲学运动的运动—推动关系，才会产生关于中国哲学机遇的认识。中国哲学的机遇也必须基于这一统一的哲学运动才能最终获致理解。

二

那么，如何理解这种统一的哲学运动呢？或者说如何理解叶先生所谓的"哲学历史发展"呢？换言之，作为统一的哲学运动的"哲学历史发展"是否可能和如何可能呢？

关于这个问题的思考，形成了叶先生颇具特色的哲学观。

在出版于2003年的《西方哲学史》第一卷《总论》中，叶先生提出了一个贯穿哲学历史发展的线索，一个统摄传统哲学其他范畴的中心观念，那就是"混沌—崩裂"的观念。他认为，哲学作为一门学问探讨的就是"混沌—崩裂"和"和谐—宇宙"的关系。有学者指出，叶先生关于"混沌—崩裂"的看法，可能受到了德勒兹（Gilles Deleuze）和加塔利（Felix Guattari）在《什么是哲学?》中提出的混沌基质（chaoide）概念的启发。不过，我们更愿意相信，这个概念的提出应该更多地得自于《庄子》中关于"混沌"的寓言。

"混沌"的哲学含义就是合而未分的状态。"合"是"混沌"，

"分"则为"万物"。"混沌"就是"合—混"而不是"分—开"的状态。这个意思中西皆然。古希腊赫西俄的神谱中的 chaos 与《庄子》中的中央之帝"混沌"的意思都是合混未分,也可以说是将分未分之际。那么,所有不可分的状态都可以看作是"混沌"。古希腊的原子亦即不可分(atom),原子也可以说就是"混沌","不可分"就是"一",可分则是"二",原子是"一",混沌是"一"。古希腊所有关于万物始基(arche)的认识,其实都是不可分的"一","水"和"存在"都是"一"。因此,叶先生推论说,古希腊早期哲学所寻求的竟然都是不可分解的"混沌"。"混沌"就是万物的始基。万物皆可分解,始基不可分解,不可分解因而不灭,于是,"混沌"不灭、不可分解、是一、是永恒。"混沌"既然不可分解,因此也就不可认识,而只可思想、可感悟,恍兮惚兮,有如康德的"物自体",可思而不可知。"混沌"虽不可知,但人却必须要认识"混沌","混沌"必须被"开显"出来,"混沌"必须被"分解","混沌"必须"开窍"。人必须将"混沌"开显为"宇宙—秩序",一种可以认识的宇宙秩序。混沌开显为本质和现象,开显为世界。这个世界是具有 logos 的世界,一个具有和谐—规则—合理的世界。开显需要动力,那么混沌开显自己的动力何来?混沌必须是自动的,混沌自身具备一种亚里士多德所谓的"纯粹的动",这说明混沌自身一定有着内部的矛盾,成为推动其自动的纯粹的动。黑格尔绝对精神也具有相同的意义,理智只有具有了内部的矛盾才可以自身能动。正是在这个意义上,"混沌"也就是中国思想传统中的太极,一种内部包含着阴阳两仪的太极。

在古希腊,柏拉图的理念论和亚里士多德的存在论,就是对混沌的秩序化的理解,以一种高于一般经验科学的理智—理性来把握混沌,并创立了一门神圣的学问,"哲学",或第一哲学。然而,也正是因为有了尝试给予混沌以秩序化理解的"哲学"之后,混沌具有理智—理性的面貌,而丧失了其不合理—神秘性的本体—混沌状态。由于哲学的产生,混沌问题却被长期遮蔽了。这正是哲学的内在矛盾，也正是推动哲学自动的力量。哲学在尝试开显混沌中不断遮蔽着混沌。这正是欧洲哲学逻辑中心主义的危机所在，对混沌的遮蔽就是对存在的遗忘。这也正是欧洲哲学的"困境"。

　　被遮蔽的混沌以各种变形的形式在欧洲哲学史上不断地表现着自己。黑格尔的绝对哲学是对混沌问题最全面的遮蔽，但黑格尔的绝对哲学也在一定意义上较为彻底地彰显了混沌的可能性。黑格尔在矛盾的名义下保留了混沌问题，而矛盾就是混沌的另一种说法。混沌问题在海德格尔的现代存在论里得到了更好的呈现，混沌作为矛盾，其实也正是时间性本身。Dasein 不是把时间归约为空间，将时间空间化，而是把空间归约为时间，将空间时间化。"在空间的开显—显现中把握时间—混沌的潜流，把握住空间中存放的时间，不将其遗忘"。围绕混沌的浑然一体的矛盾动力状态来把握时间性的潜流，从而去积极地存在，这就是对存在遗忘的拯救，也是对逻各斯中心主义所带来的欧洲哲学危机的克服。

　　叶先生通过混沌将哲学理解为一个统一的运动，将不同的哲学形态理解为对混沌的不同开显—遮蔽的方式，不同的哲学形态之间的互动恰恰构成为对混沌遮蔽的彼此开显和混沌开显的彼此遮蔽。然而正是由于这种开显与遮蔽的互动，才构成为哲学的统一的运动。同时，这种互动在一定意义上也可以看作是混沌内部矛盾推动下的自动展开。混沌问题使哲学成为一个统一的运动，也使得哲学的不同形态成为可以具有哲学自身的历史发展的意义。

　　混沌问题在中国哲学中就是太极问题。周敦颐的《太极图说》是中国哲学对混沌问题非常精妙的表述：

　　"无极而太极，太极动而生阳，动极而静，静而生阴，静极复动，一动一静，互为其根，分阴分阳，两仪立焉。阳变阴合，而生水火木金土，五气顺布，四时行焉。五行一阴阳，阴阳一太极也，太极本无极。"

　　无极与太极的关系，正是现代存在论意义上有与无、存在与非存在的关系。无极意义上的太极就是混沌持留于自身而未分解、未开显的状态。太极内部蕴含着阴阳一对矛盾，矛盾推动了太极的运动，有如太阳创造了万物，在阳光下万物毕现，这是一个空间化的世界。动极而静，进入落日时分，万物收摄于内在性当中，收摄于玄暗当中，再次具有了混沌的混沌性、回到了时间性的本然状态。静极复动，则是再次迎来日出朝霞时刻，从时间性当中再次开显出空间化的世界。动静之间是互为其根，彼此互相推动，建立起了完整的世界，空间化和时间性既相互分化又相互容摄的世界。五行是生成万物的元素，五行的本质为阴阳所统摄，而阴阳则又统摄于太极。时间性的混沌作为太极始终贯穿于阴阳五行，将阴阳五行、将明与暗的世界、将内在化和外在化统摄于时间性的混沌当中，统摄于太极，统摄于无极意义上的太极当中，从而再次获得创造开显的动力。太极的翕辟开合，混沌的开展与收纳，成为哲学不同形态的历史性展开，并最终共同容摄于太极—混沌，构成为一个统一的哲学。

中国哲学与欧洲哲学，作为朝霞与落日，其实也是一个阴阳的循环，最终统摄于混沌—太极当中，成为混沌—太极开显的两种互动形态，而这种互动将随着无极而太极的自动，而不断相互推动下去。这正是困境与机遇的循环。

叶先生的哲学观念既深刻地扎根于欧洲哲学传统，但同时又在中国哲学中找到了最恰当的表述形式。这也正说明了哲学运动的统一性，而这种统一性也正是哲学具有历史性的根据。不同哲学的形态正是哲学对混沌—太极的历史性开显方式，哲学的历史性所开显的混沌—时间性又是这种历史性的不同形态具有统一性的前提。中国哲学之所以可以成为克服欧洲哲学困境的机遇，正是中国哲学和欧洲哲学共同构成了统一的哲学运动，都是对混沌—太极问题的开显而已，只是开显的方式有着历史性的不同，也正是这种不同使得中国哲学与欧洲哲学的互动成为可能，也使得中国哲学和欧洲哲学在互动中共同推动哲学的统一运动展开成为可能。

三

那么，这种统一的哲学运动观，或者说统一的哲学观对于今天的中国哲学具有何种启示性意义呢？

在中国的哲学界，自从中国哲学学科在 20 世纪 20—30 年代创立开始，就始终存在着"中国哲学"和"哲学在中国"的争论。由于哲学（philosophy）这一个出自和制汉语的译名的非中国性，使得中国哲学成为一个有着内在矛盾的概念。中国有没有哲学（philosophy）就被分解为中国有没有希腊意义上的 philosophy，以及中国有没有自己的不同于希腊的"哲学"这样两个问题。中国当然没有希腊意义上的 philosophy，但我们有没有可能以希腊哲学的方式在中国思想传统中发现类似的因素，并将其系统化地加以重构？这也就是说中国其实是有着类似于希腊哲学的因素，但却没有希腊哲学的系统，或者说中国其实存在希腊哲学的实质性内容，但却缺乏希腊哲学的形式系统。于是，在这个意义上，中国哲学就成为一个哲学的建构，一个利用固有的具有希腊哲学意味的因素而构造的系统哲学。这个意义上的中国哲学当然是一个现代的产物。那么，中国有没有不同于希腊哲学的哲学呢？中国当然具有强大的不同于希腊的传统，但这种不同的传统是不是哲学性的，则另当别论。我们也可以就哲学的名义将这种传统称为中国哲学，例如我们把中国的义理学传统也称为中国哲学，那么这个意义上的中国哲学还是哲学吗？当然不是。

因此，我们的问题仍然是中国究竟有没有作为 philosophy 意义上的哲学。为了回答这个问题，我们似乎必须既回到希腊，又突破希腊的限制来理解哲学的含义。现代欧洲的现代形而上学对古代形而上学传统，也就是对柏拉图、亚里士多德形而上学传统的批判性重构，在更深层次上揭示了哲学的内涵。现代形而上学不是对传统形而上学的否定，而是对形而上学的重构。叶秀山先生的哲学观同样是这一努力的一部分。如果我们深入到混沌—太极的层次上把握哲学问题，那么无疑中国和欧洲都始终围绕这一问题在展开自己追本溯源的学与思。对这一问题的彻底追问和思考，及其所达到的彻底性的深度，中国和欧洲应该是伯仲之间。如果我们把对这一问题的追问看成是哲学的本来含义的话，那么无疑中国有着自己的哲学，尽管是经由欧洲的哲学之名义而得到彰显的，但这并不重要，中国虽无哲学之名但却有哲学之实，就可以说明中国有哲学，而且自成系统。不过，这种哲学不是希腊传统形而上学意义上的，而是更接近现代形而上学。于是，我们不必在中国重建一种希腊意义上的形而上学，同时也不必直接把中国自身的学问方式称为哲学，而是可以围绕混沌—太极的根本问题而整理出中国自己的哲学传统。这种意义上哲学传统恰恰构成了哲学的统一运动的必要的历史性展开，成为哲学历史发展的重要组成部分。这个意义上的中国哲学，既非中国思想传统的代名词，更非"哲学在中国"，而是在中国发现的哲学，在中国发现的中国哲学，是作为统一的哲学运动在中国的展开形态意义上的中国哲学。

正是在这个意义上，哲学的中国形态是哲学的哲学形态的一种开显方式，它的存在因而圆满了哲学的世界形态；作为哲学的一种开显形式，它是自身圆满地成为世界哲学本身的。也正是在这个意义上，中国哲学与欧洲哲学可以在哲学问题当中得以会通，更可以在统一的哲学运动当中相互推动和彼此沟通。

这正是叶秀山先生哲学观的时代意义，叶先生的哲学观使得真正意义上的中国哲学、作为世界哲学的中国哲学成为可能。

"最后"的列维纳斯

——叶秀山先生法国思想研究札记之一

夏 莹

　　叶先生仙逝两年整。我曾以红酒遥祝先生在天之灵安宁祥和；我也曾用叶先生挚爱的"金嗓子"播放一下午的巴赫钢琴曲，重温与叶先生一起聆听的那份纯净心情。但我却仍固执于这样一种执念：对思想家纪念最好的方式，总是对其思想自身的研究。叶先生一生挚爱之事，治学当数第一。晚年的叶先生总是这样来描述他的生活节奏：早上码字（即写文章），下午听音乐，晚上看书。周末的红酒会，会成为叶先生与朋友、学生相聚的时刻，通常从下午3点开始直至晚间，其间畅聊音乐、人生，当然还有哲学。这种深深打上叶先生烙印的"纯粹"让我们高山仰止，心向往之。思想之于思想者，正如水之于鱼，须臾不可离。2016年9月7日的晚间，叶先生临终的最后一刻，仍在书桌旁阅读他最爱的法国哲学。

　　叶先生治学以"贯通"为其特质。古希腊、德国古典哲学（尤以康德为最爱）与当代法国思想构成了叶先生对西方哲学思想的关注要点。叶先生虽对学理的细节了然于心，却似乎更钟情于对整个思想史做大气磅礴之判断，可见树木，又可见森林。畅快淋漓之间，又从不缺乏思想的火花。晚年做中西哲学的比较研究，让叶先生的文章更是充满了纵横开阖之气魄。为了体会中国哲学之精妙之处，这位一生挚爱外语学习的老人家在70岁以后重新拿起了古汉语词典，一点点重新阅读中国古代哲学的一手文献，阅读中的重重困难，可想而知。

我开始参加叶先生的红酒会之时，叶先生已经开始将大部分精力放到了中国哲学的研究当中。但因我对中国哲学所知甚少，却钟情于法国哲学，每每在红酒会前缠着叶老师讲哲学的时候，讲到中国哲学，就只能听先生一人独白，大约他老人家也觉得无趣，时日久了，叶先生在我面前也就较少提到中国哲学，转而谈论他的另一段最爱的思想史：当代法国哲学。

叶先生是一个思想新潮的人，对任何新的思潮从不拒斥。当代法国哲学中诸多思想家，对于很多习惯于古典哲学思想的人来说阅读起来并很不舒服，常有一种不知所云的感觉，但叶先生却都来者不拒。早在20世纪90年代，叶先生已经开始撰写有关福柯和德勒兹的研究文章，并在北师大开设的系列讲座中系统地谈论过这些后现代的思想家。

当然叶先生喜欢这些思想家，却也有他独特的切入点。对于哲学，叶先生独爱形而上学的纯粹哲学问题。这或可视为先生思考问题之本，而其他各色花哨之论，虽并不排斥，但终究被先生视为所设问题之"末"。本末不可倒置。于是叶先生特别爱谈论的法国思想家主要是集中在两个人身上：列维纳斯与德勒兹。

两位思想家，在某种意义上或可视为当代法国思想的一头一尾，两者思想所触及的核心问题似乎勾勒出一条当代法国哲学的主线。更为重要的是，他们其实是对当代法国诸多"后学"思潮的一种偏离，都钟情于拯救当时日渐没落的"形而上学"。对诸如"存在""认知"等传统哲学的基本问题怀抱热情。同时两者也都开创了（如列维纳斯）与秉承了（如德勒兹）当代法国哲学与德国哲学交融的固有传统，海德格尔、康德与黑格尔成为他们思想对话的对象，因此，他们的哲学问题不仅是当代法国哲学的基本问题，更是西方哲学传统问题的一种当代表达与回应。

叶先生关于列维纳斯写过多篇论文，例如《从康德到列维纳斯——兼论列维纳斯在欧洲哲学史上的意义》(《中国社会科学院研究生院学报》2002 年第 4 期)、《列维纳斯面对康德、黑格尔、海德格尔——当代哲学关于"存在论"的争论》(《中国哲学前沿》2008 年第 3 期)等。直至生命的最后一年,仍有一篇生前未刊登的文章涉及列维纳斯,写作时间为 2016 年 1 月 10 日。

2016 年 1 月 9 日,正值叶先生周六红酒会,我因要赶夜里 12 点的夜车去安徽,红酒会后,时间还算尚早,叶老师索性又将我留了下来,一直从 9 点聊到快 10 点半。因为当时我正在做德勒兹的《康德的批判哲学》的翻译工作,自然竭尽全力将话题又一次引到当代法国哲学,希望叶老师能有所指点。叶先生那天也谈兴正浓,竟然一口气从德国古典哲学讲到了列维纳斯。切入点却并不大,即有关"无限"之思想的讨论:黑格尔的"无限"观念究竟是如何解决康德的问题,又是如何被海德格尔所继承,随后最终落脚到了列维纳斯通过无限的观念超越了整个存在论研究,以"autre-que"的"另类""异"性诉求提出了"不是—不同于""本体论—存在论"的"伦理学"。我顿然也变得十分兴奋。我一贯认为,20 世纪初期的当代法国哲学以共时性的状态呈现了近代德国哲学历时性发展的整个过程。借助黑格尔,法国思想家赶走了枯燥的新康德主义,借助于马克思、尼采与弗洛伊德,黑格尔思想又成为明日黄花。这段思想史的困难就在于需要一个全景式的视角才能全面地把握它。叶先生深厚的德国古典哲学功力让他可以清晰地意识到在当代法国哲学光怪陆离的思想背后所蕴含的核心问题,虽然当代法国哲学显现出对于形而上学的诸多拒斥姿态,但其实不过是对第一哲学的讨论路径发生转换而已。

三天后,我在安徽收到了叶先生的一封邮件,叶先生因为那晚讨论的兴奋,随即利用早上"码字"的时间,将那晚对我讲的那条脉络写了出来,于是就有了其生前最后一篇关于"列维纳斯"的思想札记,题目取得很随意《海德格尔·列维纳斯及其他——思想札记》。

这一文章的开篇处,叶先生并不急着触碰列维纳斯,正如他在多篇有关列维纳斯的研究文献中所做的那样,列维纳斯总是处于文章的最后一节,从而使得整篇文章,不管其核心问题从哪里说起,最终都会落脚到列维纳斯,或者我们可以更为武断地说,对于叶先生而言,康德、黑格尔与海德格尔在某一个角度上,不过是成了列维纳斯思想的源发性注解。

同样,在这篇文章中,叶先生不忙不慌地从中国哲学的生死观谈起,指出了我们的古人在"出生入死"的观念中所彰显的一种原始现象学,其间不仅生死不过是一个有出有入的轮回,事物的存在自身因这种轮回天然就是"时空性"的。因为"'时间'的'变化'就是'日月星辰—春夏秋冬'的进进出出",[①] 如同人的"出生入死"。时空性与存在性,在中国哲学中不是两个不相容的东西,而是一回事。"'天下'没有'抽象'的'概念','天下''万物'都是'具体'的,而所谓'具体'的,也就是'时空性的'。"

借助于"概念性"的讨论维度,叶先生开始将思绪拉回到西方哲学之中。不同于中国哲学中那具体的、时空性的原始现象学,欧洲的"现象学—本体论"却是概念性。在这个概念性的现象学的推进方式当中,黑格尔与海德格尔都是其发展过程中的一个个重要节点。

对于黑格尔而言,

> 他的工作是要"让""事物"的"本质—概念""显现"出来,让原先只可"思想"的"事物自身—概念"具有可"直观"的"现象","让""本体""显现"出来,而并不认为"本体"是"躲(隐藏)在那个角落"里的"既成"的"东西","开显"是"概念"自身"工作",是一种"自由(概念

[①] 在此所有楷体文字都是引用自叶先生的《海德格尔·列维纳斯及其他》的原文。

自身)"的"创造",这样,黑格尔"完成"了欧洲从柏拉图"理念论"以来由"模仿—影子"到"创造"的"过程":我们所"直观—在时空中"的"对象",乃是"概念"的"开显"和"创造","概念""创造"着"时空直观"。

换言之,在叶先生看来,黑格尔的现象学不是一种发现(discover),而是一种近乎无中生有的创造(invent),概念的运转因此而具有一种自由的意味。但黑格尔的问题在于,他将这种创造也仅仅视为概念的功能,因此不可避免地陷入后世对于他的抽象的泛逻辑主义的指责当中。

只有到了海德格尔,叶先生紧接着说:

> 欧洲这个"概念性—知识性"的"现象学—本体论"有了根本性的突破:"时空"不是"概念"的"创造",而是"存在"自身的"创造",因而是"存在"自身"形式",但"存在"又"不是""概念",不是从世间"万物"中"概括"出来的"最普遍"的"属性","存在"就是"存在"。

海德格尔的存在论虽出于胡塞尔,但却并不是他的老师的简单重复,而是从一个独特的视角入手,即从有死性的 Dasein 入手,Dasein 是一个富有时空性的存在,这从它的构词上可见一斑(Da-Sein)

用一个有限的 Dasein 来设定 Sein,成为海德格尔现象学—本体论的一个特质所在。于是乎,产生了一个重大的存在论变革,叶先生谈到它的时候,显现出了四两拨千斤的力道:

> 海德格尔对于欧洲传统存在论的变革在于把一个"动态"的"存在""带进"了这个传统,"存在 - Sein"是一个"过程",不是象黑格尔那样的"辩证—思辨"的"过程",是一个

"实际—生活"的"过程",这个"过程"有"Dasein"的那个"Da""限制"着,"Da"有"始",有"终","始—终"作"同一个""过程"看,则"始"是"终"的"开始",海德格尔把这个"有时限"的"过程"叫做"向死而生"。

但即便如此,海德格尔是否就此而让整个西方存在论研究完成了呢?在叶先生看来,显然不是,因为用 Dasein 来设定 Sein,不仅搅得 Sein 本身永无宁日,更为重要的是它自身也陷入了一种永远的未完成的、"壮志未酬"的状态。海德格尔所陷入的困境,在叶先生看来,正是由列维纳斯所揭示出来,同时也正是列维纳斯最终找出了解决这一困境的可能性道路:

> 海德格尔这种"有限""创世"的"困境",是列维纳斯所揭示的;当然,也是海德格尔既反对基督教的"神""创世",又反对黑格尔"(绝对)精神""创世"之应有之"结论",也就是说,有可能"避免"这种"困扰"的两种"非""有限者"的"创世"说,都被否定,而作为欧洲哲学发展的"产物"的海德格尔"存在论"又不可能真正象华夏传统那样"放弃""创世"说而"安静地""回归""天—地",那他这个"Dasein"就只能是"永无宁日"。
>
> 为了"走出"这种"困境",不走海德格尔的"死路",不走"基督教神学"的"老路",又不走黑格尔哲学的"绝(绝对精神)路",列维纳斯"指出"了一条"犹太""哲学"的"新路",而这条"路",不用"另起炉灶",只是"让"海德格尔"自己""走出""自己""设置"的"有时限性",将"有限"引向"无限",而这个"无限"又不是黑格尔意义上的"完成—完全",却是引向法国哲学传统的"绵延"(柏格森)之路,在这个意义上,更加突出了"无限"的"开放性",使得海德格尔因"Dasein"之"有死—会死—必死"性留下的

"遗憾"——"未完成",有一个"积极"的意义。

依照我的理解,叶先生指出的所谓海德格尔的困境,或可进一步表达为一种有限性存在试图创造无限性的困境。海德格尔虽然让存在(一种无限性的表达)自身动了起来,也凸显了有限性的具体的、现实的创造力,但却因为由于这种有限性的必死性,使得有限性的能动的创造力最终总会碰到"死亡"的限制,从而显现出一种根本上的被动性,因此,海德格尔在时间中的存在(Sein)或许并不是一种真正意义上的"无限性",而不具有无限性的存在论很容易让其脱离第一哲学的属性。在叶先生看来,正是在列维纳斯的拯救,被海德格尔"赶出去"的"无限"观念在"另一"意义上,"召回"到"哲学"中来。

问题终于落到了"无限"之上。这是那夜叶老师对我口述思想的部分内容,当然落在笔头上则更富学理的明晰性。在叶先生看来,黑格尔的概念性的无限,本质上是一个只有过去,没有未来的无限,或者更准确地说,黑格尔的无限只是具有概念上的未来,即只具有合乎理性的未来,而没有事实上的"实际"。用叶先生的概括来说,即"理论"上有"证明",但"事实"上无"证实"。

而列维纳斯则利用柏格森的时间—绵延的观念重新阐发了哲学—原(元)物理学,在此构建了一个富有积极性的,现实性的未来系哲学,这一哲学不同于知识体系意义上的存在论,而是另类的异质的"伦理学"。

列维纳斯将伦理学作为第一哲学,因为他承认无限是建基于异己性的"他者"之上的。而正是这个他者的植入,将整个法国哲学带入到非统一性的形而上学的思考方式之中。既有他者,则必然产生了他者与我之间的伦理关系,而处理这一伦理关系"伦理学"因他者本身是一种超知识学的设定,而自身直接成了一种形而上学。

因他者的这种形而上学属性,那么他者就必然要与无限之间产生关联,但他者之于无限,究竟是如何可能的,死亡的问题就此再一次进入叶先生的思考域。无限，作为一种逃离了知识论的自由之可能性，就如同 Dasein 的死一样，都不是一种"自我意识"，而是"他者"的"教导"。换言之，我们正是在他者那里体会到无限性的，死亡不再是被动的终结，而变成了承载着未来的时间的绵延，因为在他者的死亡中，我们体会到死亡，以及对死亡的烦忧，并在其中体会到"我"之成为他者的"责任"：

> "我"不可能"知道—经历""我"的"死"，是"他人"的"死""告诉""我""人会死—有死—必死"，而"我""被允许"把"他"的"死"作为"科学""对象"来"认知—研究"；但"死"的"意义"不"止于"作为一个"科研"的"对象"，"他人"之"死""引起""我"作为"Dasein"之"忧烦"，这种"忧烦"并不是像海德格尔那样理解为"我"也是"向死而在"，"死""在""存在—及其知识"之外，在这个意义上，无关乎"存在—不存在"，"死"不是"（走向）虚无"，而是"我"作为"未亡人"是一个"幸存者"对"他人"之"死"的一种"责任"。"他者"之"死"把因"死"而未能"继续—持续"的"事—业""让—令""幸存者""承担"，这种"承担"是一种"时间"的"绵延"，"时间"的"不中断"，"我"是"时间—自由—事业"的"承担者"。这是一切经验论理学的"先天条件"，"伦理学"是"他者"作为"自由者"和"有死—会死—必死者""加之于""我"的"任务—责任"。

我们总是习惯于从后思索，去发现曾经发生之事所隐蔽的意义，2016 年 1 月 13 日收到这篇文章的我，一口气读下来，当时也不过仅仅囿于叶先生清晰的思想理路的分析，但如今看来，却看到一位耄耋老者对于切近之死亡的冷静反思。正如我已经指出的那样，叶先生曾多次论述列维纳斯，也每每都将列维纳斯放到其对思想史之梳理的"最后",但如今在这篇"最后"列维纳斯当中,我们却似乎第一次,在叶先生思想的指引下,让列维纳斯的"他者"与对"死亡"的体验勾连起来。与其说这是列维纳斯哲学的一个维度,不如说这是叶先生晚年"向死而生"的一次生命体验的表达。在此死亡,转变为一种无限性,并且它是积极的,因为,他者之死不是一种终结,并不会带来有限者的被动性(如海德格尔一般),相反,有限者在他者之死中看到了自身作为"未亡人"是一个"幸存者"对"他人"之"死"的一种"责任"。"他者"之"死"把因"死"而未能"继续—持续"的"事—业""让—令""幸存者""承担",这种"承担"是一种"时间"的"绵延","时间"的"不中断","我"是"时间—自由—事业"的"承担者"。

我不得不再一次引用叶先生的这段文字,因为如今的我每每读到这一句,总会禁不住潸然泪下,在学理上说,这是叶先生眼中列维纳斯之无限的积极意义,是列维纳斯走出海德格尔之困境的方式,而至于我而言,这段话近乎成了叶先生对于后学者的我们所留下的一段"哲学遗嘱"。它激励着以哲学为业的我们,在绵延意义上的时间当中,"不中断"地成为"时间—自由—事业"的"承担者"。

> "未来"就是"未来",没有什么"藏在背后"的"东西""会—能够""转"出来。列维纳斯的"伦理学"不可能"在""未来"因其"完成"而"转化"为"存在论—本体论—知识学"。

叶先生最后这样概括列维纳斯对于本体论—知识学逃离的彻底性,并实际上为我们,敲开了未来的大门,在那里一切皆有可能,一切都不可预知(非知识学的),一切都有待我们的哲学反思的开疆拓土。

思者无界。

大地上的自由

——叶秀山先生的哲学遗产

尚文华

如何面对另一种本源性的文明是中国人近两百年来的历史命运。对自身有着本源性的民族来说，这确实是一件无比艰难的事情；但确定无疑的是，一旦完成这个进程，我们会在生存和思想上更加厚重。在这百年之久的历史进程中，无数学者置身其中，试图在生存见证和思想深处汇通中西，并将之作为自身生存和思想的一部分，从而更深刻地确立自己，确立属于中国人的身份。

无疑，很早我们就注意到，自由和信仰是掌控西方文明最重要的两套话语体系、是西方人确立自身的关键所在。如何理解甚至进入自由和信仰所引导的生存方式和思维方式就是汉语学者尤其是思想界的最重要的任务。哪怕译介性的著作以及附会比较的著作出版再多，离开思想和生存方面的对话甚或有生命的生存性的交融，都不能说我们理解了西方文明的本源性所在。叶秀山先生深刻地看到这一点，并以之作为一生的志业所在。可以说，叶先生的所有著作都内在地围绕着自由展开，并通过自由思考基督教的信仰问题。下面我们就从三个角度分析叶先生所阐释的自由思想，并探讨其彰显出来的宗教维度。

一 思辨的自由

20世纪90年代中后期,尤其进入2000年之后,叶先生重拾德国古典哲学。从早期学习古典哲学,经由研究古希腊,至80年代研究现象学—存在论传统,再重新回到德国古典时代,可见叶先生何等深刻地感受到德国古典哲学的意义所在。众所周知,自由及其体系是古典哲学最重要的主题,甚至可以说,这个时期的学理探讨在根基上确立了现代社会之为现代社会的根据。

作为康德哲学专家,叶先生看到了康德哲学之于现代社会的奠基作用。按照康德的界定,自由意味着不受外在对象和感性的限制,意味着自我的主动性的活动空间——行为的自主性是道德行为的存在根据。这个空间是绝对不允许他人进入的,因而人与人的平等才是可能的、作为"限制—禁令"的法权才是可能的。因此,自由者与他人的共在就可以展示为一个普遍的共同的权力—权利空间。这就是现代政治—法律体系的基本框架。[1]

但无疑,在政治—法律体系之外,人更多地生活在伦理性的共同体里。在这里,人与人之间关系乃是由内在的德性规定,同时,在行为遵守内在的道德律之外,人还要求幸福。康德把德性和幸福,亦即道德的善和幸福的一致称为"至善"。对于人的生活来说,伦理共同体中的至善才是真正的目的。叶先生看到这一点,并视其为人的存在论目的,论述至善及其与宗教的关系也就成为叶先生的致力之处;[2] 并且叶先生深刻地意识到,由至善的可能性而证成的

---

[1] 叶秀山:《康德的法权哲学基础》,载《启蒙与自由——叶秀山论康德》,江苏人民出版社2013年版,第34—36页。

[2] 叶秀山:《"哲学"如何"解构""宗教"——论康德的〈实践理性批判〉》,载《启蒙与自由——叶秀山论康德》,江苏人民出版社2013年版,第151—156页。

"'神'就不是'人'的'自我'的绝对升华,而是对'人'来说是'异己'的'他者'的升华,即列维纳斯说的那个'绝对的''他者'。正是这个'他者',使我们人类'看到自己不得不那样远远地与理性世界沟通起来'……"①

无疑,叶先生通过列维纳斯的眼睛看到,康德体系之外的绝对的他者之于人的存在的深刻意义。② 由于这种觉识,叶先生阐释了黑格尔哲学对康德哲学的真正突破之处。叶先生认为,对他者的论述可以从两个方面展开。首先,康德的自由个体是形式性的,他无法在内容上与他者进行区分,这就意味着康德体系中的他者是模糊的和空洞的。由于看到这一点,黑格尔把仅用于知识的逻辑扩大到自由体之间,即自由(者)不是封闭在自身之中的,相反,他乃是在发现、意识、改变他者中确立自己。"'自由—自我'要'有能力'在'自然—他者'中同样不丧失自己,在'他者'中'保持'住'自己—自我',在'自然'中能'保持'住'自由',在黑格尔看来,只有'精神 – der Geist'才能'做'到。"③

精神是在对立中保持自身的能力,就此而言,康德哲学并非真正的精神哲学。"精神现象学"的要义乃是精神在自身的"自由"和化为自身的"自然"之间的"现实"的展开。与康德式的"理想—理念"不同,黑格尔哲学的精神乃是"真实—现实"。现实乃是在"时间—实践"中的展开,因而黑格尔哲学内在地是历史哲学。此时,如果说还有绝对的他者的话,这位他者乃是展示在历史中的绝对精神自身,这也是黑格尔用"上帝"一词的含义。④ 因此,在黑格尔式的"精神—现实"哲学中,"绝对—无限"在"相对—有

---

① 叶秀山:《"哲学"如何"解构""宗教"——论康德的〈实践理性批判〉》,载《启蒙与自由——叶秀山论康德》,第 156 页。

② 对于这一点,我们会在后面细致地展开讨论。

③ 叶秀山:《"他者"与"自我"——再论黑格尔"精神现象学"的一些感想》,载《"知己"的学问》,中国社会科学出版社 2013 年版,第 289 页。

④ 同上。

限"中,"相对—有限"也在"绝对—无限"中,"自由"与"必然"也就是一体的。①

这样看来,逻辑学、精神现象学、历史哲学和神学在黑格尔思想体系中是一个整体,它们只是从不同侧面展示"精神—现象"或"自由—现实"。就希腊以来的哲学的基本精神来看,黑格尔体系不单是作为体系的哲学的完成,同时也是理性所达到的绝对深度的体现。也就是说,理性并非空洞的思辨的彼岸之物,相反,它注定要进入"心灵"和"历史",实实在在地将自身彰显在大地之上;自由及其体系(包括至善)也不是"理想—理念",相反,自由乃是承担生死存亡、承担命运的自由,是站立在大地之上的自由。一直以来,中国的学者们总是在命运和自由的夹缝中做着选择,但无疑,一旦在思想和生存中领会了黑格尔哲学——也是哲学自身的精神所在,我们会看到,自由胜过了命运。② 我想,叶先生之所以重视黑格尔乃是深刻地体察到这一点,这对于我们这个民族的未来意义重大。

但是,同样不争的是,无论康德体系,还是黑格尔体系,都是思辨的产物。而在思辨的理论态度之外,"人"更多地"生存"在"时间""之中","生存"在喜、怒、哀、乐、希望等情绪中;甚至,是这些情绪而非思辨的理性更多地、更实在地推动人的生存选择。也就是说,即使理想的道德行为能证明人的自由、即使人的自由有能力在他者中保持自己,但无疑,自由都要落实在"当下"的"处境"中,要"时刻"跟其他推动"选择"的情绪或闪现的念头做着争辩。

一旦把人的具体生存处境带入自由的思想视野,我们会看到,

---

① 叶秀山:《黑格尔哲学断想——围绕着"自由"与"必然"问题》,载《"知己"的学问》,第 282 页。
② 2013 年,学界发生了一件"大事",那就是有关"国父论"的争辩。抛开情绪性的对峙和缺乏思想的形式逻辑之争,命运和自由的对峙是这件"事情"的本质所在。刘小枫先生的确是一位深刻的思想者,但无论如何,只看到命运,而看不到自由,会遮蔽一位思想者的眼睛。

黑格尔意义上的大地上的自由就转换了意义：它不再是宏大的"思维—现实"，而是具体而微的、实实在在的让人安息的土地。这里是生老病死，是人与人、民族与民族、国家与国家、文明与文明之间真正交流和交融的场所。在这里，自由乃是有根基地发生的。我们看到，叶先生正是在这个视野中开启他的"现象学"和"中—西—见证—比较"的思想和生存之旅。

二 大地上的自由

把时间性引入自由不仅是生存的实际问题，在学理上也是显而易见的。在康德那里，理念不是知识的对象，从而不在时间和空间中；黑格尔把知识逻辑引入自由，理念在成为绝对理念的同时也要进入时空，但却是"完成"了的时空，因而，时间尽管没有被抛弃，但却是"理念的时间"，而非自由的时间。但是，"自由自然地有一个向时间靠拢的趋势。自由既然是原始性、开创性的，自由者作为'始作俑者'，就有'始—终'之时间性意思在内。……自由就是时间；时间就是自由"[1]。因此，从康德到黑格尔，再到海德格尔把自由、存在和时间拧在一起思考有其内在的依据：自由不是空洞的形式，相反它有着原始的实践性和开创性。就其开创性来看，思考"无"和"有"的关系也就是必然的。在学理上，叶先生就看到，现代存在论的关键乃是"非存在进入存在论"，即人带来无，澄清死亡的非存在和存在意义是现代存在论的核心问题。[2] 这就引入对人的生存问题的深入思考。

我们也确实看到，对生—死、有—无、有限—无限（生存论上的）、"时间—空间"等对子的深入沉思主导了叶先生从《思·史·

---

[1] 叶秀山：《哲学要义》，北京联合出版公司 2015 年版，第 76 页。
[2] 同上书，第 80—89 页。

诗》到解读中国古典书籍，再到《科学·宗教·哲学》等一系列核心主题的思考。在《思·史·诗》中，叶先生提出，早先欧洲思想由自由而出的"权力""意志"要控制自然，凌驾于生活，但这恰恰以"遗忘存在"为代价。相反，人的自由不是自然的奴隶，也不是自然的主人，"而是'自然'的'意义'的揭示者。'人'使'大地'显示其'意义'，亦即'大地'通过'人'显示其真正的意义。'大地'是'自在的'，成为'自为的'（萨特）。所以，海德格尔才说，'人'是'存在'（意义）的'守护者'，'人'的存在，'大地'才不失去其'意义'，'人'使'大地''存在'，并不是'人'像上帝那样'创造'了'大地'，'人'使'大地'成为'大地'，显示出自身的'意义'。'人''守护着'（保持着）'大地'的'意义'，不使其'丢失'"[1]。

那使大地显示其意义，并守护着大地的意义的人被海德格尔称为"Dasein"，即那在"这里"或"那里"，"此时"或"彼刻"的"Sein"显示着涌现在大地上的意义，并且"它首先意识到、发觉到自己的'有限性'、'时限性'，这就是'人'，就是'Dasein'"[2]。就这种觉识意义看，此在（Dasein）与其被称为"人"，不如说时间性—空间性更深刻地刻画了他，而此原始的存在意义上的时间性和空间性构成其"生活"的"世界"，这正是大地的意义。另外，觉识其时间性和有限性意味着他在"生"的时候"进入"了"死""终结"，即死是不可摆脱的"不远"甚至是"更近"之事。就"生"之事实来看，"死"是一切可能性的终结、是自由（自主性的）的终结、是一片"虚无"；海德格尔把这种面对虚无的心境或

---

[1] 叶秀山：《思·史·诗——现象学和存在哲学研究》，人民出版社1988年版，引言，第12页。

[2] 同上书，第158页。

情绪称为"忧"（Angst，还可译为"畏""着急"等）。①

因此，面对死的忧揭示出无；而无则开显出大地的"本真"的意义。诚然，人更多地在"有"中看到筹划的可能性，也正是因此，肯定（有）和否定（无）常被联系在一起刻画有限事物的属性，本源性的"无"则被遮蔽了。但是，在时间的终结即死亡面前，一切有限意义上的肯定和否定都丧失了意义，就此而言，"无"比"有"更切己、更本真。这种对切己的本真的死亡的忧的逃避"让"我们遮蔽死的意义；但同时，对死亡的忧也"让"我们看到大地或世界的意义之源。一方面，切己本真的无能"让"一切意义都丧失，从而让我们看到，一切意义都联系在时间这一极点上；另一方面，在"让"意义丧失的"无"中，我们能更"本真"地领会"有"或"存在"的意义。这是时间性的 Dasein 的超越性所在；同时也是大地或世界的本源意义所在。对此，叶先生说：

> "无"的意识的觉醒，又使人回到"人"与"世界"的本然性（本源性）状态。远古的"黄金时代"，卢梭幻想的"自然状态"……都在这种"本然性状态"中得到了依据和净化。……西方的传统思想方式使"人"忘记了"本"，忘记"存在"（有）的意义，也忘记"不存在"（无）的意义……由于海德格尔，西方人终于从根本上正视了"无"的问题，在经过一段冲击性的危机感后，又逐渐找到了这存在论上的"无"与自己文化，哲学传统的沟通之处。②

---

① 这是按照叶先生的论述结构。但根据我的体察，在生存上应该是反过来的，即正是生存在 Angst 的情绪中，我们经验生存的时间性，进入死亡的虚无意义，从而把可以终结的可能性作为整体承担下来。就叶先生的文本看，他论述情感较少，而这恰恰是基督教比较重视的。

② 叶秀山：《思·史·诗——现象学和存在哲学研究》，人民出版社 1988 年版，第 193 页。

在叶先生看来，"无"不仅沟通西方传统的古—今，同时也是汇通中—西文化的关键。在《思·史·诗》这样的现象学著作中，叶先生专门通过"有—无"之辩比较了海德格尔的"存在"和老子的"道"。之后，通过把"有—无"之辩与"生—死"的参悟相结合，叶先生有了一系列解读《老子》、《大学》、《中庸》、庄子等的文章。① 甚至在其离世的前一刻，都在思考《老子》中的"生—死""有—无"问题。② 坦白地讲，叶先生并未沿着海德格尔的思路进入克尔凯郭尔，也就是说，叶先生对海德格尔的解读可能更多地停留在"无"本身及其之于"有"的存在论意义层面，而未曾深入揭示其生存论意义，这导致他并未更深地进入生存论层面的源始时间性。③ 但叶先生对《老子》的解释则显示，他从另一个层面"超越"了他所理解的海德格尔。

在早期，叶先生认为老子要守着那个"Sein"，反对"Da"，反对"Da"的限制和束缚，保住"Sein"也就是守住可能性或自由，这是"虚""静""朴""根"。而孔子的"'仁'的概念原本是

---

① 叶秀山：《我读〈老子〉的一些感想》（《道家文化研究》第二辑，1992年）、《漫谈庄子的"自由"观》（《道家文化研究》第八辑，1995年）、《道家哲学与现代"生""死"观》（《中国文化》第14期）、《试读〈大学〉》（《中国哲学史》2000年第1期）、《试读〈中庸〉》（《中国哲学史》2000年第3期）、《说"诚"》（《论证》2，广西师范大学出版社2002年版）、《"思无邪"及其他》（载《学与思的轮回》，江苏人民出版社2009年版）、《读〈老子〉书札记》（《中国社会科学院研究生院学报》2016年第1期），等等。

② 李猛：《"出生入死"的智慧：读叶秀山先生有关〈老子〉的临终札记》，《中国哲学史》2016年第4期。在这篇文章中，李猛教授就是从自由概念切入叶先生的研究的。

③ 海德格尔的生存论思路来源于克尔凯郭尔，其思维的方向是在Angst情绪中面对终结承担起全部现实性，并面对无限的可能性。没有克尔凯郭尔对基督徒的Angst（着急）情绪的分析，在接受性中面对来自上帝的无限可能性生存状态对于哲学分析就是遮蔽的；海德格尔只是偷换了语境，把基督徒换成Dasein，其分析的内容并无太大变化。因此，在生存上，这不是简单的"有—无""生—死"之辩，也不是自主性的自由，而是源始的生存问题，是真正的宗教问题。

'活'的，不是'死'的。孔子的'仁'像老子的'道'一样，孳生着一切人伦规范，'仁'就是那个'Dasein'的'Da'的本源性、基础性的意义"①。无疑，在看到"Sein"的"无"的意义的同时，叶先生也深刻地看到"Da"的本源性意义。也就是说，在死亡的意义上体察到自由的同时，人同样要把这片大地或这个世界担负起来，于人而言，这同样源始。这里已经体现出叶先生开始把"向死而生"改变为"向生而死"，即人乃是源始地生存在大地上，而非孤独地被抛在这里。②

在临终前发表的《读〈老子〉书札记》中，叶先生明确地表达出这一点。他把"隐身"理解为"我"为"天下"所有，把"身"投入天下之中，"积极地投身到天下（万事）之中"；把"死而不亡者寿"理解为"留守"，即留在大地家园之上，而非"散失为物"。③叶先生提示李猛说，"（这）大概跟儒家说的'仁者寿'一个意思"，④ 由此可见，叶先生试图打通道—儒的努力方向。这种努力提示我们，对"无"的体察有多深，"有"（大地）就同样深刻且源始地规定了人的生存。与其说"向死而生"，莫若说"出生入死"，生死指示了生存的跨度和深度，但终究，人是在"生"中担负"死"、担负在大地上生存的"命运"。这是"自由"的"命运"，也是"命运"的"自由"。

---

① 叶秀山：《我读〈老子〉的一些感想》，载《中西智慧的贯通——叶秀山中国哲学文化论集》，江苏人民出版社2002年版，第48—49页。

② 海德格尔用"被抛"刻画人的生存，这是现代人的"无家"状态。但人何尝不是自己走出家而忘了家在何处了呢？我相信，叶先生通过中国文化的"生生不息"对海德格尔的"反叛"是有深刻文化依据的。

③ 叶秀山：《读〈老子〉书札记》，《中国社会科学院研究生院学报》2016年第1期。

④ 李猛：《"出生入死"的智慧：读叶秀山先生有关〈老子〉的临终札记》，《中国哲学史》2016年第4期。文末，李猛提到，叶先生盛赞利科虽年事已高，却力图从"生"的角度阐述海德格尔的"趋向死"的哲学，特别提到利科曾"动情地说要跟下一代人一起活下去"。

在密切关注"有—无""生—死"问题的同时,叶先生在"时间—空间"框架下学理性地阐述了哲学与科学、宗教的关系,对三者做出清晰的逻辑界定。"如果说'科学'侧重在'现时',而'宗教'侧重'过去—未来'皆为'现时',那么,'哲学'就将重心颠倒过来,一切'现时'皆为'过去'和'未来'。"① 在科学观念中,时间和空间本就是两个最重要的要素,其侧重"现时"本就是重视空间,它为哲学开辟了空间方面的研究;宗教把"过去"和"未来"吸纳到"神"的观念中,因而是"超时间"的,在叶先生看来,这刺激了哲学的时间观念,为了吸纳宗教的观念,它把时间的维度放置在"未来"之中。② 受制于空间的科学追求"必然性",而"执着"消化过去和未来的宗教则追求"自由"。于是,哲学就是一门追求"必然性—自由"的学问,其"必然性"是"自由"的"必然性"、其"自由"则是"必然性"的"自由"。

这样我们看到,通过引入时间—空间及其所呈现出来的对象,叶先生简洁却又要害地对科学、宗教和哲学分别做出界定,并对其相互关系做出澄清。由于空间及其对象乃是现实或"现时"的,科学与哲学的认识论关系相对好处理——这是康德《纯粹理性批判》"分析论"部分的问题。对于叶先生来说,重要而且艰难的是厘清哲学的未来观念,这是其能否消化宗教问题的关键所在——这是《科学·哲学·宗教——西方哲学中科学与宗教两种思维方式研究》所致力于分析解决的最关键的问题。简单地讲,宗教问题考验的是哲学的未来向度;缺失这个向度,哲学就无法理解甚至无法面对宗教问题。而根据叶先生,哲学的未来向度同样是自由的未来向度,是

---

① 叶秀山:《科学·哲学·宗教——西方哲学中科学与宗教两种思维方式研究》,社会科学文献出版社 2009 年版,序,第 2 页。

② 同上。

人这样的自由存在者在大地之上有力、有意义地生存下去的关键所在。①

三 自由的未来向度

最晚至2004年岁尾,叶先生已经意识到"未来""观念"之于哲学和自由问题的重要性。在与《科学·哲学·宗教》(2009年出版)同年出版的《学与思的轮回——叶秀山2003—2007年最新论文集》中,叶先生"有意"把《哲学的"未来"观念》(2004年岁尾作)放在此阶段思考的末尾——同时也是新阶段思考的起始。② 之后,无论在解释康德等哲学家的作品中,还是在原创性的作品中,"未来""希望""可能性""预言"等成为关键词。

显而易见,思考"未来""希望"问题的实质乃是,叶先生在"生命现象学"的基础上对思辨性自由(黑格尔体系)的突破。绝对理念或神是超越的,其无所谓未来或希望。但人却不同。作为有限的存在者,人需要在时间中生存,其生存的本性就是时间性和有限性;但同时,其生存又指向无限性,因而未来和希望又是其不得不承担起来的生存维度。

因此,"因自由而有未来"不是指根据过去积累起来的"现实"而在"现时"推论的"未来"的行事能力;恰好相反,因为有死,人才有未来。当然,对于自我来说,"'死'不拥有'未来',而意

---

① 这也是叶先生的弟子们主要的着力所在。黄裕生教授完成康德哲学研究后,写作了《宗教与哲学的相遇》,这是目前汉语学界阐述哲学与宗教的关系最深入的著作之一;赵广明研究员对康德哲学的研究则一直透露出一种宗教性的关怀,我想,这是与叶先生密不可分的。在最早进入哲学领域的时候,我也是在这个维度受到叶先生和黄裕生教授等人的影响的。

② 叶秀山:《哲学的"未来"观念》,载《学与思的轮回——叶秀山2003—2007年最新论文集》,江苏人民出版社2009年版,第286—320页。

味着'在世—有限存在'之'终结','死'为'去世';然则,'人'却有能力'提前进入死亡状态',亦即不必等到'死'的'时刻—点',就能'觉悟—警觉'到这种'状态',于是,'人'不但'必然''去世',而且'有能力''在世'时就'出世','人'有自身之'超越—超然'之能力"①。提前进入"死",乃是提前"超越"时间,从而进入"无时间"的"超越之境",这里是"他者"和"神"所在的"空间"。在这样的"超越之境"中,人"直接"与"他者"、与"神""相遇",从而有能力以"超越"的方式再次与时间建立关系。此时,时间的依据已不再是"过去"或"现在",相反,人乃是在"未来"重新建立自己:未来居于人之存在的首位。

于是,我们看到,自由的未来向度必定与"他者"和"神"(绝对的他者)相联系,这是宗教之根,也是人作为有限、"有死"者的"必然""宿命"。② 叶先生的一系列写作显示,"他者"进入了这些作品,而"神"(绝对者)则是或隐或显的。③ 叶先生把自我与他者的"相遇"把握为"不在场的共在",即死亡并非我的历史的终结,并非我作为存在者的完成,相反,他者乃带领"我"进入未来,进入"我""不在场"的共同世界。同时,另外,"他者"也通过"我"的死,使"自己—自我"延续着"自己"的历史,即"我"的生存意义同样进入他者的生命,"历史"乃是"我"与"他

---

① 叶秀山:《哲学的"未来"观念》,载《学与思的轮回——叶秀山2003—2007年最新论文集》,第308页。

② 施莱尔马赫在《论宗教》中,把人的这种生存方式称为人的"宗教性"。可以说,康德哲学致力于揭示人的道德自主性——笼统地可以称之为人的生存的哲学性,那么,人之宗教性就在于由于行为和存在方面的有限而不得不"接受""绝对者"的"恩典"。笔者的《从自主性到接受性——论施莱尔马赫的新宗教观》一文对之有所阐述。参见施莱尔马赫《论宗教》,邓安庆译,人民出版社2011年版;尚文华《从自主性到接受性——论施莱尔马赫的新宗教观》,《基督教思想评论》,2016年第21辑。

③ 后者即"绝对他者"的维度是叶先生的学生黄裕生先生致力研究或揭示的维度。从这个层面上讲,黄裕生推进了叶先生的研究。通过对列维纳斯的研究,叶先生的作品展示了绝对他者的维度,但坦白地讲,展示的力度还不够。

者"共同塑造的。① 因是之故，叶先生以共同担待生命解释了基督教下的"救赎"观念和"神"的观念：救赎指的是他者"让""我"进入未来、进入历史；"神"指的是共在的大写的"他者"。

在2011年完成的《人有"希望"的权利》和《试析康德"自然目的论"之意义》两文中，叶先生又以共在的"他者"——包含目的论意义上的自然——解释康德出于"希望"而预设的"神"。"希望"是对理性的"完满之善"，即德性与幸福必然结合的"权利"，是对理念之客观现实性抱有信心的"权利"。② 鉴于自由存在者的共在，"我"与"他者"在无尽的未来中，完满之善的实现是可以指望的；同时，"经过康德'自然目的论'的'批判'将'（自然）目的论''拉回'到'自然'自身，'从天上拉回（回归）到人间'"，③ 即自然的合目的性不在于外在的神，相反，它自身乃是合乎目的的，因而自然的幸福是可以在未来指望的。因此，按照这两篇文章的分析，叶先生认为，只需要洞见到"他者"的维度，人类生存的未来和希望问题就是可能的，而无须预设宗教意义上的"绝对者"。同样地，正是源于这种对哲学或理性的信心，叶先生认为，在这种"他者"的意义上，我们也可以做出纯然理性的"预言"。④

在《科学·哲学·宗教——西方哲学中科学与宗教两种思维方式研究》中，叶先生沿着这条思路细致而微地分析了基督徒的"信仰""审判""末日""救赎"等观念。或许叶先生的这些解释无法说服有基督信仰的读者，但这却是汉语学界一次重要的尝试。无论

---

① 叶秀山：《哲学的"未来"观念》，载《学与思的轮回——叶秀山2003—2007年最新论文集》，第317—318页。

② 叶秀山：《人有"希望"的权利》，载《"知己"的学问》，第199页。

③ 叶秀山：《试析康德"自然目的论"之意义》，载《"知己"的学问》，第255页。

④ 叶秀山：《我们在何种意义上有权作出"预言"？——康德论"预言"之可能根据》，载《"知己"的学问》，第201—214页。

如何，有着深厚历史传统的基督教信仰是需要汉语思想界理解的，其被理解的方式也必定是多元的。作为一位哲学家，叶先生的阐释必然是从其自身的生命经验出发的，诚如先生在试图解释克尔凯郭尔时所说，"一直想努力去'理解'克尔凯郭尔，但一直都'知难而退'，不得不使我承认，我的'思想世界'属于'古典哲学'……借助它们，很冒昧地写下一些学习心得……"[①] 这种谦逊和自知本身证明叶先生的真诚，也证明其写作的虔诚。我相信，每个人都能从真诚之人和虔诚的作品中读出独特的思维力度。

但无论如何，我们也不得不承认，叶先生的"思想世界"属于"古典哲学"，他感受到了未来和希望之于人之自由生存的意义所在，也注意到正是自由的未来向度为思想提供了新的"可能性"——在阐释海德格尔的时候，叶先生强调了"可能性"的维度；同时，在未来和希望的维度里，叶先生也"看到""他者"之于"我"以及思想本身的意义所在，并试图从这个角度与宗教展开对话。但是，我们知道，"他者"确实是宗教的重要的对象，但"绝对者"的维度却是宗教的根基所在——甚言之，没有绝对维度的打开，就没有宗教。尽管可以沿着"他者"的维度揭示宗教之于"我"的意义，但"绝对者"本身的意义却未曾在这种解释中彰显。

因此，就哲学对自由的论述来看，叶先生的阐释和体察已经足够深刻，这是需要我们后辈学人学习的地方；就大地之于自由的意义，或反过来说，自由之于我们生存的大地的意义来看，叶先生也做出了足够深刻的工作；同样，就未来或希望之于人在大地上、在历史中的生存而言，叶先生也都为我们提供了思维的基底。但是，宗教中的绝对者之于生存在时间中的人的意义却是我们需要进一步开拓的事业。

---

① 叶秀山：《从"理智—理性"到"信仰"——克尔凯郭尔思路历程》，《世界哲学》2013年第6期。

四　自由的未竟之业

叶先生对宗教的反思是哲学式的，对宗教观念的诸多解释和体察也是哲学式的；宗教及其观念也确实应该经历哲学或理性的深入考察，否则，我们无以区分宗教性的信仰和迷信——这一点对于当前中国信仰状况尤其重要。但无论如何，信仰对个人的"占据"却不是哲学式的或理性式的，即外在地对信仰的反思和信仰者对自己的信仰的理性反思是两个问题。我想，叶先生真诚地对克尔凯郭尔说的那番话基本就是这层含义的表达。

信仰者是否自由呢？其自由与叶先生阐释的自由有何不同呢？换言之，信仰者能否为自由提供新的思维路径？圣经上说，信仰让人自由。古往今来的神学家们也不断地在为这句话做着注释。在现代语境下，我们该如何理解信仰中的自由呢？——在我看来，这是克尔凯郭尔所致力的思考方向，海德格尔也在非常大的程度上接受了这种分析。毫无疑问，信仰者的自由以信仰为前提，否则就无所谓信仰。而所谓信仰，是在生存选择的尽头处对神的信靠，于是，神是人的生存的起点。其起点的意义不在于神直接告诉信仰者如何行——这是不可能的；当然更不在于根据某部经书"现成"地行——那只是自己对经书的解释而已；而是在于把自己所根据的"什么"（经验、观念等）放弃，全然地信靠神而行。

全然信靠不是不做判断，而是不以自己作为判断的依据；我们把这种状态的判断称为来自于神。因此，信仰中的判断或自由就意味着，放弃一切"现实性"，仅仅在信仰中面对来自于神的可能性，这是一种面对全然的或无限的可能性的生存状态。这正是克尔凯郭尔在《哲学片断》"插入章"中通过概念界定所分析的"生成"状态。① 因此，信仰中的自由乃是面对无限可能性的生存状态，是从神出发做选择判断的自由状态——当然，一旦选择一种可能性，人也就离开自由而进入现实中。

在这样的自由中，人面对的是"绝对者"，同时也从"绝对者"出发面对其他"他者"。因而我们看到，这样的生存状态正好与叶先生所分析的生存状态相反。叶先生注意到海德格尔重视"可能性"，却没有看到海德格尔对自由之"可能性"的处理是来源于基督教信仰的。我想，把这两个维度都重视起来能让我们看到更多的东西。毕竟，人既是自主的道德存在者，同时，有限性又是其不得不承担起来的宿命，而这正是信仰的根基之一。

无论如何，作为艰难时代成长起来的一位学者，叶先生是我们这个时代最出色、最深刻的哲学家，他对汉语思想界的贡献在我们这个时代无疑是巨大的。作为后学，在继承叶先生工作的同时，希望我们能够继续往前走！——我想，这也是叶先生最希望看到的！谨以此文纪念先生！

---

① 克尔凯郭尔：《哲学片断》，王齐译，中国社会科学出版社2013年版，第88—90页。

自由哲学的路标

——叶秀山先生的学—思历程初探

宋继杰

  作为当代中国最杰出的哲学史家的叶秀山先生有没有属于他自己的哲学？这是一个经常被人提起而又难以回答的问题，然而，答案是肯定的，那就是"自由哲学"。叶先生从西方哲学自古及今的各种重要思想中挖掘、提炼出贯通其间的核心精神——自由，然后他不仅用自由来融通自古及今的各种哲学，而且用自由去化解科学、道德、宗教和艺术这些与哲学具有根本性相互影响的文化样态。这是一个循环的过程，套用叶先生两部文集《无尽的学与思》和《学与思的轮回》的标题，可以说，他"学"的是"自由哲学史"，"思"的是"自由哲学"。

  （1）叶先生做哲学是从康德入手的，他最早发表的纯哲学论文就是关于康德哲学的。它们系统解读了康德的三大批判，视之为一个严密的体系，从认识论到本体论，从理论理性到实践理性，从科学到道德，从自然到自由，最后到合目的性之为"自然"与"自由"的统一，这些逻辑理路的层层剖析为他日后的哲学史研究和哲学原创性思考奠定了坚实的基础。更为重要的是，康德给叶先生以"体系"的意识，从一个哲学的体系去理解科学、道德、宗教和艺术等，使得对于这些东西的理解本身也体系化。我们将看到，20世纪60年代萌发的体系意识最后结晶为"自由哲学"的体系。自由哲学和康德哲学的根本区别在于纯用自由去阐明康德的知、情、意三个领域的区分、纯用自由去化解三个领域的界限，是康德哲学的彻底化。

（2）应该也是因为康德的影响，叶先生在写了两本关于古希腊哲学的专业性极强的著作之后，短暂涉猎了分析哲学，用康德的"纯批"与"实批"关系类比维特根斯坦的《逻辑哲学论》与《哲学研究》，然后马上转向了新康德主义，特别是现象学—存在哲学和解释学的研究，出版了《思·史·诗》（1988年）一书。对于自由哲学的形成来说，这本书有两方面的意义。首先，叶先生认为，现象学与存在论的结合是知识论与存在论的结合，存在性的知识与知识性的存在是对西方哲学传统本身的超越，是对欧洲固有的以逻辑形式与感性内容相结合的科学性思维方式的突破，胡塞尔的现象学作为与死的自然科学相对立的科学，乃是活的人的科学，"人文科学"；应该说，"人文科学"与"自由"的关系问题是叶先生这个时期思考的重点。

和一般人把胡塞尔的哲学体系视为"严格的科学"、追求绝对必然的本源性知识、从而与自由无涉不同，叶先生认为，"胡塞尔的'严格的科学'正是'自由的科学'，是一种摆脱了偶然性的'理性的自由'，因为它把一切自然世界排除了出去，因而它的'自由'不是相对的，而是绝对的，而且这种'绝对之自由'更不像黑格尔那样，推在无限现象发展之长河中，而是就在当下的思想之中。所以在《欧洲科学危机与先验现象学》一开头，胡塞尔就指出，一切自然科学都与人的自由无涉，而只有现象学，才像古代哲学那样以'人性'的自由和自主为基础"，胡塞尔的主导思想是"哲学为了摆脱自然科学经验事实的束缚，求得自身之自由与独立，付出了许多代价，走了许多弯路，终于在'先验现象学'中找到自己的归宿"；"与形式化了的死的自然世界相对立的心理世界、精神世界即理念世界，才是真正绝对而自由的活的世界"。叶先生认为，海德格尔进一步把"思想""历史"与"诗歌"放在同一个层次上来理解，并将三者统一的基础置于"历史",产生了历史性的存在——Dasein,强调思想的具体性、历史性、有限性从而对于抽象性、概念性的思想传统具有摧毁性,这也成了德里达所代表的后现代哲学的根源,但历史性的思想又具有继承性,有限的思想逃不出历史的命运,从而具有解释性,就有了伽达默尔的解释学。叶先生20世纪90年代关于福柯、德里达、利科、伽达默尔等人的讨论尽管有"在思、史、诗之外"或"超越思·史·诗"的味道,但其核心关切则来自胡塞尔:自然科学需要概念体系,但人是活的,不可概念化,不可能有一个概念体系来把握活生生的人,于是就有了"人文科学"如何可能的问题。显然,叶先生把《"现象学"与"人文科学"——"人"在斗争中》(1992年)一文作为其第一本哲学论文集《无尽的学与思》(1995年)中的第一篇不是偶然的,在撰写于1994年的该文集《前言》中,他认定"人文科学"是可能的,亦即要用"科学"的形态去占据被"宗教"占据的地盘,去考虑作为宗教之避风港的、科学知识之外的"活的存在"。他认为从康德《实践理性批判》以来包括实存主义、海德格尔以及德里达诸家有一个共同的问题,那就是:"我们如何使'自由'(活)也有一种特殊的学科来加以讨论、研究,使人们有一门关于'自由'的讨论、研究的历史。"这是叶先生第一次将"自由"课题化,从而也可视为其"自由哲学"的最初的自觉。

《思·史·诗》对于"自由哲学"还有另一方面的意义,它存在于叶先生对于雅斯贝尔斯哲学的论述中,那是容易被读者忽视的一章,其标题是"哲学之辩护"。雅斯贝尔斯说,只有纳粹那样统治才喜欢哲学之终结,因为哲学要人自由思想,人活着,就有哲学;而对于叶先生来说,雅斯贝尔斯的"哲学的辩护"就是为自由辩护,也是自由的表现。Existenz(存在)在雅斯贝尔斯的哲学思想中居于核心地位,对Sein的思想必以哲学形而上学之超越性而立足于可能之Existenz;科学知识引向界限,哲学引向超越、超出界限,进入自由;哲学以Existenz为本源而不同于科学,但与宗教也不同:宗教是通过神的观念达到 Existenz 的澄明的，因而宗教以"权威"为依归，哲学则以"自由"为依归，哲学与权威是对立的，要与宗教的权威作斗争。哲学也要与艺术的幻觉作斗争。叶先生说，在 Existenz 的根本上维护哲学之独立性，这就是雅斯贝尔斯为之奋斗的目标。但这何尝不是叶先生本人的哲学奋斗目标啊！雅斯贝尔斯对于自由有三重划分：属于知识范围的"形式的自由"，属于生活之理念范围的"先验的自由"，属于历史决定范围的"存在的自由"；后者介乎前二者之间，也是一种必然性，"人"是注定要"自由"的；Existenz 无可逃脱"自由"，如同它无可逃脱自然律和道德律一样，它逃脱不了"历史律"——历史的命定。这样一个三重划分较之康德的"三大批判"对于叶先生后来成熟的自由哲学的三重架构——自由的知识、自由的道德、自由的存在——具有更清晰的导向意义。难怪叶先生多年后提到"我对雅斯贝尔斯哲学的印象很好，觉得他强调那个 Existenz 强调得很彻底，因而'自由'这个度在他的思想中地位很突出，因而我觉得他的学说很可爱；但我还是被海德格尔的各类书吸引住"。

（3）1993 年至 1999 年间，叶先生同时在三个不同的方向上运思：重释希腊、重释康德、重释海德格尔，但贯穿其间的却是同一个"自由"观念。重释希腊哲学源于叶先生未完成的社科基金课题"西方哲学中科学与宗教两种思维方式"（1985—1990 年），他以古代希腊作为科学性思想方式的模式（和中世纪作为宗教性思想模式）做一种历史的梳理工作，撰写了一系列论文，后来以《永恒的活火——古希腊哲学新论》为名于 2007 年结集出版。叶先生认为，肇端于希腊城邦的哲学乃是自由的学问，探讨"诸自由者"之间的关系，尽管古希腊的自由观念，尚局限于知识，亦即摆脱眼前利益的束缚，自由之知识就是科学，自由的精神也就是科学的精神。从毕达哥拉斯学派到埃利亚学派、从原子论到柏拉图，科学性思想方式不断得到强化和提升，直到亚里士多德的形而上学作为希腊哲学之成熟形态的出现，科学获得理论性科学、实践性科学和制作性科学的三分,叶先生认为这种划分类似康德在《纯粹理性批判》《实践理性批判》和《判断力批判》之间的划分。但这时,叶先生说,康德与亚里士多德之不同之处在于:康德比亚里士多德多出了一个"自由"的度,或者说,"自由"这个问题,在亚里士多德思想中——哲学性思想中——并不是很突出,"自由"是希腊哲学在受到基督教思想冲击后才充分展现出来的。

(4)由此,不难理解,叶先生此番重释康德的着力点正在于《实践理性批判》。因为这一经典哲学文本的意义,不仅在于确立了与理论理性相对应的实践理性的功能,更在于这一理性功能的开发,将已深入欧洲人心的基督教思想,融贯到以希腊为传统的欧洲哲学思想中来,化为哲学体系的一个不可或缺的部分。这是自由哲学史上的一个大事件,因为从此,自由观念进入哲学的核心。

按照叶先生对康德的解释,哲学上的自由是由实践理性或道德引导出来的,自由是道德的基础,是和自然在原则上不同的一个领域;自由意味着不受感性欲求的制约,是感性因果系列的断裂,显示出不同于感性世界的另一个世界、另一类问题。自由不仅是消极的否定力量,也是积极的肯定力量,是一种发动行为的能力,不受感性欲求支配的自由的行为,才有道德问题、善恶问题,相反,受制于感性的行为,不分善恶、无关责任。作为有理性的自由者的人的行为,不但要合乎道德,而且要本乎道德,但这样的自由是完全形式的,而非实质的,它在一切行为之先,也在一切具体的理想、概念之先,迫使人们的行为没有任何借口来逃脱责任。自由体现了人是有理性的存在者、人的道德意义、人的尊严。

恰如实践理性与理论理性、自由与自然分属两个不同的领域,德性与幸福也没有必然的因果关系,不能相互推论,但基督教使得德性与幸福有了因果关系,神把自由与自然统一了起来,这在康德看来就是宗教的理性根据。然而,哲学的任务仍要在理论的层次上,把宗教问题纳入一个理论的框架,康德为自由、德性和自然、幸福的关系,设定一个至善观念,就是在自己的哲学框架中来解决宗教问题的一个途径。叶先生认为，至善、神、不朽作为实践理性的悬设，具有实践理性的推演的必然性。康德表明，一方面，德性与幸福的契合通过宗教而是必然的；另一方面，在通往神的王国的过程中，道德之自律将让位于宗教之他律。

叶先生曾说，海德格尔侧重康德的《纯粹理性批判》，暗含着《判断力批判》，而不及《实践理性批判》，亦即康德《实践理性批判》里的问题都被海德格尔在《纯粹理性批判》和《判断力批判》的范围里"化掉了"，把康德哲学更加希腊化了，遮蔽了康德哲学中努力化解基督—犹太问题的工作。相似地，牟宗三的西学得力于康德，但他虽然特别重视道德伦理，以此架起桥梁，但对《实践理性批判》的理解也不到位，因为也缺少基督—犹太这个环节。叶先生本人的这项研究则自觉弥补了前人的缺失，是对汉语世界康德研究的巨大提升。

关于康德的三大批判之间的关系，叶先生有一个基本的判断：在理论上，康德三大宝塔形的批判底部为《纯粹理性批判》和《实践理性批判》，而《判断力批判》在宝塔尖上；而实际上，康德的三大批判乃是一个倒宝塔，由《判断力批判》为底部根基，在这个基础上生出或建筑起《纯粹理性批判》和《实践理性批判》，即在"生活的"世界，生出（科学）知识和（实践）道德；从这个理解来看，康德哲学的道理，不仅和费希特、谢林、黑格尔是相通的，而且也是和胡塞尔、海德格尔相通的。而叶先生这一时期对《判断力批判》的重释正是在接引海德格尔的存在论，开始向"自由哲学"的最高阶段——自由的存在——发起冲锋。

（5）叶先生这个阶段的著述就是从"自由"出发，讲"物自体"、讲"自己"、讲"存在"。他认为自由原本是一种否定的力量，是摆脱、解脱那眼前的、现成的东西，对它们说"不""不对""不行"，亦即，现存的东西"本不应该是这个样子"，"本应该是另一个样子"；按照康德，这个现存的东西，只是现象，而那个由自由显示出来的"本该""本应""另一个样子"，则是物自体。物自体的问题，只有自由者（不受限制者）才提得出来。物自体向自由者显现出来，对自由显示，由自由显示的物自体不是把握必然性领域的知识和科学的对象，却是纯粹理性的对象；物自体不可知但可思，是知识的界限和终止，却是思想的开始，这种思，不是从感觉经验所给予的材料出发，而是从纯粹理性的自由出发。叶先生认为21世纪把对"物自体"的"自由"的"思"想得最清楚的是海德格尔。他把经验的自然科学"悬搁"起来，严格划分"诸存在者"与"存在"，使"思"与"在"在摆脱"在者"的基础上同一起来；对"存在（Sein）"的追问实际就是对"物自体（Ding an sich）"的追问，而追问 Sein 的思，不是抽象概念式的科学体系，而是历史的、具体的，同时也是自由的"思想"。（《康德的"自由""物自体"及其他》，1997年）

　　叶先生这一时期的"重释海德格尔"正是按照以上概述步步推进的。后康德的德国古典哲学是用"我自身"或"理性自身""绝对精神自身"显现的过程取代物自身的显现，新康德主义的人类学哲学、文化哲学、符号哲学也是这样，实际上取消或消解了物自身而非让它显现出来；胡塞尔虽然强调显现的直接性，却把物自身理解为理念；真正让物自身存在而又显现的是海德格尔。叶先生断言：只有到了海德格尔，事物才不仅仅作为知识的对象存在，而是作为它"自己（自身）""存在"。（《论"事物"与"自己"》，1998年）叶先生认为，海德格尔的重要性在于，通过存在的时间性、历史性和人之为此在的有死性，逼出了物的"自身"和人的"自己"的问题。我们知道，世上只有一件事完全是"自己"做的——"死"；另一个人不能代替一个人去"死"；"死"是绝对的"自己"；"死"提示一个无可推卸的"自己"。联系康德和自由，叶先生认为，死是"自由""自己"之证，因为，康德从伦理道德之自由来论证责任之不可推卸，使伦理道德有了一个坚实的理性基础；沿着康德的理路，由"自由"而"自己"，又由"自己"而至"死"之思考，则"有限制理智者—有死者"之道德实体由此得到实际验证。（《论"事物"与"自己"》，1998年）然而，死也验证了他者之自由，从而死不仅提示我自己，而且提示他自己—物自己。叶先生认为这是康德所未曾深究者。

如何理解物的自由？叶先生认为，自在之物不断地转化成为我之物，但由于我不是神，而是有死者，因此物始终坚持着他自身，在最终的意义上，物就是他自身。物作为现象的必然性为我之自由留有余地；而我之退出（死）之必然性也为物之自由自在留有余地；在这个意义上，我为必然的自由，物为自由的必然、自由的因果（自因）。物之为物，有空间性的原因之为在场的原因、必然的原因，还有时间性的原因之为不在场的原因、自由的原因。事物不仅在空间中，而且在时间中；但科学规律是无时间性的，而事物又只能存在于时间—空间之中，因此，科学不及事物之存在性；经验科学只限于现象，而不及事物之自己、自身。

在海德格尔这里，康德的物自体被时间化了，因而也被存在化了，物自体就是存在，就是时间。西方传统哲学是"看"的智慧传统，时间空间化，因果前后关系逻辑化，都与此相关；但物自身不在场、看不见。海德格尔提出，与看的智慧相对应的尚有听的智慧，不该把听完全归约于看，恰如不应把时间完全归于空间一样；而且听是一种更为重要的理解事物的方式，是理解事物自身的方式。决定事物之时间、历史都不在场，都需要通过听来得知其存在、得知事物自己。物自身作为自由者，有权拒绝回答向它质询的问题（否则就是康德所谓的僭越），但也有权或需要提出自己的质询，从而寻求回应者。作为有限的理智者的人、作为此在，正是这样一个回应者；人倾听物自身的倾诉，做出自己的回应。叶先生由此指出了海德格尔与康德之间的深层关联：人作为有限的理智者，在经验知识领域对那些不自由的感觉材料有立法权，人通过理性向自然立法；人因为物自身是自由者而无权向其颁布法令，人与物处于平等、对等的地位，是自由者之间的关系。自由者之间的关系是时间的关系、历史的关系；作为自由者的事物（Sein）和人（Dasein）的对话是

古今的对话、历史的对话。(《论"事物"与"自己"》，1998年)

可以说，叶先生把康德哲学提升到了海德格尔的水平上，让物自身不仅存在而且可以被理解，同时也可以说，他把海德格尔哲学提升到了康德的水平上，存在着的就是物自身，是自由者。

(6) 海德格尔之后，叶先生最为重视的西方哲学家应属列维纳斯无疑。我们检索到标题中含有"列维纳斯"的论文就有四篇，但实际上，细心的读者会发现，叶先生晚年几乎所有重要论文的最后都会提到列维纳斯。海德格尔对于存在的阐发已经深刻无比，然而，在叶先生看来，海德格尔的 Dasein 因其为 Sein 的一个部分，仍然落于传统哲学强调"同一"的窠臼之中，缺少"他者"和"异"的维度。叶先生认为列维纳斯是把"他者"纳入其形而上学之中，说得最哲学、最形而上的哲学家。承认"他"者而又不使之落入经验科学客观对象的领域，从而能在哲学的层面探讨"他者"与"自己—自我"的关系，乃是列维纳斯哲学理论的主要着力之处。强调"同一"意味着"自身—自己—自由"为"同质"，但列维纳斯的魅力在于，他指出了，我们不仅能够设想"异质的自由"，而且自由本身就是异质的；自由为"多"，不可回归为"一"的"多"。自由者之间划分我、你、他，这是一种不可归约的关系，因为"他者"不能归结为"另一个自我"，他者与自我的关系是异质的；哲学要克服希腊传统的量的几何学的形而上学，就要建立一个质的多样性的哲学系统；量的哲学为同质者建立秩序；质的哲学则为异质者建立秩序；前者是必然的秩序，后者是自由的秩序。列维纳斯说，以"异质"的"诸自由者"为基础的"伦理学"才是真正的形而上学，伦理学"早于—超越"存在论(ontology)；自由保证了异，异质的自由者使其成为多，使自由成为"多""质"的自由，从而自由得以超越存在——这可能是叶先生赞许列维纳斯的原因。但是，在列维纳斯那里，自由并不是最原始的，而是被赋予的、被注定的，在诸自由者之上，还有正义，正义高于自由，如同他者高于自我；正义—他者和自由—自我是一种不对称的关系；上帝是绝对的他者，他者赋予自我以自由，而非自由是正义的条件，相反，正义是自由的条件，他者是自己的条件；换言之，理性—自由—自我不是道德的基础，而是反过来，道德乃是理性—自由—自我的基础，"为他"的责任决定我之理性—自由；最终，我为"人质"。显然，这就不是作为自由哲学家的叶秀山先生所能够接受的了。

叶先生认为列维纳斯这里存在一个基本的问题：哲学是否可以绝对"外于""存在"，道德是否可以绝对外于自由，更进而言之，哲学是否可以贬抑自由？

要康德还是要列维纳斯？如果说2002年的论文中的叶先生尚在两者之间犹豫不决、2006年追问"康德是否完全支持列维纳斯？"的话，那么2008年则断然表明列维纳斯缺乏诸自由者之间的平等关系，这是道德的根本问题，也是历史的根本问题，叶先生所倾心的是自由的存在者之自由的存在，是一种开放的状态、开放的存在；他坚持"我"与"他者"是自由者之间的关系，"主体间"乃是"自由间"，是"平等—平等"的关系、协商的关系、相互承认存在权利的关系。正如他的"康德书"的书名所表明的，叶先生的立场是毫不含糊地"启蒙与自由"的。

第三部分
哀悼与纪念

忆秀山

张　钊

　　1954年，我从天津耀华中学毕业，考入北京大学西语系英语专业。入学后不久，一天下午校园里很热闹，原来是各社团在招生。我走到京剧社的报名桌前，想起了我小时候唱戏的情景。

　　我出生在天津。家里人都爱听京戏，但上一辈人大都不会唱。大哥大我7岁，我还没上小学，他就带我去学唱"段"戏。那时我连字都不认识，大哥拉胡琴一点头，我就唱。我天生一副好嗓子，童年时唱过《空城计》"我正在城楼观山景"和《上天台》"姚皇兄休得要告职归林"等。9岁那年在天津中国大戏院，由专业琴师杨培良操琴，我唱了马连良先生的《借东风》"习天书学兵法犹如反掌"一折，博得满堂彩，次日还上了天津的报纸。因为齐啸云大姐和大哥熟识，常到我家吊嗓子，我就又跟她学了不少花脸戏，像裘派的《姚期》等。

　　大概由于我在报名桌前转来转去引起了当时正在招生的京剧社社长叶秀山的注意。他问我："你是唱什么的？"我答："老生、老旦都唱。"他又问："老生唱什么派？"我答："余派。"他马上说："你不简单哪！报名吧。"我问："你很懂余派？"他摇摇头说："略知一二。"我看看他，原来北大的京剧社社长只是"略知一二"。我转身写下了我的名字张金珠，便离开了。

　　终于盼到第一次京剧社活动，我点唱了余叔岩先生的《搜孤救孤》中"娘子不必太烈性"一段二黄原板。唱毕，教室戏友鼓掌叫好，拉胡琴的叶秀山社长也不例外。那天，我特别高兴。对于掌声我并不意外，让我惊喜的是叶秀山社长拉的胡琴，严丝合缝，是我遇到的业余胡琴师中拉得最好的一位。首次合作就有珠联璧合的感觉。从那天起，我们京剧社的八个人经常一桌吃饭，很快就都熟了。大多数学生不愿意走远路去西校门大图书馆念书，都爱跑去文史楼的阅览室，全靠熟人帮忙占座位。我发现我总是能在众多人当中找到一个座位，基本上都是叶社长事先给我占好的位子。起初我们只有在离开小图书馆时才有机会说上几句话，大部分时间说的都是戏。他告诉我他看过孟小冬在上海演出的《搜孤救孤》。这让我羡慕不已。因为我特别想看，可是"冬皇"不曾在天津演出。叶社长还问我"唱过多少余派的戏"，"四大须生的什么戏最喜欢"。这时我已经感觉到他其实很懂京剧，起码不比我差。我小心翼翼地告诉他"我唱过很多戏，回去数数，下次再告诉社长"。他告诉我，他因为父母喜欢京剧，儿时被父亲送到余叔岩先生的最后一个弟子陈大沪那里学戏，学过全本的《二进宫》，并且随那里的名琴师学习胡琴。原来他的京剧功底这么深，让我刮目相看，但在心里又暗暗庆幸我的嗓子比他的好。

叶秀山当社长后给我们排演的第一出戏，是当时中国京剧院新排的《猎虎记》。我们当时都很佩服叶社长居然敢排这么大的一出新编历史剧。《猎虎记》说的是水浒里的孙立、孙新、解珍和解宝的故事。我虽然会的戏不少，但这出戏却没听过也没看过，一句都不会唱。叶社长大胆起用新人，让我演主角孙立。因孙立是扎靠的文武老生，叶社长特意请中国京剧院扮演孙立的叶盛长指导我排练。同时也请扮演顾大嫂的云燕铭，辅导历史系的曹其敏。北京长大的历史系的徐元邦扮演衙役鲍四小丑儿，而另一个衙役沈五小丑儿，叶社长留给了自己。叶秀山是镇江人，4岁到上海。不会念北京的"儿"音。他说"喝点水儿，歇歇腿儿"时惹得台下观众哄笑。这出戏在北大办公楼礼堂正式演出时，导演樊放和叶盛长、云燕铭等名演员都来捧场。正是因为这部戏，樊放和叶秀山结为好友。樊放对叶秀山当年敢于排演这部重头新戏很是赞赏。当然，叶秀山当京剧社社长期间也排演了许多传统剧目，如《三堂会审》《拾玉镯》《四郎探母》《乌盆记》等。每场戏的演出排练，社长都是请专业演员来教唱排练走台，包括训练一组场面锣鼓，等等，他亲历亲为，也跟着学和练。那真是一段开心的日子！

在叶秀山之前，北大京剧社的社长是欧阳中石。欧阳大我7岁，和我大哥曾是戏友，我从小叫他中石哥。他是奚派传人，唱做俱佳。他告诉我，在他任社长时上演了《将相和》，18岁的叶秀山演虞卿，唱念身段都不错。而我认识的叶社长从来就演只说几句话的配角，或是赶上排练演出当天生病、有事不能到位的同学，他马上扮好上台。另外，叶秀山还动员大家把自己喜欢的和会的剧种都拿出来表演。例如，我们京剧社演出过评剧《秦香莲》。曹其敏演秦香莲，日语专业的鲁嘉琳扮演陈世美。当时请来中国评剧院的小白玉霜和席宝坤等名家过来辅导。记得当时那戏单缺配角儿张伯伯，叶秀山又扮上了评戏里的那个张伯伯。

秀山知道我自幼喜欢单弦大鼓评书等曲艺，就鼓励我上台演唱。我在北大办公楼礼堂第一次演唱了京韵大鼓《博望坡》。博得掌声后，和徐元邦、马克郁等建立了曲艺小组。在宣传总路线时期，秀山鼓励我自编自导自演京剧《扫文盲》。此戏在大饭厅演出后，被当时的通俗文艺出版社出版。后来，秀山又鼓励我写讽刺考试的单弦牌子曲，自敲自唱。当时的《北京日报》发表了《考试》，为此我还拿到了40元稿酬。

唱戏使我认识了叶秀山，排戏演戏让我了解了叶秀山的为人。1956年秀山毕业离开北大。1957年，我们在中关村的哲学所礼堂结婚。主持人是哲学所领导姜丕之。叶家在上海，我家在天津，没有家长的婚礼反倒更热闹。那天，北大京剧社来了好多同学，哲学所也来了许多秀山的同事。我的两个哥哥都来参加我的婚礼。大家都喝了好多啤酒，我当晚唱的余派名段"金乌坠玉兔升"。

我和秀山结婚后住在所里分的中关村社科院宿舍11号楼，每天早上醒来，他总是喜欢哼唱"我在南来你在番，千里姻缘一线牵"。然后起来抱着胡琴把纸卷塞在码上，怕吵醒了还没起床的邻居。接着催我起来，叫我小声接唱"未开言不由人泪流满面，贤公主细听我表表家园……"直到把一大段唱完，他才去哲学所上班。晚上回家后我们能够放开声音唱几段戏。因为在学校除了社团活动，没有能拉能唱的地方，现在有了自己的小家就可以尽情地唱了。老生、老旦、青衣、小生、花脸，他拉什么我唱什么，我唱什么他就马上拉什么，真是好高兴啊！

秀山叫我每天做记录，我总共会唱的戏里余叔岩有多少？其他的段戏有多少？还要说明是哪派的？老师是谁？哪些是自学的？他说要唱就得唱得像个样。整出的会多少？不要贪多不扎实。他的这些话对我后来的演出都很有用。

那时哲学所学习参观访问的任务不少。秀山21岁毕业就分到了哲学所，出差的次数很多。每次送他外出，我俩总是唱戏告别，我们老是笑呵呵地小声唱着。有一次他对我说："你看，李泽厚的爱人，小马在哭。每次她都哭，我早就注意到了，咱俩也别老笑了。"马上他又小声起了个哭头戏，我小声拉长了声音唱："啊……我的夫啊！"他唱"我的妻呀！"可惜那时没有录音机，更没有录像机，要是记录下来，那一定是很有趣的情景。后来我们从中关村搬到城里的社科院宿舍。先是住在干面胡同15号，据说是慈禧太后的娘家人住的大四合院。后又改名叫干面胡同东罗圈11号。当时分配给秀山的是一大间西房加一间没有窗户的小屋子。室内家具包括床都是社科院给的。进门时还要注意一个大台阶。那时，前后院都住满了人，还有早点可以买。后来又盖了教授楼，人就更多了。社科院的学者们很多人住过这个院儿，戈宝权、贺麟、杨一之、管士滨、金岳霖等老前辈都搬进了教授楼。

我们两个人住在前院西屋，觉得很美了。沈有鼎就住在我家隔壁。后来有了孩子，所里就请段师傅给我们的小黑屋开了个后窗，同时也把进门的地铺平了。1962年又有了第二个女儿，所里又给了一间小房。段师傅又给把墙打通了，三间西屋连一体。当时全院子住平房的人共用水龙头和厕所。所以打水和上厕所有时要排队。好在院子大，可以在大院子里的小桌小椅子上吃饭。你家的他家的都端着饭碗过来，聚在一起。下班后聊天说话，都很熟悉，跟一家人似的。四层的教授楼也没有电梯，好在那时我们是年轻人，教授们也不老。

秀山和我的工资那时都比刚毕业时高。他每月挣69元，我挣62元。记得秀山出版《京剧流派欣赏》的时候。由于稿费较多（共900元），银行叫分期去领。第一次去时领到了300元，我们非常高兴，马上就去书店买了好多字典，英、德、法、拉丁……秀山还买了不少有关哲学的书。他还叫我买了全套的《莎士比亚全集》（中英文），以及一些他想学的英语等书籍和杂志。记得还给小孩子也买了书，带拼音的和画画的，成套的小孩子可以背诵的英语小人书等。

我的叔叔和婶婶从天津来北京照料我们的两个女儿。在这里我有必要解释一下，我的叔叔和我的父亲是同父异母。我的祖父有两位夫人。我的奶奶是正房。叔叔的妈妈大家都叫她二奶奶。我的祖父和叔叔的母亲都过早去世了。叔叔身体也不大好，婶婶有心脏病，他们也没有子女，愿意来北京跟我们住，并帮着照看小孩子。大院子里的老住户都很同情我们的境况：两位老人加两个小孩要养，二老又没有报销看病的条件，加上我们也不太会管理家务。

婚后我俩买了不少的新书、旧书和工具书。每周我们都去灯市口旧书店。我们写下想买的书单，老尚伯伯替我们找到后，就留下等我们去拿。我的婶婶也爱看书。她对孩子们的教育很重视，每天午睡、晚上睡觉前都讲故事，给她们念讲。孩子不但爱听，还能模仿着给我们讲。街坊四邻和楼上的教授等熟人几次想请我婶婶去帮着照看他们的小孩子，我们都没同意。我叔婶身体都不好，不可能再增加他们的负担了。折中办法是可以叫他们的小孩来和我家小孩一起玩。所以六口之家虽然不宽裕，但那个时候过得还是蛮开心的。

后来银行又发给了两次稿费，还是每次300元。我们又添了书柜和书架，买了小孩子的书桌、小椅子、小书架等。秀山那会儿有了钱就买书买字典。记得住在教授楼的戈宝权对我家的稀有文字字典很感兴趣。他时常进来跟秀山说说话，跟我家所有的人都能聊上几句。戈先生对我家很好，当年他借给我们听西方古典音乐唱片。秀山很高兴有机会接触和欣赏到西方古典音乐。也许从那时起秀山开始对西方古典音乐产生了兴趣，并酷爱终生。而当年我买回老柴的第一钢琴协奏曲时是 78 转速的五张，秀山不能哼出调来的。可后来他在音乐上下的功夫是尽人皆知的。

就在秀山的《京剧流派欣赏》一书发表后，有一天他告诉我，康生看了这本书后问周扬，这书是不是个老头子写的？知道了是个小伙子写的后，康说，调到中宣部来吧。秀山当时说给我听，我没在意。后来有一天他回家对我说，我今天去见周扬了，又提到调中宣部的事，我告诉他我更喜欢在哲学所搞哲学。我当时并不明白秀山的这个决定是为自己做了一个终身的选择。

我印象中秀山写了不少有关京剧的文章。在报纸上和京剧书刊上发表评论四大须生、四大名旦等的文章。记得有一天我大哥的辅仁同学张胤德来我家找"秋文"（叶秀山的笔名），约他写稿，是关于裘盛戎等演员要去香港演出的。当时要得挺急，秀山写得很认真。他也没顾上给我说说看看就忙着给张大哥送去了。后来看到报上说那次赴港演出很受好评。所以我们也得到了几张演出的票。胤德兄常常来我家找秋文谈戏。秀山对我说，张大哥喜欢创新，有时编导些新颖的东西。可是由于我们都忙，秀山就更忙，所以没有更多的时间去看戏了。但是每周他都坚持应贺麟先生的夫人黄人道的邀请，去向黄先生请来的吹笛子的李老师学习昆曲，秀山学得很认真。有几次回来他高兴地告诉我，那个吹笛子的李老师夸他唱得准。他也曾劝我一起去学，我没有同去是因为秀山早就学过昆曲，向徐书城学过，也向楼宇烈学过，他们都是昆曲剧团的负责人。黄先生也不是初学，我知道我不可能跟上，所以没去。现在想起来很是遗憾！

别人送来两张票，于是那天秀山和我早早回家准备去看。到了剧场也不知道要演的是什么，抬头朝楼上一看发现老同学马克郁正站在楼上整理录像等器材。我喊了他一嗓子，他就下来了。老同学难得见面，经他一说才知道有好多值得看的节目。后来，秀山说马克郁与章诒和结婚以后胖了，也不唱了，也不串门子了。当年我们在京剧社里有个专门小组是专门唱曲艺的，马克郁是头儿，徐元邦和我是组员。我们曾计划去看望单弦大师荣剑尘，问了地址电话但就是没去成。秀山说我们都不负责任，叫我们补去。他早就不是社长了，但还是催我们把曲艺搞好。我们都笑他对曲艺是外行，好像他很喜欢似的。有一次我夸北大退休京剧社有一位唱《红梅阁》的男生唱得非常好，这男生说他就会唱这一段。我回来告诉秀山，他记在心里。这次他就说，骆派的"两琴两阁"得唱出味道来，又说我不像唱京戏那么认真。我还以为他不懂也不会喜欢大鼓单弦，他说可惜年纪大了，事情多了，不然他一定要学弹拉曲艺大鼓的乐器，他谈我唱，自编自唱。我们就说等将来老了退了休，我们就到地铁通道去唱。我说秀山不爱开口，可以戴个墨镜装盲人，我可以大声唱，可以一天唱京戏，一天唱大鼓。马克郁说他可以替我们收过路人扔下的钱。我们可以去旅游卖唱，越说越高兴，夜里都做噩梦了。

　　有人问我两琴是什么？两阁又是什么？"子期听琴""俞伯牙摔琴"，简称两琴。"剑阁闻铃""红梅阁"，简称两阁。这是骆玉笙大师拿手的名段。

　　由于我在家里总哼哼大鼓单弦，秀山给我敲打板，慢慢地他也能唱上几口。我真是很佩服他。联想起他在北大京剧社任社长时，周六带着好多同学进城看四大须生之一奚啸伯先生的戏，散戏后大家都到后台见奚先生，奚先生很高兴，和大家问长问短，谈了很多，还对我说了句"你很潇洒，像个角儿"。我们很喜欢奚派唱腔，想学，又怕打扰奚先生太多，我们就去欧阳中石家去问去学。因为中石哥在辅仁大学读书时是我大哥的同学，又是戏友，他到北大读书时又和叶秀山同学，又是戏友，当时又住得很近，就很熟了。实际上，我会唱的奚派戏，大部分是中石哥教的。秀山拉奚派也很熟练，有一次奚先生夸他说:"秀山到底是跟陈大沪学过唱和拉,功底是蛮好的。"

由于奚先生常带我和秀山去看戏,见到不少名演员并和他们一起吃饭,有时也会叫我们两人一唱一拉来上一段。我俩从小就学余派、杨派等,奚先生就总是说:"你的嗓子好,不要老学我,中石要是有你的嗓子就阔了。"我的奚派唱不好,学不像。我从小是跟我的大哥张金印学的。余杨段落,整出的他也教我背唱。他的不少朋友原来是同事,后来便下海了,如进出口公司的齐啸云(小五),我叫她花脸大姐。我哥辅仁同学杜平(也是我哥教的女老生)唱得比我好,她的哥哥杜冲在天津后来下海拉胡琴了。

总之在奚府见到的客人很多,如赵荣琛先生、梁小鸾女士、张伯驹老先生、吴小如(少若)、高玉倩、马长礼,拉胡琴的名人见得也不少,我不记得了。

最让我们高兴的是我们在奚家见到了我的表叔刘增复。我家的亲戚很多,表爷表叔也很多。我当时小不记事,我的哥哥们都认识他们。秀山早就对我说过,要是想把余叔岩研究透了不容易,要是我们想学好十八张半等,就得请教刘老先生。我听了没在意。在奚府,表叔对我说:"你的爷爷张耕珊有好几个儿子,可还是收我做他的干儿子。所以和你家亲上加亲。"我在那里喊出来了:"可能因为您懂余派吧!"奚先生也笑着说:"她爷爷有几个儿子还收你为义子。肯定是他老人家心里有数。我有两个女儿,还想再收一个干女儿。"当时对我表叔说:"你附耳上来。"正说着好像有客人来访就没说下去。后来表叔请奚先生见了我的家里人,还和我的父亲及叔叔一起吃了饭。就这样我成了奚啸伯先生的义女。

我对义父说过我想学《击鼓骂曹》不止一次了。他老人家从没有过教我的意思。我说您不必教我唱了,我都会唱了,也能区分是哪派唱的。您就教我"打鼓"算是给我的见面礼吧。他无奈答应了,叫秀山和我一起去他家学。周末下午,我们都很认真,学了起码有2个小时以上,连说带做。我在中学里是鼓号队敲小鼓的,是通过考试的合格队员,大鼓也行,包括为跳交谊舞伴奏打鼓我敲得也不错。所以原本我以为我能很容易的学会,可万没想到义父说:"你学得很快,但不太像是祢衡在击鼓。秀山倒是比你学得有点意思。"义父对我们的要求其实并不高,但是他的认真态度我是能理解的。回家后我请秀山教我并指出我的问题。后来这整出戏没有演成,是因为秀山和我都想再提高提高。

义父对秀山和我特别爱护和关心,他常对我说:"不要总叫秀山给你拉胡琴,唱戏。"他还说:"你们两位谁也不要下海唱戏。千万不要占太多的时间拉琴唱戏。在业余爱好者当中你们俩算是很不错的啦。"我接受了意见,改进了不少,对自己的工作也更认真了。

记得有一天义父挽着我和秀山俩人的手说:"快请坐,我今天有一事相求你们二位。"我马上就说:"您就说吧,还求什么呀。"他说:"你延龄妹自幼没了母亲,我这当爹的每天忙,对她照顾不到,我想她已经长大了。我意欲(这是戏里常说的词)……"我笑着抢话说:"您'意欲'给她找婆家吧?"义父答:"然也!好个聪明,快嘴的姐姐。你真是快人快语。其实我更希望的是请秀山哥哥给你妹找个文人做我的女婿。"秀山笑了,义父问他:"你能帮上我这个忙吗?"要是问我,我马上就会说"可以"。但是我家秀山瞪着两只大眼,看了半天,对着我说:"咱们俩回去好好地,认真地想想吧。"义父说:"那就拜托了。"我说:"容他想想,我也会帮他想。"

回家以后,他就拿出一张纸,想了好多的名字。有我认识的,知道的,还有好多我不熟悉的。于是他说一个,我否一个,说一个,否一个,思来想去,最后有一天,共同觉得还就是楼宇烈最合适。北大哲学系学中哲史的,上海人,和叶秀山是能说得来的熟人,就是年龄比我们大一岁比延龄大八岁。我俩决定先去问义父是否同意我们的选择,然后秀山又去问宇烈。就这样来来去去有些日子,介绍见面,等等。亲事就定下来了。对延龄的婚事,秀山和我所做的,只是把我们认为最合适的人选楼宇烈推荐给了义父,至于如何再进一步了解考察,义父应该都是找中石哥嫂操办的。这么多年楼宇烈虽然比我们俩都大一岁，但是他都是乖乖地随着延龄叫"秀山哥""金珠姐"，我好开心。

我和叶秀山一起生活了几十年，他有好多值得我学习的好习惯。比如早上起来一定要把家里的好多地方擦一遍，同时烧一壶开水沏茶、洗漱等，然后再吃早点。他去所里小格子间的时间多，中午回家吃饭，有时还会在外面集体吃饭。他回家马上就午睡，雷打不动。如果不去所里，就在家开始工作。上午不打电话也不接电话，最多从房间走出来倒一杯茶，直到11点半吃简单的午饭，然后是雷打不动的午睡。下午的时间就自由支配了。这是改革开放以后他的作息情况。

他的工作是安静的，我的工作和他不一样。所以我们只有到周末可以和孩子们去王府井逛书店，看工艺美术，吃冰激凌、核桃酪，有时还会到大华看电影。他从美国回来后有了电视，我们就在家里玩了。难得有一天我们俩都有空去看一个展览会。等了很长时间，挤得满头大汗，都快关门了，我们才挤出来。忽然我听见秀山大吼一声，"哎呀！我被偷了"。旁边的人都吓了一跳。一定是钱包！大家七嘴八舌地为我们着急。秀山当时脸色苍白牙齿打战，可把我吓坏了。他的一只手捂着他的后裤袋，半天叹气说："完了，完了！我半年的心血全完了！！！"管闲事的人还真很多，有人说："你为什么把半年的工资都带出来呀。"他这一叹我马上就明白了，对秀山说："你安定一下，别急成那样，一会儿就会有人给送回来的。人家要你那些小条条是没有用的。"我这一说，周围的人就更好奇了，追问我什么条条？我说是他辛辛苦苦积累的外文单词条子，很厚的一沓。大家一听，都说秀山是神经病，笑着散开了。而秀山把我的话信以为真。他说，要是真能还给我，我们马上就回家拿点钱给他。等了一会儿，展览会关门，我们手挽着手无精打采地回家了。那天晚上家里静悄悄地没有一个人说话，两个孩子知道爸爸丢了他最宝贵的东西"外语单词"。

不到半个月，秀山的单词片片、小条条等又进了他的后裤袋。

这次加强防范，坐车时就放在小书包里。后来我掂了掂，小书包越来越重，还加了一些不常用的稀有单词。我问他什么地方用得上？他说："学哲学的人有用，你不懂就别问了，浪费时间。"后来我忘记了是谁告诉我："你家小叶被称为'八国联军'。"

记得有一天，我由于在单位评优秀落了选，回家后泣不成声，气得头昏脑涨，觉得太不公平了！当时他劝我："你不要如此认真，生这么大气，你要记住，凡是你自己能做主的，你就做，凡是你不能做主的，你根本就不要多想，就顺其自然吧，否则生气、伤神也没有用。举例来说，今天你不想吃捞面，就想吃饺子，那你就改吃饺子好了，因为你能做主。好些事我们是做不了主的，所以就连想也不要想。"这句话我一直记在心里，成了我的座右铭。

后来评工资，评职称，评这评那，我就是心平气和地等待，从不去多想多谈多问，因此省了好多时间精力放在工作、唱戏、听音乐上。有人评论过我，甚至好奇地问过我为何如此"大度从容"，问我对一些事是怎么想的，我就把我牢记的这句话说了，他们也学去了。但我发现自己学得不够彻底，我想是我不懂哲学的缘故吧。

2018年9月7日以后，我静下心来，回想我俩相伴的大事小事。我觉得叶秀山除了念书，在其他好多方面，他对自己也是有要求的。他不但能干、肯干而且会干。例如，刚结婚成家后，买布裁剪量窗户，蹬缝纫机，做窗帘。那时被罩要缝上去。棉被要先缝好，就需要手缝。总是我缝一床被，他缝两床被。我们的同学和亲友都说："跟小叶比，你除了嘴快，哪儿都不快。"说得很对。在干面胡同住时，我们门前有一根绳子可以晾晒衣服。秀山每天一早就用手洗我脱下来的衣袜等，用夹子夹好，然后就步行去所里上班了。南屋的裴瑞敏（陈中立夫人）说，这是小叶每天必做的事，令人佩服。由于我们住在西屋，是来往的必经之路。快到发工资时，楼上的几位教授就过来请小叶代领他们的工资。我记得最常来的是杨一之先生、贺麟先生和管士滨先生。秀山领了他们的工资回来，有时还叫我帮他数一遍。我俩还笑着说，什么时候咱们自己的能数这么多张啊。

算好后，他饭也不吃马上就上楼去送。杨先生去世后，夫人冯静女士有事也是托他去办，有时连我也被叫上帮忙。我印象中，叶秀山对自己的事分秒必争，从不浪费时间，但对老先生们托他的事，他是有求必应的，从没有过唉声叹气。对他自己每个月都要唉声叹气一下的是去理发。在干面胡同西口要排队等啊等啊。他要带上一本书。下雨也要去排座等叫，烦极了。有一次因为走神只记着拿书回来，把伞给丢了，这是他第二次丢伞。他多次求我练习给他理发。我很同情他每次的唉声叹气。终于买了理发用的工具，我就上阵了。从不会到会，也是他一步一步地教我。教会了我就叫我"快—快—快"！总之到后来只要他说你给我"来—来—来"，我就会马上拿出理发工具，不到20分钟理完，他就去洗头了。他总夸好！好！我的技术也不断提高。他去加拿大、德国时也都是叫我"快—快—快"！后来他自己也能对着镜子剪，没有大场面时他已能自理了。我在单位也会给大家剪头，带学生野营拉练，我也能给男孩子理发。

我嫁秀山时，他还不会游泳，也不会骑车。在中关村住的时候，每次进城特地陪他从北大西门上汽车（捷克大车）。汽车只有一个门，上去下来都要挤，很不方便。可当时没办法，我骑二八男车，他坐汽车，每到一站就等他有座时在窗口招一下手。当时京剧社里有人说我是十三妹，他是安公子。秀山就拿我的车去练，我陪着他，很快，他能自己外出骑了。有一天他和诸葛殷同骑车去香山，回来的路上，下坡时由于他不太会捏闸，摔了下来。后来他就不再骑车了，正好我们也搬到城里了。

记得有一次我和他一起回西郊时没赶上汽车，便只好从西直门一直走回到中关村（北大西校门），我们也不觉得累。还有一次看完戏已很晚了，是个大夏天，走到天安门实在太累了，就在一蹬蹬的台阶上，我睡着了，他护着我一夜没睡。这辈子就这么一回，永远忘不了。

记得所里组织去什么地方活动，他和汝信在一起，就学会了游泳，回来以后就像是会游泳多年的老手。我真佩服他的好学精神！

在学北京话方面，他也是能手，他很快就能掌握要点。有时他说得过了头，就像个相声演员。在上海人学北京话上，我还没听到过比他更强的呢！

学唱北方的单弦、大鼓，他会的不多，但唱得顶呱呱，可惜懂行的马克郁师兄已不在，徐元邦老哥比我们大得多，他就是听也听不见了，我在异乡遥祝他福寿绵长。

叶秀山看上去很文雅，但他并不是一个随和的人，有时甚至很任性很固执。比如他就是不去医院看病。在中关村住时，有一天他发高烧。我死说活说陪他去海淀第七医院，也就等于是我们出了大门的对面。我扶着他去看急诊。回来以后他就大睡。我到清华我表姐家去借大一点的锅给他做面汤。幸好，表姐的母亲也就是我母亲的堂姐来帮我，秀山总算是慢慢好起来了。但再去复查他就不去了。搬进城后，他常买点药吃，不再去医院看病，说太耽误时间，不然就在院里医务室拿点药。我还记得他评上正研究员后，发给他一个蓝色的医疗卡，就在崇文门那边的同仁医院，几十年来他没去用过一次。我从牛街医院有时看病拿回来的药，我也不大吃，好像他说过：你的药我能吃。总之几十年过去了，他没少买药，什么闻的喷的吸的。后来女儿给他寄过治喘的药。他喜欢喷的，不爱看病，好多年也不体检。我问过他："你不去体检，不去看病，万一有一天你突然离世，别人要问我你得的是什么病，我何言以对？"他笑着说："你就回答说我是无疾而终。"

叶秀山的爱好很多，都蛮有情趣的。但对看病体检这件事没说过好话，任性之极。至今想来，我只有四个字"悔之晚矣"，太迁就他了。

日常生活方面，他的能力也很强。来北京以后他就学吃北方饭。在北大，我们是八个人一个桌，都是站着吃。我们京剧社的人一桌，有说有笑。秀山不爱吃煮鸡蛋，我来之前他都给李思敬，我来了，他就给我吃了，李就和我抢。有好多东西他都不爱吃，就爱吃面条。有时他能排大长队去抢面条。我爱到小卖部买点心面包等零食。他也一口不吃。结婚后没多久，他就会和面擀饺子皮了，调馅儿包饺子、包馄饨，全会了。

　　我的婆婆会做好多吃的，可惜 54 岁就离世了。秀山记忆力好，凭儿时的印象他能试着做四喜丸子，先炸了半熟再上锅蒸。逢年过节这是他的拿手好菜之一。日常炒菜只要他想做，就能做得很好吃、很爽口。他还常给我们做蛋饺、做江米酒。他常常讽刺我，还对孩子们讲"你妈妈在厨房一站就是一天！"言外之意是也做不出几个菜来。我总是有一个想法，我的时间比他多，我舍得起，可他有许多的书要看。这个想法，我一直到老都这么想。我不止一次对他说：有人说我就爱唱啊唱啊有点儿傻样。秀山说："这么多年来我就一直喜欢你的傻样。你唱的是老生男角，你的为人气派都是老生气派。你不啰唆，爽快！"还举例挖苦我，"你喝茶就像喝汤一样，咣咣咣几口就喝下去，就像戏中那样。可是日常生活的品茶，你就不会"。

　　秀山走了，最近我才学会品茶。身在美国，我经常会边喝茶边唱边哭，"泪汪汪哭出了雁门关"！

　　秀山把时间抓得很紧，但他不是只念书的书生。家务事他干得很多。我在化工厂车间劳动时，正式确定被分配在化工部搞化学工作，后来人事部门分配我去四车间做苯甲酸等产品，我当时正在给小女儿喂奶。做三氧化二砷（As_2O_3），就是砒霜，每天下班回家不能马上喂孩子吃奶，因为工作服要脱在车间换自己的衣服回家。回家进门要先洗手，用单独的一个盆，秀山把洗澡的大木盆拿进屋子里，慢慢地放好凉水和一壶壶的热开水，然后给我擦洗。一切完毕才能进孩子的屋子去喂奶。秀山很累的，屋子小，搬来搬去的。一个产品一个月干完后，又换硫酸硝酸。

　　后来蒋班长觉得我干活认真，为人也不错，给我换了做醋酸的产品，我高兴极了。后来我都能带夜班当副班长了，又被化工厂的工会约去唱戏，在中山公园音乐堂，在朝阳戏院，还请家里人去看。秀山笑我参加了工人阶级队伍。我很受欢迎。他说唱戏把你变成真的工人阶级了。因为我表现好还涨了工资。后来还派我去外语学院旁听捷克语。因为要来专家,开始我还不太想去,但秀山一直鼓励我不要错过学外语的机会。我早出晚归,家里一切都是他管。

有时我还会有任务去怀仁堂跳舞,回到家有时已是夜里一两点了。秀山会一直等我,我回到家时,他总是还在写东西。他从不躺着看书,总是边写东西边等我回家,还给我准备吃的喝的,问长问短。

一转眼就干了六年的化学工作,翻译过书,也会了不少语言。秀山总是鼓励我,多学点没坏处,比说闲话好多了。

秀山对我的关怀体贴无微不至。夏天晚上睡觉不开窗户,因为窗外是小胡同,过路的人和车很吵。秀山总是一手举着书,一手摇着大蒲扇。我每每感受着非常舒服的阵阵微风入睡,然后他才会关了床头灯睡觉。数十年如一日。只要是他在家过夏天,我们就是这样。来美国住的日子,秀山就用折扇摇着睡,嘴里还说比大蒲扇差远了。

秀山曾对我说过他小时候,他的爸妈觉得他身体不够健壮,送他去学武术。他的太极拳打得很棒。在我们结婚以后,他曾给我们表演过武术打拳,跳京剧里的铁门槛翻跟头等,很出乎我的意料。

想起他去延安受教育一年回来后也没讲过太多的东西。十年后我刚好出了劳改队就被派去延安劳动改造。临行前,他给我讲了好多注意事项。如果在伸手不见五指的夜晚遇到一只狼应该如何,遇到狼群又当如何?排水应该如何,烧火需要注意事项。总而言之,秀山把他十年前在延安的生活经验全给我讲了。十年后,我去延安时是工宣队军宣队及校领导送去的,和学生在一起吃住。这一年的日子很难,要不是秀山的叮嘱和指点,我遇到的困难会更多。

往事并不如烟。斯人已逝,但对于我,秀山只是出了个远门而已,我们还有很多话要说,还有很多戏要唱,他不会离开我。

致外公

杨丽莎

Grandpa, thank you for being the most amazing grandpa I've known. Thank you for reading all of my poems in English when I can't read any of your texts in Chinese. I miss you so much.

Beloved Grandpa, I knew no China without you;
Now all I see in this country is your absence.
But since you must go, I had to look for you.

I looked for you in red wine glasses that we never shared.
I searched your desk for all the words we could have said these years.
And then I found you in my empty hand you held to cross the street, to taste our favorite sweets.
I find you in your texts I cannot read, but must one day – I'll find you in my poetry.
I found you in my name and Sophie's (we are who we are because of you).

Since you must go, I have to tell you now –
Like hide and seek, we'll find you
In music and the soft foods you can chew,

In all those who love you.
So take our love, Grandpa, on your way
To delight your next world as you have ours.
I love you, Grandpa.

Lisha（杨丽莎）

挚爱的外公
让我了解了中国的人，是你 。
而今在这个国度，我举目四望
却不见你的踪影。
既然你非要离去
我必须，必须寻找你。

我寻找你
在你我从未分享的红酒杯前；
我遍寻你的书桌
寻找那些你我本应细说的话语；
恍惚间，我找到自己空空的手——
却没有你牵着我，穿过街道
品尝我们最爱的甜品；
我寻找你
在我读不懂的你写下的文章中——
但终有一日我会读懂的；
而将来我会在我的诗文中找到你。
在我和苏菲的名字中，我找到了你
我们是我们自己，因为你。

既然你非要离去，

我必须，必须现在告诉你——
这就像捉迷藏，我会找到你
在你喜爱的音乐和美食中，
在所有爱你的人中。
带着我们的爱前行吧，外公
你让另一个世界欢愉
就像你欢愉我们的世界
深爱你，外公。

（施思原译，何博超校）

叶秀山先生遗体告别会祭文

黄裕生

叶老师，今天是您所有的亲人、所有的学生、所有的朋友最悲伤的日子。因为您今天就要永远离开我们了。

您为哲学劳作了整整六十年，直到最后一刻，还在讨论时间这个人类最隐秘的问题，都来不及关掉书桌上的台灯，您就永远休息了。

您为哲学而来，也为哲学而去。

您说，"哲学在中国是有希望的"。是的，因为您在汉语世界再次开启了"自由的思想"，再次打开了一个足以与世界一切伟大先知、伟大思想对话的精神视野。

您说，"如果没有形而上学，权力就是真理"。是的，您的一生是没有世俗权力的一生，因为您把自己奉献给了超越一切世俗权力的真理。您在权力体系的边缘找到一生的"自在"，在世俗等级世界的别处，找到了人生的安顿，因为在那里，您觉悟到了高贵的自由，洞见到了绝对的本原。

叶老师，您就要走了，但您以您一生的工作重启了一个民族的思想，您使一个民族在思想上重新配有守护自由、看护本原的崇高资格，使一个民族在心灵上重新找回了触碰人性边缘的勇气，使一个民族在精神上重新获得面对天地人神的高度。

叶老师，您就要离开我们了，但您给我们留下了永远的宽容、永远的友爱与永远的温暖，也给我们留下您温文尔雅、磊落天真的永久风范。

　　叶老师，我们已经把您来不及关的台灯关了，我们也会把您来不及讨论的问题继续讨论下去，把您来不及写完的文章继续写下去。

　　叶老师，您安心走吧，我们会一直目送您到达更美好的地方。

　　叶老师，您一路走好！

　　永远敬爱您的学生们！

2016 年 9 月 13 日

安葬叶秀山先生骨函祭文

黄裕生

今天是 2017 年 3 月 28 日，天和地暖，风清万里，是一个吉祥的时日。我们齐聚在桃峰园，为叶秀山先生举行骨函安葬告别仪式。

在此，我们将用我们的挚爱、我们的感恩、我们的不舍，送先生最后一程。

送别先生是悲伤的。因为先生的离去，夫人失去了一世的陪伴，女儿失去了父亲的牵挂，而学生、亲友、同事，则失去了一颗一切都能够与之交流、与之分享的博大心灵。

送别先生也是祝福。今天在场的每个亲朋好友，原本都还有很多话要与先生细说，还有很多美好的事物要与先生分享，还有很多时光要与先生共度。先生的突然离去，使这一切都成了永远的来不及。不过，我们不应只有懊悔与悲伤，因为我们相信，先生一定去了一个更美好的世界，我们祝福先生，在那里会有一切我们没能给予的美好生活。

送别先生也是怀念先生的开始。今天送别，就是永久的离别。但是，先生早已准备好了以另一种方式与我们共在，与后人共存，那就是他的思想，他的作品。先生一生为学，其学贯通中西，其思究竟天地。其文载道也，足以醒天下之溺；其文达境也，足以化世人之情。影响所及，不以年月计而穿越时空，不以地域别而跨越内外。所以，送别先生，是怀念先生的开始，是更加理解先生的开始。从此，先生以不在场的方式在场，以不在场的方式与我们同在，与未来同在。

今天，先生将安栖此地，这里，位立公园之中心，背倚桃峰之雄巅，前瞻灵山之胜景；合先生之高格，适先生之灵秀。先生归栖此地兮，此地有灵；地有灵兮，后人有福；人有福兮，繁倡永续。

言有穷而情不尽，愿先生在此安息！

挽词选录

志取纯粹语论中西道存在
思开绝对学通古今待后人

(叶门弟子)

哲思求真著述等身为醒世
大道悟透风雨无悔任天行

(王树人)

思风越千年　读书求自由　学问在知己
心尺跨万里　希腊有深海　中国有秀山

(赵汀阳)

诗思何富，独有锦心标秀叶
秋雨其凉，更怀远志悼先生

(韩水法)

章草梅腔长爱智
忠肝赤胆为中华

(高正)

哲意如水刻东西
匠心似风雕龙文

(于奇智)

秀笔传遗训，心系人文垂学范
山水蕴原道，魂归天国缅诗思

（胡继华）

学贯中西笑谈人间雅趣　哲人已逝音容宛在
思接古今细说世道真情　蜡炬虽灭光明长存

（郭大为）

为学问而生，一生淡泊名利；
持纯正之道，诸道皆取高洁。

（李德顺）

师道庄严
学人典范

（中国社科院哲学所东方室）

淡泊明志慎独行
勤学深思诗意居

（中华美学学会）

学贯中西融知行
静观时世论春秋

（中国社科院哲学所美学室）

游于学问任自由
道贯中西爱思想

（李文堂）

六十载学问思　解语康德了悟自由存在
几多回诗歌戏　化生庄子终得大道绵延

（中国社科院哲学所现外室）

一向是为思而思　那管他世局陵替
到头来求仁得仁　终成就绝代斯文

（李河　尚杰）

曾承教诲　满腹学问　先生何遽去
怅对遗范　一怀清风　道德竟不归

（梅墨生）

哲坛扛鼎角色秀
学界光大人物山

（熊在高）

宅心仁厚，道德才情，品行誉天下；
师表崇高，诗书哲乐，学问贯中西。

（张维庚）

秋至京华，学苑同悲凋秀木；
世钦泰斗，理论独辟拔山峰。

（叶良中）

京城雾霾覆玄黄，
河边垂柳卸秋妆。
日暮惊闻叶公逝，
苍凉悲风诉哀伤。
书斋清雅品典藏，

养思促学著华章；
贯通中外释精微，
不朽盛事映三光。

（王柯平）

悼念秀山兄

余丽嫦

你的远行，既无预示，又无告别，就你个人而言，也许痛苦少些，也是唯一让人稍慰的。但，留给在世的人们，却是更深的哀思，更深的伤痛！

你是我们最老的一批老同事、老朋友：侯鸿勋、梁存秀、李泽厚、汝信、我中，最年轻的一位。可你却抢先走在前头了，令人叹惜！

你天禀聪颖，博览群书、博学多才，在所涉足的领域：西方哲学尤其古希腊哲学、欧洲大陆近现代哲学、中西哲学会通；美学、书法、京剧亦有很深造诣，卓有成就，给人们留下宝贵财富。

在培养后学上，更是建树良多。弟子众，学成后均成为著名学府的学术骨干，如北京大学、清华大学的哲学系主任均是你亲授弟子。

你是众多同事、朋友中最可深入交流、切磋学问且让人获益良多的学友！

你为人宽厚、谦和、坦荡、豁达、真诚、真实，是值得深交的知己良友。我为与你在哲学所几十年的相遇相知，深感有荣焉！可惜，今天一切戛然而止，悲乎！！！

天妒英才，天命难违，你还是毫不迟疑地走了，无奈！愿一路走好，在天堂那边，与金岳霖老、贺麟先生、杨一之先生、王玖兴先生、温锡增先生、管士滨先生、姜丕之先生，继续讨论学问，畅谈学术吧!

　　大地上的人们会恒久铭记你、怀念你。秀山兄千古!

永怀叶秀山先生

郑培凯

老友叶秀山兄,突然就这么走了,享年八十有一。按照周有光先生的说法,活在21世纪,人生八十才开始,八十一岁是牙牙学语的年纪,前面的路还悠长着呢。路漫漫其修远兮,吾将上下而求索。

秀山兄是哲学家,时常感慨"生也有涯,知也无涯",对生命无常采取一种超然的态度,以前还跟我讲,老子说"天地以万物为刍狗,圣人以百姓为刍狗",说得真是透彻。人故去了,是不是还有个未知的世界,有一条我们看不见、摸不着的道路,迷迷茫茫的,会像探访桃花源的渔人进入了黑暗的隧道,仿佛若有光,可以在另一种维度,蹒跚学步,走向不朽的未来?

今年年初我在北京涵芬楼举办书法展,打电话给秀山,他说身体不太得力,有点累,不过来参加开幕了。说到写字,我的字跟他路数相同,都是二王帖学的余绪,若是他过来指点,一定会说,多临冯承素、褚遂良的《兰亭序》摹本,勤写就是了。

我请他过来看展览的真正目的,倒不是切磋书法,是因为从香港飞来,布展的杂务太多,走不开,没法登门拜访,想劳动他的大驾,来聚聚、聊聊,听听他心灵的自由翱翔,扶摇直上九万里,是不是又发现了什么美妙的哲学新世界?

上次去他在劲松的家里聊天,已经是五六年前了。他一个人住,夫人女儿都在美国,次卧成了小型音乐欣赏室,不大,家具只摆了一张像长凳的沙发,靠墙堆满了各种音响器材,叠罗汉似的,刀枪剑戟斧钺钩叉，十八般武器，看得我眼花缭乱。喇叭有书桌那么大，说是个小青年帮着组装的，效果好得不得了。他说在家里听音乐，比音乐厅现场效果好，更重要的是舒服，还可以冲杯茶，喝罐可乐，嗑嗑瓜子什么的。

他本来就显得清癯，精神倒是好，身体十分硬朗，不过脸颊有点泛红。说起我们都有血压高的毛病，我说实在有点烦人，得按医生的指示，每天按时吃药。他就说，医生的话也不可全听，所谓的医学知识只是一般通论，总是以全概偏，并不针对个别情况。每个人只有自己最知道身体实存的感觉，因思想的存在而确定生命的存在，从而感知心脏脉动的实存，所以，他每次看医生，领了一大包药，经常是不吃的。平常没什么特别感觉，觉得心跳正常，就不必吃药了。偶尔感到血脉流通的异动，那是血压想造造反，对生命实存提出挑衅，而自我的身体机能似乎调适失灵，无法消弭危机，那时候才需要药物的帮助。

我说，这不是有点自欺欺人，忽视医学的专业知识，以自我感觉来判断心血管的症状，以形而上学的个体现象感知，取代了实证的医学吗？他就说，对待自己心脏的态度，既得严肃，也得超然，生命当然是宝贵的，可也一定会消亡，不要整天吓唬自己，杯弓蛇影的。拿着医生的药方当令箭，跟自己的血液循环过不去，天天吃药，看来也不怎么科学。不是说，是药三分毒吗？要学着体会实存的经验，进入心灵自由的思想状态。心灵自由不是形而上学，是人类文明累积的智慧。

这就让我想起三十五年前我们初见，他是第一批从大陆来到美国的访问学者，有着独特的思维方式，风度儒雅，完全不符合当时的官方形象。他的谈吐不卑不亢，讲起苏格拉底与柏拉图，却神采飞扬，好像回到心灵的故乡。谈到20世纪西方哲学，完全不提马列主义的批判教条，态度十分谦虚，只说以前没机会接触，实在弄不清楚，要好好学习。他爽朗的风神与谦逊的风度，以及如珠的妙语，一下子就吸引了我。

那时我在纽约州立大学奥尔巴尼校区教历史,他在哲学系挂单,主要是跟着数理哲学家王浩,在美国东北部的哲学圈子访学交流。因为经常聚会相处,兴趣相近,天南地北无所不谈,我俩很快就成了挚交。我教他喝红酒吃西餐,谈结构主义、解构主义、西方马克思主义文艺理论,谈古希腊文化,谈福柯,谈老庄,谈苏东坡,谈年鉴派史学,谈十七八世纪东西文化重心的易位,谈汤显祖与戏曲,谈京戏的没落。

酒酣耳热之际,他就向我诉说半生经历,才从贺麟那里学到一些德国古典哲学的基础学问,还没时间钻研,就开始"文革"了。在陕北时,他认识到农村生活的现实,物质困窘,精神贫瘠,道德滑坡,完全出乎他的想象,与他的哲学世界有着天壤之别。后来又派去河南,作为哲学社会科学部的先遣部队,筚路蓝缕,建设五七干校基地。

经过多少夜晚的促膝长谈,我才像考古学家挖掘殷墟那样,逐渐发现他深藏不露的才学,不但在西方哲学方面学殖丰厚,而且浸润在中国传统文化的精致审美境界,精通戏曲书画。原来他这位古希腊哲学专家,在 21 世纪 50 年代求学北大的时候,是北大京剧社的台柱,拉得一手好二胡;原来他书法灵动曼妙,造诣颇深,与吴小如的尊翁吴玉如先生是忘年交,和欧阳中石同门学艺,来往密切,还帮我求了幅字。

他时常感叹前半生政治运动太多,下乡与农民同吃同住同劳动,荒废了近二十年的学业,所以在美国夜以继日,除了重新探索古希腊哲学,也开始研习近代西方哲学,特别钻研胡塞尔与海德格尔,说可以打通古希腊与德国古典哲学,思考生命意义的哲学探索,是否还有什么古人轻忽的理念。

他时常问一些最基本的问题,质疑我们习以为常的天经地义,让我看到一个追求真知的哲学家,除了有独立思考的精神,还是如此天真无邪。

记得我们谈到晚清的思想界,他当时就感叹,要是康梁变法成功，走一条英国君主立宪的道路，没有后来的折腾与动荡，那多好！乍听似乎幼稚，完完全全的政治不正确，他却说得如此认真，从古希腊的民主制度谈到英国的大宪章，又说到儒家的中庸之道，真是石破天惊的伟论。

十多二十年前到他在亮马河小区的住处去拜访，问他除了思考哲学问题，平常做些什么？还喝红酒吗？他说，喝了红酒会发喘，不喝了。倒是迷上了西洋古典音乐，喜欢听唱片，而且得听原版唱片，翻版的不听。德意志唱片、菲利普、伦敦、EMI、Decca……挺贵的，一张要一百多元，还不好买。

还听戏吗？不听了，现在台上没角儿了，唱得还不如票友，听了生气。读书的时候，倒是真迷京戏，只要有空就往戏园子跑。什么角儿没听过！四大名旦不用说了，马连良、谭富英、裘盛戎、张君秋、李少春、杨宝森、奚啸伯，那才叫听戏。现在听听唱片，过过干瘾，想想当年就算了，"想起了当年事好不惨然"。

看电视节目吗？只看新闻联播，每天早上起来，看看电视新闻联播。我说，新闻联播每天套路相同，有什么看头？他居然说，只看前面五分钟，看到领导人一一露面，知道今天"太阳之下无新事"，天下太平，就可以心安理得，埋头读书了。哲学是一门通学，"条条道路通哲学"，只要没有政治干扰，学问还是可以做的。

哲人其萎，这些蕴意深厚的哲学语言，充满了吊诡，只好留待后世去解读了。

悼忆叶秀山

柳鸣九

佳节并不一定闻佳音，人间万事，变化无常，佳节也可能突闻噩耗。今年八月中秋节一清早收到一封电子信，是叶秀山先生的高足王齐发来的，告知我叶秀山先生已于九月七日夜间，因心脏病突发不幸逝世，遗体告别仪式已于中秋节前两日举行。

我深居简出，孤陋寡闻，这噩耗对我来说，是一个迟到的消息，乍闻之下，不胜震惊。回想中秋节前这一个星期我正按惯性运作，忙于俗务杂务，没有想到在我浑然不觉之中，秀山先生已化为一缕青烟，升天而去。他的去世不仅是他所在的哲学界的重大损失，而且是整个精神思想界、文化学术界的重大损失，对我们国家来说，则是丧失了一个国宝级的知识精英……

我曾看到过对他的一份简介，其中有他这样一个劳动成果的简略清单：从20世纪80年代起到逝世前两年，他就出版了将近二十种专深精尖的学术专著，如：《前苏格拉底哲学研究》（1982年）、《苏格拉底及其哲学思想》（1986年）、《思·史·诗》（1988年）、《美的哲学》（1991年）、《无尽的学与思》（1995年）、《中西智慧的贯通》（2002年）、《哲学作为创造性的智慧》（2003年）、《西方哲学史》第一卷之《西方哲学观念之变迁》（2004年）、《哲学要义》（2006年）、《学与思的轮回》（2009年）、《科学·哲学·宗教——西方哲学中科学与宗教两种思维方式研究》（2009年）、《启蒙与自由》（2013年）、《知己的学问》（2014年）……

在我看来，这些专业水平高，思想深邃的学术专著，都是结结实实的"硬货""干货"，都是经得起个把世纪时间磨损，有持久生命力，有悠远影响的书，用秀山先生的话来说，是"活着的书"，而不是速朽的书。在当今能出此种活计的学界人物，已寥寥无几，这是我把他视为国宝级知识精英的原因，而且他年仅81岁。如果他像现在很多老骥伏枥的寿星，能活到九十岁甚至一百岁，那以他的学术文化潜力，他又能增添多少业绩呢？答曰：未可限量！

叶秀山是我的北大校友，他年龄比我小一岁，却早一年考上北京大学，而且是北大哲学系，这就足以说明他当时是一个聪明早慧的学子。我在北大念的是西语系，与叶秀山根本没有见过面，但我知道他，在当时就听说过他：西语系同学中有传闻，英语专业的一位淑女，在哲学系有一个"对象"，是哲学系学生中间的一个拔尖的才子，是北大著名的社团北大京剧社中的一位主要成员，听说还当过一任社长，胡琴拉得非常好，好像还会上台表演，不是青衣就是小生……仅以这些，他在同学中就足以享有才子之誉了，此人便是叶秀山。

北大是一个才子成堆的地方，才子们的个性表现以张扬外露者为多，有狂放型的、有高傲型的、有名士派头型的、有外露炫耀型的、有绅士风度型的、有情调浪漫型的，有恃才自傲、以俯视他人为乐型的……才子们也许是在显露上下太多功夫了，后来成为学术文化大材者，创有巨硕业绩者，反倒不多……叶秀山这个才子多少有点不同，我在北大时也偶尔见过几次，是一个清秀的、文气的青年人，沉静而沉稳，显然是很胸有成竹。

大学毕业后，我先分配到中国科学院哲学社会科学部的文学所工作，后又转到外国文学所。那时中科院的哲学社会科学部就在建国门内5号大院，在这个大院子里集中了该部的几个主要研究所：哲学所、历史所、文学所以及后来的外文所，我在学部大院里也就更经常能远远见到叶秀山，显而易见，他分配到了哲学研究所。虽然同在一个学部，同在一个大院，但我一直没有机会与他结识，而且不知怎么搞的，虽然我们的专业学科都属于西学这一个大的范畴，他搞西方哲学，我先在文学所搞西方文艺批评史，后到外国文学研究所搞国别文学史，我们却没有一次机缘碰上头、见上面，但随着各自在本学科领域中的出头露面，互相有所耳闻是不在话下的。真个是但闻空谷足音，不见故人身影。就这样过了若干年，一直到了"文化大革命"。

在这场政治风波中，我当时就注意到只有李泽厚与叶秀山，他们似乎从生活中消失了，他们似乎是整个离开了哲学社会科学部，他们到哪儿去了？他们在做什么？我对李泽厚的情况不了解，但叶秀山的情况我后来听说了，原来他完全当了一个逍遥派，抓紧一切可能的时间，在自修英文、德文、法文和古希腊文，并以练习书法为乐……

显然，其精神追求，思想境界，坚持定力，实高于我等眼光短浅，忙于追随站队的俗人一等。对叶秀山这种在混乱中的定力，在蒙蔽、忽悠下的方向感，深感钦佩。我知道，仅凭这种生活态度的不同，自我选择的不同，叶秀山将来必有一番作为。果然，到了改革开放时期，他"逍遥十年"所积蓄的能量，终于大爆发了，上述他那份硬邦邦的书目名单就是明证。说实话，我多少从他的例子中，也曾得到过若干启发，当然更主要的原因是，我自己在"文化大革命"中摔了跤、倒了霉，头脑开始清醒了，于是才在十年浩劫的后期，告别了"无产阶级大革命政治"，开起了地下工厂，制作起《法国文学史》来……虽然觉醒犹未为晚，但后知后觉者毕竟落后于先知先觉者一程。

从 20 世纪 50 年代北大时期一直到"文化大革命"，这只是我与叶秀山相互耳闻的时期。到了改革开放，情况稍有变化，也许可称之为开始有了一点神交吧，这是因为我们两人在各自的专业领域，各自的学科业务上都有所施展，都弄出来一点动静，相互耳闻的频率自然会高一些。我不知道他对我了解有多少，但是，我对他的了解虽然也不多、也不深，但比过去的确增加了一些，除了道听途说之外，偶尔有这种机会，那种机会，看到有关他的学术报道以及他所发表的文章。从文章中，可以了解他不仅会拉胡琴，而且对京剧艺术很有研究；他不仅字写得好，而且对于书法艺术也很有研究。所有这些不仅停于爱好与修养的阶段，而且上升到了理论概括的高度，进入了美学研究的层次。此外，还有他与哲学大师金岳霖的关系，等等。与此同时，我也初步领略了他平实、清淡、自然、儒雅的文字风格。这些构成了后来我争取在散文随笔项目《本色文丛》中与他合作的认识基础。

在学界士林中，我过去一直不太重视直面的结识与交往，因此，我实际上认识的朋友不多，有实际交往的朋友更少，但我对引起我兴趣的人，总习惯于多加关注，凡是碰到有关他们的报道，我总要瞄一眼，在书店里见到有关他们的书我总要翻阅一下，因此，虽然我结识的人不多，深知的人甚少，但我知道的人倒还是不少，这种关系实际上是谈不上交往，也谈不上是"君子之交淡如水"，但毕竟还是有点注意、有点关切，也零零星星略有所知，似乎开始有那么一点"神交"的味道，当然是低级阶段的"神交"，简单形态的"神交"，我对叶秀山基本就是如此。正是从不期而遇的机会中，如偶然翻阅到一页书、偶然见到一则消息，偶尔见到一篇文章，等等，从这些零零星星的渠道，对叶秀山作为一个学者的其他方面略有所知，如他爱读的书竟然是康德与黑格尔，这两个人是以枯燥、艰深著称的，对此，我也曾经有所领教，特别是康德，那是很难啃进去的，啃他，本身就是一件苦差事，而叶秀山居然以常读康德、黑格尔为乐，把康德和黑格尔作为"枕边书"，作为"经常请教的朋友"，甚至达到了"一日不见，如隔三秋"。由此，我不能不把叶秀山视为一个特殊材料制成的奇人。

他的"雅"令人明显可感，他精通音律，深谙京剧艺术，擅长书法，这些都是雅趣，是上雅之好，他堪称真正的雅士，但我更欣赏他把雅趣雅好延伸出去、点染开来，渗透到自己的日常生活中去了，如：他把写字、练字、研究书法艺术的雅趣注入俗生活，以至上街闲逛这么一桩俗事，也变成了他观赏街上林林总总、形形色色商家匾牌风格的趣事。窃以为在凡俗中带雅，在凡俗中弄出雅来，似乎功力更不简单，可谓"无处不雅"。而从我偶见的一些照片中，也可以看出他衣装讲究，格调雅致，有内涵而不炫耀；他家的装饰风格也明丽而颇有艺术性，他似已风雅成习。

从北大时期起，一直到改革开放之后这几十年，我谈不上与叶秀山有实际的交往，谈不上有什么友情，我只是他的观赏者、赞赏者，我关注他在学术舞台上与人生舞台上的自我展现，对他的"奇"与"雅"多少有点感受，这大概就算是有点"神交"吧。以我这一点浅浅的"神交"，我是没有资格写悼忆文章的，不过，这一生我毕竟还碰上过他一次，毕竟我们还见过一次面，相互说过几句话，那是我生平唯一一次与叶秀山的见面、交谈，当时的情景至今仍历历在目。

具体的年月日我记不得了，大概是我退休之后的某一天，有一个什么手续需要我到院部去一趟。出租车在社科院大门口人行道的旁边停了下来，我一开车门，正好碰见叶秀山就在旁边人行道上，准备走进院部大门。那时是在秋季，我们都身穿一件风衣，一看就知道是出国的行头。我们第一眼就认出了对方是谁，而且条件反射式地互相"哦"了一声，既没有另打招呼，也没有握手寒暄，互致问候，就交谈了起来，似乎是两个早已相识、早已熟得不得了的老同学、老同事，甚至像两个从小在一起长大的发小，见面时无须任何礼节程序。但两人只简单地交谈了两三句话，然后走进院部，各办各的事去了。这就是我生平唯一一次与他的会见、唯一一次与他的当面交谈，总共时间恐怕还不到半分钟，这大概是算得上"君子之交淡如水"。显然，他知道自己偶遇的就是柳某，至于他是如何知道的，知道我多少，我就不甚了然了。不过，就我在人文学科中已经弄出来的动静而言，他对我恐怕是早已"了如指掌"了。

虽然我与叶秀山实际接触与交往很少，但我却与他有一次实实在在的合作，一次成功的合作，一次可获硕果的合作。对此次合作，我深感欣喜。

　　由于委托给我主持的文化项目，都带有文化积累性质，我组织书稿的对象，往往都是一些学术文化名家，才俊之士，在某种意义上，实际上就是向他们求稿，我总算还做成了几个这样的项目，得以与当代相当一批数量的文化学术精英有了合作的关系，这是我的荣幸，是我生平一大幸事，能与叶秀山完成一次合作，也是令我深感欣慰的一例，在做这项工作的过程中，有些事情是具体而琐碎的，有的时候还要碰见尴尬、难堪的事情，甚至最后也有以遗憾告终的结局，但这些说交往也罢，说琐碎交道也罢，毕竟也算得上是学术事、文化事，多多少少也反映出人文领域这个角落的文化生态，反映出学术领域中士林若干点滴与侧影，似乎不妨略加记载。

　　时值2015年，随着我的文集十五卷出版，我原来的业务工作告一阶段。但仍背负着不止一项文化学术项目，其中有两个项目的求稿、组稿是比较费力的，一是为深圳海天出版社主编散文随笔项目《本色文丛》，二是为河南文艺出版社主编《当代思想者自述文丛》。《本色文丛》以有作家文笔著名的学者或有学者底蕴著名的作家为组稿对象，致力于弘扬知性散文、文化散文、学识散文，亦统称为"学者散文"，到2015年时，已出版了三集共24本书，面临着第四辑的组稿，也就是说要求组到一辑共八本书，而且是八位著名学者或八位有学者底蕴的作家。而另一个项目《当代思想者自述文丛》也面临着组稿工作，这套文丛的组稿工作难度更大，组稿对象至少要具备这样几个条件：一是厚实丰硕的学术文化劳绩。二是要有思想者的资质、成就与社会影响。三是要是一个有点故事的人，还要能成功地加以表述。其组稿难度更大。说实话，这两项工作，我都很具体地想到了叶秀山，并且几乎一开始，就十分明确地把他列为了组稿对象。

　　就《本色文丛》而言，叶秀山作为有作家文笔的著名学者，得到邀请是不在话下的。而对于《当代思想者自述文丛》而言，叶秀山作为一个人文大家入选，也是理所当然的，在哲学方面，我的组稿计划中，除了他之外，还有两位，那就是李泽厚与汝信。

对叶秀山的争取工作，是在 2015 年 7 月 27 日发动的，我给他发了这样一封信：

秀山先生：

兹发来《本色文丛》图像、短序、约稿说明与出版合同文本，供考虑。

《本色文丛》致力于宣扬学者散文，知性散文，智慧散文，意在当前低俗文化的氛围中营造一道清新的文化景观，给物欲横流的世态人性中注入若干心智灵性。先生权且当作一项"公益事业"，赐一散文随笔精选集，以飨读者。

专此即祝

夏安

柳鸣九

2015 年 7 月 27 日

在这封信里暗藏着我一点小心眼，在充分尊敬的态度与语调中，保持了一点距离上的分寸，在称谓上不敢显得太亲切，怕有套近乎之嫌，因为，在我的心目中，秀山先生不仅是一位著名的学者，而且是已经取得殿堂地位的学者，而我则是一个殿堂外的布衣学者，一个人文小庙的"主持"，当有自知之明。

令我没想到的是，他当天就给我回了一封信，原信如下：

鸣九学兄，材料收到，谢谢相邀。我考虑后当及时禀告。

秀山

2015 年 7 月 27 日

此信响应积极，态度亲切，使我深感苗头看好。这时，我头脑发热，贪心太重，心想何不趁热打铁，毕其功于一役，趁势把《当代思想者自述文丛》的约稿也一并解决？于是，我紧跟着又发给他这样一封信：

秀山先生：

　　电函收悉，已复，谅已收到。

　　《本色文丛》事可从容考虑，找一年轻助手帮助汇集编排，可省出不少时间与精力。

　　此次有扰吾兄既为《本色文丛》，更为另一重要项目：我正在主持《当代思想者自述文丛》，此项目实际上是促产一批当代精英学者的精神自传，每人一部，少则十来万字，多则二十多万字，概述个人的出身、家园、家族、教育、生活经历、学术道路、精神历程以及文化业绩创建过程，并附生平学术活动年表以及著译作的目录，期望每一本都可以与萨特的精神自传《文字生涯》(Les mots)比美。出版条件很可靠，出版社对每位作者的待遇尚堪称优厚。

　　现已参与其中的有：汤一介、刘再复、钱理群、谢冕、许渊冲、钱中文、汝信以及我自己，第一批书可望明年上半年问世。

　　吾兄与泽厚先生均为当然人选，与泽厚先生正在继续商谈中。现诚邀先生参加，望积极考虑。来日方长，可从容进行，只求列入计划就好，如能早日完成，那更是我所求之不得的。

祝夏安

柳鸣九
2015 年 7 月 31 日

　　这封信效果相当糟糕。又压一个任务给他，而且是有相当大难度的任务，我想他接读此信的时候，一定是觉得我这个人，得寸进尺，不知好歹……他学术重担在身，又压给他要写二十万字的一本书，实在是勉为其难。他"警觉了"，对不起！全面后撤，连同原来答应给《本色文丛》提供一选集的应允，也以有礼貌的、文质彬彬的，然而，略带有冷气的语言，也一笔勾销掉了，他的回信是这样的：

鸣九先生：
　　短信和电子邮件都已收到，杂事繁多，迟复为歉！先生组织两套丛书，实为当前文化发展大有贡献，理应大力支持；只是您的两项选题，都不在我的工作计划之内，所以不敢贸然承诺。我多年不再写散文随笔，对于自传总结，也从未有所考虑。近几年手边所需做的题目，已经感到负担很重，有生之年，能够完成一两项，就谢天谢地了。您选的诸位大家，已经代表一个阶段的学术趋向，我就不用忝列其中了。祝您们的丛刊圆满成功。再次感谢相邀。即问近安！

2015 年 8 月 5 日

　　接读此信，我认栽了，谁要你自己急于求成，自我膨胀，没有为对方着想，强人所难？有点活该！《本色文丛》因此而丢失了叶秀山这么一个有作家文笔的著名学者，丢失了他的一本佳作，实在是令人惋惜！为此，我痛悔莫及。我一改强人所难的态度，只表诚意，不提要求，回了这样一封信：

秀山先生：
　　惠书收悉，吾兄学务繁忙，无暇他顾，鸣九十分理解。
　　只是《本色文丛》事，仅为收汇成集，工程不大，是否尚可考虑？如无考虑余地，则不用另行作答了。
祝夏安

柳鸣九
2015 年 8 月 7 日 21 时 22 分

　　此信于 2015 年 8 月 7 日晚 9：22 发出，两个钟头之后，也就是晚上 11 点零五分，我收到了他这样一封信：

鸣九先生，接读来信，深感诚意，不胜惶恐。已请年轻人帮我搜集，我也看看还有多少旧文能够找到，望宽限时日，当集一册，奉请批评。专此即问
文安！

弟叶秀山
2015 年 8 月 7 日 23 时 05 分

收到此信后，我是有些感动的。不仅就合作达成了协议，而且我和他之间，也可以说建立了以诚为本，以礼相待的友好关系，虽然，我们没有达到每封信皆称兄道弟的水平。几个月后，他交稿了，他发了一封信通知我：

鸣九先生：

我的书稿已由王齐同志编选完成，书名为《哲思边缘》，她的联系方式见后。

她是汝信的学生，研究基尔凯廓尔[①]，很欣赏您的《子在川上》，具体事项，您跟她联系。谢谢。

秀山
2015 年 10 月 22 日

收到他的交稿信后，我复了一封信给他：

秀山先生：

惠书收悉，谢谢！

吾兄言必信，信必果，完稿神速，令人感佩，我将尽快拜读尊稿。

---

① 也译作克尔凯郭尔。——编者注

以下的事就很简单了，不外是提供一则二三百字的作者简介，提供几张照片了，如吾兄愿意，最好提供一篇自序或后记，长则一两千字，短则二三百字皆可。

另请近日签署出版合同，兹将合同文本发来，请签一式两份，挂号邮寄给我，其中一份由出版社盖章后寄还给作者自存。

第四辑的入座高朋已定，除吾兄外，还有韩少功、钟叔河、止庵、徐坤、陈众议等，特此奉告。

专此即祝

秋安

柳鸣九
2015 年 10 月 23 日

这就是我跟秀山先生的一次善始善终、卓有成效的合作。

可惜的是，按出版社原定的计划，《本色文丛》第四辑要到2016年年底方能出版问世，秀山先生生前未能见到他的这本书。

将来书出版后，我理应给他本人寄一册，但是我往哪儿寄呢……

2016 年 9 月 27 日完稿

二十年前的一封信

刘梦溪

叶秀山先生突然去世，我感到很震惊。他年龄并不大，不该如此的。我与他可谓稔熟，经常会通个电话，谈些学理哲思。一次他说，尼采有东西。我向他约稿给《中国文化》，他说最近都是西方的，等回过来可能会有。其实他十多年前就有文章在《中国文化》刊载，令我激动不已，还粉丝似的写一信给他……

秀山先生撰席：

大著《道家哲学与现代生死观》已拜收，当即诵读，一气终篇。真真好文章，不可多得也。解老诸家，解而能通者盖寡，而大著释《老》书五十章之"出生入死"，已达通释圆解之境。牵引海德格尔"提前进入死的状态"，使"出生入死"、"功遂身退"得正解。妙在人可以"退出"这个"世界"，这就是人会死。会死，就可以不死（不像动物那样终结），甚至是新的"开始"或一个"出发点"……您解析得令我迷狂。

老之"功遂身退"合于"天道"（您说的是天道），是为"以老解老"，昭示出老之高明（高于西哲吗？）。"天道"是不可违的。但只知"进入"这个"世界"，而不知"退出"这个"世界"的人，和"天道"处于违和的状态，因此备受惩罚。然而"退出"谈何容易。故需要"修养"、"觉悟"，需要秀山先生著文解老。"这种觉悟，乃是退出来的，不是进出来的"。"人生在世，进也难，退也难，是进退两难，故出生入死乃是一种危机四伏、进退两难的状态"。这些地方，解老已臻妙境，无人可添加更多的东西。

道家并不是"游戏人间"，"道家也有一种忧患意识"。您的解老，把哲学历史化了，很少有人"进入"这个学理的深度。四十章"反者道之动，弱者道之用"，亦因此得正解。"弱者"受制于"道"，将"丢失"一切，反者（强者）不为生、名、利所缚，则无可"丢失"，可以"死而不亡"。这些地方，已达致中国解释学家所向往的"圆解"。"纯粹主体性"概念的引入，您从历史又回到了哲学。倘徉于道家的最高境界，即自由出、入、进、退的境界。这时，"重生"、"全身"又获正解。

文章第十节招来笛卡尔，您敢于说他的"我思故我在"的"思想魅力"，您好大胆量！但我想，这胆量来自《老》书，来自您解老的"理趣"。您也要用"老"来解"笛"了。"我被思，则我被存在"，这个"我"是不自由的。但"功遂身退"，"提前进入死的状态"，"我"便获得了自由，"任他人评论"了。"提前进入死的状态"的"我"，应该也看作是自由的，虽然和"我思"的自由不同。俗语"笑骂由人笑骂，好官我自为之"，也许是一种假死（提前进入假死状态），但假死也有其"自由"的一面。"我思"是个人的、自我的，"我被思"表现为历史性、社会性。您的解老呈现出一种历史哲学状态。"思前想后"的民族，深奥的哲学课题，庄严的"生死"大限，您一句俗语的引入，即化为日用常行之理。又以"庄周梦蝶"解喻，以庄解老，天衣无缝。

很久没读到这样的好文章了。您一定还有新著，希望也在《中国文化》上刊载。此篇补入第十四期（已制作，抽出他文），十二月可出刊，届时即寄样刊及薄酬。真真好文章，真该谢谢您，也代表读者、学术界。虔候秋安。

刘梦溪敬上，九六年九月二十二日

金缕曲

——悼叶师秀山先生

万俊人

昨夜天星落,叶飘零,松寒鹤隐,雨泣风啸。
怎的初秋霜似雪,没了哲人谈笑。痛惜失濂翁诲诰。
自此当朝无智爱,更那堪现代思诗渺。
子藏语,世藏道。

清华有幸先生教。二十年、群科复始,人文再造。
三顾茅庐欣慨允,且作鸥庭舞蹈。又见荷塘明月照。
古典犹存希腊庙,叹黉门尔后鸿儒少。
师永远,天何老。

丙申初秋
万俊人泣吟

附言:叶师秀山先生不仅长期关怀吾之问学从教,且自清华哲学系复建始便一直关怀备至,不辞辛劳兼任清华大学哲学系特聘教授。先生今晨倏然仙逝,哲人其萎,不尽悲痛,泣吟如上,以记之感之,怀之念之!

清明时节忆哲人

——叶秀山先生二三事

傅有德

叶秀山先生离开我们两年多了。2019年年初，他的遗作《哲学的希望——欧洲哲学的发展与中国哲学的机遇》出版。读书思人，脑海里不时浮现出这位哲学家的身影，一些往事也历历在目。

知道叶秀山先生的大名，是在20世纪80年代初。那时，我是山东大学哲学系的硕士研究生。1983年，叶先生的《前苏格拉底哲学研究》和《苏格拉底及其哲学思想》先后出版，我随即买来学习。这两本书不仅丰富了我对古希腊哲学的认识，还让我知道了格思里、蔡勒等希腊哲学名家，并根据书中提到的线索顺藤摸瓜，读了一点他们的原作。那时，叶先生作为希腊哲学专家的印象便深深地印在了我的脑子里。

真正和叶先生交往，是从20世纪末开始的。1994年起，我开始担任一些行政职务，先是哲学系副主任，而后是主任和学院院长。由于久仰叶先生大名，加之在中国社会科学院读研的刘杰、黄裕生等朋友告知，叶先生经常提到我，而且对我的《巴克莱哲学研究》一书多有赞语，我便于1997年夏天鼓起勇气给叶先生写信，真诚邀请他来山东大学哲学系讲学。令我喜出望外的是，叶先生很快回复，并欣然接受了邀请。于是，叶先生便于当年秋天来到山东大学，为研究生讲授古希腊哲学。其间，山东大学正式聘任叶先生为兼职教授。值得一提的是，这次聘任并非流于形式，而是实质性的。1998年10月底，叶先生再次如约来到济南，继续为山东大学的研究生授课，所讲内容，除了古希腊，还有康德。那次，叶先生的弟子黄裕生、宋继杰、赵广明也前来相聚。

叶先生之于我，可谓良师益友。叶先生在山东大学讲课，我听过几次。他住的洪家楼校园宿舍，离我家不远，故常去府上讨教。先生通晓西方哲学，尤喜康德，常说"说不尽的康德"。不论在课堂上，还是私下聊天，康德的"人为自然立法""二律背反"等思想是其最爱讲的。我对于西方哲学的认识，尤其是对康德的了解，与叶先生的教诲有直接关系。2006年，黄裕生、宋继杰、吴国盛等编纂《斯人再思：叶秀山先生七十年华诞纪念文集》，也按照先生的意思把我的一篇文章收入其中。

在哲学之外，叶秀山先生的业余爱好颇多。我知道的有三个：一是京剧，二是书法，三是西方古典音乐。说"业余"，是相对于他的主业——哲学而言的。但是，就技艺水平或欣赏能力而言，他又是很"专业的"。据悉，早在20世纪50年代在北京大学哲学系读书时，叶先生就是"北大京剧社"的社长，常常粉墨登场，工作后也一直喜爱京剧，属于资深票友。他和夫人张钊就是因为共同的京剧爱好而结缘的。叶先生夫妇在济南时，我去他的寓所拜访，多次谈及京剧，涉及著名的艺术家、剧情、唱段等。叶先生对于梅尚程荀四大名旦、马谭杨奚四大须生，以及京剧的历史和流派等，都能够如数家珍，侃侃而谈。我也是业余的京剧爱好者，与先生谈得很投机。有时兴致所及，我便高歌一曲，请叶老师和师母指教。叶先生的夫人张钊是著名京剧表演艺术家奚啸伯的义女，深谙奚派精髓，同时又格外喜欢余（叔岩）派戏，演唱颇有功力，人又极为热情爽快，常常给我一些指点。记得某日我们在饭店吃饭，席间，叶老师夫妇和我还即兴演唱了现代戏《智斗》。多年后，大约是2010年春节，我自录了一段《文昭关》，通过电子邮箱发给叶先生，他很快从波士顿来信，夸奖有加，让我喜不自胜。叶先生出版过研究京剧的著作《古中国的歌——叶秀山论京剧》，从美学和文学的高度阐释了京剧的历史沿革和流派特征，既有丰富的戏曲知识，又有理论见解，为普通专业演员所望尘莫及。他把京剧各流派分为婉约与豪放两派，当属高屋建瓴之见。

叶先生自少年时代就喜欢书法，不仅写得一手好字，而且对各种书体都有研究，著有《说"写字"：叶秀山论书法》一书。当年他在山东大学授课之余，也私下和我谈论如何欣赏书法、书法和京剧的关系之类的话题。对于现今当红的一些书法家，有时也发表议论，臧否一番。叶先生喜爱西洋音乐也是学界有名的。交谈中知悉，先生家有"时尚"的音响设备，工作之余，听一曲莫扎特或贝多芬，陶醉于妙不可言的音乐世界里。可惜我不懂西洋音乐，无法和先生深度交流。

论年龄，叶先生是长辈；论学问，他是学贯中西的名人大家；而我是后生晚辈，一个年轻的学人。可我从未发现他有任何居高临下的态度和举止。他总是那样平等待人，和蔼可亲，善解人意，宽厚大度。记得有一次，我请叶先生到我家用早餐，吃的是山东人惯常的豆浆、油条和鸡蛋。叶先生知道（那时我还不知道），油炸食物对心脑血管有害，可他听说油条是我一大早排队专门为他买的时候，连忙说"我吃，我吃"。小事一桩，却显示了先生的体谅和大度，让我至今不忘。自20世纪末与先生相识，逢年过节，我必寄上贺卡或发电邮致意，也一定收到叶先生的贺卡或回信。遇事有求于先生，不论公事或私事，他都会给予力所能及的帮助。我本人和山东大学哲学专业的进步，都得益于叶先生的关心和帮助。知遇之恩，未敢忘也；感激之情，常在心中。

古诗说："腹有诗书气自华。"叶先生的精神气质，可以说是对这句诗的绝妙诠释。其儒雅绝非"表面现象"，而是有深厚的底蕴和内涵的，是从骨子里"外化"出来的风度，故而一经养成，便经得起一生的"考验"。

有、人、在、思

——中国现代书法美学的先驱叶秀山先生千古

邢　文

刚入 9 月，阿巴拉契亚山谷茂盛的林木，已见泛黄。新学年开始的累日劳乏，令人日夜昏沉。

打开电脑，依旧是黑压压一片未读邮件。一眼扫过，瞬间为一种莫名的恐惧攫住……

"悼叶秀山先生……"

时空凝固。

一

无意识地，下意识地，——点开痛悼叶先生的一封封唁电、挽联……

"叶秀山先生其实是一个非常'好玩儿'之人"——王齐《生命中一片自由的天空》的第一句话，刹那间是那样的悲欣交集、催人泪下。

第一次见到叶先生如诗如画的大名，还是从辽教那本清新雅致的《愉快的思》。二十年来，浪迹天涯，阅书万卷，这册平装的小书却仍在手边。

翻开完好如新的封面，购书题记的两行蝇头小楷，又让我恍若隔世。

叶先生精通书法，大家都知道。《说"写字"：叶秀山论书法》已经一版再版，洛阳纸贵。

我曾在书中写道："（1986年）6月，叶先生《书法美学引论》出版，标志着中国书法真正意义上的美学研究的开始。"我一直认为，不论从内容还是形式，水准还是性质，叶秀山先生《书法美学引论》的意义，都不在李泽厚先生《美的历程》之下。遗憾的是，书法界或书法美学界，对叶先生书法美学的成就与贡献，视若无睹。

二

"美学"，虽与艺术密切相关，但远不如艺术那样古老。如叶先生所说："无论如何，'美学'在欧洲是近代发展起来的一门学问，最初是'哲学'的一个分支。"

中国对于书法艺术的思考与品评，已有悠久的历史。汉、晋书论，脍炙人口；《书谱》、续《谱》，光耀古今。然而，传统书论与现代美学，并非相同的体系。"所以，现今理论家的任务就是不要老重复过去'说'过的'老话'，要'说'现代的'新话'。并不是真的不'旧话重提'，对过去的'话'，无论刘勰说过的，孙过庭说过的，也都要研究，要从现代的新的角度重新'说'。"这种"重新""说"的工作，就涉及怎么"说"、"说"什么的问题。

中国书法美学从来不缺人"说"。但真正用"美学"的语言、哲学的语言来"说"，叶秀山先生是第一人。

近半个世纪前的河南干校，叶先生每天早上在《语录》大小的纸上，利用"天天读"的时间，冒险记录着他对中国书法美学的思考。

叶先生盖棺论定之际，让我们记住他对真正意义上的中国书法美学筚路蓝缕的开拓之功。

三

不是"人"要"说""话",而是"话"让"人""说"。

海德格尔这层意思,似在描述叶秀山先生《书法美学引论》的成书经过。

"历代书法艺术就是以各种丰富多彩的形式——不同的'写'的方式保存了那个原始的、超越的'是'和'在'的'意义'。'写'、'刻'、'划'亦即'思',所以艺术性、文化性的'在'(是)实亦即'在思'。"叶先生在1993年第3期《书法研究》上这样说,"书法艺术所保存的'意义',即'思'、'在思'的意义。"

"有""人""在""思",是海德格尔的词汇,也是叶先生对中国书法美学前无古人的思考。

四

鼠标仍在点击。时空如梦如幻。

我看见二十多年前,放下叶先生的《前苏格拉底哲学研究》与《苏格拉底及其哲学思想》,端坐面对素白到了极致的两书封面,一脸茫然的自己;

我看见几年前,叶先生为小著《道、理、禅与中国书画》,一遍遍认真赐题的书名墨迹;

我看见叶先生侃侃而谈的睿智,贪杯被夺的尴尬,不能决定送我哪一版《说"写字"》的犹豫……

哲学所的网页在更新,更新;唁电、唁函一封封在增加;

一篇篇叶先生的文字被点开;

一张张叶先生的照片被点开；

不知何时，我点开了百度百科"叶秀山"，为什么，为什么，感觉如此异样？

我忽然醒来：百度百科把叶先生页面，全设成了黑色。

所有哀恸尽数醒来……

五

夜深如漆，木叶尽没。

泰山其颓，哲人其萎。

叶先生千古！

"活神仙"走远了

李登贵

多年前一天，在哲学所的西方哲学研究室，一位面相清奇的老学者守着几个情绪失控的后生和守株待兔的调查员，侃侃而谈，纵论改革开放前后的形势变化，以"过来人"的亲身经历恳切地抒发对中国命运的关切和祝祷。那天上午，紧接着调查员色厉内荏的开场白，老学者一气说了他这辈子最长的一场国情报告，而且神色决绝，不容他人置喙。直到饥肠辘辘的调查员尴尬地结束了调查，老学者才疲惫地回到昏暗的斗室里，闭门谢客。当时在场的诸位后生平安度过了那个多事之秋，却对谨言慎行的老学者所作的那场跑题的国情报告莫名其妙。事后，老学者道出了真相——他为那场国情报告备了一夜的课，他就是想用"漫谈"掌控当天的话语权，避免后生和调查员之间可能的冲突，他不想让任何一个年轻学者出事。

这位慈父般的老学者就是叶秀山先生。

叶先生曾经生活多年的书房"藏"在哲学所图书室北边的过道尽头，一人高的石膏板圈出不足六平方米的斗室，门外过道堆满了民国时期的旧报纸，书库里的数十万本书籍常年散发出故纸堆特有的霉腥味。当初，我摸黑走进那间堆满书刊的斗室，冒昧请先生为我的山水画题词，目睹他的书房竟然小得像"螺蛳壳"里的道场，连一张挂轴也铺展不开，不禁唏嘘——叶先生是全国政协委员，哲学所德高望重的学者，半生苦斗的待遇倘不过如此，我辈熬大半辈子，能在长安街边的大楼里守着一张脱漆的破桌子就到头了！那天我口不择言，哀叹自己走进哲学所就像进了殡仪馆，看见的人多半是老弱病残丑怪痴，生命在日复一日老鼠踩轮的寡淡中老去。听罢我的牢骚话，叶先生已经写好了一行清俊的褚体字，抬起头来宽和地说道，哲学所的冷板凳确实不大适合年轻人，这项工作寂寞清苦。当他得知我有心调走，就像知心朋友那样坦率地叮嘱我不要介入自己并不了解的政治领域：

"你的文笔不错……以后，还是少写时文，抓紧时间研读古典。"

我被借调到拉萨，浪迹荒原，访竖牧野叟，寻僧俗逸闻，悟梵音天籁，堪生死玄机，与世相忘，乐不思归。偶尔听见叶老师的消息，还是别人转述的事情，在有关我的职称评定遇到人际障碍时，是老先生帮我一锤定音。四年后再回到所里，我有时既想和叶老师聊聊，又有些害怕面对先生的期待——他依旧希望我回归学术，而我却对艺术另有所属。有几次在走廊里相遇，躲不过叶先生微笑的问候：

"小李记住啊，你还欠我一次会谈啊，我要说说你的事。"

"还债"的缘由还是出于一次尴尬的遭遇。那年秋天，我走进三元桥附近的先生寓所，在梦一般静谧的书房里倾诉了自己的苦恼。先生不愧是名副其实的饱学之士，可以在任何一个话题上给出对话的契机。我至今难忘他的话带给我的慰藉；这些话与哲学无关，却出于饱经沧桑的老人对人性的悲悯：

"你还想做圣人啊？圣人才算得上完美……"

临别前，他拿出自己的书给我，说看看前言就行了，随即又像送别游子的父亲那样，小声提醒我交往要慎重，说某人的眼神一看就不正常（此言极是）。后来几年，见我埋头写自传体长篇小说，先生盼咐我写完后送给他看，至少要送他十本；我去约稿，他起初答应，任由我削删他特有的双引号文字，近年来却多次婉拒，悄悄地说他不想拜"码头"，言语间流露出对学术江湖的不屑。日子就这么不紧不慢地度过，昔日的小李已然双鬓堆雪，而哲人的颧骨罩上了暮年的红晕，脚步变得细碎，眼神噙着仙人般明静的笑意。我与先生的相见问候几乎是每周一次的节目，温暖，随缘，不经意间如同对待朝夕相处的亲人，下一次"会谈"则在期待中推延，似乎衰亡的阴影被先生那撇标志性的寿眉屏蔽了，我忘记了垂暮老人已经容不得从容的期待。直到几天前惊悉叶老师"走了"的噩耗，我经历了短暂的大脑空白，随即紧张地追问谢地坤所长：

"你说谁走了？"

哲人在呼吸之间湮灭，一段不了了之的遗憾浮上心头，压迫着我作另一番宗教化的解释——当我循着百合花香走进设在永安里的先生灵堂，凝视逝者临终前留下的法国哲学读书笔记，老先生仿佛在静谧的秋夜外出沽酒未归，他的不辞而别犹如修行得道的羽化，身后留下的不言之教早已花开四野。我想，在银河系的悬臂里，在无边的黑洞窥伺中，维系文明星星之火绵绵不绝的人性光辉，不就是那些先贤柄身为烛的生命履历织就的吗？

回到寒舍，我取出积压已久的一堆关系稿，果断地写下了十几份否决意见。这是我多年来第一次淋漓尽致地表达我对学术的虔敬，谁也甭想拦我！

搁笔坐对秋夜的清凉，冥冥中先生微笑的眼神正看着我。

"断线"
——送叶秀山先生远行

应 奇

9月8日,在经历了整整两个月冗长到有些沉闷的暑假之后,也是在杭州"封城""放假"一周之后,时光近午,我一人端坐在西溪校区主楼七层的办公室里拆阅假期里"堆积"的信件,忽然手机铃声显示有短信进来,打开一看,是我的一位现在北京做博士后的过去的学生发来的:"老师,叶秀山先生过世了。"放下手机和另一只手上拿着刚在翻看的杂志,默默地呆坐了半晌,我"追"问:"是真的?听谁说的?"那边回:"某某在朋友圈里刚发的。"又"空白"了一会儿,我只有七个字:"世间好物不坚牢。"对方"脆"复:"这没办法的。"

我初次知道叶先生的大名,是20世纪80年代中期在吉林大学哲学系高文新教授的西方哲学史课堂上,高老师课上经常提及《前苏格拉底哲学研究》这部著作,时而赞同,时而异议,而大部分时间则似乎是用来"切磋"和"佐证"自己的某个观点。当《苏格拉底及其哲学思想》一著出版时,我正在王天成教授的《小逻辑》专题课堂上,天成老师的授课地点是在靠近长春地质学院的吉大灰楼,记得下课后我还曾"缠"着天成老师要和他"讨论"叶先生书中关于苏格拉底辩证法的那一节。大学时代,青春饕餮,叶先生的这两部书那时我都是一字一句、亦步亦趋地反复拜读过的——时至今日,我还仍然记得《苏格拉底》书中的某些字句，例如我是在叶先生的一个脚注中第一次得知英国道德哲学家海尔（R. M. Hare）；在那本书结尾处预告自己即将进行的柏拉图研究时，叶先生写下了这样的话："柏拉图的全部著作都保存下来了，这不但是一种幸运，而且是一种公正。他的著作的确是值得保存的。"

1988年盛夏，我从北国春城来到我后来在"外面的世界"转悠了二十多年又重新回来日常起居的千岛之城舟山，并在这里工作了两年。在当年定海城中那家现已不在原址的新华书店，我第一次见到了叶先生刚刚出版的《思·史·诗》。几乎不夸张地说，我在舟山那两年所余下的时光就都是在这本书的陪伴中度过的。无论从周围的知识空间、那时的个人心境还是那个特殊的时代氛围来说，事后回溯起来，带点儿自我拔高地说，我大概是想通过那本书来维系自己的精神高度于不坠吧。我从中得到的哲学上的滋养就正如从此前同样在那家书店得到的林庚先生的《唐诗综论》中得到的文学上的滋养。

1990年初秋，我在淮海中路622弄七号上海社科院哲学所"恢复"了自己的学业。虽然因为《思·史·诗》的影响，我在研究生复试时曾大谈3H（黑格尔、胡塞尔、海德格尔），还赢得孙月才先生频频点头，但我的导师范明生先生还是毫不犹豫地用自己的"经验教训""泼灭"了我的现象学梦。尽管如此，沪上三年可谓我全面"拥抱"叶先生论著的时期，除了搜罗到以前在舟山未曾见过的《书法美学引论》和《古中国的歌》来念，那时凡是大小杂志上发表的叶先生的所有文字，我都无一例外地找来津津有味地研读。社科院研究生部的阅览室条件很好，光亮人稀，而在那里念哲学的人几乎就只有我一个；记得有一次，一位那时刚刚毕业留校在杭大哲学系任教的陌生的年轻朋友敲开了我寝室的门，我见他手里拿着一册《中国社科院研究生院学报》，自报家门之后，这位不速之客翻到当期上叶先生那篇《哲学的希望与希望的哲学》，指着上面那些"道道"，"唉"我说："这些是不是你画的?！"

沪上念叶的最重要遭遇当然还是要数在那时十分红火的南京东路学术书苑邂逅《美的哲学》，那本书让我念得如醉如痴，那时我念书还喜欢用一种红笔圈点，一路念下来，最后我发现自己用那支划痕有些粗重的朱笔把那本书的几乎所有的句子都圈了起来！我至今也还记得其中的不少字句，不过现在想来最重要的是，读了叶先生的诠释和发挥，我才算真正理解了什么是"古调虽自爱，今人多不弹"，当然也还有"香草赠美人，宝剑配英雄"。多年以后，一位在玉泉相识的朋友即将赴美深造，临走要我推荐一本可带走的书，我想起的就是叶先生的这本小书，朋友到了大洋彼岸后，一次欣欣然地告诉我："这书确实很好看，我晚上看一段就把它放在枕头底下，让它陪我度过在异乡的夜。"

从1993年开始，我有三年时间在杭州大学念博士。我在博士论文的后记中曾经提及自己选题的主要原因是在社科院图书馆借过 Individuals，但当时我怎么会知道有这本书的，确实已经记不得了，或许就是在图书馆翻检西文书目时偶然发现的。作为叶先生文字的追读者，我当然知道他1989年就在《读书》上发表过一篇《英伦三月话读书》，里面记到在牛津访学时念斯特劳森的康德书的经历。在那个资讯相对还比较匮乏的年代，这种直接来自现场的报道对于一个暗夜行路者几乎就已经是一种鼓舞和鞭策了。此外，我在博士论文中还引用过叶先生早年的一篇文字《康德〈纯粹理论批判〉"分析篇"中的一些问题》，像我当年的老师那样同样以之来"佐证"自己对现代西方哲学的某种粗浅观察。大概就是基于这些因素，毕业从教后我还曾经把自己的论文打印出来寄给叶先生请他指教，并因此和他通过一个电话，他客气地说我这做的是一种"专家"之学，而当我为贸然请教为他带来的"麻烦"表示抱歉和谢意时，他用那江苏口音的北京话带着点儿拖腔地回我说："不麻烦。"

因为自己从没有见过叶先生，我对他老人家的那份心境就更是神似一位粉丝之于自己心仪之偶像的心情。而且——从"内因"来说——以我在哲学界那小而又小的"圈子"，以及——这可谓"外因"——叶先生那种"深居简出"的风格,我几乎就没有什么"渠道"得到自己的偶像的任何"消息"。但是"功夫不负有心人","机会"还是来了:十多年前,我在昆明参加由阿登纳基金会和社科院哲学所举办的一个政治哲学会议,其间有幸和谢地坤教授和他的同事们朝夕相处几天,因为知道地坤教授和叶先生过从颇密,我于是"见缝插针",一有空隙就试着从地坤教授口中套出些关于叶先生的"八卦"和"秘辛",即使以地坤教授之口风紧严,也应该说是"收获颇丰",现在想来我实在是要感谢地坤教授之"交浅言深",而这多少算是安慰了我多年的那份"饥渴"的心情。

博士毕业是自己的学术生涯的一个分水岭和转折点,从所谓专业的字面意义上而言,我和叶先生的工作无论如何都应该说是"渐行渐远"了。但是叶先生的著作,从《愉快的思》到《无尽的学与思》再到《学与思的轮回》,从《西方哲学史导论》到《哲学要义》再到《科学·哲学·宗教》,从《中西智慧的贯通》到《哲学作为创造性的智慧》,再到《"知己"的学问》,都是我每见必收必读的。2010年9月,我在紫金港晓风书屋见到《美的哲学》重订本,买回家读完叶先生的新序,心绪难平,"思如泉涌",当夜就写下了《榜样的力量》这篇自己难得比较满意的小文,后来并得到杨丽华女士的支持在当年的《文景》上发表了。

"奇文共欣赏","以文会友"——由此关联开去,这些年印象比较深的还有这样几件"事",一是2010年11月,我应时在上海社科院任职的童世骏教授之约,随他到范明生先生府上祝寿,行前在童教授的办公室,记得他刚读完我发给他的为范先生贺寿的那篇文字,聊天中就脱口半自言自语地说:"应奇的哲学偶像是叶秀山。"哲学家说话也要有"证据"和"来历",我猜想世骏教授这个论断的一个字面上的根据应该是我在那篇文字中曾经流露,1993年自己硕士毕业时一度打算报考叶先生的博士生,但社科院哲学所的研究员们是轮流招生的,那一年叶先生并没有招生;二是从《榜样的力量》一文得知我对叶先生文字的执着痴迷后,叶先生晚年的"御用"编辑周文彬先生曾有几次把他刚约到还在编辑中的文章发给我"先睹为快",现在想来还是深感幸运,大概"享受"这种"待遇"的,除了叶先生自己的学生外,估计并不会太多吧;三是叶先生的"康德书"《启蒙与自由》刚刚出版,我就在那时已有很久没有去过的杭州解放路书店得到了。之所以对此印象这么深,还有一个"原因"是,那天刚好有一位前几年从我们所里毕业的年轻朋友来找我,这位朋友电话我时,我刚好在那家书店,我就说你到书店来吧。那位朋友到书店后见我手里拿的书,调侃说"应老师又忍不住书瘾了!"我不假思索就"打趣"说:"一般来说,书成了灾后,一本书是在哪家书店买的就并不容易被记住了,但是如果当时还有一个人同行,那就大大增加了记住这一点的概率——为了让我(们)记住这一点(店),我要买这本书!"

此后不久,名满天下的张祥龙教授来敝所演讲,我受包利民教授之托,代表所里"宴请"祥龙教授,除了同所一位过去是张教授的学生的同事,"见证"我买书的那位年轻朋友碰巧也在。由于刚从网上得知有一个《启蒙与自由》的小型研讨会,而且张教授也参加了这个会,我就请教他对于叶先生此著的感受,记得祥龙教授回说:"我这些年读列维纳斯,琢磨他关于'家'的概念,再比照儒家,越来越觉得列维纳斯的重要性,而叶先生那么早就注意到了列维纳斯的重要性!"我于是想起韩水法教授有一次在听我"倾诉"对叶先生的仰慕后,似乎是随口但其实是板上钉钉地对我说:"叶先生满脑子都是德国古典哲学的问题。"我听了祥龙教授的话,冒昧地觉得可以对水法教授做一个"补充":"叶先生满脑子也装着儒家的问题。"如果前一个"满脑子"更多的是在发生的、源头的意义上说的,那么后一个"满脑子"则更多的是在本体的、根源的意义上说的;从方法论的角度,如果说前者是在建构和反思层次上讲的,那么后者则是在重构和回返(环)层次上讲的——叶先生在最新的文集《"知己"的学问》的序言中把这种做哲学的方式称作"迂回 - detour"式的"战术"。即使从其不多的着墨也可看出,在现代新儒家诸子中，叶先生高度尊崇牟宗三先生："他在从学理上沟通中西哲学方面有特别的贡献，其深入的程度，也是不可被忽视的。"又说："牟先生西学得力于康德哲学，不过他虽然特别重视道德伦理，以此架起桥梁，但对康德《实践理性批判》的理解，似也还没有'到位'，因为也还缺少基督—犹太这个环节。我想，这都是要进一步深入研究的问题。"无疑，直到9月7日深夜在书桌前倒下那一刻，叶先生也都还是"迂回"在这"要进一步深入研究的问题"中的。

在杭州停留一天后，我就在上周六晚上回到了新城。从办公室出门前抬头看到进门书架最高处就是当年安徽教育所出的叶先生那个文集，于是就恭敬地取下放入行囊中。为了在天气彻底凉下来之前陪小女再玩次沙滩，次日下午我们就到朱家尖参观所谓沙雕节，随身还携带者叶先生的那部文集。一路秋雨绵绵，高天海风劲吹。到了南沙景区，才想起今天是此前注意到过但并未去追踪的"东海音乐节"的最后一天，看了下演出节目单，发现当晚的压轴正是我年轻时听过的台湾女歌手万芳：看看时候，现在还只有下午3点钟；看看这天候，还有小女因为玩沙和"冲浪"而瑟瑟发抖的双唇，我知道我是"坚持"不到见到万歌手的那一刻了，虽然无论从时间和空间上，这大概会是我此生距离自己的另一位"偶像"最近的一刻了。幸运的是，有些茫然地冲着舞台上已经开始表演的我不知其名的摇滚歌手发呆时，我忽然想到正不妨"妙"用这位女歌手的一首我当年很喜欢的歌曲的歌名来刻画我现在的那份心情。凡看过曾担任叶先生学术助手的王齐女士谈叶先生之音乐情缘的那篇妙文者，一定无从推出叶先生会知道万芳这位通俗歌手，但我想，以"心目中并没有什么俗称的'高雅音乐'与'通俗音乐'之间的严格区分"的叶先生那种并不排斥通俗音乐的胸襟和趣味，他老人家也未必会笑话我的"品位"吧——既如此，我就还颇欲有些僭妄地用叶先生的话——见于叶先生1993年参观台北故宫博物院之后写下的《关于"文物"的哲思》——为万歌手的通俗流行歌曲"进一解"，并以为叶先生送行：

董其昌大小法书,分三室陈列,其凝重飘逸之势,有不可抗拒的力量。董书强调虚实相生,最得生命之理。论书艺者有"笔断意不断"之说,亦可谓得"生命"之真谛,贵在于空白处体会出"意""不断"的道理,是一种对"生命"的体验。

死亡对他来说不过是一次"练习"

王 齐

我无论如何都想不到，2016年9月7日晚，敬爱的叶秀山老师在毫无征兆的情况下突发心脏病永远地离开了我们。就在前一个周末，他还约我上他家小聚，我因有事未能成行；甚至就在出事前一天的中午，在休息时间的微信聊天中，我突然想起问他，他曾在一篇随笔中写过，80年代所里有人中午吃方便面，但却想着萨特的哲学问题，聊以自慰，那个人究竟是谁啊。叶老师很快回复我："那就是我自己，我读萨特较早，在所里没有带饭就吃方便面，我爱吃它，现在也爱，只是人言可畏，说不健康，不敢吃了。"我清楚地记得自己一边忍不住暗乐，原来叶老师写随笔也用文学笔法啊；一边快速回应他，因为自己也是方便面的爱好者，现在也只能找各种各样理由才敢吃。周三是返所日，因忙于各种杂事，对叶老师发来的信息一条都没回复。谁能想到，关于"方便面和萨特"的对话竟是我和叶老师最后的通话……

　　三天后，同事告诉我，据梁存秀先生回忆，叶老师1956年9月6日来哲学所报到，至他离世那天，他为哲学工作了整整60个春秋！叶老师是在他的书房离开我们的，当时台灯还开着，书桌上摊着柏格森的《材料与记忆》，那本书肯定是9月6日上午他在微信上对我说起过因觉得"胡塞尔的二次悬搁回归内在跟柏格森很近"，所以才上网买来的。所有这一切，如果叶老师是根据我们之间的约定而不是受自己的思想兴趣引导的话，都应该是在为《欧洲哲学的危机与中国哲学的机遇》一书撰写最后一篇关于朱熹的文章做准备。夏天的时候我们约好，写完这篇文章，书稿就可以告一段落了，以后的日子将不再受课题的制约，想写什么便写什么。在我心目中，总觉得叶老师会不停地写下去，而我也还有无数的机会可以到他家小聚……

在手足无措地忙碌的间歇，无数的悔恨涌现在心中：为什么没有在那个周六抽空去看叶老师？跟随叶老师学习 23 年，为什么连一张像样的合影都没有？为什么平时没有更多地关心叶老师的生活？……在这些含泪的悔恨之中，我告诉自己，这一切都是真的，叶老师永远离开了我们，我不得不接受这个事实——理性的态度是他一直对我们的要求。于是，我决定要以个人的方式向叶老师告别，这个方式无疑就是他所热爱的音乐。

第一时间涌现到我脑海的曲子是美国歌星 Eric Clapton 为自己不慎坠楼身亡的幼子所写的歌曲 *Tears in Heaven*。我不敢保证叶老师听过这首歌，叶老师对音乐的领悟早已上了境界，他的音乐兴趣也十分广泛，但对欧美流行歌曲的兴趣似乎不及我高。这首歌浅吟低唱，质朴无华的歌词和旋律就是生者在与自己所爱的逝者之间的对话。

Would you know my name, if I saw you in heaven?

Would it be the same, if I saw you in heaven?

I must be strong and carry on.

Cause I know I don't belong here in heaven.

……　……

Time can bring you down.

Time can bend your knees.

Time can break your heart, have you begging please.

……　……

Beyond the door there is peace I am sure.

And I know there'll be no more tears in heaven.

歌曲几乎是直接流进我心中的，因为这就是我现在想对叶老师说的话。但是，用这样的字句和哀婉的曲调送别叶老师，其力度远远不够，我知道那不会令他满意。叶老师生性平和，不谙人情世故，对有些俗事的处理甚至有几分天真。但是叶老师喜欢"过硬的""带劲的"哲思（他的口头语），他的思想亦极具锋芒和冲撞力，虽然这锋芒并不直接外露，不咄咄逼人，而更多是绵里藏针。在哲学的"园地"里，我感觉叶老师就像一个"好奇心"十足的孩童，不放过花园里任何一个角落，不放过每一朵盛开的花。无论是古希腊哲学研究，还是对现代、后现代哲学的开拓式的研究；无论是探索中国书法艺术上升到美学层面的可能性，还是在中西哲学对话融通进程中寻找中国哲学面对欧洲哲学理论危机时所可能拥有的机遇——所有这一切倘无"好奇心"的支撑是绝无可能进行的，而"好奇心"，不正是自由存在者的根本精神吗？

于是，我在心中选择了第二首乐曲向他道别——莫扎特的《安魂曲》，一首被好莱坞塑造成直接诱发莫扎特之死的乐曲。虽然唱词没有摆脱"怜悯""拯救"之类的宗教术语，曲式也没有突破原有的程式化要求，但莫扎特这位音乐领域的神童兼顽童不甘循规蹈矩地谱写一曲宗教音乐，他把自己对死亡的思考渗透到乐音之中——死亡并不是可怕的景象，而是一位友人。听这首曲子的时候，我第一次为自己听不懂唱词而感到宽慰，似乎也比过去更加明白了为什么叶老师在音乐欣赏的问题上那么强调"听音"，因为此时此刻任何语言文字都是多余的，是苍白的，只有庄严的乐音才能给我们的灵魂以洗礼。选择了阿巴多指挥的柏林爱乐的演绎版本应该是令叶老师满意的，2014年阿巴多辞世时，叶老师曾为最后一位古典音乐大师的飘然逝去而感叹。

但是，《安魂曲》的庄严肃穆，仍不足以表现一个出"生"入"死"的哲人、一个永远站在"未来"的立场上坦然面对"现在"的每一"瞬间"的智者的精神风貌。这时，一首节奏强劲、富于奇幻色彩的乐曲在我心中奏响，那就是柏辽兹的《幻想交响曲》（Symphonie Fantastique）。我终于顿悟，为什么叶老师曾经透露他最喜欢的交响曲竟是这一首。诗化的戏剧性元素，乐章之间的鲜明对照和音乐主题从始至终的内在贯穿，乐音高度反差对比之下的奇异和谐，想象力和创造力的充沛几近极限——所有这一切愈加衬托出现实世界的贫瘠。对于叶老师来说，在现实世界的纷乱芜杂之中，总有一个有"理"可循的纯粹的理念世界，它"超越"了现实世界的所有不完美，向着极致迈进。这个世界才是叶老师的精神家园。且听第四乐章"走向断头台"（March to the scaffold），在那一波接一波的绮丽乐曲的冲击下，我仿佛看到了作曲家正在走向自己的断头台，目睹对自己的处决。再听第五乐章"女巫安息日夜会之梦"（Dream of a witches' sabbath），对"安魂曲"中"震怒之日"（Dies irae，或译"末日经"）的戏谑性模仿与女巫的轮舞（round dances）融为一体——这是一个智者对世俗意义上死亡的嘲弄，这是死之欢宴，更是生之凯歌！我觉得，只有这样的音乐才配得上叶老师，他从来都把思想当成愉快的精神历险，死亡对他来说不过是一次"练习"，一次对"界限"的突破之旅，是又一次怀着生命的欢愉走向"历史"。

当这三首乐曲在我心里多次逐一奏响之后，我知道，我终于可以在叶老师离开我们一个月之际含泪完成这篇小文。或许我的眼泪可以从此止住，或许我可以暂时跟叶老师道声"再见"。我终于可以按照叶老师一直教导我面对生活的方式——wisely——来面对这个事实，更好地去做他一直期望我做的哲学。这是他"托付"给我们的事。

叶秀山老师安息！

永久的读者

王 齐

杨丽华女士美意,希望把叶秀山先生于20世纪80—90年代在《读书》上发表的文章及其他学术短论收集成册出版,这是一件极舒心快意之事。叶老师脑勤手勤,相信克服心与手之间距离的过程就是运思的过程,因此除了撰写学术专著和长篇论文外,还写一些彰显个人"性情"且他人无法"代替"的"学术小品",尤其是在八九十年代。辽宁教育出版社曾于1996年以《愉快的思》为题将这些"学术小品"结集出版,其中就收录了部分《读书》文章。全书灵动而不失深刻,出版后深受学界和读者的喜爱。只是该书出版近20年,恐怕早已售罄,现在的年轻学生多半连书名都没听说过,我真为他们感到惋惜。诚如叶老师自己在《愉快的思》"后记"中所言,短文章并不容易写,它既是多层面丰富思想的浓缩,又是思想和写作的训练。因此,当叶老师把重新整理出版这类学术短论的任务"托付"于我时,我欣然接受,并感到由衷的快慰。

我最早读到叶老师著作是在1992年。当时我决心以中文系文艺美学专业研究生的身份报考中国社会科学院研究生院哲学系,在备考阶段认真阅读了《思·史·诗》一书。我之前曾念过一点卡西尔、雅斯贝尔斯和萨特的东西,觉得叶老师书中虽然有很多地方不解其深意,但好在书还念得下去。那时《思·史·诗》已经出版四年,不大可能买到了,我只能每天到图书馆,边看边抄,笔记做了一大本。我真正拥有叶老师亲笔签名版《思·史·诗》是在1994年,其时书刚刚由人民出版社重印，而我已度过了师从汝信先生攻读博士学位的第一个年头。当我第一次看到汝信先生亲手书写的博士培养小组名单上"叶秀山"三个字的时候，感到喜从天降。汝信先生那时还担任社科院副院长一职，公事繁忙，故他叮嘱我有问题可以"去找叶秀山"。于是我几乎每周二都到叶老师位于社科院办公大楼9层的"写作间"，以"无知者无畏"之势向叶老师提一些粗浅的关于哲学学习的问题，但更多的时候是聆听叶老师兴致勃勃地讲谈一本他正在读的书，或者正在思考和写作的问题。哲学所的"写作间"其实就是在走廊一端用隔板隔出的一排不封顶的小空间。因为数量有限，印象中只有资深研究员才能分到一间。叶老师的"写作间"里摆放一套桌椅、一个书架和一张折叠式行军床——看来叶老师是要在那里工作一整天的，就连地上也高高堆放着书和信件。记得我每回去找叶老师，都要从堆满书的行军床上硬挤出一个位置坐下。由于不封顶，间或会传来其他"写作间"的声音，但音量不大，并未感觉到受干扰。后来读艾柯的名作《玫瑰的名字》，看到中世纪修道院图书馆为每位修士提供了一个小空间，每天有图书管理员为修士们摆放和收取他们所需要的图书，当下脑海里就浮现出了叶老师"写作间"的模样。1996年我毕业后留在哲学所西方哲学史研究室工作，开始与叶老师共事，那个曾经有很多学界同仁造访过的"写作间"随着"世纪更迭"成了历史，但我本人读叶老师作品、听叶老师讲学问和谈天说地的机会却比从前多了很多。近年来，随着电脑和网络的普及，我差不多是叶老师新作的第一批读者。而电脑普及的恶果之后便是文牍主义盛行，要求填写上报的表格日益增多，2013年年底"上面"甚至还要求我们将发表作品用扫描或拍照的方式上传，以"验明正身"。叶老师以在哲学天地耕耘半个世纪之身而笔耕不辍，新作频出，哪有工夫应付这些琐事，我责无旁贷代为办理，为方便起见叶老师甚至把登载有他新作的期刊托我收藏。叶老师好像不大记得自己发表过什么作品，尝言自己"写了就忘"，我理解这一点无关乎发表作品数量的多寡，更无关乎记忆力。叶老师一直告诉我们，要"读那总是有读头的书"。哲学史上经过大浪淘沙后的经典著作值得反复研读，因为大哲学家不会"大言欺人"。这样做的目的当然不只是"熟知文本"，而是把从前的人曾经思考过的问题、做过的工作在自己的头脑里"反复再思再想"，在保持哲学问题的延续性的前提下从事"范式转换"的"革命性"工作（《西方哲学史》第一卷"上篇"）。于是哲学、哲学史成了一门"常新—长青"的学问，叶老师如是说，而他自己的每篇新作就是践行此说的结果。有时看似叶老师在不同的文章中讨论同一个问题，但对问题的思考进程却绝不雷同，每次都有所推进。为了使哲学研究"常新—长青"，叶老师从不自我引用，更不会做那种为了"体系"的圆满和自洽而坚持己见的尴尬事。

作者是自己作品的生产者和最终决定者，但是作品一旦完成、付梓，作者就等于把"自己""交付"给了"他者"，作者将单独面对未来—历史的"审判"。这个意思其实是叶老师在《哲学的"未来"观念》（2004 年）一文中阐发的，但不夸张地说，它已然成为我坦然面对人生的原则。作为叶老师作品的一名读者，今天我将"站在未来的立场上"，选出叶老师"学术小品文"共计 34 篇，并根据主题将之分为五辑：以书为媒介和载体的《读书》文章，写人记事的回忆性文章，哲学短论，艺术短论，以及"学术自述"。

我之所以为"学术自述"加上引号，是因为收入这部分的文章大多是叶老师著作的"前言"或者"后记"，而非严格意义上的"学术自述"。叶老师本人无意撰写"回忆录"，虽然早有同辈友人劝他这样做，理由是年纪大了，学术性的工作可以不用再做。但叶老师不愿轻易放弃从事严肃学术工作的机会。在历经 30 年各式群众运动的"折腾"之后，叶老师十分珍惜今天所能享有的边缘化自由，在"无尽的学与思"的进程中，不断推进自己对哲学问题的认识。可喜的是，叶老师一如既往地享受着繁重的学术劳动带来的乐趣，让"愉快的思"一直处于进行时。在我与叶老师相识的 21 年间，常常会看到叶老师读书和思考有"新得"时脸上浮现出的那种欣喜之色，这么多年未曾改变，仿佛时间将之定格。叶老师把友人的"劝告"看作是对自己的"提醒"，更是对自己继续从事哲学工作的促进。因此，进入21世纪以来，叶老师专攻更专业性的、在理论和思想上更过硬的作品，反而不大写自己曾经很"喜欢"的小文章了。叶老师甚至还找到了理论的依据，他比过去更加明晰地看到了中国文化中"文人传统"与现代科学精神之间的差距，意识到了"文人学士"与现代"学者"之间的不同，希望以科学的精神校正"文人传统"，做扎实的"学术"工作而非在"思潮"的海洋里"随波逐流"（《守住本位》）。

　　叶老师的想法我当然百分百地赞同，甚至我本人在治学时亦以此为原则，不断提醒自己摒弃"文人"习性。但是理智与情感之间有时就是无法完全保持一致，我在心里常常为叶老师搁笔罢写"学术小品文"感到惋惜。叶老师这一代命运多舛、"经历丰富"，加之他本人爱好广泛——京剧、书法、音乐，颇有些人缘，因而拥有写作"学术小品文"得天独厚的条件。叶老师1952年考入北大哲学系，时值全国高校院系调整，当时国内有名的哲学教授几乎齐聚北大。中苏友好的政治格局使俄语替代了英语，"童子功"无情被废。1956年毕业时，贺麟先生慧眼识人，把叶老师要到刚刚成立一年的中国科学院哲学所工作。当时的哲学所除了金岳霖、贺麟、沈有鼎等"西南联大"一辈的大家外，仅西方室就陆续吸收了王玖兴、管士滨、温锡增等"海归"，可谓人才济济。1961年，喜爱美学和艺术的叶老师被抽调到《美学概论》教材编写组，结识了王朝闻，感受到了自由讨论的学术风气，唤起了叶老师学习哲学的兴趣。"文革"开始时，叶老师正当"而立之年"，政治学习、批斗会、游行、下"干校"，正常的学术工作被无限期地搁浅。改革开放后，叶老师于80年代初到美国进修两年，对那种因长期封闭而造成的文化和学术上的"两眼一抹黑"（见《无尽的学与思》代前言）的情况有切身的体验，同时也经历了当年旅居美国的华裔学者群对大陆学人的好奇与热情。就连叶老师居住多年的社科院干面胡同宿舍也曾经大家云集，想来亲眼所见、亲耳所闻的新闻故事不在少数。总而言之，叶老师写"回忆性"文章的题材俯拾即是。真的要感谢叶老师在为文艺女神所青睐的青壮年时期为我们留下20多篇精彩的文章，使我们有机会了解一代学人在特殊历史条件下的命运。

叶老师擅长写书评及为他人作序，在写事忆人的基础上，跨越时空的间隔讨论哲学问题。1988年叶老师在《读书》上发表《中西文化之"会通和合"》，用与书对话的形式分别表达了对不曾相识的学界前辈钱穆先生的敬意；同年发表的《守护着那诗的意境》一文则在对"意境"问题的"讨论"中表达了对"本应更熟识的"宗白华先生的思念，弥补了未曾与宗先生更深交往的遗憾。在《学者的使命》《怀念丕之同志》《学者的情怀》和《哲学之"锐气"，久而弥笃》诸篇章中，叶老师写到了陈元晖、姜丕之、余丽嫦和梁志学等哲学所同仁师友，并对他们各自研究领域的哲学问题发表了看法，仿佛在做着一场场的远程学术研讨会。以《学者的使命》一文为例，这篇文章从陈元晖先生送新著《论王国维》写起，中间提及旅美华裔教授叶嘉莹，主干则是王国维的思路历程，结尾与开头呼应，回到对陈元晖先生的回忆之上。全文一气呵成，文气贯通。

我为叶老师"罢笔"深感遗憾的另一原因是，叶老师实在是写"散文"（姑且这么说吧）的高手。叶老师非文学家出身，似乎也不大爱读文学作品，因而叶老师在写作此类文章的时候没有把自己定位为一个"创作者"，他只是一个历史的"亲历者"和"记录者"。多年缜密理性思考的习惯使得叶老师没有走"诗可以怨"的道路，他的写作不是为了抒发个人胸中郁郁不平之气，以获得排遣、慰藉或补偿，而是"站在未来的立场上"，记录下一段"历史"，以供反思。在这个意义上，叶老师写作的不是"诗"，而是"史"和"思"。无论写自己的经历还是写师友，叶老师始终采用平铺直叙的方式，手法近乎白描，不愠不怒，不哀不怨，有史家之风，更具智者风范。唯其如此，读后反令人难抑"不平"和"悲愤"之情。在《我是怎样喜欢起哲学来的》和《〈无尽的学与思〉代前言》中，叶老师从不同侧面讲述了自己步入哲学之门的艰难历程：在校时听苏联专家讲"被分割得支离破碎"的哲学家，写作时不离"唯心""唯物"的标尺。再到"文革"，连带有条条框框的学术工作都不可能做，在度过了一段心里有一点闪光，但"眼前却是一片漆黑"的意志消沉期后，叶老师开始利用自己"逍遥派"的身份进行"自修"，把"坏事"变成了"好事"。在"干校"劳动期间，叶老师白天读英文版"语录"，晚上打着手电看《傲慢与偏见》；明里用毛笔抄写诗词"语录"，暗里临古代碑帖；还利用早上"天天读"的一小时，把由对书法引发的一些问题的思考写在小纸片上，夹在"语录"本里。对于不了解那段历史的新生代读者来说，这几乎算得上虚构的小说情节，就连加引号的专有名词也够查证一番。叶老师绝无意给后生晚辈讲述自己的故事以励志，他只是从亲历的历史中撷取一个典型片断，以记录和反映一代学人无可逃脱的、令人慨叹的历史命运。

  叶老师专事写人忆事的纪念性文章数量不多，正因如此，才更值得一读。《沈有鼎先生和他的大蒲扇》初读时就爱不释手。叶老师轻描淡写，不事声张地把逻辑史家沈有鼎先生其人其事以及那个非理性的时代讲得活灵活现。单看这一节：沈先生因说"最高指示"中加一个逗号就更清楚的话被开了一晚上的批斗会，"会上口号也很吓人，有'现行反革命''不投降就叫他灭亡'这类的标语和喊声；第二天一早，院子里红卫兵小将再找他，他却在胡同西口的牛奶站——当时比东口的油饼店高级的去处——吃早点呢"。这几乎就是一个完备的电影分镜头剧本。

  在作为《王玖兴文集》的"序言"《悼念王玖兴先生》中（叶老师明确表示"不敢言序"），叶老师从"反右运动"的尾声讲起，讲述了一个今天的青年学者不一定了解的"内幕"：当年像叶老师这样新中国培养起来的大学生是有资格做研究、写文章的，而贺麟、王玖兴这样的"老先生"却因其世界观难以改造只可被"统战"而不能充当"培养对象"，于是他们的任务就是做资料和翻译工作。文中还穿插了一段贺、王两位先生为翻译《精神现象学》彼此争执的故事，写了为王先生本人所笑纳的雅号"久磨"，全文娓娓道来，耐人寻味。

《我还是要买书的》一文，初看题目平淡如水，切入点也稀松平常，不过是回顾20世纪七八十年代在位于灯市东口的中国书店外文部看书、买书的经历，但洪谦、缪灵珠、何其芳、贺麟等学术大家的名字都出现其中。我曾无意看到《中华读书报》上有篇讲嗜书类型的文章，把叶老师笔下学术大家爱书买书的情况作为一种"类型"收录其中。叶老师着笔较多的是贺先生，他对叶老师可谓有知遇之恩，更兼师生之谊。有一段写贺先生因年事已高行动不便，但仍坐在轮椅上让人推着沿书架"巡视"的场景，贺先生的神情"威严得像个将军，深情得又像个恋人"。叶老师很少写出这样动情的句子，但每每读到这里，崇敬之情都会在胸中涌现。叶老师作品中还有很多类似耐读的段落和句子，留待读者自己去发现、品味。

最后一篇《岁末的思念》发表最晚，风格亦有所改变。从回忆当年在台湾的学术交流活动，到台湾的友人、饮食、学问，一直议到养育学问的社会，"思"的分量日重。

如果说十几年前我读这些作品的时候多少怀有对名人的猎奇心理和对学界前辈的景仰之心的话，那么今天重读这些文章我体会出一层新的意思：这些文章的意义不是简单地记录了叶老师个人学术生活史和交往史中的零星片断——对于叶老师的友人以及喜爱叶老师作品的读者来说，这些片断无疑是有意义的。透过个人生活史，它们折射出的是一部微观历史和微观学术史。

我们"60后"在懵懂无知的孩童时期就能鹦鹉学舌地说出"忘记过去就意味着背叛"，这是一个时代的印记。这个口号"启蒙"了我们，使我们从小就认识到了解历史的重要性。"忘记过去"究竟"背叛"了什么，一直没弄明白；但"忘记过去"相当于丧失了理解现在的一把钥匙，相当于浪费了前人积累的经验，此举至少是不明智的。叶老师常常告诫我们，要珍惜今天做学问的大好时光。倘若不了解那个用功读书反而有可能被批"走白专道路"的时代，不了解那个必须按一种模式思考问题的时代，这个告诫就会流于空谈。以前我们曾经背诵的，甚至自以为"理解"了——理性地解开、解答的——只是宏大叙事式的历史，但个人真正能够有所"体悟"的却是个人化的、有选择性的微观史，之所以说"有选择"是因为无选择地纠缠在无穷无尽的细节之中于个体毫无意义。宏大叙事式的历史是理念的产物，它旨在使纷繁无序的世界变得有序而"合理"。虽然有序的世界总会给人以希望和幸福之感，但正如博尔赫斯在小说《通天塔图书馆》中所言，有条理的文字会使注意力偏离人们的现状。在这个意义上，宏观历史只是理念世界的一块招牌，反之，微观历史却能真正进入到我们的记忆之中，转化成个人认同的"传统"。在塑造"传统"的问题上，书写的或者口述的微观历史功盖一世。从我进入西方哲学史研究室学习和工作的那一天起就发现，室内前辈同仁常把"西方室传统"挂在嘴边。渐渐地，在听讲故事和读叶老师文章之间，我不仅逐步了解了"西方室传统"的内容——"重原著、重经典、重文本和翻译"等，更认识到这个"传统"的意义并不止于上述具体的指导性意见。在贺先生等老一辈学者树立、经叶老师这代学者的巩固和"增补"后，这个"传统"现在已经深深融入我们的记忆，成为我们的行动指南，而我们亦有责任将之传诸久远，并用自己的工作使之发扬光大。叶老师尝言，"未来"才是真实的存在，在哲学上谈论经验性的体会不是为了缅怀"过去"，而是为了面对"未来"（《哲学的"未来"观念》）。如果说当年叶老师搁笔罢写"学术小品文"的内在依据是要把目光更多地投向"未来"，那么，今天我们重新整理出版叶老师部分旧作的深层依据仍然是为了更好地面对"未来"。

　　叶老师学术短论的写作时间也集中在八九十年代。改革开放后学术工作常态化，叶老师这辈学人重新焕发了学术青春，这说法一点都不夸张。叶老师在"文革"中就对他喜爱的艺术和哲学惨遭扭曲的现象倍感痛心，当时就暗下决心，将来要以自己的成绩为哲学

"正名",恢复哲学应有的尊严(《我是怎样喜欢起哲学来的》)。80年代,叶老师主要以撰写系统且学术性较强的专著为主,出版了《前苏格拉底哲学研究》(1982年)和《苏格拉底及其哲学思想》(1986年)两本古希腊哲学研究的著作,在某种程度上算是对"文革"十年自修所交的一份答卷。说来"荒谬",叶老师"文革"中自修希腊语以"伺机"研究古希腊哲学的首要考虑竟然是古希腊哲学专业性较强,研究它可以避开政治的锋芒;其次才出于探本求源的目的。这两本专著在尽展学术性的同时,理论性和思想性已初见端倪。至《思·史·诗》(1988年),叶老师真正开始了更具理论性和思想性的"创造"。在这期间,为圆自己青年时代的"文艺梦",叶老师还兼顾美学和艺术研究,出版了《书法美学引论》(1987年)和《美的哲学》(1991年)两本受欢迎的小书。经历了太久的封闭和思想禁锢,除了需要对此前被灌输、被肢解、被扭曲的哲学进行"拨乱反正"外,各种现代乃至"后现代"哲学流派打破历时性地同时涌入,认知上缺失的环节太多,要读大量的书才能跟得上节奏。叶老师在八九十年代显然是在"恶补"现代哲学。除发表多篇理解现代和"后现代"哲学的长文外,叶老师还同时写作多篇学术短论作为"补充",仿佛意犹未尽,又仿佛鱼骾在喉,一吐为快。例如,叶老师在写作专论"后现代"哲学的长文《意义世界的埋葬——评隐晦哲学家德里达》(1989年)和《论福柯的"知识考古学"》(1990年)外(这两篇文章至今在学界仍有影响),还写作了《没有时尚的时代——论"后现代"思潮》作为补充。收录在这里的学术短论多为八九十年代所作。叶老师在《读书》上连续发表的两篇以"读书明理"为题的文章中,开始让不同时代、不同国别的哲学家跨越时空间隔进行对话。也许叶老师的思想和写作风格就是从那时确立起来的:不停留在对问题现有的答案之上——哪怕这答案是自己给出的,不拘泥于某一哲学领域或断代史研究;而是要把历史上对某一哲学问题的讨论结果经自己的脑子再重新想一遍,以求思想的推进。进入21世纪后,这种风格在叶老师作品中留下了日益鲜明的印记。叶老师尝试着贯通古今、贯通中西，追求"读书明理"时那"豁然贯通"的一瞬，为读者呈现出了包括《中西智慧的贯通》《哲学要义》《科学·哲学·宗教》等数本专著和文集。在最近的10年间，叶老师在饱受现代哲学"洗礼"之后，又把关注的焦点重新投向德国古典哲学，力图带着全新的、整体性的视角在更高的层面上继续着"拨乱反正"工作，研读康德的文集《启蒙与自由》就是一个反映。这种研究方式的变化所带来的直接结果就是，叶老师的文章变长了，引号增多了，不适合收入本文集之中。

叶老师曾经是"文艺青年"，初到哲学所工作时还曾为闹着要去搞美学而受过贺麟先生的批评。故这本文集中除收录叶老师回顾个人与艺术、哲学之间渊源关系的自述性文章《哲思中的艺术》外，还收录了三篇从哲理出发讲艺术的文章：《"有人在思"——谈中国书法艺术的意义》《论艺术的古典精神——纪念艺术大师梅兰芳》《关于"文物"的哲思——参观台北故宫博物院有感》。我感觉，无论是艺术欣赏还是哲学研究，叶老师在精神气质上似乎都靠近"古典"更多一些。

重读叶老师旧作，觉得有好多话要说。我所写下的是一名读者"站在未来的立场上"的心得体会，只代表自己的观点，倘有不妥之处还望叶老师和读者批评指正。

他飘然消逝在夜空

——悼哲人叶秀山先生

陈 霞

第一次见到叶秀山先生是 2003 年 11 月 4 日，在社科院哲学所的会议室里。黄裕生教授那时主持有"纯粹哲学论坛"，每周二下午大家一起读《纯粹理性批判》。那天下午，叶先生翩然来到读书会场，当时看到他，真是惊为天人。在那个下午他侃侃而谈的哲学话题中，我印象最深的是他谈 Dasein。他说 Sein 是住在 Da 里面的。Dasein 是有限的、有时间和内容的。Dasein 的最大特点是有死亡，有死才有自由、意义、历史和时间。时间怎么进入空间，让它死。时间空间化的最后特点是死。叶先生的这番谈话深深吸引了我，让我体会到了哲学思辨的巨大吸引力，引人入胜，让人欲罢不能。

这以后，我有时会去西哲室听叶先生漫谈哲学、社会、人生。我曾在霄云路霞光里住过两年，那时叶先生也住那里。同在一个小区，我也偶尔拜访叶先生。使用微信之后，叶先生经常给我分享些有意义、有趣味的话题，有时也谈他的读书思考和见解。他总是敦促我阅读哲学原著，让我在困难中坚守，无论在生活中还是在研究上，他都给我很多鼓励。几天前他还在给我发微信。但是现在，先生突然撒手人寰，带给我极度的震惊和悲伤。"泰山其颓，则吾将安仰？梁木其坏，哲人其萎，则吾将安放？"

现在我翻看着我和叶先生的微信对话，猛然意识到最近给我分享的内容竟然是讨论"我们为什么会衰老",谈及着生老病死这个话题。我听到的他的第一次谈论和他给我的最后的分享,居然皆与死有关。始于此也终于此?!这难道仅仅只是一种巧合吗?"其来不能却,其去不能止。"死,超出了我们的能力和驾驭,充满着无尽的神秘。

虽然庄子言:"大块载我以形,劳我以生,佚我以老,息我以死。""死,无君于上,无臣于下,亦无四时之事,从然以天地为春秋,虽南面王乐,不能过也。"庄子对死的达观照亮着死亡这个神秘而幽冥的世界,使我们可以安然接受它。但是,我还有好多问题没有来得及向先生请教,他推荐我阅读的书还没有认真阅读,我以为我有的是时间去寻求他的回答,有的是机会去倾听他的言说。并且,叶先生的精神是那么矍铄,他还那么健康优雅。Dasein,在那里。叶先生说 sein 住在 Da 里。我以为在相当长的时间里,先生会一直在 Da 里,一切都还来得及。不是说 Dasein 之死不是终止,而仅仅只是朝向终止,是一种"尚未"吗?而现在,当夜幕降临,叶先生竟然不辞而别,离开了 Da,飘然而去。这一切来得如此之突然,我追悔莫及,长太息以掩涕,留下此憾,绵绵无绝。

是的,死亡是 Dasein 的本质,Dasein 是不可能容纳与其相反的本质:不死。但是,死不也是一种对自身的否定之否定吗?!通过这种否定之否定,叶先生跨过了这一步,他让 Dasein 成为一个完整的 Dasein,达成了圆满。通过这种否定之否定,我深信,原来意义上的那个 Dasein,其价值不会因其 Da 的短暂而失去其存在,他因超越 Da 而走向 Sein,而在,永远在。先生对人的存在的深刻追问而形成的精神财富,他把哲学做到"好玩的"程度而带来的思想魅力,他诗意的栖居而唤起的审美想象,这一切都还在不断地撞击着我们的心灵,让我们感悟、怀念、回想。他"如秋叶之静美"的离去,没有让他离我们更远,而是离我们更近。

民族的精神出路何在？

赵法生

2016年9月7日夜，著名哲学史家、哲学家叶秀山先生突发心脏病辞世。彼时，他书房的灯依然点亮，照在打开的伯格森的著作《材料与记忆》上，书页空白处是刚写下的笔记，茶杯里泡着没有喝完的红茶……一切似乎还处于进行时，但叶先生已经永远离开了我们。

人们告别世界的方式各有不同，这也由不得人们去自我选择。不过，在自己心爱的工作中去世，在对于世界的哲学沉思里与世界道别，这大概是哲学家辞别人世最好的方式了。有限与无限，短暂与永恒，自然与自由，在此刻首尾相衔，如环无端，了无痕迹。

在中国社科院哲学所，人们经常可以见到叶先生那仙风道骨的身影。但是，我们却很少能看见他出席社会活动，甚至连学术会议上都难得遇见他。叶先生对于功名利禄一向淡泊。据梁涛先生讲，20世纪90年代，社科院历史研究所曾邀请叶先生做过一次学术讲座，并给他1000多元的报酬，叶先生完璧归赵，分文不取。在当时，1000多元并不算少。有鉴于此类故事，人们往往将叶先生看作一位超凡脱俗的隐士。我当初也是如此，但是，有两件事情颠覆了我的这一看法。

大概是我在中国社科院哲学所读博士的第二年，也就是2006年，所里安排几位老先生给我们讲如何治学，叶先生和梁存秀先生等先后授课。叶先生的讲座，介绍了自己研究西方哲学的心路历程和治学心得。他的演讲,娓娓道来,从容不迫,思路清晰,逻辑缜密。沉稳舒缓的话语中,不时有思想的闪电划过,照亮我们的内心深处。听这样的讲座,是一种难得的精神享受。

讲座之后,是热烈的提问,有一位同学问他:西方现代哲学的趋向是消解形而上学,叶先生为什么还如此强调形而上学?说实话,这也恰好是我心中的疑问。就听叶先生缓缓地说出一句话:"如果没有形而上学,权力就是真理。"言谈之间,他并没有特别加重语气,但是,这话却让我心头一震,犹如禅家的当头棒喝,促使我从以往对于形而上学那种人云亦云似是而非的疑虑中觉醒。这句话无疑显露着他作为一个哲学家的现实关怀。

《易传》说:"形而上者之谓道,形而下者之谓器。"形而上学,在先秦思想的语境里,就是道,那个超越权力、利禄、名声等一切有形、有限、有待、有尽的具体存在背后的永恒,它指向人类的终极价值。叶先生此言,虽然是就西方哲学而言,却深契于中国哲学的道论。一位英国汉学家就曾将中国哲人称为"求道者"。

这个形而上之道,是世间最没有用的东西,可谓百无一用;却又是世间最重要的东西,少它不得。少了它究竟会如何?经历过十年动乱的人都有深切体会,那是一个用政治权力消解、统率和化约一切的时代。为了所谓的"政治正确",甚至父子反目,夫妻揭发,骨肉相残,上演了多少令人唏嘘感叹的人间悲剧,并使数千年文明的元气丧失殆尽。叶先生此言,大概不仅是对于现代西方哲学的评语,还包含着一个历经时代风雨的知识人感时伤世的忧患意识,熔形而上的哲思与现实关怀于一炉。

前几年,我写了一篇评论所谓大陆新儒家的文章,主要批评其僵化封闭的原教旨倾向,发表在《战略与管理》内部刊上。之后有一天,在所里碰见了叶先生,他说:"你那篇批评原教旨儒家的文章我看了,这是个值得关注的问题。如果儒学按照他们的路子走下去,不会有前途。"原来叶先生还在密切关注着当代儒学的发展动向,他是敏锐的,关系到当代儒学发展的关键论题,没能逃出他的法眼,尽管他并未参加形形色色的儒学会议。

叶秀山先生生前曾经说过:"哲学是有希望的。"这句话不仅仅表达了他对于哲学未来的乐观态度,与前面那句关于形而上学与权力关系的断语联系起来,或许有助于我们进一步理解叶先生对于哲学的看法。叶先生穷尽毕生精力探究形而上学的奥秘,对于古希腊哲学、德国古典哲学和西方现代哲学辑古钩沉,探赜索隐,其实是在为自己同时也是为这个民族,寻找一条精神出路。近代以来,中国已经无可挽回地被卷入了世界潮流,西方文明的影响无处不在,中西文化精神在碰撞中整合重铸。而新的文明精神的诞生,尤其不能不重视西方哲学,它是西方文明精神的重要源头之一。叶先生的工作,正是要从形而上的高度,借鉴西方哲学思想,为现代中国思想奠基。他本人对于中国哲学的深切关注和研究也证明了这一点。

鸦片战争开启了中国思想和中国社会现代转型的历程,这一历程却是始料不及的艰难曲折。希望一次次升起、幻灭、远去,之后便是从期盼到失望的新的轮回。在令人彷徨的十字路口,在新文明的婴儿迟迟不能降临的煎熬中,我们尤其需要启蒙的洗礼,需要思想的指引,需要叶先生一生强调的理性与自由。

没有思想就没有出路,这句话完全契合今天中国的现实和语境。对于一向重功夫而不重逻辑、重了悟而不重论证、重道德而不重知识的中国知识人,这是一个严峻的挑战。这一缺陷不仅制约着知识人的思维深度,也使得社会大众缺乏讲理的能力与习惯,使"不讲理"成为我们这个时代最引人注目的普遍性特征之一。

正因如此,哲学和哲人,对于我们这个深陷金钱拜物教的民族,尤其珍贵,值得我们格外珍重。就此而言,叶秀山先生留下了一笔宝贵的哲学遗产。不管世道如何衰微,不管世风如何污浊,不管人心如何暗淡,只要有哲学,民族精神就有希望。

叶秀山走了,他给我们留下了哲学,也就是留下了未来和希望。哲学,它表达希望!

斯人曾思，思入永恒

赵广明

2016年9月7日傍晚，临近中秋的北京，一场天气预报之外的、只有盛夏才有的惊雷暴雨突降。是夜，哲学家叶秀山突发疾病，倒在书桌前，再没有起来。案头摊开的是伯格森的《材料与记忆》，书页上新作的圈点密密麻麻，笔迹犹新。书桌上，台灯亮着，电脑开着，哲人之思却戛然而止。

十年前的春天，我曾陪同叶秀山先生拜谒青岛康有为故居。当时有人慨言：这是西学东渐史上值得纪念的一刻。从康有为、梁启超，经贺麟、陈康等，到李泽厚、叶秀山，西学东渐、中西交汇的思想脉络虽几经曲折，但一直在延续。在这曲折绵延的思想脉络中，叶秀山先生何为？

叶秀山先生的成就是多方面的。戏曲理论家，书法理论家，美学家，这些称谓他都当之无愧，但真正成就他的是哲学，而且是古代希腊、近现代德国意义上的哲学。让主要说古希腊语、说拉丁语、说德语的哲学也说汉语，是王国维、贺麟、陈康、牟宗三、苗力田、叶秀山等几代哲人不断努力的结果，这一成就对于汉语思想和精神的意义再高估也不为过，因为这种哲学意味着对汉语传统经验性思维方式和精神方式的重新调整和开拓。

自由和理性是叶秀山先生书里书外关注最多的概念，但他所澄显的自由与理性不止于一般所谓的自由与理性。自由与理性是左中右人人可用、人人自道的语词，虽然作为概念，自由、理性似乎明确了某种价值取向，但仅仅概念性、仅仅知识性、仅仅经验性地加以使用和理解，并不能真正道出自由与理性的真谛，而且常常会遮蔽住这种真谛。

哲学之为哲学，不止于河面渐宽、河水渐深、万里奔腾顺流直下的经验，更在于逆流而上、反本溯源的先验。前者属于知识，后者属于反思，是为哲学。王弼的崇本举末，道出的正是老庄哲学的这种我们曾经有过的先验反思的哲学性。将欲全有，必反于无。只有在这种逆反之思中，才能回到思的起点，重现康德苏格拉底们的思路，重新敞开、澄明他们的思路，和他们一起去思，思入思想本身中去。

思想本身具有绝对性，无条件性。唯有思想本身可以截断无尽因果的他律链条，以自己为因，自因，自律。思想本身的这种自因、自律，道出的正是自由和理性的共同本质，是自由成为自由、理性成为理性的先验本质，是人世间具有终极意义的真理。在这种先验哲学之思中，人确立起绝对自发的自己，这是一切科学知识及其真理的根基，是道德与信仰的根基，是人格与权利的根基。

在这种终极性真理面前，一切经验与世俗的权力都是相对的、有条件的。"如果没有形而上学，权力就是真理"，叶秀山先生斯言，道出的正是自由理性的这种终极性先验本质，哲学的本质。他借此要宣示的，是人自由思想、自己思想的绝对权力，而回到每一个人自己的这种权力即是启蒙精神之所在。

斯人曾思，思入永恒。

"有教无类"与"纯粹哲学"

——忆叶秀山老师育人二三事

赵 鹏

叶秀山老师一生教过很多学生,有正式的,也有非正式的,有哲学界的,也有很多专业领域之外的。在他带过的学生中,我属于半路出家、"不务正业"的一个,虽然也算"及门",但未入堂奥,后来也没有从事学术工作。说起纪念老师,很惭愧没有什么专业上的东西可谈,只能根据自己受教时的一些经历,谈谈作为教育家的叶秀山老师。

能够进入叶老师门下学习,对我来说是一件非常侥幸而偶然的事情。如果不是叶老师"有教无类",这份师生机缘本来不会发生。我本来的专业是财经,属于叶老师戏称的"百工之徒",因为一直对哲学感兴趣,研究生毕业时抱着碰运气的心态,报考了社科院哲学所的博士研究生。当时作为纯粹的"业余爱好者",对叶老师本人了解并不多,只是喜欢看他写西方哲学的文章,喜欢那种娓娓道来、举重若轻,意蕴深远但并不晦涩的文章风格。除此之外,还有一个很重要的原因是他考的专业课内容最"少"。叶老师招的外国哲学专业,除了西方哲学史,专业课只考一门"德国哲学"。在我报考的那一年,这门课只考两本书:《纯粹理性批判》和《存在与时间》。后来听叶老师说,往年一般还要考《精神现象学》,我比较"幸运",躲过了晦涩的黑格尔。相比之下,当时北大等高校的哲学专业考试范围要宽得多，参考书也多得多，令我这样的业余人士望而却步。对于非科班出身的学生来说，报考社科院似乎是一个"成本最小化"的合理选择。

这门考试的问题，我记得好像只有两个。一个是如何理解康德的"先天综合判断"，另一个是如何理解海德格尔的"此在"。应该说，问题并不刁钻，泛泛回答不难，想发挥的话空间很大，但要答好也不容易。叶老师的这种考法，体现的是他经常说的"一本书主义"，也就是认真读哲学史上最重要的核心经典，深究那些"有读头的大书"。这在某种意义上，也给"业余哲学爱好者"提供了一个机会，只要肯下功夫读原典，深入思考哲学史上的核心问题，就有机会进入专业学习的殿堂。在考试前，我没有与叶老师联系过，纯粹是"盲考"，但老老实实读了那两本"大书"和相关研究著作。可能是因为带着碰运气的心态走进考场，没有任何心理压力，考试时作了比较"自由"的解答，最后居然顺利通过了笔试。

几个月后到北京面试，在社科院九楼的哲学所第一次见到叶老师。当时我们一帮考生正在走廊里候考，他背着一个布书包走过。因为之前从未见过面，我一开始没有认出来。有同学上前问候，我才意识到这就是只在纸上谋过面的叶老师。他乐呵呵地跟我们打招呼，完全没有想象中哲学家的那种严肃和深沉。

面试在哲学所西哲研究室的办公室进行，除了叶老师，还有周晓亮和张慎两位老师参加。我记得叶老师没有问太专业的问题，主要是问我为何要从财经专业改学哲学，读过哪些哲学书，对哪个领域感兴趣。我汇报了自己的思想经历，谈了如何从思考社会政治问题和科学认识论问题出发，对哲学特别是政治哲学和德国古典哲学产生兴趣。叶老师听完说（大意），从任何学科出发，思考更本原的问题，都会通向哲学，哲学是研究普遍性、根本性问题的学问，因此欢迎非科班的人"改行"；但哲学是清苦的事业，要耐得住寂寞，坐得住冷板凳。然后又问我对中国哲学有什么了解。我那时无知者无畏，发了一通谬见，认为中国传统思想的重心是经学，中国哲学是近代以来的理论构建。叶老师回应说，经学现在已经没什么人搞了，传承断了，中国哲学这个概念究竟怎么用，的确值得深入探讨。接下来是英语口试，叶老师拿出一本英文版的休谟《人类理解研究》，让我把第一页念一下。可能因为我英语笔试成绩还不错，他原本期望比较高，听完我的念读后直言不讳地说："没有我预想的好，你的英语要加强，多读英文书。"

就这样，我懵懵懂懂地跨进了叶老师的师门。2002年9月，我拖着一箱书和行李来到望京的社科院研究生院，正式开始了"哲学学徒"的生活。社科院的老师招生较少，老师和学生之间通常是很传统的"师徒"关系，与高校里流行的"老板"关系或"挂名"关系颇为不同。教学形式也不拘一格，有时候是在老师家里，有时在研究所，很少在教室里正襟危坐上课。

当时叶老师住在东直门外胡家园的一栋塔楼里，房子不大，书房里挤着两排书柜，一张书桌，一套沙发，兼做客厅。后来我们的大多数"课业"，就是坐在这个书房里，听他谈读书、谈思想，以及贺麟、杨一之、沈有鼎等哲学所老一辈学者的掌故。叶老师家还有一个小"音乐厅"，由一间小卧室改成，里面一套发烧音响，一张小沙发，还有满满一架子古典音乐CD。学生去他家，常有机会陪同欣赏音乐，品尝他做的现磨咖啡。研究中国哲学的陈静老师曾羡慕地说，你们跟叶老师读书，等于免费辅修一门古典音乐。

社科院的工作不坐班，研究人员一般只在每周二上午到所一次。学生一般利用这个时间到所，向老师汇报学习进展，接受老师指导。每到返所的时候，叶老师一般都坐在哲学所西哲室的长桌旁，和同事学生交流最近的工作学习情况。常有其他研究室甚至其他所、其他单位的人来，向叶老师讨教问题。我们在一边旁听，也长了很多见识。西哲室当时有所谓"二中全会"，也就是周二返所时的中午聚餐，学生也往往有机会参与。饭桌上的气氛总是轻松愉快的，从学林逸事、读书心得到国家大事，"二中全会"几乎无所不谈。对学生来说，不仅是口腹之快，更是精神上的享受。午餐之后，有时候下午再陪叶老师去书店，买书或唱片，听他介绍点评，也是一种学习方式。

叶老师带学生，用的是"放养法"，也就是让学生根据自己的兴趣去读书和思考，他只在必要时点拨一下。用他自己的话说，"放养才能养出好羊"。据说从贺麟先生时代开始，哲学所带学生就奉行这种自由的方式。话虽如此，叶老师对"牧场"却是有选择的。古希腊哲学和德国古典哲学，是他心目中的"优质牧场"，尤其是后者，他更希望引导自己的学生在这里获得思想上的成长。他所钟爱的康德哲学，更是无论研究哪个方向都无法绕过的必经之路。如果说在叶老师门下有什么必修课，那就是康德哲学，尤其是《纯粹理性批判》。他不仅让学生读，自己也反复读，常读常新，几乎谈任何问题，都可以与康德联系起来。他主张"一本书主义"，但并不是孤立地读经典，也重视不同角度的解读思路。比如对德勒兹从法学视角解读康德的思路，他就很赞赏，认为发前人之所未发，能从哲学界已经读了千百遍的书里读出新意来，体现了独特的创造性。

我开始跟叶老师读书的时候，他正在兴致勃勃地读尼采，读到"汗毛直立"，可以解暑。那时他常喜欢用"有劲儿"这个说法：某某哲学家的思想"有劲儿"，某某哲学家"差点劲儿""不够有劲儿"；某某书"有劲儿"，某某书"没劲儿"。这是他对尼采"Macht"概念的化用，也是他一贯的风格：用最普通最日常的中文词语，诠释西方哲学最核心的概念，从不故作高深，装神弄鬼。哲学是真正"快乐的科学"，是教人活不是教人死的，是强者的思想。叶老师读尼采，读出很多独到的东西。他曾谈到马克思的名言"哲学家们只是以不同方式解释世界，而问题在于改变世界"，认为"历史唯物主义"与尼采是相通的。

叶老师倡导"纯粹哲学"，要求超越经验性知识，排除一切功利考虑和经验性的思维方式，探寻超越和绝对的"本原"与"理据"。但他也常常讲，哲学作为"普遍"之学，不排斥任何经验领域的"知识"，而是要用超越的眼光来规范和统摄经验知识。纯粹哲学不是与世隔绝、不食人间烟火的"玄学",而是以一驭万、洞穿万象的"通学",任何经验知识,都可以为纯粹哲学提供启发和材料。他鼓励学生有广泛的学术和生活兴趣,涉猎不同学科知识,从各种知识和现象中思考纯粹哲学的普遍意义。他的学生来自不同专业,有哲学科班出身的,有学物理的,有学文学的、学外语的,还有我这样学财经的。"有教无类"的背后,正是"纯粹哲学"的超越性与普遍性。

在叶老师门下学习三年,使我获益良多。最根本的一点,是认识到作为哲学原则的"自由"与"自然"之间,存在持久而深刻的张力。但可能因为学问根基太浅,我后来没有找到"做哲学"的感觉,最终在形而上学的殿堂前退缩了。临毕业时考虑再三,觉得自己还是应该干些实际工作,于是去考了公务员。叶老师对我这个选择,是非常不以为然的。他说,你去看19世纪俄罗斯文学里刻画的那些小公务员,那种生活是很惨的。我能够理解,在他心目中,哲学研究是唯一真正"自由"的"工作",是真正的"为己之学",其他工作都要面对种种内在外在的束缚和羁绊,都是"为他之学",更不必说凡事讲究章程和服从的行政工作。但那时候的我阅历不足,对"洞穴"内的"实践"还有某种浪漫的想象,很难真正体会叶老师这样曾经历史风雨洗礼的长者的苦心,最终还是离开了学术道路。叶老师虽然不满意,但也没有阻拦。

叶老师常以自我解嘲的口气对学生说:对于你们的一些选择,我的态度像马克思对巴黎公社一样,起初不赞成,但你们干了我也支持。我唯一希望的是,你们要珍惜来之不易的时间和自由,抓紧时间读书工作,多出成果,不要被身外之物、身外之事牵绊干扰,不要自己给自己找麻烦。

论文答辩那天,我对叶老师说,虽然将来不做学术工作了,但我不会放弃对哲学的阅读和思考。叶老师不假思索地答道,我知道你不会的,你有形而上的思考。

工作之后,俗务缠身,与叶老师的见面机会越来越少,往往只在新年或他过生日时，才在师门聚会上见到。叶老师每次见到我，除了聊聊工作生活的近况，总要问我读书学习的情况。2015 年 7 月 4 日是叶老师 80 寿辰，弟子们一起给他过生日。聚会中间他问我：现在还读英文书吗？——这是我见叶老师的最后一面。

  《愉快的思》是叶老师最早的一部学术文集。我觉得，这个名字最好地概括了他的性格和事业。他享受和热爱沉思的乐趣，精于鉴赏理论的美感，是真正希腊意义上的"爱""智"者。亚里士多德《形而上学》里的一句话，可作为叶老师哲学生涯的最好写照：

  "显然，我们不是为了任何其他需要而寻求这种智慧，正如我们把为自身而非为他者存在的人称为自由人，这种智慧也是唯一自由的知识，因为只有它是为自身而存在的。"

但肯寻山便有山，温雅如常是吾师

王晓红

　　叶师已经离开我们 3 年多了，依然不知道该写些什么样的文字来纪念。宋师兄问及，只好惭愧答说，还没写出来。其实一直都想写，可却不知怎么动手，每每想起，内心都有一种莫名的无边又空洞的痛，让我不忍直视与呼吸，只好匆匆退却，抹抹泛湿的眼眶，鸵鸟般埋头躲进现实看似无意义的琐碎里，过一个普通人的寻常日子，就像日子从来不曾发生过变化。

　　可是，日子毕竟不同了。瘟疫好似突然暴发，已经 2020 年 3 月了，据说去年 12 月就已经开始传播。从 1 月底到现在，全国都在隔离。我等居家隔离已是好的，还有那些流浪在外的、住不起旅馆蜗居地下停车场的，更惨的是那些生了病、住不上院，甚至全家悉数中招的……全国的医护人员冒着生命危险一批批赶往武汉支援，志愿者默默承受着压力填补突然休克的千万人大城市的漏洞，全世界的华人收集地球上各个角落的防护用品发回国……疫情中心的武汉承受的更多，到现在每天还有百例以上。湖北省外则基本控制住，许多地区已连续多日无病例。国内疫情渐趋平缓，但国外的疫情却变得汹汹，大有燎原漫卷全球之势，让人无法省心。这几个月，看到听到了各种各样的人和事，简直是世间百态的修罗场，各样人物悉数登场，展示出平常隐而不显的另一面真实。疫情面前，那些看似如你我一样的常人或变身英雄或沦为恶人。我们会焦虑、悲愤、感动，可重要的不就是，在遇到事情时会选择怎么做吗？做什么决定了我们会成为什么样的人。从日常开始，做自己该做的事，做一个温暖纯良的人。叶师，也有他的常人生活。

记得当时读到叶师的书，发现原来看不懂的深奥思想在他笔下变成了生动形象的语言，让我这等普通人居然都能看懂、觉得有趣。心生感慨，这就是令人仰视的大家啊！直到后来有幸跟叶师读书，才发现这个令人景仰的大家，原来也真的有跟大家一样的一面啊！

其实写作为常人的叶师，心里着实犹豫了一下，作为弟子，纪念一个有如此成就的人，不应该写他的不凡吗？了解叶师的人都知道，他爱读书，被称为哲学所的康德，生命不息、思考不止、笔耕不辍。叶师爱音乐，收藏了许多唱片。音响也时常更新换代，哪怕是以旧换旧，仍乐此不疲，他说"声儿"不一样。叶师也写字，据说台北的某个博物馆还藏有他的墨宝。可转念又想，在我心里，自跟叶师念书始的这么多年里，他不仅是个学术上令人尊敬的恩师，还有旧货市场淘货、周末红酒会、听辨新旧音响的"声儿"、讨论某个曲子或歌者、讲到有趣处哈哈大笑……他还是一个温润有趣、仁雅通透的长者啊！

冬日，叶师常戴一顶深灰色的鸭舌帽，一条深咖格子围巾配深色中长大衣，黑皮手套、斜挎黑包。曾经最令我瞩目的是他两道白色的眉毛，因看到张照片，眉毛到尾端居然飞出去，并无凌厉，只觉神采飞扬，平时看倒并没有那么明显，只会有令人尊敬的儒雅。叶师温润如玉，自第一次见面始，从没见他高声讲过话，最严厉的时候，也只是正色道：文章还是要写的。了解他的人也说，他的修养是我见过的最好的。

上学时候，会跟同届的赵师弟一起去他曾经霞光里的家，无非是聊天、聚餐、品酒、听音乐，这是叶师的教育方式之一，在问答谈话中传授思想，颇有苏格拉底之风。他以聊天的方式讲给我们，为什么入学都要先读哲学史，因为哲学史就好比地图，了解历史上的那些哲学家都研究了啥，哪些问题有趣，再重点去研究，也知道这个问题在地图的什么位置。还说，康德是我们学西哲迈不过去的槛，他就像一座高山，你想着绕过去吧，绕来绕去发现还是得碰到他，但是，如果你啃下了这块硬骨头，会发现很多问题都能在他这儿找到线索。读书，还是要读经典，康德的书就是经典。因为叶师不严厉，所以，我们虽然尊敬，但也不怕他。我经常是听的时候很认真，听完后依然如故。

　　早几年毕业的师兄们常羡慕说，他们上学时可没有这个福气。那时叶师没有那么多时间，条件也不允许。聚会结束要赶回望京研究生院时，天色已晚，叶师不要我们乘公交（或是公交已经收车），而是给打车费要我们乘出租车。那时候我们还没有打车的习惯，除非急事，一般都是公交车。叶师每次给，赵师弟都不接，我也不接。我们说自己有打车钱，总也不依。叶师会不怒自威地劝说，你们现在还是学生，天也晚了，打车安全些，等你们工作挣钱了，当然你们自己打。一二十块的车费推来搡去之后，总由我惴惴收下，叶师才笑逐颜开。我一方面担心叶师真生气，二是让他安心，只能暗想以后再报答吧。上学那段时间，我和师弟很是感到幸运，同学也羡慕，有这样跟老师学习交流的机会。

　　我们聚餐时，叶师也常讲起他过去下放时的故事，比如他下放江西时，曾当厨师给人打饭，被送外号"叶小勺"，因为眼瞅着打上一勺菜居然抖一下还颠出来一些，哪里知道叶师是因为担心排在后面的人没菜了。每次说起这个段子我们就大笑，似乎当时的饥饿困顿也在笑声中消散。干校不让读外文书籍，但是马克思恩格斯、毛泽东选集之类的可以，他就通过阅读这些书学英文。有次跟同事被派去县城公干，居然吃上了好久没有吃到的食物，美味如余音绕梁，三日不绝。还有齐一先生对他的启蒙和保护。还有许多有趣的人和事，那时的笑语欢声犹在耳畔……

　　叶师有段时间常去淘旧货，那时七彩市场还在，我也工作了，周末常会陪同。有几个小老板跟他很熟，见了就热情打招呼，他总是笑呵呵地天南海北聊上几句，再问有没有什么新的碟？老板会指指哪一箱是比较新的，叶老师就在那一张张翻看。老板有空闲的时候，还会随口聊上几句，上次淘到一张什么碟不错，若可能帮他留意什么碟，等等。有时遇上懂行的老板，还会就某张碟的演奏乐团、指挥风格、录音等交流上半天，然后也许买上一两张，也许什么也不买告辞去逛下一家。可惜，那时我对古典音乐也不了解多少，跟着听一耳朵，偶尔买两张叶师推荐的或德语的碟，当然叶师也少不了会送几张给我听。只不过当时刚工作不久，工资除去房租所剩无几，加上没有音响设备，用电脑里放出来的声儿就完全不是那回事儿了。

叶师的家人在美国，各有成就，师母也因为带孩子习惯了在美国居住。所以他多是一个人在国内居住，偶尔去美国，家人也常回。叶师平时生活上的事情所里的王老师多有照顾，有时他的亲朋，我们这些学生需要时也会帮忙。叶师喜欢网购，七彩市场搬走后更热衷了，除了书、CD、日常用品，甚至装修所需大物件也从网上选购，在他这个年龄算是新潮赶趋的技术派了。不过叶师点外卖时喜欢付现金，我碰见几次外卖小哥上门送餐，他付费时总是凑个整数，感谢再三。

虽是一个人在国内，叶师生活也依然安排得很有规律。上午读书写作，中午午休，下午或听音乐或逛街采买、偶尔会友，晚上跟家人视频聊天、网购、休息。叶师一直没有停止思考写作，这已成为他生活的一部分，直至生命的最后时刻，亮着的台灯、摊开的书、记了一半的笔记、散落一地的书……

叶师虽瘦，身体底子却不差，很少生病，据说是因为小时候跟一个练武的师傅学过武功。偶尔感冒不舒服，叶师也是自己找点药吃吃就好了。他说久病成医的说法或有道理，因为自己的身体状况自己最清楚。叶师不体检，单位安排也从不去。他对自己的健康状况还算满意，尤其对自己腿脚灵便很是自得，说得益于小时候的武功底子。记得有次晚上乘出租车送叶师回家，等他下车后，师傅问他多大了？我说怎么了？师傅说上车之前看他走路的样子还以为挺年轻，听他说话才发现漏风，估计年龄不小了故而问我。把这件事转述给叶师听，讲到说话漏风，我没忍住乐了，他也跟着一起乐，但更自豪于自己的"腿上功夫"了。

他虽说话漏风，可也是有配假牙的。在社科院医务室配的，他之前一直不愿去医院看牙，后来听说医务室能看才去，几趟下来跟牙医也熟络了。跟我们聊天常说医务室的牙医医术挺好！后来又有牙掉，原来的牙套也有不适的地方，建议他再去看牙医配副牙套，只是不肯。还说，老年人之所以掉牙齿，是因为胃适合软的食物了，那就顺其自然，别再吃那么硬的食物，吃的食物要跟自己消化系统的状态相配。

叶师后来主要的运动就是采买逛街。原来不理解，看到公园里老年人都运动得热火朝天的，曾劝他也多运动运动。叶师又有说辞，说运动过量也不好，运动员很多有伤。有次我看到个理论说乌龟为什么长寿，是因为老窝着不动。当笑话告诉叶师说这可能就是所谓龟息大法时，叶师乐了，认为老年人就是不要多运动好。

总觉得叶师会更长寿。他生命不息、思想不止；他文雅有趣、温暖良善；他已见山是山，见常如常，他不该这么早离开，可他还是在我们所有人都始料未及的时候突然去了。我不舍，亦不信，翻开书，叶师就在那里，思想如山，温雅如常……

悼念叶秀山老师

胡翌霖

叶秀山老师去世了，在教师节之际，写一点文字以作纪念。

叶老师与我有两层关系，首先他是吴国盛老师的导师，也就是我的师公，另一层关系是，叶老师是我大学第一门哲学课即哲学导论课的老师。辈分上的关系并没有多少直接的感受，叶老师在我记忆中的形象主要还是哲学导论课建立起来的，听到噩耗后我满脑子浮现的都是他掐着兰花指念 Da~sein 的画面。

当年的哲学导论课我公然在网上论坛与叶老师叫板，相关的内容我早前在博客贴过，这两天我又回去看了一遍，感觉我某些方面真是没变啊。我的第一篇帖子写于 2004 年 9 月 10 日，到今天正好 12 年，这 12 年里，我对哲学有了太多新的理解，但关于怎么做哲学的一些基本的态度，在当时就已经形成了。

叶老师的上课方式是非常吓人的，要知道当年我们只是刚从高中的应试教育脱离出来的大一新生，很多还是不情不愿地调剂到哲学系的，对哲学的概念可能还停留于中学教科书。而叶老师上来的架势基本上是一个针对研究生的层面，直接列出三本书《纯粹理性批判》《精神现象学》和《存在与时间》让同学去读。当时我虽然也没读过这三部书，但多少有些概念，因而我感觉很恐慌，我感觉从中学应试教育到《纯批》的落差太大，这门课程可能更多地激起同学们的茫然无措，而不是对哲学的兴趣和热情。

因此我对叶老师的叫板就是从这里开始的，当然一开始我还没有意识到我在叫板，只是希望做些"补充"，简单来说就是不要以应试教育的方式来理解这门课程，不是以阅读理解和机械记忆为目的，而是以形成自己的问题为目的：

"我认为，听这门导论课，并不需要我们去完全接受叶老的观念，甚至也不一定非得要完全听懂他的思想、完全了解他所提到的概念；关键在于，在听课中，我们能够接触到叶老所提的问题，叶老的思想，并最终产生自己的问题、自己的理解，产生进一步思考和探究的兴趣——这门课的目的，应该就达到大半了！"

同时，我建议同学们多利用网络论坛，积极表达自己的见解，互相指点和争论。我认为这是跳出应试模式，形成独立思考的捷径。我由于在中学里就脱离应试教育，受的毒害不深，因而自以为有些心得，便希望与同学们分享。这些心得在现在看来的确是有效的，自主学习、自由讨论，这正是西方大学教育与中国应试教育的最大区别，吴老师也一直在积极推进小班讨论，我对教学环境的理想与吴老师是非常契合的。

但这方面却是与叶老师发生分歧的地方了，叶老师明言不鼓励辩论。他的顾虑有一定道理，因为盲目的辩论往往沦为诡辩，陷于语词之争但根本不能切中要害。

事实上中学哲学教科书中描绘的唯心主义与唯物主义的所谓"争论"就是完全空洞的，我对此早有体会。但问题在于，我们如何摆脱空洞，逐渐找到恰当的问题或方法呢？在我看来入门的方式还是要辩论。关键在于辩论的意义不在于其结果或胜负，而是为了在辩论活动本身中澄清自己，辩论是为了形成自己而不是说服别人。

每个人都是有个性的，总会以为自己的理解是正确的，我们可以并应该把自己的思想拿出来与他人分享，但不能把自己的认识强加于他人；在包容分歧的同时，如果只是你说你的、我想我的，互不搭界，也是不好的，有了不同的观点，就应该摆出来争论：尽管很多时候争论并不会有什么结果，要说服一个人改变思想是很难的、很多问题要得到圆满的结论更加困难——而争论的价值，往往正是在争论的过程本身就得到体现；争论的意义，并非在于去改变别人的观点，而是去磨砺和深化自己的思想！对别人的观点，既要敢于质疑和辩驳，又要善于理解和包容——这就是我所赞赏的学术及生活的态度。

我的态度后来总结为"存同求异"。对于我的观点，叶老师似乎也不是完全反对，而是给了一些肯定："很高兴你能有如此系统而清楚的想法。"不过总的来说，讨论的氛围并没有在这门课程中形成，真正享受到同学之间自由讨论的氛围，还是进吴门之后的事情了。

叶老师同意哲学可以辩论，但他想强调"辩论""什么"，并非任何辩论都有意义。

在叶老师看来，也包括许多同学看来，在对那个"什么"有充分和准确的把握之前，是不应该去展开辩论的。

但在我看来，即便是你打东我打西，辩论的环境本身就是有意义的，哲学所追问的那个"什么"永远都不是现成确定地抓在手里的，不断地争执和言说恰恰是让它现身的必要环境。

要确定好"什么"再来辩论的态度，其实还是否定辩论的意义，因为如果你已然把握在手了，那再来辩论就对自己的把握无所增益了，于是辩论的目的顶多是说服他人，哲学家的言说的意义就只是颁布教条。

所以那些认为没有精确把握就不该讨论哲学的人，与其说是谦虚，不如说是狂妄自大。我当时就说：

其实，我感觉某些时候的"谨慎"——认为自己没资格谈哲学，其实与其说是"谦虚"，倒不如说是某种"自大"的表现——自以为哲学高高在上，当他们自我感觉自己进入哲学之门后，便容易自以为是，瞧不起"普通人"，甚至瞧不起别的没有他"高深"的哲学同仁的思想了："他根本还不懂我在谈什么问题，我也没工夫没兴趣跟他讨论！"我不希望哲学陷入封闭——不赞成去强化哲学与所谓"普通人"的界限、与其他科学和学科的界限，甚至哲学派哲学人之间的界限——大家面临的问题都一样，也都有权思考、有权发言；

所谓"哲学家",并不是说他的问题要高深得别人不能理解才算厉害,而是哲学家能够理顺各种思想,把自己的观点系统化并明确地阐释出来!

在这方面,我对叶老师的"引号"风格不太认同。给一些重要的术语加引号注明,是绝对必要的,但如果一句话中加引号的词比不加的还多,三个词有两个加引号,那么这时候加引号不再能够很好地提示出某一个词的特殊性,而是要提示自己的整个言说的特殊性了,似乎我的整个言说都是超离于日常语言的,每一句话每一个词都是高高在上的哲学词,而不是肤浅的日常词,用日常词汇说话的人不能参与到我的讨论之中。

满页的引号以一种耀武扬威的方式宣示着哲学语言与日常语言的距离,夸耀着自己与凡人的距离。这种距离是否存在呢?当然存在,非但哲学与日常有距离,不同的哲学流派之间也有距离,同一个词在不同的语境下意义多有不同,把这些距离提示出来是有意义的。然而,张开距离之处恰恰是有待去建立沟通的地方,而不是拒人千里的地方。

我与叶老师的分歧表面上是在于是否鼓励班内辩论的学习方式,深层上来说,是关于哲学及其意义有不同的理解。但这种分歧说大也不大,它并不妨碍我对叶老师一些具体观点的欣赏和赞同,特别是他的《思·史·诗》对于我理解现象学颇有影响。但在这里不多说了。

纪念哲学家的方式,和纪念一般的老人不同。一般的纪念无非是念念他的功德,而就哲学家而言,与他对话才是最好的纪念方式,只要不断有人与他们对话,与他们争执,他们的思想就永垂不朽。叶老师当时说,哲学要辩论的话,与其和同学辩论,不如还是要和故去的哲学家们辩论。现在他也进入了"哲学史",从此也该欢迎辩论了吧?

我所知道的叶秀山先生

韩连庆

很多年前，我在山东师范大学读研究生时，山东大学哲学系邀请叶秀山先生去讲了两个星期的课，我全程聆听了叶先生的六次课程。在讲课的一开始，叶先生说，自己在中国社科院哲学所工作，讲课没什么经验，往往自己在研究什么就讲什么。叶先生当时正在读德国哲学家海德格尔的《康德与形而上学疑难》，这次的课程也就围绕着这本书展开的。

此前我读过叶先生的一本文集《愉快的思》，也看过叶先生写的一些研究康德、海德格尔的文章，很是佩服。用我的一位老师的话来说，叶先生写的哲学文章，外行也能读明白。与一般的学术类文章不同，叶先生的文章有两个明显的特点，一是通篇没有引文注释，二是文章中有大量的词语都加了引号。没有引文注释，说明叶先生已经将著作烂熟于胸，能按照自己的理解用自己的语言将这些思想表达出来。将一些词语加上引号，叶先生想表达这些词语的含义不同于我们日常语言的用法，由此也从形式上体现出哲学思维与日常思维的不同。套用黑格尔的话来说，形式不仅仅是形式，形式也能表达内容，表达那些无法用语言传达的内容。

后来跟朋友谈起聆听叶先生这次讲课的经历，我经常说起个"段子"。课间的时候，我正在走廊上跟几个同学聊天，突然看到叶先生朝我们这边走来，我很是激动，不知道这位著名的哲学家要跟我们说什么。只听叶先生慢悠悠地问道："卫生间在哪儿？"我赶紧给叶先生"指明"了方向。朋友听了这个"段子"说是我瞎编的，我说虽然听起来像"段子"，可却是真事。由此也可以看出我们对叶先生的敬仰之情。讲课间隙，我还趁机请叶先生在《愉快的思》上签了名，留下了先生的墨宝。这次聆听叶先生讲课的一个直接后果是，毕业时我也不揣浅陋，硕士论文也是以海德格尔解读康德为题的。

再次聆听叶先生讲课，是叶先生在北京大学哲学系给本科新生讲授"哲学导论"。这些讲稿后来整理成书，就是叶先生的《哲学要义》。在该书的前言中，叶先生也强调说，自己在社科院工作，没有多少讲课经验，"北大哲学系跟我商量上这门课时我很踌躇，因为我的专业是西方哲学，对于概论方面的问题相当生疏，平时也很少系统地考虑这类问题，因为却之不恭，就大着胆子答应下来"。因为授课对象主要是本科新生，不得不讲得浅显，但哲学又很难浅显。所以我一直有个观点，哲学并不适合本科生学习，尤其是低年级的本科生。

就我听过的几次课的观感来说，叶先生上这门课也很难为他。没有哲学基础的学生会听不明白，而有哲学基础的学生又觉得没有"搔到痒处"。学生如果没有读过叶先生的书，也不知道叶先生在中国哲学界的地位，也就缺少应有的尊重，所以有时候课堂纪律不太好，这下惹恼了当时在场的程炼老师，他一度站起来对学生怒目而视，这才平息了课堂上的窃窃私语。

我这次上课的最大收获是牢记了叶先生开列的七本哲学入门书：康德的《纯粹理性批判》《实践理论批判》《判断力批判》、黑格尔的《精神现象学》《小逻辑》、胡塞尔的《欧洲科学的危机与超越论的现象学》和海德格尔的《存在与时间》。叶先生说，这几本书是学哲学的"看家书"，要反复读，读一辈子。多年来，我虽然读的书杂七杂八，但却时时提醒自己，德国古典哲学才是哲学的正宗。

后来再次见到叶先生，是有一次叶先生从美国探亲回来，他的一些学生张罗着要给叶先生开个研讨会，叶先生没答应，改为跟学生一块吃顿饭。我作为叶先生的隔代弟子，也带着我的学生忝列其中。

叶先生去世后，他的遗作以《哲学的希望——欧洲哲学的发展与中国哲学的机遇》为名出版，收录了叶先生未出版的遗作，反映了叶先生最后五年八个月的思想历程。

叶先生终生致力于西方哲学的研究，在他的这部遗作中却讨论了大量中国哲学的内容。按照叶先生的解释，"中国哲学"并不是狭义上的"中国的哲学"，而是广义上的"在中国的哲学"。叶先生认为，中国哲学自成体系，自古就有兼容并蓄和融会贯通的生命力。正因为这样，今日之"中国哲学"必须将西方哲学的精髓吸收到自己的系统中来，方能将传统发扬光大，而不是一说提倡传统文化，就抱残守缺、妄自尊大，排斥外来思想和文化。叶先生的这种态度是我赞赏的。

叶先生认为，哲学思考的是自由问题，"'哲学'把'（形式的）必然'交给了'（狭义的）科学'，自己集中思考'自由'问题"，"'哲学''超越''必然'，进入'自由'"。在中国哲学中，老庄的"自由"观尽人皆知，孔子的"随心所欲而不逾矩"说出了自由观之精髓。

对于到底什么是哲学，或者哲学应该思考什么问题，不同的人会有不同的回答，这本身就是个重要的哲学问题。研习分析哲学的人会说，只有逻辑和语言分析才是真正的哲学；研习现象学的人会说，只有现象学才是真正的哲学；而研究德国古典哲学的人会说，只有康德、黑格尔的哲学才是真正的哲学。用黑格尔的辩证法来说，这叫"具体的普遍性"，也就是说，研究哲学分支（例如现象学或德国古典哲学）的人，会用"部分取代整体"，认为自己研究的不是哲学的某个分支，而是哲学本身。我想，从这个意义上来说，哲学思考的是辩证法，这当然不是教科书式的辩证法。

叶先生治学，能够从反复阅读一部原典中阐发出很多深刻的思想，实为后辈为学楷模。随时翻阅叶先生的著作，不仅激励自己用功，而且不时会有些意外的收获。例如，叶先生在谈到柏拉图的"理念论"时说，"柏拉图理念论强调'现实世界''模仿''理念世界'，后世阐发出更加深刻的思路来，但就其本意，大概仍是在'工程建构'的模式之内，他的'理念'，大体上是人们头脑中的'设计方案'"。此前我也有类似的理解，但一直不敢明确表达出来，现在看到叶先生也持有这种看法，也就有信心据此继续发挥了。

  按照以前的理解，古希腊哲学家重视冥想的理论活动，对实践活动持有贵族式的偏见。但是无论柏拉图也好，亚里士多德也好，他们的哲学实际上是以广义上的技艺（technic）为模型的。他们不仅用这种模型来解释生产制造活动，而且也用来理解自然。只不过我们现代人认为，目的和意义是外在于技术的、是主观赋予的，而古希腊人却认为目的和意义是内在于技艺的，并最终使得技艺趋向于"善"（Good）。所以，美国哲学家芬伯格在《海德格尔和马尔库塞：历史的灾难与救赎》中不无煽动地说，"技术哲学始于古希腊，而且事实上是全部西方哲学的基础。归根到底，古希腊人是通过技艺制作的概念来解释存在（Being）的"。

让西方哲学说地道中国话的"纯粹哲人"叶秀山

刘悦笛

2016年9月7日夜,叶秀山先生因心源性疾病猝然离世。家人发现先生的时候,他静静地倒在一片书籍当中,地上还有已开盖子的氧气瓶,书上尚有圈点文字与所记心得,台灯还亮着,茶却早已凉了……这种"向死而生"的方式,令学界唏嘘不已。

叶秀山先生在思想成熟期倡导一种"纯粹哲学"。从强调哲学的"纯粹性"而言,大概中国哲学界无能出其右者。这种纯粹性发源于近代西方哲学传统,纯粹即与经验相对,纯粹性的哲学绝非由经验而升华的哲学,更不是将哲学向下加以经验化。然而,这种哲学纯粹化并不是让哲学与现实绝缘,而是让哲学从更高层面高蹈于现实,去解决哲学自身的深层问题,这才是叶秀山先生力倡"纯粹哲学"的真义。

如果一定要为这种中国化的"纯粹哲学"找到关键词的话,那恐怕就是——"理性"和"自由",外加"时间"。实际上,叶秀山先生将笃信哲学的纯粹性,作为信念的内在支撑,道理在他看来再简单不过:人是有"理性"的,人生而"自由",人也是"时间"的存在,而哲学既走在科学的大道上,也走在自由的大道上,所以,哲学才成为"自由的科学"。

追本溯源,这三种思想的源头显然都是西方的。叶秀山先生作为西方哲学史的研究大家，吸纳了自古希腊以降的"理性传统"、从德国古典哲学而来的"自由传统"与由现代德国哲学家海德格尔而来的"时间传统"，当然，其时间解析当中也有法国哲学家伯格森的"绵延思想"之影子。在哲学史研究上，叶秀山先生早年就曾参与翻译康德的《纯粹理性批判》，康德、黑格尔及海德格尔构成了其思想的"底色"。其早期的著作直追古希腊哲学源头，《前苏格拉底哲学研究》和《苏格拉底及其哲学思想》两部经典是为明证。哲学文集《思·史·诗》则对现象学与存在哲学进行了前所未有的精深阐发，晚年他还屡屡谈及重读伯格森的《时间与自由意志》的感受。这些从"古代哲学""古典哲学"到"当代哲学"的西方传统，都在叶秀山先生那里用现代汉语"信达雅"地表述了出来，而且也在先生那里得以汇流与整合起来。

中国社会科学院哲学所的西方哲学研究传统，是哲学家贺麟先生亲手开创的，那种以翻译带研究之路已成经典的治学范式。然而，叶秀山先生不同于一般的西方哲学研究者，他的立命之处不在翻译，而在描述，在理解，在评价。叶秀山先生的西方哲学史研究，给后代留下的重要遗产在于：首先，让西方哲学说了"地道的"中国话，尽管晚期文本常用引号设置了某些阅读障碍，但比那些通行的翻译腔来说，堪称非常亲切的本土化；其次，在对西方哲学理解准确达意的基础上追求高屋建瓴，有时感觉其未必尽读全书而囿于细枝末节，却能一针见血道明思想之实质，譬如对海德格尔与德里达的阐发皆具高度；最后，"纯粹哲学"的境界追求，这也成为叶秀山先生衡量中西哲学品格的基本标准。如此这般的西方哲学史研究同样也是别具"高格"的，成为后世效法的典范。

早年的叶秀山先生曾立志于美学研究，后来出版的《美的哲学》等专著在美学与艺术界都影响甚大，同时在书法美学与京剧研究上也颇有建树。21世纪以后，叶秀山先生与同仁王树人先生一道主编了我国第一部多卷本学术版的《西方哲学史》，可谓对汉语学界的西方哲学史研究进行了一次系统化的总结。叶秀山先生在北京大学哲学系曾为新生开"哲学导论"课程，后来整理出版的《哲学要义》亦贯穿了其"以史带论"的风格。晚年的叶秀山先生还试图在中西哲学汇通上做文章，这建基在他认定哲学概念"无分中西"的基本看法之上，这些思想初步凝结在《中西智慧的贯通》文集中。叶秀山先生尚未完成"欧洲哲学的历史发展与中国哲学的机遇"的课题，新近却发表了多篇先秦两汉思想研究的文章，且正着力于宋明理学研究，刚完成一篇邵雍的论文，又在构思朱熹的研究论文。可惜的是，如果再给先生两三年时日的话，他就会用"以点带面"的方式，将中国哲学思想史大致通贯一遍，只是这一切，都被画上了休止符。

当人们将"纯粹哲学"误解为真空思想的时候，却忘记了叶秀山先生自己曾明确表示：哲学成为一门学科乃是"最现实"，因为哲学恰是努力联系实际与面对现实的结果，哲学的概念和范畴都是现实的概念和范畴，因而皆具有现实性。其实，叶秀山先生所谓的纯粹，乃是针对"某种现实"而言的，其内在的批判力度竟是如此深刻，发人深省。

下面这段"自我表白"可以为证。如今再读，竟觉振聋发聩！这不仅是叶秀山先生六十多年哲学研究的现实经验之反思，也是对时弊的针砭：

> 我有一个信念，就是哲学学术本身是有自己的吸引力的，因为它的问题本身就在一个更高的层面上涉及现实的深层问题，所以不是一种脱离实际的孤芳自赏或者闲情逸致；但它也需要"排斥"某些"急功近利"的想法和做法，譬如，把哲学学术做仕途的敲门砖，"学而优则仕"，"仕"而未成就利用学术来"攻击"，骂这骂那，愤世嫉俗，自标"清高"，学术上不再精益求精，或者拥学术而"投入市场"，炒作"学术新闻"，标榜"创新"而诽谤读书诸如此类，遂使哲学学术"驳杂"到不再是哲学自身。这些做法，以为除了鼻底下、眼面前的甚至肉体的欲求之外，别无"现实""感性"可言，如果不对这些有所

"排斥",哲学学术则无以自存。

在八宝山梅厅的追悼会上,读到叶秀山先生弟子们拟定的挽联,我们惋惜这位"纯粹哲人"的远去,就以这挽联来结束这篇悼念文字——"志取纯粹语论中西道存在,思开绝对学通古今待后人"!

绿染峰峦

王铁军

昨天，在清华大学举办了一场纪念活动，纪念叶秀山先生逝世三周年。纪念会同时也是学术研讨会，议题自然都是叶先生。

我不是学术圈中人，这样的学术活动也与我无关，但我心中一直把叶先生看作老师，故此这场纪念活动还是勾起了"会外"的我对叶先生的怀念。

大约是20世纪90年代末的某年，我组织哲学所的春节团拜联欢会。在会上我出了一个灯谜请大家猜："绿染峰峦（哲学所人名一）"。未过多久，西哲室有人猜出来了：

"叶秀山！""正确！"

于是，我请叶老师站出来给在场的同事们送上了几句新春祝词，然后，我又跟大家说，叶老师学生时代是北大京剧社的社长，曾得到过老生名家陈大濩和奚啸伯的真传，各位想不想听叶老师来一段？掌声过后，叶老师给大家表演了一段老生念白，字正腔圆、有板有眼，引来了满堂喝彩。

"绿染峰峦"这个谜面，并不高妙，我当时也只是想用它作个引子，以请叶老师表演一段节目。但事后回想，这个谜面恰恰暗合了我心中叶老师的形象：他就像那一片片绿叶，在不知不觉中晕染了周边的一切——不论高峰还是低谷，却从不炫耀自己。

认识叶老师，是在70年代末，我刚进入哲学所，在图书馆工作。叶老师虽然堪称哲学所元老，但那时还算是"青年研究人员"，所里人，包括我们图书馆的几位老大姐，都称他"小叶"。我刚进所不懂事，不知天高地厚，也跟着大家叫叶老师"小叶"。直到两三年后，我才突然意识到无论从年龄还是学识讲，自己都没有资格这么叫，这才改口称老师。而叶老师却对此毫不在意，叫不叫"老师"他都跟你那么亲和。

叶老师称自己"读书不敢懈怠"，他嗜书如命，涉猎广泛，是光顾图书馆最频繁的几位研究人员之一。正因如此，他也是我最早熟悉的几位研究人员之一。通过为他们服务，了解他们的读书兴趣和偏好，我逐渐对图书工作应怎样为科研服务有了自己的看法，也理解了当年琉璃厂书店学徒出身的孙殿起、雷梦水等老师傅何以能成为大学者的朋友。当我在图书馆开始负些责任，首先办的几件事之一就是征得所里支持，正式成立了图书馆的"顾问组"，叶老师是当然的顾问。

叶老师这个顾问做得很辛苦，不仅图书馆如何建设要管，购书时的圈选书单也要一一过目，他圈过的书单，细致到把必购书和参考书区分得一清二楚，并且还会告诉我，为何如此选择。不仅如此，因为我们定购的数百种期刊他都会定期浏览，故此期刊如何取舍他也会提出非常明确的意见。相当长的一段时间内，哲学所图书馆在国内哲学界享有一定声誉，与叶老师等"顾问"们的努力是分不开的。在这些"顾问"们的引领下，我从一个对哲学一窍不通的门外汉，逐渐进入了专业图书馆员的角色。至于对我的工作，叶老师曾对别人说过"他对哲学所书库熟得不得了"。我知道，"不得了"是叶老师的口头禅，不见得到了"不得了"或"了不得"的地步，但能得到他的嘉许，我非常高兴。

后来，社科院的图书馆体制发生了很大变化，很多研究所的图书馆被撤销了，哲学所图书馆虽未被撤销，但也仅保留了书库，不再进新书，成了"死库"。我对此做法一直持反对意见，甚至用不配合来表达，但人微言轻，无力扭转。叶老师作为研究人员，同样无法参与决策，但他有自己表达意见的方式，他在《中华读书报》上发了一篇文章：《怀念哲学所图书馆》，"怀念"图书馆"贴近"科研时的情形。他说，"所谓'怀念'，也就是对那历史上曾经有过的、已不可再得的美好事物的回忆，所以甘冒'科研遗老'之讥，特作此文，以志纪念。"不知道别人，反正我在读这篇文章时，鼻子数度发酸。

有一件事我怎么也忘不了。因为我们的馆藏较丰富，那时经常有其他哲学教学研究机构的老师们光顾哲学所图书馆，时间长了，彼此已非常熟悉。某天，一位老师跟我说，他们正在编一套关于20世纪中国哲学的"大书"，问我愿不愿意承担几篇人物传记？在他开出的名单里，就有叶老师。我那时年轻气盛，不知轻重，一口答应了下来。承担下来后，我并没有向叶老师打招呼，就开始收集资料动手编写了。待书出版，我才拿给叶老师看，他认真看了一会儿，轻声说，"哦，我是镇江人，但不是出生在镇江。不过没关系！"当时我那脸红的，恨不得找个地缝钻进去！连最基本的材料都没搞准确就敢写东西，这种事怎么批评你都不过分！而叶老师却连说了好几遍"没关系"，生怕我下不来台。

有很长一段时间，叶老师在我们书库的外边拥有一间极小的"写作间"，面积大概超不过5平方米。他非常喜欢那小小的"格子间"，每天都到那里去读书、写作，比"坐班"人员到得都早。我也是习惯于"早到"的，因此有机会每天与叶老师打个招呼。久而久之，我们俩每天在别人上班前，不是我到他写作间坐一会儿，就是他到阅览室来与我聊聊天。到"规定"的上班时间，同事们也都到了，才去各忙各的。我们每天"晨聊"时聊的内容五花八门，海阔天空，非常随意。

比如聊音乐，在那个年代外界很多人连交响乐都没怎么听过，更别说音乐的分类和品鉴了，而叶老师也是中图公司进口外国唱片的顾问，市面上卖的那些唱片相当一部分都是他圈选过的。在我们"晨聊"时，叶老师会告诉我西洋古典音乐和现代音乐的区别，告诉我新一期"企鹅指南"又有几个"戴花"的被他选了，过不久市面上就能看见,等等。有时聊得兴起,他会拉着我到街头卖"盗版"碟的小贩那里去选上几张——那时他也要省点钱!

我们"晨聊"的内容非常广泛:学部历史、知识界逸闻、哲学、文化、文字、戏剧、书法、绘画,后来回想,简直就是"百科",更是在给我上课!而我过于愚钝,当时从未动过把"晨聊"内容记下来的念头,现在后悔不迭。不说工作接触,仅仅"晨聊"就让我在潜移默化中长知识、学处事,解做人,获益匪浅。因此我说心中一直把叶先生当作老师是由衷之言。

三年前叶老师遽然过世,我不在京,未能参加悼念活动。现在纪念他逝世三周年,我在"会外"匆匆写下些许回忆,以表达我这不是学生的学生对先生的怀念。

清癯的思想

周 膺

　　初次见到导师叶秀山先生，觉着这位镇江人的江南水性特足，清秀机敏。那脸让人倾倒：坚挺的鼻梁，明确的嘴，长弯眉很戏剧化，像戏曲脸谱上画的那种。细长的双眼皮间亮得很，藏着许多问题，有一种审察神情。我这个爱捣鼓点漫画的对那脸琢磨许久却不能透看。头一回上课，他自如翻检哲学史显出厚度，但半天工夫也把研究的那点儿"真货"倒个干净，像是从此不再有什么可说的啦。但一道鲜活的思想闪电和一种消化透的精练却刻进我的记忆，如他清癯相貌那一路风格，而不见惯常多见的装出来的"硕大"。我想我画清癯的脸清癯的思想可能会是一种艺术的逼真。

　　后来他确是没有再多说什么，还声明，中国社会科学院不比大学，这儿的研究人员不习惯讲课，导师带学生也就跟学生谈话商讨，推敲个名词什么的，或是看到好书通点情报，厉害的还搞点争辩，师生互以研究人员的身份对垒。学生做出来的题目，该是导师做不出来的才好。唯一往死里要求我的是读原著原文，不轻信译文。他自己懂希、英、德、法4种外语。我每次大早去找他，他已在写作间读外语了。跟他"谈话"不多，但一来二去几下子，不知怎么着我就悟到：他研究那块阵地的前沿形势，他为什么要抓那问题，他想了什么法、借了什么力去解决它。我的眼里也染上了特别的审察神情，对教科书不在乎了，最看得起原著，看见那些目录上写着古今中外、历史、哲学洋洋可观的"大作"会退避三舍，动辄讲究个

"学理"、学术态度。

有一次他带了康德《纯粹理性批判》原版来"谈话",说这书读了很多遍只能懂四五分,最近重读一部分又有新的感受。后来他干脆写了一篇小文《读那总有读头的书》在《读书》杂志上发表,对这个论点加以发挥:书很多,有些总有读头的书,应该放在案头经常翻,你绕不过它去。冯友兰先生逝世的时候,我们去参加追悼会。我对他说,冯先生他们走了,就是你们了。他说,冯先生的上几辈学问好,冯先生,还有贺麟先生他们做得也很不易,我们这辈是不能比了。我想,叶老师之不能"硕大",也是冯、贺之未能,他们前面站着康德们。不过,先生们之有一分为一分的"精练",则是应了康德们的祖训的。沿着这一路走下去得一分即为真实的一分,搞洋洋洒洒的"硕大"到头来可能只是空疏与渺小。做一个大学者不成,就起码去做有"清癯"风格的学人,这是可取的学术品格乃至人格吧!

导师读康德懂四五分这个逻辑也让我很不好受。我知道自己比之叶老师之差距,远远大过叶老师与冯先生的差距,怎么敢把自己与学术挂钩?我在大学学的是工科,搞美学是改的行,小时候没能大段大段背过经典,怎么应付研究?但我最早交给叶老师的两篇论文他却给了90分、95分,给我打气。我那时"兴趣"广泛,想搞的东西很多,他便仔细为我讲一些问题的线索,然后推荐要读的书。最后说,学术研究可以讲点兴趣,只是要深入以后再作连续性的转移。他自己会唱好听的京戏,写一手好字,写过一本《书法美学引论》。我跟他大谈书法,口气自命不凡,他竟很同意,还要了我的字去。我想,在这种"宽容"的要求下,借学术的名分读点书还是可以的。或者就自我解嘲:我搞研究为满足兴趣。叶老师从不把学术当作人生的敲门砖。他眉宇间有那般神态,即与他这种生活态度和"清癯"风格有关。这东西是我拿起书来时常要回味的。

绕不过去

周 膺

导师叶秀山先生向我指出，培根、笛卡尔、康德是研究哲学无论如何绕不过去的"碑"。譬如康德所"批判""建构"的"问题"，总是不可回避；把握了康德恰恰抓到了整个近现代哲学的枢机。其实，不懂古希腊，也很难理解当代精神；不懂培根、斯宾诺莎，也悟不了牛顿和爱因斯坦。爱因斯坦从13岁便开始读康德的书，他在瑞士联邦工业大学就读的数学物理系有门必修课："科学思想理论——康德哲学"。进入青年时期，爱因斯坦反复研读康德的《任何一种作为科学的形而上学导论》。1918年，建立了狭义和广义相对论的爱因斯坦在夏天给友人写信："我正在这里读康德的《导论》，并且开始理解到这个人所发散出来的和仍在发散的那种发人深思的力量。"20世纪奥地利杰出的数理逻辑学家哥德尔年仅16岁即开始阅读康德。1974年，68岁的他在回顾往事时说，康德在他的思想发展中影响最大。歌德、席勒、贝多芬都受过康德哲学的熏陶。贝多芬的音乐似康德哲学的旋律化或音乐化。如果来一番精心的"考古"，康德不是绝无仅有的，这种"碑"数不胜数。我的案头已经是"丰碑"林立——柏拉图、亚里士多德、黑格尔、海德格尔、维特根斯坦、孔孟、老庄、佛陀……我对它们是既敬且畏。生有涯而知无涯，有涯追不了无涯，便时有寻捷径便门之妄想，然而终归不可僭越。新康德主义"回到康德那里去"的口号在这种意义上倒有普遍适用的道理。马堡学派的那托普说过：只有回到康德，然后才能遵循着哲学通过他安然获得的基本认识的方向，继续着永恒哲学问题因他而深刻化的纯粹结果，进而向前迈进。康德哲学尽管一再被人们在口头上和文字上宣布业已死去，却依然十分牢固地活在我们中间。一个要求在哲学上向前迈进的人，仍然必须以分析康德的哲学为自己的首要任务。

其实这种"碑惑"并非仅此而已。前不久一位家长问我，孩子的功课哪些最要紧，我不假思索地说数学、语文、外语，它们是人类思维的"元"语言。按照康德的说法，它们是一切知识及其表达的最根本的先天要素，海德格尔、维特根斯坦则归之为人（思想）"存在的家"。我就常常感到，我不仅绕不开康德，而且也绕不开这三门课，时而要回过头来补课。我甚至想到，如果一个人年轻时更多地参加体力劳动，长大就更能吃苦耐劳；如果一个人早先缺乏道德、情感、礼貌、审美、意志等的修炼，那么他后来必定要重新补课才能做成一个健全的人。人生有许多绕不过去的"碑"，与其绕不过去而碰破于"碑"上，不如停下来细细地揣摩一下"碑文"。

爱智之境与启蒙之思

——读《叶秀山全集》有感

傅守祥

子曰：学而不思则罔，思而不学则殆（《论语·为政》）。圣人的意思是：学习而不知道思考，就会惘然无知而没有收获；只空想而不读书学习，就会心中充满疑惑而无定见。孔子借谈读书方法，意在告诫我们：只有把学习和思考结合起来，才能学到切实有用的知识，否则就会收效甚微。孔子还在《论语·卫灵公》中说过："吾尝终日不食，终夜不寝，以思，无益，不如学也。"《论语·子张》中，更是借子夏之口说："博学而笃志，切问而近思，仁在其中矣。"这些都是强调学习与思考相结合的重要性。对于读书人来说，"学"与"思"是主业，更须养成一种良好的习惯和坚韧的定力。叶秀山先生结合自己的体会，进一步将"学—思"关系分成三类：一是小学而大思，二是大学而小思，三是中学而中思；他强调，此三类状况因人而异、因时（人生阶段）而异，无高低之差、有会心之别，调度得当则学—思相宜、终身受益。

一 读书与爱智境界

令人尊敬的前辈学者何兆武（1921—）先生在《上学记》（三

联书店 2006 年版）一书中讲："读书不一定非要有个目的，而且最好是没有任何目的，读书本身就是目的。读书本身带来内心的满足，好比一次精神上的漫游。在别人看来，游山玩水跑一天，什么价值都没有；但对我来说，过程本身就是最大的价值，那是不能用功利标准来衡量的。"何先生这里又讲到了一个"学"的心态问题——无目的的、超功利的心态，也是一种难得的自由的状态。

对于"思"的意义，法国先哲帕斯卡尔（Blaise Pascal，1623 - 1662）在其《思想录》（何兆武译，商务印书馆 1986 年版）中曾说过这样一段话："人只不过是一根苇草，是自然界最脆弱的东西；但他是一根能思想的苇草……纵使宇宙毁灭了他，人却依然要比致他于死命的东西更高贵得多；因为他知道自己要死亡，以及宇宙对他所具有的优势，而宇宙对此却是一无所知。"纯粹学者的生涯，固然常常被时势所裹挟，却因为固守自己思考和求知的职分而显出其高贵。当然，如果在"思"的过程中，因不断的清明、醒悟与宁静、充实而内心愉悦、欢欣，那么，"能思想的苇草"不但高贵而且优雅、不但智慧而且幸福，因为他锻炼出一颗像神一样的心灵——悲悯、慈祥而宽广。

18 世纪时的德国著名浪漫派诗人诺瓦利斯（Novalis，1772 - 1801）曾说："哲学，原就是怀着一种乡愁的冲动到处去寻找家园。"在希腊语中，哲学（philosohia）是由"热爱"（philos）和"智慧"（sophia）两个词合成的，哲学就是"爱智慧"。纯粹学者对知识的追求最初并没有什么实用的目的，是一种"为学术而学术"的、纯粹的"学以致知"的探索精神，这种做学问的境界也可以说是"爱智境界"，体现出的是爱智慧、尚思辨、探索真理的哲学精神。

哲学家主张"爱智慧"，并非自诩"有智慧"，更不是古希腊在纪元前 5 世纪的那些长于争辩的"智者"（sophistes）。因为"智者"与"哲学家"（philosophos）不同，智者以"智慧"为资本去服务官方、争名夺利（类似于当前某些爱表演的"公知"），哲学家则以

"智慧"追求真善美的人生境界。"知识"能以数量计，属有限之物，然而"人生"更加有限，必不能穷尽人类全部知识。"智慧"是一种人类精神的理想境界，是无限之物，只能以高低计，哲学家对"智慧"追求的动力来源于对智能本身单纯的"爱"，而没有其他实用的功利性。

叶先生常说："要学会和书交朋友，书也是有生命的，但它不会搞阴谋诡计，不会暗算你，和书作心灵交流最安全。"叶先生终生以书为伴，20世纪八九十年代，他每天都到中国社科院哲学所的"写作间"里读书、写书；在他眼里，书也是一种活着的"人"，是有"心灵"的。著名学者胡孚琛先生曾撰文称："叶秀山教授为人、处世、治学、教人的风格是一致的，即自内而外、自始至终贯穿着一种'爱智境界'，是真正哲学家的学风。"[1] 叶秀山先生除几十年如一日地身体力行"学"与"爱智"外，还多次畅谈、分享他亲身体会到的"思"的感受。他说："思考哲学问题是'愉快的'，如果你真正深入到哲学当中，就会觉得打通一个理路、想明白一个道理本身就是'好玩的'，而且这种兴趣是发自内心的，'哲学'本身就可以构成一个目的，而不是达到另一个目的的手段。哲学有着深厚的历史基础，无数有大智慧的人对它作过研究、思考，它很值得我们对它发生兴趣，去追求它、爱它，'哲学'本身就可以有'吸引力'，这是我一直持有的一个信念。"[2] 同时，"哲学"是一门"活"的、"接地气儿"的学问，它追问"生活""生命"中最深层的问题，而并不给出现成的、一劳永逸的答案。因此，要生活就得生活在"大地"上，而不是生活在"天上"。

常言说：读书时，不可有己见；读书后，不可失己见。而叶秀山先生则更深入地指出：从某种意义上说，哲学不能由别人现成地

---

[1] 胡孚琛：《斯人在思：直接同先哲对话——记叶秀山教授的爱智境界》，载黄裕生等编《斯人在思——叶秀山先生七十华诞纪念文集》，江苏人民出版社2006年版。
[2] 王齐：《无尽的学与思——叶秀山先生访谈录》，《文景》2007年第7期。

教给你，要真正知道哲学是什么，必须自己去思考。哲学不能仅仅成为一个人谋生的手段，在现在的状况下，要是想着谋生，做点经济类的工作可能效果会更好。做哲学就是为了追求真理，这是哲学工作者的使命。从传统上看，"哲学"研究的是"无限"，"无限"就是"不受限制"，就是"自由"。"哲学"正是以"自由"的态度来对待万事万物，在有限的事物中保持着"无限"，在功利和世界中保持着理性的、清醒的态度。用《庄子》的寓言中的比喻来说，"哲学"要不执着于万物的"小用"，而着眼于事物的"大用"。"哲学"是超越具体知识的学问和智慧，其真正价值正在于它具有"无用之大用"，就是通过"形而上"地探索宇宙和人生"大道"，使人的心性升华而达到"大智"。"哲学"总是向你提出问题，迫使你去思考，在那永无止境的思考中，哲学散发着一种无穷的魅力，有点像艺术带给人的无穷余韵一样，当然这得靠个人悉心体会。

二 器识与立命之学

中国近代思想家梁启超（1873—1929）说过："夫学术者，天下之公器也。"（语出《欧游心影录》）作为社会公器，学术应当传播知识、传递文明，而学者应当做有益于世的真学问。但中国传统中向来崇尚"文人学士"，而轻视"专家学者"，甚至认为后者是"百工之徒"。近代以来西学东涌，这种风气虽有所转变，但是直到目前仍然还很有些市场。在中国大陆，"文人"当然有其自身的价值和意义。"文人"就常"领一代之风骚"，"文人"善作"应景文字"，"文人"对于"思潮"的鼓动宣传之功盖莫大焉，却善恶难断、教训颇多。就西学语境来说，"学术"的工作是要进行深入探讨，使一切思潮在学理和资料上精益求精，成为一个学问系统，传之久远。"坐冷板凳"是"学术"研究的座右铭。凡甘愿"坐冷板凳"者，都是因为看到了"学术"之恒久的价值，并且从中得到了追求真理有所得的乐趣，哪怕只是短暂的"豁然贯通"的乐趣。当然，提醒重视"学者"的理论研究，并非就是排斥"文采"，其实社科学术著作也须具有"文采"，正如春秋孔子所说"言之无文，行而不远"（语出春秋·鲁·左丘明《左传·襄公二十五年》），又如南朝刘勰所言"圣贤书辞，总称文章，非采而何"（《文心雕龙》）。而北宋刘挚所说的："士当以器识为先，一号为文人，无足观矣。"（《宋史》卷三四〇）总括古今，"文人"堕落、无耻者甚众，软骨病患者比比皆是，因此，确需警惕当今学者的"文人"化、投机化与丧心病狂。与此同时，当今之世，有不少"文人"却装扮成学者，滥竽于学界，堂而皇之地以"士"自居，世人难辨其真伪，常轻信其文墨，所以"文人"大行其道仍盛而应酬、媚俗文字泛滥。正所谓：

　　国师不是病，
　　文人病不轻。
　　安纲吸金重，
　　文艺轻骑兵。

　　人文学者不但可以用智慧为社会做贡献，而且可以培养自身的优雅"气质"进而用品格影响他人。正如宋代大儒张载在其《语录钞》中所说"为学大益，在自求变化气质"。20世纪20年代，清华国学院的前贤们就曾开辟了一个不可复制的大师时代，他们具有"独立之精神，自由之思想"，不入俗流，径行独往，真诚地对待学术，其精神范式和价值理念值得后人追随，成为今日学术界的宝贵精神遗产和历史使命。"学术"自有其"恒久的价值"，这是人文学者内心深处所应有的信念，是支撑着我们甘心"坐冷板凳"而不随波逐流、追风赶潮的精神支柱。尽管北宋大儒张载曾认定读书人应当"为天地立心，为生民立命，为往圣继绝学，为万世开太平"，但是，在日趋功利、恶俗的时代，历史教训告诉我们：知识分子首先应该秉承"独立精神""自由思想"。

作为当代中国的"国粹",京剧可谓 70 年来的"话题王"——兴衰褒贬阴晴圆缺,而借题发挥者众、平实懂行者寡。叶秀山先生曾有一部专门研究中国京戏的论著《古中国的歌》[①],书中或谈对京剧的品味和欣赏,或谈京剧的意义和趣味,或抒写京剧人物的精神境界,令人耳目一新。叶先生自小喜爱戏曲,新中国成立初就读北京大学时,还曾接任过学兄欧阳中石先生的"北大京剧社"团长一职,擅长青衣、花旦,一生都是一个专业水准很高的"票友";曾化名"秋文"评戏,眼光独到。在戏曲理论上,叶先生将中国戏曲表现手段中唱、念、做、打四功概括为歌(唱、念)、舞(做、打)两类,即音乐性的对话、舞蹈性的动作,并提出"合歌舞以演故事"的观点。他在《中国戏曲艺术的美学问题》一文中进一步指出,当代中国已发生由"听戏"向"看戏"的转变——"听"的泰半是玩意儿(艺术),"看"的则多是故事,或舞台上的装置;针对 21 世纪以来戏曲"现代化"的喧嚣以及一味鼓吹"流行""轰动效应"的浅薄,叶秀山先生明确提出"今人当自爱"的警示,可谓语重心长、切中肯綮。

新中国成立 60 多年间,政治风波浩荡,大故迭起,知识分子少有全者与直人,而其言说也多为谎言抑或曲笔,个中原因在于政治的挤压与经济的胁迫,也在于个体的粗野与人格的异化。英国哲学家、20 世纪最重要的自由主义思想家以赛亚·伯林(Isaiah Berlin,1909-1997)对知识分子有一个颇有说服力的分类:刺猬与狐狸。在他看来,那些习惯追逐许多互无关联的目的,其生活、行动与观念是离心而不是向心,思想或零散或漫射的知识分子属于"狐狸";与此相对,那些将一切归纳于某个单一、普遍、具有统摄作用的原

[①] 叶秀山:《古中国的歌:叶秀山论京剧》,中国人民大学出版社 2007 年版。该书以其名著《京剧流派欣赏》(1963 年初版)和《古中国的歌——京剧演唱艺术赏析》为主体,部分京剧论文和随笔也收录其中。

则的先知，是"刺猬"的人格特征。① 遗憾的是，在改革开放40年后的今天，中国学界仍难见真正的"刺猬"，即便是有灵性的"狐狸"也不常见，但学界内却"狐臭"弥漫。近些年来，大陆文艺界不断责难文艺批评"失语""缺信"和"缺位"，殊不知这与有些文艺批评家泯灭是非甚至颠倒黑白息息相关。人们（包括学者）确乎在犬儒与理想之间徘徊，现实常常让人失望，但希望亦非绝无。

当代著名华语作家龙应台（1952—）在北京大学的演讲中说："在大陆的集体心灵旅程里，一路走来，人们现在面对的最大关卡，是'相信'与'不相信'之间的困惑、犹豫，和艰难的重新寻找。"因此，其作品在内地点击率和流传率最高的是《（不）相信》这篇。"十岁之前相信的很多东西，后来一件一件变成不相信"，这当中包括"文明的力量""正义""理想主义者""爱情"以及"海枯石烂作为永恒不灭的表征"。不过，"二十岁之前相信的很多东西，有些其实到今天也还相信"。"譬如文明也许脆弱不堪，但是除文明外我们其实别无依靠。譬如正义也许极为可疑，但是在乎正义比不在乎要安全。譬如理想主义者也许成就不了大事大业，但是没有他们社会一定不一样。"此外，也有"二十岁前不相信的，现在却信了"，"不过都是些最平凡的老生常谈"，比如"性格决定命运""色即是空""船到桥头自然直"。大陆的人们确乎在犬儒与理想之间徘徊，现实让人失望，但希望亦非绝无。正如鲁迅（1881—1936）先生所说，"地上本没有路，走的人多了，也便成了路"，希望来自于行动，为了行动必须相信。因此，龙应台期待"一个敢用文明尺度来检验自己的中国；这样的中国，因为自信，所以开阔，因为开阔，所以包容，因为包容，所以它的力量更柔韧、更长远。当它文明的力量

---

① ［伊朗］拉明·贾汉贝格鲁：《伯林谈话录》，译林出版社2011年版，第172页；亦可参见以赛亚·伯林《俄国思想家》，译林出版社2001年版，第25—28页。

柔韧长远的时候，它对整个人类的和平都会有关键的贡献"①。

三　启蒙与清流操守

殊难忘"大独裁者"希特勒（Adolf Hitler，1889－1945）曾经对其"宣传部长"戈培尔（Paul Joseph Goebbels，1897－1945）"面授机宜"："不需要让青少年有判断力和批判力。只要给他们汽车、摩托车、美丽的明星、刺激音乐、流行服饰以及对同伴的竞争意识就够了。剥夺思考，根植对命令的服从心才是上策。让他们对批判国家、社会和指导者抱持着一种动物般原始的憎恶。让他们深信那是少数派和异端者的罪恶。让他们都有同样的想法，让他们认为想法和大家不同的人就是国家的敌人。"这种赤裸裸的剥夺"思考"、敌视"思想者"、故意妖魔化人本主义的"批判精神"、人为制造"国家公敌"的反智主义"愚民"行径，在不同历史时期、不同国族环境中不断重演，尤须人们警惕。

美国著名总统亚伯拉罕·林肯（Abraham Lincoln，1809－1865）有段名言："你可以在某些时候欺骗所有人，也可以在所有时候欺骗某些人，但是你无法在所有时候欺骗所有人。"尽管西方世界曾有联邦德国总理维利·勃兰特（Willy Brandt，1913－1992）于1970年年底在华沙犹太人死难者纪念碑下的"下跪"谢罪与真诚忏悔，并发出祈祷："上帝饶恕我们吧，愿苦难的灵魂得到安宁"，以及联邦德国时任总统向全世界发表了著名的赎罪书②，也有俄罗斯领导人普京（Vladimir Vladimirovich Putin，1952－）在"纪念苏联大清洗（70周

---

①　龙应台：《文明的力量：从乡愁到美丽岛（龙应台在北京大学百年纪念讲堂的演讲）》，《联合报》2010年8月9日。

②　《德国总理向死难犹太人下跪谢罪瞬间》，2008年9月4日，凤凰网—资讯（http://news.ifeng.com/history/1/jishi/200809/0904_2663_764777_1.shtml）。

年）死难者"仪式上反省"为什么人类历史上同样的悲剧被重复上演，一个重要的原因就在于那些空洞的信仰、主义被置于人类基本的权利：生存、自由、尊重、爱、表达之上"。但是，这些毕竟不能掩盖西方知识分子曾经的软弱变节、助纣为虐与为虎作伥。

"前事不忘，后事之师"。作为20世纪最伟大的哲学家之一，海德格尔（Martin Heidegger, 1889 – 1976）与纳粹的关系一直是众说纷纭的焦点；对于世人的追问，海德格尔却一直固执地保持沉默。实际上，除了英美分析哲学之外，整个欧洲大陆最顶尖的思想家们无一例外地受到了海德格尔决定性的影响；这个名单里有列奥·施特劳斯（Leo Strauss, 1899 – 1973）、汉娜·阿伦特（Hannah Arendt, 1906 – 1975）、米歇尔·福柯（Michel Foucault, 1926 – 1984）、雅克·德里达（Jacques Derrida, 1930 – 2004）、卡尔·施米特（Carl Schmitt, 1888 – 1985）、卡尔·洛维特（Karl Löwith, 1897 – 1973）、保罗·利科（Paul Ricoeur, 1913 – 2005）、伽达默尔（Hans – Georg Gadamer, 1900 – 2002）等一系列伟大的名字，当然还有著名的哲学家、犹太学家伊曼纽尔·列维纳斯（Emmanuel Lévinas, 1905 – 1995）。1973年7月，还有几个月就要走完一生的政治哲学大师列奥·施特劳斯，在给犹太学及神秘主义大师索勒姆的信中，笔调沉痛地写道："在度过如此漫长的岁月之后，我现在才明白，海德格尔究竟错在哪里：具有非凡的才智，这才智却依附于一个俗不可耐的灵魂。"由此可见，以价值立场为支撑的人文品格和思想操守，对于当代学人的实践意义。

哲学离不开社会，社会也离不开哲学。毋庸讳言，当今世界正遭遇货币、政治、道德、精神危机，哲学家不应仅满足于解答他们感兴趣的问题，而需投身解决现实问题，正常的哲学圈应该成为"思想的竞技场"。而在当今时代，没有人否认物质丰富、科技进步对人类生活改善的积极作用，但是，超越物欲至上、技术异化与娱乐至死，解决技术主义、享乐主义与虚无主义的思想难题，亟须无数学人的努力工作和坚定矫正，有良知的人文学者更是责无旁贷。

汉语词汇中的"清流",原指清澈的流水,后喻指德行高洁、负有名望的士大夫,或社会层面的政治清明,现在也常常比喻有与众不同魅力的人或事。时下提倡"清流操守",意在强调知识分子的先知慎独与启蒙引领。哲学大师列奥·施特劳斯总结海德格尔人生失败的教训,对我们和平发展年代的人来说是另外一个层面上的警醒:手握"利器"的"精神侏儒"更有可能在地球毁灭之前"腐烂"整个社会……

美国政治家富兰克林(Benjamin Franklin,1706 – 1790)有句名言:愤怒总是有理由的,但是很少有可取的理由(Anger is never without Reason, but seldom with a good One.)。奉行"多元主义信念"的英国哲学家以赛亚·伯林多次提醒世人:世界上不存在绝对真理,比如仁慈和善也都只能是相对的,不可能对所有人都仁慈;他还反对非此即彼的思想,认为这种思想是独裁主义的源头,人们都应该有多元的选择,需要适度的妥协;他认为自由的概念也是"消极的自由",自由只在一定范围内才存在。民国时代的学界精神领袖胡适(1891—1962)倡导"容忍比自由还更重要"。因此,人们对无良行为的警醒是有必要的,但愤怒必须控制;出色是每个人的愿望,但良知应该是每个人必需的坚守;在判定是非对错之前,"己所不欲,勿施于人"应当成为一条人人奉守的、普适性的准则。龙应台在历史评传《大江大海:一九四九》(天下杂志股份有限公司2009年版)中能以"杀人众,以悲哀莅之;战胜而以丧礼处之"的悲悯心直面60年前的那段中华历史令人欣慰,而大陆学者的"求真""向善"仍"在路上"且路途漫长。

四 乐思与永恒启迪

英国诗人多恩(John Donne,1572 – 1631)曾有诗句曰:"没有人是一座孤岛。"2016年9月7日,叶秀山先生在工作状态中溘然长逝。他的仙逝毫无预兆，亲朋弟子猝不及防，阴阳相隔的场景凝固在了那个清晨的书房：他留下了点亮的台灯，留下了正在书写的手稿，留下了打开的问题……这一切迹象似乎表明，他的身体虽然离开了这个"有情"世界，但他的"思"与"诗"依旧弥散与流淌在这个"理性"与"自由"尚远远不够的人间。

整整三年过去了，亲朋弟子以及学界师友近百人齐聚他晚年同时受聘的清华大学，真情缅怀并见证了《叶秀山全集》的出版。久久仰视先生的巨幅画像，再次聆听保存影像中先生的娓娓道来，悲欣交集——尽管仍不能释然他的远离，但是，近些年看多了老病缠绵之后，又为先生能"洁身而退"欣慰；听着先生惠及学林的诸多旧事，又为他的高风与亮节感动；细看12卷《全集》以及学界诸贤的"心仪"与"私淑"，又为先生思想和学问的"烛照"当世自豪。此情此景映照，叶先生并没有离开我们，他只是以另外一种方式与我们同在。

2007年11月，在拙著《审美化生存》"后记"中曾这样记述对叶师的印象："始进北京，在中国社会科学院哲学研究所随叶秀山先生做美学方向的博士后研究，先生的学识与智慧可谓神龙见首不见尾，先生的雅量与随性更显大师风范。只需留心，先生的只言片语皆有清明意蕴；先生在中国社会的张弛有度和游刃有余，我发自心底地景仰，遗憾的是却至今未得要领。"在更早以前，哲学所王铁军先生在主持所里的一次年终晚会时，曾将叶先生的名字拟就"绿染峰峦"的谜面，这个谜面也许暗合人们心中叶老师的形象：他就像那一片片绿叶，在不知不觉中晕染了周边的一切——不论高峰还是低谷，却从不炫耀自己。在熟识的人看来，叶先生自始至终都是这样的思想"摆渡人"和纯粹的"读书人"。

中国人民大学哲学院李秋零教授认为，叶先生晚年有三个词是铭记在心、念念不忘的，这就是：纯粹、自由、理性。他对叶先生的理解是，所谓纯粹，不是不食人间烟火、不是不管现实，而是不为物之所动、不为生活所迫、不为稻粱谋而真正进行的纯粹的思想。

也只有这样的纯粹，才能够为我们争得一点自由。这点自由，也不是什么人恩赐我们的所谓"言论""出版"那一类的自由，而是我们思想的自由、我们摆脱了自己的感情制约的自由、我们对我们自己的一种自由。也只有在这个意义上来说，才能把我们的理性充分展现出来。

　　回想追随叶先生读书的 11 年，除了他的学识、思想与智慧令我钦敬不已外，先生的人格魅力与为学风范更影响了我的学术人生，给了我无数启迪，但我至今仍有很多"未得要领"处。作为弟子，我一直敬佩叶先生的三种超常"定力"：一是不出差不串会闭门读书，全身心地"入乎其内"、自然而然地"出乎其外"；二是"念书"怡情悦性，而非世俗认定的"苦差"，所以有"无尽的学"与"愉快的思"；三是学非"谋利"更非"讨巧卖乖"或"换取富贵"，却能"自足"，若天资尚可或达智慧之境。另外，我觉得叶先生又有三"奇"：一是先生拿出大量时间精力持续多年学习外语研读西典，有"八国联军"的逸事流传，却因何没有一部专门的译著问世。二是在其学术著述中，引号"标示"遍布，成为汉语哲学写作中的一道风景，见者各有会心，甚至引起争议，为何？三是先生一生超脱时尚俗流，却执念于精英群体的"启蒙与自由"，有何深意？多年的私下揣度，我的理解是：第一，学外语为的是直接面对"原典"，不译实为避开思想上的"偷懒"；第二，近百年来汉语严重"污化"，套话猖獗、言不由心，更遑论"活态"的言语思想了，引号"标示"可以用来"点醒"读者；第三，梁任公主张"学术公器"，从不"言人非"的叶先生体念"士"志萎靡却又坚信"学"能"养"人，正如宋代大儒张载在其《语录钞》中所说"为学大益，在自求变化气质"。也许，这正是叶先生晚年最爱毛笔手书陈寅恪名句"独立之精神，自由之思想"的深意。

　　诗人屈原曾说："亦余心之所善兮，虽九死其犹未悔。"（语出《离骚》）做学问不但是一项费心费脑的活计，更是一项耗费莫大体力的劳动。然而，在学与问的漫漫路途上，若是起意于内心愉悦的满足、在做自己喜欢做的事，那么，在身心疲累之外终究是快乐的，正所谓"学之不如好之，好之不如乐之"。学界前辈陈平原（1954—）先生曾言"做学问不靠拼命靠长命"，因为生命的延续意味着学问的厚积，连续的人生体验才能做出更多的学问。我辈后学不敢奢望有前辈大师一般的学术贡献，但是在当下市场经济时代做学问的"穷途"与"愚执"，以及做学问者的头脑发达与四肢萎缩，却是不争的事实，在不知不觉间我们都成为世间急速"旋转的陀螺"。当然，做任何事都要认真和投入，但是对于真正想做学问的知识分子来说，身体透支式的"拼命"往往多于劳逸结合与休养生息式的"长命"；更兼世纪末以来教育现代化影响下的科研数量化管理，做学问的知识分子们被"看不见的手"驱赶着渐渐失却了沉静与从容，身体透支式的"拼命"也就从不自觉走向了被迫与无奈。"人应该把快乐建立在可持续的长久人生目标上，而不应该只是去看短暂的名利权情。名利权情，没有一样是不辛苦的，却没有一样可以带去。"[1] 走向死亡的过程大多黑暗而痛苦，人生的勇士们也许相信：如果不能有像别人一样的生命长度，那么，就以"生如夏花之绚烂，死若秋叶之静美"的方式去展现生命的宽度和深度。

相较于这些生死异变，人世纷扰何足道哉，荣辱体验何须记挂，"能思想的苇草"这一命名里涵盖了人类的全部——荣光与平凡。小说大师米兰·昆德拉（Milan Kundera，1929 - ）在《不能承受的生命之轻》中曾说："我们永远不可能知道自己想要什么，因为，一个人的人生只有一次，我们既不能拿它与前世对比，也无法在来世使它臻于完美。"人生是一场不得不散的宴席，悲伤是因为没做好精神

---

[1] 于娟：《此生未完成：一个母亲、妻子、女儿的生命日记》，湖南科学技术出版社2011年版，第56页［亦可见《复旦女博士于娟：为啥偏偏是我得癌症》，2013年4月12日，新浪女性 http：//eladies.sina.com.cn/zc/2013/0412/07501219439.shtml）］。

准备。禅诗偈云:"心如大海无边际,口吐红莲养病身",这世间有太多易逝,太多无常,当然亦有诸多珍贵,所以,我们唯有以"平静的尘心"好好活着、善待生命。

附录一

《启蒙与自由——叶秀山论康德》
出版座谈会记录

李超[①]整理

编者按：由清华大学哲学系与中国社会科学院哲学所西方哲学研究室共同举办的"启蒙与近代西方哲学：《启蒙与自由——叶秀山论康德》出版学术研讨会"于 2013 年 11 月 16 日在清华大学召开。来自中国社会科学院、北京大学、清华大学、中国人民大学、北京师范大学、中共中央党校、中央编译局等学术机构三十余名学者与会。

《启蒙与自由》是叶秀山先生讨论康德的一部著作，它在以启蒙与自由这一主旨视野去讨论康德哲学的同时，也把康德哲学置于当代德国哲学与法国哲学的背景下加以阐释。所以，它在深度地呈现了康德哲学的意义的同时，也呈现了那些反思启蒙的当代哲学的启蒙意义与自由精神。这部作品通过对康德哲学的阐释沟通了古典与现代。与会学者围绕着这部作品涉及或引申的一系列问题进行了深度的讨论。何谓近代启蒙？近代启蒙究竟确立起了些什么原则？近代启蒙是否为一切社会、一切传统都必经的"关口"？近代启蒙开启的现代性世界与古典世界有何根本不同？这些都是生活于"现代性世界"与面临"现代性世界"里的人们不得不一再追问的问题。

---

① 李超，清华大学人文学院哲学系博士生。

（下面是根据录音整理出来的主要发言，由于时间关系，未经发言者本人校对。）

开幕式，主持人 黄裕生（清华大学哲学系教授）

主持人：各位老师、各位朋友、各位来宾，"启蒙与近代西方哲学"会议，现在正式开始。这里，我首先要向大家的到来表示欢迎！这次会议是由清华大学哲学系与中国社科院哲学所西方哲学研究室一起举办的。现在，在正式进入讨论之前，我们先请叶秀山先生发言。

* 叶秀山（中国社会科学院学部委员、清华大学哲学系教授）：

说实在的是诚惶诚恐，大星期天把各位都找来。而且这是我第一次因为一本书来开这样的会。我呢年龄虚长了，大一点，身体也不是特别好，今天起早了所以有点紧张。我倒是觉得这本书也没什么，也都是在黄裕生他们的督促下编出来的，王齐给我具体编。我的工作也比较自由主义，谢地坤所长当政也不管我，我愿意做什么就做什么。这一点我觉得我们哲学所的环境还是很好的，某种意义上也没有讲课的负担，我也不开课。当然我也愿意开课，以前在北大，这两年在清华，也都讲过课，我也愿意跟年轻人讨论问题。

我的这个研究是兴之所至，什么问题感兴趣了我就跟着做。当然我也不是做一会儿就不做了，或者打一枪换一个地方。我的主要的重点还在古典哲学，来回地转，到最后还是归到德国哲学。所以康德是我的起点，也是经常回去的地方。我可能做过各式各样的（研究），哲学史做过不少课题，但最后还是回到德国古典哲学，回到康德、黑格尔。当然，费希特、谢林我也很重视。某种意义上我的兴趣很杂，好在因为这次学术讨论会还有个题目。题目不完全是康德的，围绕着康德有启蒙跟自由，一个问题两个方面。可能这个问题大家也有各个不同的体会，我觉得还是很好的。我做着康德，现在在跟大家汇报，可能实际上兴趣又划开去了——我对这个自然科学感兴趣。我对现代哲学（有兴趣），自从王齐他们组织搞那个克尔凯郭尔二百年之后。我以前老读不懂（克尔凯郭尔），因为这个我来回地读。幸亏他们有翻译，有个中译本，不然看英文看不懂，看了很多次，一本一本的。我买过一些英文译本，丹麦文我不懂。某种意义上我做康德也要感谢翻译，感谢秋零翻译，要不然我看不完这么多东西，看德文、看英文都是慢得多。所以我觉得一下子能够直接接触克尔凯郭尔的思想——虽然是（通过）中文翻译，这个中文翻译还是可读的——我的想法又进了一步。所以我现在对科学性的问题——自然科学——特别感兴趣。我今天在这里跟大家讲一个心情，就是要学的东西太多了，要看的书太多了。某种意义上讲，我们不能做井底之蛙，局限在我们一个系统里头，比如康德、黑格尔。他们很成系统，但这个系统都是开放的。现在看起来，黑格尔有黑格尔的特点，康德有康德的特点。黑格尔想把所有东西都囊括进来，这个系统打造得很好；康德的一个好处在什么地方呢，康德都给它分了，每个领域分得干干净净，这个也是很重要的。他（康德）讲的知识论清清楚楚，知识论跟道德论都清清楚楚。我们现在学习自然科学的成果，他慢慢会让你感觉得出，有一个阶段讲"回到康德去"这一说（的道理）。黑格尔有时候太大而化之了，把所有东西都集中在思辨概念上。这个很重要、很好，对哲学贡献非常大，哲学由此作为一门知识，可以教、可以学，要不然你怎么教？我感觉到哲学最大的问题就是不能搞得很神秘，哲学就是要让神秘的东西不神秘，承认有神秘但是可以理解神秘，要不然你就"神"在那个地方了，就停在那。所以我觉得黑格尔那个办法不能把康德的问题全都解决了。康德把这个分开来的那个力量是很重的，很有分量，还要我们继续讨论。如果归到黑格尔就"完了"——康德其实也有这个想法——把整个哲学弄成个形而上学体系，到那就"完了"。用科学的话来说，（以后）不是出理论了，就是出高手，以后只出高手。像下棋一样，规则已经定了，以后就是出高手。黑格尔就是把规则全都定在那，以后就是怎么（把规则）划开来用。这个办法还是不对的，所以古典哲学要向现代哲学。要怎么走？克尔凯郭尔是最早走的。后来为什么会出现海德格尔这批人？康德的知识论转变在黑格尔完成了，哲学在知识论上可以说的。在那个历史背景下面，黑格尔已经做得很好了，完成了知识论的转变。在现代哲学里头，（哲学）是向存在论转化。这个"存在"是什么意思？这个"存在"既不是感性的存在，又不是黑格尔那种思辨概念的存在，是什么存在？有什么特点？时间跟空间到底什么关系？现在我的兴趣集中在那里。我自己都感觉到，我自己老在那绕。谢地坤刚才说后生—前辈的问题，我年纪大了，算是老一点，但是我觉得我这个脑子还是在后生，还是后生的脑子。最近买了好多东西，买了好多书，好多CD。有一次送来一大批书，几张CD，那一大批书（的钱）还抵不过那三张CD的钱。我打开的时候突然有种感觉，这些CD靠边站去，这些书我都想读。那么一大盒子、一大箱子书什么时候能看懂。我的大学同学，李泽厚，有一句话说哲学就是要杂，他恨他自己不够杂，我是深有体会，什么书都想看。我前两天跟我以前的一个博士后说，我现在要学的还有佛教。儒佛道，儒家、道家说过一两句，还凑合；佛家一点说不清楚，这得祥龙来说，我得学。随便说还能说两句，比如禅宗不行，宋代不行，也可以说，但后面要有根据啊，凭什么说这话，这个就得学，我也想学。以前王树人说，禅是一枝花。胡兰成写过一本小书，就叫《禅是一枝花》，我还没看。想学的东西是很多很多，但是多了以后你真的要做研究，你"撒"得出去还得"收"得回来。这跟我们这个科学里头（的特点）有点关系，放射性的东西"放射"完了回不来了，我们思想就是要让它回来。某种意义上自然界是增熵的，吴国盛，你说对不对？整个自然界是不可逆转的，但我这个思想，可以让它回来。我"放射"出去的东西我要把它"收"回来，思要"收"得回来。克尔凯郭尔讲的这个瞬间，是放射性的，也是收敛性的，（思想）把它"收"回来了。海德格尔的那个"非存在"正是那个"存在"，是"收"

回来的"存在",是历史的"存在",是思想的"存在"。这个"存在"是不增熵的。我们哲学的工作是增熵最少的工作。据说理论物理是增熵最少的,技术增熵最大,而我们哲学是不增熵的,是0熵,(这样说)行不行。我能把它"收"回来,我能把增的熵它"收"回来。

  这个书是从现在的文章排到后面,你要对问题感兴趣后面就别看了,这是我个人的一些记录。就是(可惜)没找着我北大毕业的论文,我懒得去取了,东西太多、太乱,那是我起步的(东西)。郑昕先生不喜欢,郑先生说我太幼稚,一直到那个讲伦理学那篇,郑先生才说,你这篇文章写得还可以。我个人来讲,我们有很多时间没在做这个工作。因为我们这代人学习所耽误的时间,你们有的接近一点可能了解,年轻一点的不了解,偷偷做的就很不容易了。像我们李泽厚讲康德,是在干校做成的,确实有他的特点。他因为没听号召去天天学语录,每天偷偷弄一点(康德),弄一点回来写本书。刚开始他有点激动,他就给当时最高领导写了信,写了以后根本到不了人家手里。然后大会上面的人就说有人(指李泽厚)不参加运动,偷偷写书,这书白给我都不看。等到他(指李泽厚)那书出来以后,我说你送本给他,白送给他,他说不斗这气。这都是偷偷摸摸干的(研究),和我们那种环境比较而言你们就很幸福了。我已经感觉到这三十多年,改革开放以后,(环境)给我们念书的时间是很够的。我们前一辈的人也打仗,他们的环境也是很艰苦的。我记得冯先生的书里就讲到,(战争时期)一路上走着(的时候),沈有鼎在那搞推背图——当然他不是迷信,是研究逻辑方面的问题——闻一多搞诗经,都在那做(研究)。那时候还出了一本书法集子,那个纸都是马粪纸,现在特别珍贵了——那时候还出这样的书,我们现在这个条件(比较起来)已经很好。原来出书也困难,现在出书太容易了,所以要好好珍惜。(行政)管理上(最好)尽量让我们这些人少分点心,少管理,无为而治最好,我们才有时间念书。念不出来是你的事,别到时候抱怨——我现在就可以抱怨,耽误了十年的"文化大革命",我做这点就不容易了——这是给你自己找借口,现在何必让人有这借口呢。环境宽松,做学问是自己的事,出得来就出得来,出不来是你自己的事。以前评职称(有人)闹事,我就说,怎么没人说"我不够,我还差",没有人说这话,都觉得"为什么就不评我"。这让人家有很多理由来说,没干活都有原因。做任何工作最好都不找借口。像贺先生这些人,也很艰苦的;在前一阶段(的人)有些还不如他的条件,比如沈先生,也辗转到西南联大去了,很苦很苦的。所以他们有那个成绩也不说,你看抗战耽误了(我们)。我们撇开我个人的思路——如果对我个人的思路有兴趣(就)从后面读上来,如果对问题感兴趣就从前面读下去。我最近的这些文章可能已经超过了这个范围。我这些书的文稿都是王齐在弄。最近发表的文章跟这个又不太一样,(我)觉得没信心,不太成熟。不像我们有的师兄,信心十足,几十年以前说的话拿出来还铮铮响。这个也很好,这是一种风格,因为确实是有能力,想得很成熟。我们就老是"未完成",也是不能坐享其成,没什么"成",总是喜欢这里看一下、那里改一下。但是自己主要的还是"收"回来,能"收"得回来"洒"得出去。这是从康德、黑格尔学来的办法。不多讲了,我们还是围绕这个题目,大家能够聊一聊,讲点意见。我就讲这些了。

上午第一场讨论　何谓启蒙?本质与历史

主持人黄裕生教授

主持人:下面我们进入会议的研讨环节。自由总是跟秩序相关,我们这个会议的发言秩序就根据一个自然的顺序,也就是岁月的自然顺序。我们这第一场有五位发言人,按自然顺序,现在我们就请张祥龙教授发言。

＊ 张祥龙(北京大学哲学系教授):

我现在先来讲一下我学习叶先生这本书的一些体会。我与叶先生交往多年，跟叶先生学习的时候深感到——他刚才说他学得杂——我觉得实际上是比较博大，古今中外都涉及，尤其以西方哲学的上下古今为一大特色。像他讲的，康德在他的治学中有一个特别的地位。除了我们大家都知道的康德在近现代哲学中承前启后的地位之外，叶先生著作中的康德也还特别有引发现代西方哲学的作用，这方面我也是受益良多。比如我以前读他通过康德来解释的现象学，特别是对胡塞尔和海德格尔的阐释，对我是颇有启发的。因为叶先生治学有一个特点就是历史—哲学史的视野非常开阔，所以他有超出一般史家的哲学思想本身的眼光，能看出来一些别人看不到的方面和联系。比如谈到胡塞尔的《逻辑研究》，胡塞尔的逻辑学与康德的先验逻辑的关系，我当时读到那还是颇有启发。还有康德的《纯粹理性批判》的分析篇对于理解海德格尔的意义。我回国后写了一篇论文讲海德格尔的《康德书》，我记得当时马上受到叶先生的鼓励了。在《启蒙和自由》这本书里面，我很欣喜地看到有三篇是涉及康德与列维纳斯之间的关系的，而按叶先生的话，列维纳斯是一个"异类精神之父"，"异"还是打着引号的。我觉得概括得很恰当。我这些年对列维纳斯也越来越有兴趣，感到他对我理解儒家很有些帮助。所以我首先就叶先生书里头论述的康德与列维纳斯的关系谈一点我的读书体会，如果有时间我再就这个书里头列维纳斯跟海德格尔的关系谈一点我的想法。

我读一下叶先生在书里第295页第四段的这段话："我们应该承认，康德的批判哲学。的确可以启示出列维纳斯的绝对他者的思路来。"原因是什么呢？我再引一段，第297页第一段，他说："在《纯粹理性批判》中，将'自由—不朽—神'这类'本体''观念—理念''驱逐'出'存在'的领域，成为在'知识'上绝对'不可知'者，成为'绝对'的'他者'，它与'理论理性—思辨理性'没有'同一性'。"我感到这是很有见地的看法，这对我理解列维纳斯的这个"异类"，什么叫作"异类的精神之父"很有帮助。看到这个之前，我觉得列维纳斯是在德国现象学之后法国的哲学家，他们是很后现代了，怎么一下子又跟康德联系起来。但仔细想确实很有道理。康德的"物自体"确实不可知，不可知但是又有"意义"，这个意义比他讲的可知的部分也不少，甚至是更深刻——比如涉及主体自由化的道德形而上学的含义。在叶先生的书里面，这个道德形而上学中的"形而上学"，好像是与列维纳斯赋予形而上学的特殊含义，以及与康德讲的伦理学含义是有关的，而且两者讲的"义务"好像也有关系。当然，在列维纳斯那里，"义务"是在主体性之前了，这个是个区别。这个书里面也指出了一些重大区别，比如说第301页说，对于康德"自由作为'理性'的概念，以自身的'实在性'就有能力'证明—明证''自己'原本是一个'存在'，是一个'者'"。这些方面他是不同于列维纳斯的那种"不同于存在"的哲学意向的。康德的跟物自体有关的自由，还是存在的领域，所以康德的道德学说讲的绝对命令和义务，在列维纳斯看来还是无面孔的。也就是说，没有一个在存在的整体性之外的，那种被动发生出来的，非对象肉身化的那种"他人"的面孔。所以叶先生后面又讲，第309页："列维纳斯很想将康德引为知己，但康德的批判哲学恰恰不能在根本上帮助列维纳斯。"康德与列维纳斯之间有非常重要的关系，但是不等同，叶先生的这个定位也是很准确的。

至于列维纳斯跟海德格尔的关系，我再念一段第351页上的话："尽管列维纳斯跟海德格尔的政治立场截然相反，在哲学理论上也有完全不同的思路，但他始终保持着对海德格尔的学术上的敬仰，海德格尔被放在了他开列的少数他认为最值得重视的名单之中。我们也觉得列维纳斯的思想是在法国背景条件下对海德格尔思想的一个改造和推进，开创了欧洲哲学的一个新天地。"我完全赞同叶先生概括的这种两者之间的关系。下面他又讲："这个'他者'，固然受到了马丁·布伯的启发，但是布伯的'他者'是一个客观的外在力量，而列维纳斯则把它接纳到他的'形而上学'中来，是说得最哲学、最形而上的哲学家。相比之下，海德格尔的'Dasein'因其为'Sein'的一个部分，缺少了'他者'这个度。"所以我想谈一下为什么海德格尔会缺少了"他者"。沿着叶先生指出的方向，我想向前走这么一点。引段引文第 350 页："海德格尔致力于开发'有限—有时限—时间性'的意义，不仅'Dsein'为'有限'，以此开显出来的'Sein'同样是'有限的'、'时间性'的。这样，就过程来看，'存在'和'非（不）存在'，也是'同一'的，是同一件'事'的两个不同的视角和名称，因其强调'有限'而理解侧重点当在'非（不）存在'这个方面。"如果这么说的话，海德格尔既然把人看作有限，时间也是有限，他应该对他者也就是超出了有限的 Dasein 的他者有敏锐的思想感受，但是他却将他人只看作一种"共存在"。我感到这个深层的原因就出在叶先生已经提到过的有时限—时间性上，也就是说海德格尔的"时间"是有限的"时间"，也就是在时间观上海德格尔认为人或者 Dasein 的本性是生存的时间性，而这个时间性是有限的，因为 Dasein 是生存的有限者，在朝向自己死亡的存在中使得他的时间本性得以开显。而这种作为"最切己的"，所谓的"非关系的"和"无法超过的"可能性的死亡，使得人能够经历所有的真态的时间。那么人所能够经历的所有的真态的时间就被局限在这样一个最切己的"eigen"，最切己的个体的生存境遇中。甚至他后来讲到的那些团体的、历史的真态生存实际上从根本上也是基于个体的先行决断的对于历史时间的开启。所以我们就可以看到，这里没有真实他者的地位，因为所有超出了这种切己时间性的时间——比如 Dasein 的生前和死后的时间——都不具有原真性了，只能看作一种物理时间的延续或者是庸俗时间。而这就使得列维纳斯包括儒家讲的和"他者"的关系得不到一个存在论上的辩护。这就是为什么海德格尔那讲了这么多跟他者的关系，讲得很精彩，但是一讲到真正真态的 Dasein 的生存方式的时候，和他者的关系就退出了最核心的部分。而且他讲了这么多人类关系也没讲到家庭关系。因此列维纳斯一定要从实践上讲一种中断了胡塞尔的内时间意识和海德格尔时间性的一种奇异的时间，一种所谓《不同于存在》这本书里讲的"拒绝了所有的同时化的历时的"，diachrony，历时。比如什么样的历时呢，就是完全不回返的时间消逝，也就是一种过去，这个过去不再回来了；还有一种永远不到来的未来，无限的未来，或者无限的还不在，而不是海德格尔讲的将来，Zukunft。所以从这种很奇特的过去和未来都扯断了和当下联系的"历时"提供的视野中，我们看到的既不是存在也不是非存在而是一种比无还要少的"不同于存在"，less than nothing，也就是一种超出了我们一切的认识、回忆、想象的纯意义的"心发"？——这是我自己的解释了——或者是"超我的义务"，这种思想出现了，不是一般的思想，而是带有强烈的伦理学含义的思想出现了。

列维纳斯的时间观不同于"存在之论"，与海德格尔的相关观点是完全对立的吗？断裂的吗？其实也不尽然，如果我们考虑到海德格尔的时间性毕竟要到出离自身、到Aussersich里面来达到自身的话，或在这个意义上的所谓"出神态"，Ekstasen——我翻译成出神态——这个怎么能够只限于"我"的状态呢？其实完全可以从这里面有一种不考虑自身的，出离自身的状态，以及从这个状态中构造出的异样的时间，这就不只有存在论的意义，而就有"他者"和伦理学的含义了。就此而言呢，我感到《纯粹理性批判》第一版中讲到那个先于统觉的一切综合和时间来源的先验的想象力，是不是在这方面可以有一定的思想的地位。现在讲的这个和康德讲的物自体有什么关系，以至于和出自主体自由的道德义务，是不是也有什么隐秘的关系？这边我也吃不准。

最后就是一两句话，叶先生讲到康德跟列维纳斯关系的时候，最后还提到，我们作为中国的学者应该沿着列维纳斯开启的方向再往前走。因为这跟我们中国古代尤其是儒家的思想好像已经接上气了，我以后愿意沿着叶先生指出的方向再往前走。我就讲这么多，谢谢。

主持人：谢谢张老师。其实我们还是很想听张老师再讲下去，但是由于时间有限，我们不得不在物理时间中，所以还得按物理时间来定时。下面我们就请赵敦华老师。

✱ 赵敦华（北京大学哲学系教授）：

参加这个会呢其实是带着问题来的，就是很多年以前，好像是2005年吧，叶先生和王树人先生主编的《西方哲学史（学术版）》发布会，我当时有个讲话，我讲这个西方哲学史八卷本是打造了我们西方哲学的航空母舰。后来这个会开完以后，《中国社会科学》想向我约稿，就是写一篇书评，主编讲你不妨写多一点，不要搞庸俗的吹捧，要提出问题来争鸣。我当时就答应下来了，自己也很愿意。所以我很认真地读了八卷本，我就想找个线索，我知道写再怎么多也不能把八卷本都概括。看了叶先生写的那个前言，其实叶先生那个前言讲得很清楚，他的一个线索就是康德的追求，先是德国古典哲学的一个基础，最后就不仅仅是基础了，我记得有句话是讲康德的哲学：不但临在过去，体现了现在，而且展示了未来，抓住了康德的哲学就是抓住了关键点。所以我就带着一个叶先生的指导思想来抓这个关键点。但是抓来抓去我总是抓不到这个关键点。在这个八卷本里面，比如古希腊里面，怎么体现是凝聚了康德的哲学？当然，在德国古典哲学好点。但在现代哲学里面，怎么又展示了康德的哲学？我始终抓不到关键点。后来拖了一年多的时间，我就跟编辑讲我实在是写不出来了，很抱歉。但是我看了这本书以后，我就想当时如果叶先生早一点把其中的一篇文章，或者就是这个书名"启蒙与自由"写到前言里面去就好了。我看了这个书以后就豁然开朗，茅塞顿开。这个启蒙与自由不就是西方哲学的关键点嘛，而且这个关键点就是一个关键点不是两个关键点。我们可以说狭义的启蒙和广义的启蒙，从广义上说实际上就是从希腊开始。从阿多诺和霍克海默写的《启蒙辩证法》，启蒙实际上就是从古希腊开始，苏格拉底就是最早的启蒙。

启蒙这个词我觉得中文翻译有点问题，enlightenment，实际上就是一个光，一个光照，让光照射。启蒙也有这个意思，蒙是黑暗的意思，用光亮来驱散黑暗，这就是启蒙。希腊文中虽然没有启蒙这个概念但是有真理这个概念，真理的概念就是——叶先生在这本书里面特别也讲到了提到了海德格尔的贡献——解蔽，就是把你心中的蒙蔽给你解除掉，这个就是真理，这个也可以说是启蒙。自由这个意思，希腊文中始终没找到对应词，后来我在《圣经》里面看到，那个时候《圣经》是通用希腊文了，是在约翰福音里面的一句话。约翰福音前面讲了一大通光和暗的道理，然后讲了一句话："你们应当知道真理，因为真理使你们得自由。"真理和自由，光和暗——关键处都出来了。后来海德格尔在他那个重要的论文《论真理的本质》中说，真理的本质是什么？就是自由。后来人家讲，具有丰富意义的是，海德格尔在弗莱堡大学那个大厅里面做这个讲演，大厅外面刻了一行字，就是约翰福音这句话，但是海德格尔在讲演里始终就没提这句话。不过海德格尔在讲演里讲自由的时候、讲真理的时候都是在光和暗的对立的基础上来讲的。比如讲在树林里面要扩出一块地，让光射进来，等等，等等。他都是扣住这一点来讲的。我想启蒙和自由是西方哲学的关键点，我觉得还是主要的关键点。当然在德国哲学里，在启蒙时代，从狭义启蒙来讲，从法国启蒙讲，黑格尔自己认识的德国启蒙和法国启蒙不一样。他讲世界上就是两个伟大的民族参加了这个运动，就是伟大的法兰西和德意志，但是德国启蒙跟法国启蒙当作是正相反的。我自己是这么看的——这可以和叶先生提到的参照——我认为他们两个最大的差别就是，康德是法国启蒙运动的理念总线，他体现的是英法自然神论的一种哲学；但是黑格尔的精神像是继承了泛神论的一种哲学——当然我们现在不是在宗教的意义上来讲上帝，但是对上帝的这个理解在启蒙运动当中是要进入自然神论与泛神论的两种区别。到了德国古典哲学之后，当上帝死了之后，这个上帝不仅是基督教的有位格的三一上帝，也包括自然神论的上帝，也包括泛神论的上帝。这也是为什么尼采特别反对康德的原因，他说康德是哥尼斯堡的中国人。当然他也反对黑格尔。自从尼采之后西方哲学是有一个转变，就是所谓的批判现代性。对现代性的批判我想应该从尼采讲上帝死了那个时候开始。实际上就是对启蒙以及启蒙的理性做了很多批判。当然他们也在提倡自由但是这个自由已经不是理性的自由了,而是情感的自由欲望的自由,等等。我想用叶先生的两段话来结束我对现在的一个看法,第144页:"'理性'之所谓为'理性',不是在它是'独断—独裁的'。'独断—独裁'乃是'理性'的'误用'和'僭妄'。'独断—独裁'的'理性'限于'孤家寡人'的'形式—抽象',终究会是'空洞的'。"第二段是下一篇文章(的结尾),"康德对道德的自律性之强调是不遗余力的;但在通往'神的王国'过程中,'道德'之'自律',将让位于'宗教'之'他律','人'只是'神的王国'中的一个'臣民'"。我想我是完全同意这两段话的。

启蒙和自由,我想是一个永恒的主题,不但是过去,也在现在、将来,不但在西方,在中国同样也是永恒主题。如果有现象学讲的事物本身的话,这个事物本身就是启蒙与自由。我们中国现在需不需要这个启蒙,我们需不需要这个自由?我就讲我自己一个经历。因为最近大家都在讲托克维尔。其实我对他的那本书《大革命与旧制度》没有认真读过没什么评价,但是我觉得他的《美国的民主》那本书更是经典。这本书下卷的附录2,是托克维尔在法国议会的一个讲演的全文。这个讲演在什么情况下发生呢?在1848年革命的三周之前,他就预言到,他说先生们,革命离我们已经非常近了,你们不要以为现在没有什么事情,说为什么革命很近,讲了很多原因。我在我的一个课上念这个,同学们讲这个话不就是对我们现在讲的吗(笑),我讲是。其实,虽然我们讲哲学史时,好像在历史当中没有重复的东西,但在某种方面历史当中也没有新鲜的东西。历史就是事物本身,就是西方哲学史讲的启蒙与自由。好了我就讲这些。(掌声)

主持人:谢谢赵老师。我们今天讨论的是比较专业的学术问题,但是赵老师把我们看似非常远离现实的问题的迫切性点出来了。下面我们就请周晓亮教授。

＊ 周晓亮(中国社会科学院哲学研究所研究员):

今天参加这个会议非常高兴。叶老师是我的同事也是老师,我进哲学所的时候就是我们的老师了。所以在长时间里经常能够听到叶老师对康德哲学的一些讨论和论述，每星期返所的时候也经常谈一些学术问题。这本书出来以后，我觉得还是对我们有很大的启发和震动的，特别是这个题目启蒙与自由，刚才敦华强调了一下，启蒙与自由是永恒的主题，是西方哲学的关键点，对此我是很同意的。但是具体谈到启蒙哲学启蒙运动的一些特点的时候，尤其关系到西方哲学的发展时，它可能有各种不同形态，从大家经常讲的，有英国的法国的德国的，等等。但是我根据自己平时的研究学习的一些体会，想讲一个稍微比较另类的启蒙运动，也就是所谓的苏格兰启蒙运动。苏格兰启蒙运动这个名词提出来很早，从 1901 年就提出来了，但是真正把这个问题当作一个问题来研究，在西方也很晚，在英国也很晚，也是 20 世纪六七十年代的事。现在中国跟得很紧，也拿出来作为一个问题来讨论。大家也知道，尤其浙大翻译了一些这方面的论著，把这些思想介绍到中国来。对这个问题的研究是很有意思很有特点的，为什么呢？因为苏格兰启蒙运动在它特别的环境和历史条件下体现了一个与我们经常谈到的西方启蒙运动不同的一些特点。下面做一个简单概括。凡是谈到启蒙运动，在文献上恐怕大家都不能回避康德《什么是启蒙？》这篇文章，这篇文章大家也都很熟悉，它给启蒙运动下了一个定义：启蒙运动就是人类脱离自己所加之于自己的不成熟状态，这种不成熟状态不是指人的没有理智能力，而是指不经别人的引导就没有能力运用自己的理智，缺乏运用自己的理智的决心和勇气，也就是无能，总想受到人的保护，不敢承担责任。那么启蒙运动要求什么？康德也强调了，启蒙运动要求的只是在一切事情中公开地使用理性的自由，讲的是自由。所以把启蒙和自由联系起来不但是体现了叶先生这本书的一个核心思想，同时也很本源地体现了康德本人的思想，本人的很成熟的一个思想。在下面很多的论述当中，康德对启蒙和启蒙运动的整个意义做了一些梳理。康德强调的两点第一点就是人要有意志，勇敢地承担责任，勇于发出自己的声音，而且像学者那样公开地、不受任何约束地发表自己声音；第二点就是如果启蒙运动出现的话，能够得以实现的话，那么它周围的生活环境应该是宽松的，应该允许你自由地公开地发表自己的言论，所以他提出了一些很有争议性的观点，针对当时的德国社会。比如，他提出宗教不应该立出很多条条框框去限制人们说话，如果这样做就是不得体的。他还指出"如果一个体制固定化了，没有人能够公开加以怀疑，这就等于消灭了人类改善和前进的可能性，会对后代造成损害，这是绝对不能允许的"。所以他特地强调启蒙要打破包括宗教权威和专制制度在内的各种限制，要有打破限制的勇气、意志和决心。这个思想在我们哲学界也是作为很经典的定义来理解启蒙运动的。我们看到 1984 年的时候福柯在法文的文学杂志上发表《什么是启蒙？》一文，这个只是他关于"什么是启蒙运动"的五篇论文之一。现在《世界哲学》也把他的后一篇也给翻译出来了，1 月份的时候可能要发表。不管怎么说，福柯基本上是同意康德关于启蒙运动的说法的，按照福柯，康德所说的成熟状态也就是启蒙状态，表现为人为了运用自己的理性而运用理性，而不是为了其他的目的运用理性，这也就是个人内部的自觉，而且这种对理性的运用不是臣服于任何权威，并且不是要得到外部的保证。外部的保证指的可能就是国家、制度各方面。

下面我们讲讲苏格兰启蒙运动。我们发现，苏格兰在 1707 年和英格兰实行了合并，那时候英格兰光荣革命已经成功了。也可以说它借着英格兰革命之风踏上了一帆风顺向前走的航船。这个时候，它所面临的是不是和早期的英国，后来的法国、德国一样的使命，这是我当时考虑到的问题。刚才讲了，在 1900 年威廉·罗伯特·斯考特（William Robert Scott）把这个词造出来了，但是并没有发挥。当时是把哈奇森当作运动的起始者，把 1707 年一般作为苏格兰启蒙运动开始的时间点，因为那时候和英格兰合并了。所以"苏格兰启蒙运动"对大多数学者来说是一个陌生的词。可以说很多人都读了很多英法德启蒙运动的文献，但几乎没有人谈到苏格兰启蒙运动。这个情况一直在 20 世纪 60 年代都没有改变，不止在中国，在西方也是这样。所以有个哲学家就现身说法，说他在 20 世纪读大学的时候，除了休谟在学校是作为一个人物来教学以外，其他的苏格兰哲学家几乎无人提及，甚至苏格兰哲学家自己也不知道，比如我们现在经常讲到的哈奇森、里德，这些在当时的课堂上也不涉及的，在苏格兰也是这样。这种情况出现有几方面原因，一个与英国乃至整个西方哲学界对苏格兰哲学和哲学形态的整体忽视有关。另外一个客观原因是，后来兴起的英美分析哲学、大陆现象学、存在主义等，似乎与苏格兰 18 世纪的哲学没有多大关系。或者可以说苏格兰对现代哲学的影响力度不够。在哲学中，一种哲学没有影响，说话不够响亮，没有发言权，它可能在历史上就不会得到充分关注和研究。于是所谓的苏格兰启蒙哲学似乎就被人们遗忘了。写过有关苏格兰哲学的人，也主要是苏格兰哲学家，外国人研究得很少。但是到了 20 世纪六七十年代的时候，情况发生了改变。我觉得有两方面原因，一方面是苏格兰出现了一些至少对英国甚至对其他西方国家有影响的哲学思想，比如休谟的思想，苏格兰常识哲学，甚至情感主义，而亚当·斯密对这些思想的继承起了很大的作用。另一方面，与近几十年苏格兰民族情绪的增长有关。因为在历史上苏格兰跟英格兰一直是有矛盾冲突，而且在某种情况下是受到压抑的，所以苏格兰一直想维持自己独立的、自尊的民族地位。从 20 世纪下半叶一直到现在，苏格兰一直在要求独立，而且历史上苏格兰人跟英格兰人有很大的矛盾。明年 9 月份苏格兰还要搞自由公决。这种情况下，提出来苏格兰启蒙运动，很多学者首先纷纷响应了。这种响应产生了两个效果，一个是把那些思想——比如大家比较熟悉的常识哲学等，挖出来重新说，另一个是试图把它推向世界。它们有个学者说了一个非常明确的话，说为什么有英格兰的、德法的启蒙运动不能有苏格兰的启蒙运动？如果说，在这种条件下这种想法下推出一个运动，那它这个名和实可能就至少和我们传统上讲的启蒙运动有所区别。那么这个区别在什么地方？我是这样想，对于早期英国，后来德国、法国的启蒙运动，他们解决的一个问题就是要克服当时压迫在他们身上的一些专制的枷锁，包括宗教的枷锁。而对苏格兰启蒙运动来讲不是这样的。苏格兰和英格兰合并了以后，借着英格兰先进的制度和经济的东风，它们已经不需要过多考虑压制问题，他们基本上可以完全没有阻碍地发表自己的言论。就是说，康德所说的定义中很重要的一个方面，就是要鼓足勇气去说话，而苏格兰的制度是允许他们去说话的。这时候的启蒙运动的状态和之前所讲的不太一样了。有一个西方的研究者说了这样的话，他说苏格兰启蒙运动应该是一个后启蒙或者后革命的运动，它的目的不是推翻压迫它的精神枷锁，而是要为新的政治经济制度下建立市民社会做论证。不管观点对错，对我们中国学者研究这段历史、这段哲学还是有启发意义的。这里我要说的主要有两点。第一点，可能我们要稍微厘清一下，在当时的苏格兰，实际上所谓专制思想、宗教思想的压迫并不是那么沉重。休谟说不敢发表这个不敢发表那个，实际上并不在于对他有什么压迫，实际上他是比较自由的，说了很多的话，也对宗教进行了充分的怀疑，说了也没有受到什么迫害。反倒真正迫害他的，不让他当爱丁堡大学教授的，不让他取得职位的，实际上是学界的人，比如哈奇森——哈奇森以坚硬的态度反对他当教授。这些情况，我觉得我们可以在下一步的研究当中，进行进一步的梳理。我所说的这些，也许对理解启蒙运动可以开另一扇窗户，对启蒙运动尤其另一个启蒙运动有一个新的理解。好，我讲话结束。

主持人：谢谢周老师。咱们就还是按照议程，请更年轻的张志伟教授。

＊ 张志伟（中国人民大学哲学学院教授）：

谢谢主持人，很高兴参加叶先生的这个讨论会。我刚才想起，第一次见叶先生正好是三十年前，1983年在内蒙古开的一个会。那时候叶先生好像刚从美国回来没多久。叶先生模样变化不大，当然那时候更风华正茂。（笑）可以说，我是看叶先生的书长大的。我记得当时叶先生发表一篇论文就是谈维特根斯坦，谈到维特根斯坦的前期后期和康德的理论理性和实践理性的对应关系，非常有启发。

刚才谢所长和叶先生提到这个后生的问题，我感觉叶先生的心理一直很年轻，他搞的东西特前卫。那时候的发言，包括1986年叶先生有篇文章，专门说搞现代哲学的人为什么搞哲学史去了，或者叫作"历史性的思想"与"思想性的历史"的区别，这个对我启发非常大，我后来讲课基本上就是按照这个哲学观或者说哲学史观，就是从这个"历史性的思想"的角度去讲，当成哲学史而不是把它当作哲学去讲。1992年的时候我论文答辩请叶先生评审，就感觉叶先生不光是这一篇，从前讲现象学存在哲学那本书里有很多文章，让我们感觉每篇文章看起来都有意思，都有很多启发，有很多可以思想的东西。

今天的主题是启蒙与近代西方哲学，叶先生这本书《启蒙和自由》，那个问题实际上是中国人十分关心的问题。而且大家也都十分关心康德的那篇短文，因为在当时认为启蒙是德国的东西，在此之前好像在哲学界和思想界没有专门去探讨这个。正好在康德那个时候有一个神学教授，在文章里面专门有个注脚说，我们都在谈启蒙，但是没有人告诉我什么叫启蒙。所以当时就搞了一个征文。当然，这个征文康德和门德尔松都获奖了。这个问题，康德作为哲学家去回答，就比较有意思。他明显不是按照英国和法国的方式去讨论问题，他是把它上升到哲学的角度去探讨。但是这篇文章恰恰也是有入时的地方，一开篇第一句话就说人是从自我造成的不成熟状态走出来之类的，这句话你要去想，他是把启蒙当成了一个人必经的阶段，所以你一定会有一个从不成熟状态走出来的一个过程，而且康德还让你意识到它是你自己造成的。康德在里面专门有句话说，德国是一个启蒙了的国家吗？他说不是，我们德国还处在启蒙的过程之中。叶先生这个主题叫启蒙与自由，我觉得反映出来的一方面是毕竟英法走在前面，另一方面有德国人回答这问题的一个特点。启蒙本来更多的是一种和社会或者政治、宗教的关系更密切的东西，康德把它上升到了哲学的层面。讲到自由，在18世纪法国启蒙运动思想家最流行的一句话就是"自由就是做法律允许的一切事情"。但是到了康德讲自由，自由变成了"自律"，理性自己立法自己遵守。所以 18 世纪法国启蒙思想家讲的是一个自由的底线，你只要守法，你爱做什么做什么，这就是你的自由；反过来说，只有法律能管我，别的你都不能管我。但是康德讲的是一个自由的理想，而且我觉得是不是经过卢梭到康德有一个纠正启蒙的心态？我想应该把康德包括黑格尔都整个算在启蒙哲学范围之内，但是从德国人这开始，对启蒙的反思对我们来说意义是非常大的。从理想来说，你讲启蒙——刚才晓亮也讲——就是揭开遮蔽理性的盖子，让它睁开理性的眼睛看世界，其实也就摆脱对理性的束缚，使你敢于使用你的理性。那么怎么才能做一个有理性的存在？康德会把它放在那个"只有当你遵从理性法则去做的时候，你才作为理性的存在"，也就从政治层面的、社会层面的提升到一个哲学的层面。那么从这个角度来说对我们的启发就比较大了。这几年对启蒙的讨论非常多，尤其"二战"之后西方人对启蒙的批判越来越多的情况下。刚才我看微信，政法大学那边正在开法国哲学的年会，主题就是"启蒙与反启蒙"。（笑）今天这两个会同时在开是偶然的，但也比较有意思。的确，现在实际上反启蒙的那个力量甚嚣尘上，影响越来越大。因为针对中国现代化遇到的很多问题，包括中国现代化和传统文化之间的关系，等等。那么在这种情况下，的确人们对启蒙的局限性会有很多反思，对西方式的道路有很多反思。其实我们就忽略了西方人不是没有想过这问题，从康德黑格尔这个时候已经不再是像英国法国那样只讲科学理性的那种方式。当然的确对我们现在来说几个方面都需要考虑。但我觉得就像这个主题一样，你可以把启蒙里面包含启蒙和自由两个层面，就是说我们虽然更多从社会的角度——因为想摆脱束缚，比如户籍制度的身份束缚，有各式各样的限制，意识形态——但是从康德的角度来讲，真正的启蒙，真正的敢于使用理性，不是说只是做法律允许的事情这一点，它体现在人能够自由，这个自主一定是要从自律这个角度去考虑。当然他讲得过于崇高过于理想，在这个时代怎么能够把这个（实现）是我们应该思考的一个问题。我觉得具有现实意义的是，我们的确处在一种启蒙和反启蒙的矛盾冲突之中。这个牵扯到很多问题，当然都是和现代文化和传统文化的关系问题纠缠不清的一些问题。从这个角度来说，理论上的反思非常重要。刚才叶先生提到李泽厚先生讲那个"救亡压倒启蒙"，实际上也是涉及了思想的解放和民主存亡各方面问题的纠缠。我想最后再说一句话，康德那时候启蒙是典型的德国问题，现在来说它是典型的中国问题。对于思想界来说，能不能避开两种极端。比如现在都习惯把启蒙文化和传统文化完全对立起来去谈，其实大可不必这样。在康德这里，在德国古典哲学这里，有很多"调和"，实际上是补充，要为它划清界限等工作。好，我就说这些。

主持人：其实这次为什么要开这个会的理由，本来我想说但是没来得及说的，张老师都说出来了。谢谢张老师！下面我们请这组中最年轻的张慎教授。

＊ 张慎（中国社会科学学院哲学研究所研究员）：

尊敬的各位学长同仁，今天来参加这个会确实感到很高兴。清华大学出经费邀请我们出席就叶先生《启蒙与自由》的研讨会，这个机会确实难得。我们全室的人马都到齐了，包括我们的学生从房山那边赶过来。黄裕生夸我是最年轻的，其实后面还有许多青年才俊要发言。我也借这个机会简单地谈三个问题。

第一，哲学所的康德。今天会议主题副标题是"叶秀山论康德"，我明白这个背后的含义，因为是他的学生策划的。20世纪90年代叶先生在我们哲学所有一个美称，叫"哲学所的康德"。一个是说他天天念康德写康德，从50年代读书开始论文就是康德，终身不离康德。当然他不是只做康德，但不管做什么都围绕康德旋转，而且他每天八点左右准时守时到哲学所上班，找到他的小桌子，开始读写。一到十一点半，他准时地提着一个热水瓶，拿着一个勺子，出现在走廊里，打开水烫勺子，然后取自己的饭菜。我们年轻人非常高兴，到时间我们可以到食堂吃饭去了。虽然说他有点像康德那样，一般不出城，一般待在北京不出去，但是却综观天下。我们知道康德一生没有离开他的家乡哥尼斯堡，但这并不妨碍他观察自然、宇宙、人类、星云假说、道德律令、永久和平、世界公民这样至今仍有普遍必然性的学说，影响世界200多年，而且至今还要持续下去。叶先生也不是没出去，在西方哲学的几个国家转过一圈后，就基本游走在自己的书斋里，在希腊、法国、德国哲学领域内反复地读、深刻地思、愉快地写，从天昏地暗的混沌世界，一直到人类最高的自由，于是就有了我们眼前的这本书。每次我们研究室个人总结，叶先生虽然这么大年龄，但是总是质和量最多最好的那一个。我们年轻人都很汗颜，每次总结都是对我们的一次拷问。

第二，"德国古典哲学"还是"德国观念论"？我们把话题转回到"德国古典哲学"这个词，这是叶先生一辈子工作的精神家园。我们曾经把德国十八九世纪的哲学称作唯心主义，1978以后为了避免以前的唯心主义和唯物主义之争，整个西方哲学史的写法更多地用"德国古典哲学"的写法来指称那个时代包括唯心主义在内的哲学思潮。德国学界也是这样，他们二十多年来都用"德国古典哲学"这个较为中性的提法来表达这一时代德国较为经典和优秀的思想成果。当然，这个提法最早可以延到恩格斯的《费尔巴哈和德国古典哲学的终结》。但是近年来，我参加一些会议，看了一些论文，发现有人用"德国观念论"来指称"德国古典哲学"或"德国唯心主义"，而且有蔓延扩大的趋势。我是不太赞成这种用法的。这个词的德语词"Idealismus"在词源上有理念和理想这样两层含义。当时在他们那里分别是指向理论理性和实践理性两个领域。贺麟先生自从回国开始做翻译以后，有时候将其译为"理想主义"或"唯心论"。贺先生早在翻译《小逻辑》的序里就谈过，"德国观念论"的问题，他认为用"观念"一词来翻译 Idee 非常不错，Idee 在意义上和希腊文的 logos、eeidos、nous，这些词含义更加接近，是代表一种哲学体系的最高范畴。而英国经验论里面的 idea 与表达这个"观念"的德文同义词 Vorstellung 在哲学史的含义和用法上都很不相同，贺先生认为最好译为理念，怕译为"观念论"会缩小德国古典哲学的范围，容易产生"排除实在性、现实性"这样的误解。我们知道,康德、费希特、谢林和黑格尔这些德国古典哲学代表,他们都非常重视现实性、客观性的领域,而且实践性也是德国古典哲学的重要标志之一。我们在座都是大学的很有影响的老师,所以我在这冒昧呼吁一下,各位讲课的时候顺便也讲讲这个问题,不然我们埋头工作多年后发现,家还在,门牌被别人改了,改成了"观念论"。我看了好几篇学生的论文讲这个都变成"观念论"了。

第三,回到会议的主题,启蒙的话题。启蒙问题是中国近年来西方哲学常谈论的话题之一。批判它的声音居多——刚才张志伟说是反省,我都还不敢这么说——但是这是趋势,批判它的比真正讨论它的时代意义、它的合理内核这样的声音要多。还有要求中国"第二次启蒙"的提法。我觉得启蒙运动在欧洲由封建社会过渡到资本主义社会过程中所起的作用是不容低估的。在启蒙时代,十七八世纪,当时要想发出莱辛那样的反封建呼声,要想提出"一切都诉诸理性""理性是唯一的法庭"这样的口号,向封建君主索取自由,这是需要胆量和勇气的。甚至包括沃尔夫把这个哲学德语化,当时也是不容易的。所以启蒙运动作为思想解放,是当时政治革命和社会变革的先驱。第一点就是,在德国对于启蒙的赞扬,尤其是那些杂志里面对启蒙的赞扬,对启蒙的一些细节的、当时的一些文献的发掘、重新认识,应该是比较多的。而法国可能会有比较强烈的反启蒙倾向。第二点,任何曾经先进的思想都不能僵化和教条化。启蒙运动确实很快受到社会的批评,这是事实我们不能否认。青年黑格尔在启蒙运动没过多久就指责它过于冷酷,缺乏情感,没有打动心灵的力量。在《哲学史讲演录》中黑格尔也认为,启蒙思想不要精神,只用理智的原则性和效用的原则来攻击理念,陷入有限性之中。他那时候针对的是苏格兰的常识哲学,缺乏理念,诉诸常识,还有就是沃尔夫的形式主义。黑格尔理解的启蒙是把康德排除在外,认为康德、费希特、谢林以来的这种德国古典哲学正好是对启蒙运动缺陷的克服和思维的提升。启蒙运动的衰落有其自身现代性的原因，后来也有被误读的原因。我们对一种大范围的思潮，对它本身的理论和它后来产生的效果史分开来分析，两者不能混为一谈。第三点，任何一种社会思潮的产生，都是有具体的历史背景的。欧洲的启蒙运动是一次性的，对其再一次的复兴是不可能的。历史上有过文艺复兴、新古典主义包括新康德主义，这样的诉求都是在回归复兴的外衣下的一种要求，和以前的思潮的目的要求都截然不同。所以我觉得我们最好是提出一种新的口号和主张，而不是通过"复制""纠正"或者"第二次"表达一种新思想。历史曾经惊人相似，但是历史不能重复，人也不能两次踏入同一条河流。所以在这个情况下我觉得中国已经和启蒙运动那个时代（不同了），每个人都是有理性的，每个人都能够借助互联网表达诉求，所以重要的已经不是思想解放，最重要是在一种政治层面上来理解（启蒙）。我讲完了。

主持人：张慎节省了不少时间，可能是觉得压力太大了（笑）。接下来我们茶歇十分钟，然后进行第二场讨论。

上午第二场　讨论启蒙与自由理念

主持人张慎（中国社会科学院哲学研究所研究员）

主持人：现在我们进入上午的第二场讨论，受黄裕生委托，由我来主持。下面请李秋零教授发言。

＊李秋零（中国人民大学哲学学院教授）：

从读叶先生这本书的感受来说，我觉得是涉及康德哲学的方方面面。但是叶先生您用启蒙与自由这两个词来作为这本书的书名。（叶秀山：题目是黄裕生定的。）那这反映了黄裕生的一种想法。至少他读懂您的书，用这两个术语来概括这本书的基本思想。也就是说，至少读您的书也能看得出来，您始终扣着启蒙与自由，用这两个东西来解释康德的批判哲学。再联系给我启发最大的一点，是您把这个"未经过批判的"哲学，或者说"不知道自己界限的理性"视为不成熟的表现。这样实际上就很好地把康德的批判与启蒙结合起来了。而且我想接着您的话题，更多地把它和法国启蒙运动做一个比较。可以说在康德对启蒙的理解上似乎隐含着他对"法国启蒙运动的不成熟"的批判。刚才敦华提到启蒙这个词的翻译问题，更多是一种"光照"。我想法国启蒙运动的一个问题可能就出现在这个"光照"的方面，因为法国启蒙运动期待用理性和知识开启民智，可以说是不自觉地或者有点自觉地把自己当作"光"，是来照别人的，也就是把民众视为无知的群氓，受教育的对象，而把自己视为教育者，甚至把自己视为理性的化身，理性的代表。所以这个时候法国启蒙运动教给被启蒙者的更多不是在康德意义上的那种理性，而是一种现实的知识。所以在这个意义上，法国启蒙运动是以破除重建为目标，但实际上他们把新的重建交给了民众，即使这不见得是错误的重建。我们回到叶先生提到的"不知道自己界限"视为不成熟的表现，对于法国启蒙运动来说，一个不知道界限的地方就是他们所说的理性更多的是康德意义上的理论理性，或者说是从自然科学过来的这一种理性。这样一种理性由于不知道自己的界限，所以他们妄自要把这种理性运用到人们的道德生活社会生活中去。相信从人的理性出发就能设计出美好的社会制度、社会生活，由于他们把自己作为理性的化身、真理的化身，所以就要把他们设计的东西强加给社会、强加给民众。对于不能接受或有异议的人他们就将之视为不开化，未经过启蒙的表现。这种严重性在法国大革命的后期得到了充分的体现。法国大革命后期一次次震荡，一批批原来的革命者被押上断头台，实际上都是政见不同遭到的厄运。像罗伯斯庇尔就是这样把自己打扮成理性和真理的化身，像罗曼·罗兰说的"自由啊自由，多少罪恶假汝之名而行"。对于法国启蒙运动来说，可以把自由这个词改成理性，多少罪恶是假理性之名的。在这种意义上，以法国启蒙运动为背景，我们反观康德的哲学和启蒙。首先他提出了"自觉思维"这样一个口号。对康德的整个启蒙思想我们可以概括成这样一句话就是所谓的"自觉思维"。他不是一个教育者或者救世主的面目，而是要求你们都大胆地使用自己的理性，他的启蒙的自由是一种公开地运用自己的理性的自由。所以他划分了理性的公开使用和私人使用，依然强调了人们在行动上服从的必要性，但是所谓人自己去运用自己的理性，运用的不是从别人那里接受的指令指示，而是自己的理性，不用和谁保持一致，我想这是康德在启蒙问题上做出的最准确也是最正确的界定。我看到康德在谈启蒙这篇文章里也用了很大的篇幅讨论了理性给自己划界的问题，这也是批判之所以为批判的最根本的地方。《纯粹理性批判》虽然回答了"我能够知道什么"的这个问题，但同时也在回答"我不能知道什么"。过去我们总说从知识领域驱逐了上帝，实际上他是把上帝从知识中解放了出来，摆脱了知识的干涉，使之成为另一个领域的事情，这是理论理性划界的结果。在《实践理性批判》里面实际上也有划界，实践理性也要给它划一个界。实践理性能够使人成为一个有德的人，但是它并不能保证德福的结合，这是实践理性做不到的事情，这样才有了上帝和宗教的必要性。而宗教本身也需要一个划界，划的就是善的生活方式这样一个界。总的来说，我想康德的启蒙是和他的划界工作密切相关的。后现代在批判启蒙的时候，使用的术语，比如理性的狂妄、理性的僭越，如果沿着康德的路线，也是对启蒙的狂妄和僭越的批判和避免。所以我对启蒙尤其是中国的现实结合起来的感触就是，我们中国的启蒙不管怎么说还是处在一个法国启蒙运动的阶段。比如我们现在已经知道了知识的重要性，比如"科技是第一生产力"这样的口号都提出来了，但是我们缺乏一种"自觉思维"的精神。我们知道了理性的价值、尊严，但是我们缺乏对理性的划界的精神，缺乏批判。我们还是缺乏康德式的启蒙的精神。谢谢。

主持人：谢谢李老师。下面我们请中国社会科学院哲学所的王柯平研究员。

＊ 王柯平（中国社科院哲学研究所研究员）：

叶先生早上好，各位同仁大家好。我关注了康德哲学的一个很小的侧面，当然这个侧面可以放得很大，从启蒙—自由其实就能放得很大。但我自己想从中国的美学角度研究康德,这是叶先生这个书给我的一个启示。叶先生把书送给我以后我就拿起来读,序言细读了一下,还有关于自然目的论的文章,读了一下《重新认识康德的"头上星空"》,以及《美学在康德哲学中的地位》。读得还挺高兴,想写自己的感觉,题目都想好了,《拈花嗅春的启示》,"终日寻春不见春,芒鞋踏破岭头云。归来拈得梅花嗅,春在枝头已十分"。但我整天在这忙忙叨叨的,还病歪歪的,当时就急就章给叶先生写了个打油诗,我念给大家听,博大家一笑——当然内容我是认真的。特别是这个"神国投影",在序里边讲了一段,从"桥梁"到"综合",讲这个《判断力批判》在两大批判之间的作用,有一句话:"《判断力批判》所涉及的世界,在康德的思想中,也可以看作是康德的'神的王国—天国'的一个'象征'或'投影'。"所以我就从"神国投影"来看这个《判断力批判》。在这个批判里面讲的自然—自由的生成路径问题,以及鉴赏和情趣的问题,叶先生的文章里都讲到了。在《重新认识康德的"头上星空"》里边也讲到这个敬天畏人的问题。国内美学界一般对康德——叶先生和李泽厚从哲学角度去切入是例外——都是从文学和艺术角度去切入,大部分都关注的是这一批判的前半部分而不关注后半部分,也就是康德《判断力批判》的"审美判断力",而当中又更关注这个无功利性和无利害性,甚至对合规律性和合目的性也谈,但是对这个非概念性就谈得很少。但是在康德的《判断力批判》第48节里边,谈到这个目的论判断是审美判断的基础,英文版都翻译成 ground,或者 foundation。上次我们讨论我还提到这个问题,就是两者是什么关系,如何解读康德的《判断力批判》。叶先生这个路径,这两句话就有捅破窗户纸般的启示。顺着我这个想法来讲,我们可以设想如果没有这个目的论判断的基础的话,审美判断力这个东西就不能成立,即便是建构起来了也不是康德期待的那个审美判断力,或者说他那个桥梁的作用一定要从那个纯粹理性到实践理性来跨越。有这个基础,这个审美判断力在目的论判断力的基础上建构起来了——当然建构不起来是他哲学的缺失——对艺术家意味着什么？对鉴赏者意味着什么？从这个思路看康德讲的艺术天才、想象、创造、审美的理想或者翻成理念，他假如有了这个东西，他就要创造一个东西，要让抽象的不可视的创造为具体的、可视的，那就像不朽像神—上帝。那么对于鉴赏者来说他要通过艺术家的创造来观照或者凝思这个东西，给他一种启示的作用。往下走的话就涉及后面讲的伦理—神学的问题。康德在《判断力批判》后面为什么加了个神性维度？这个神性的维度当然是文化的导向了，但也涉及自然向自由生成这个问题。自由是人的事，是人打开的一个最大的领域。那么康德所说的自然向人生成，这个是什么人？人之为人的问题，是一个很大的哲学问题。这个往上翻，到柏拉图那里，人之为人是个什么问题？他的《理想国》《斐多篇》里面讲，to become human, is to become God-like，就是"人之为人，在于像神"——怎么像神？我觉得通过人的一种哲学的智慧追求，爱智的、非凡的德性和一种真正的知识，这时他就会具有超凡的智慧，在这个意义上他就成为柏拉图式的哲学家，或者爱智和求真者，这是他对人之为人的一个看法。顺着这个往康德那边走——所以我就经常感觉康德是个新柏拉图主义者——康德将其往前推了很远，在伦理神学的引导下，绝对律令可能就会起作用，作为人之为人可以参照或者践行的一种绝对律令，而对其他人，这个无所谓，它仅仅是个理想性的悬设。原来叶先生也引用毛泽东的一句很通俗的话，假如人到了这个程度，按照康德来讲，人就成了一个高尚的人，一个纯粹的人，也是一个有德性的人，我就简单说这两句，谢谢。

主持人：时间把握得很精准。下面请北京大学的吴国盛教授。

* **吴国盛（北京大学哲学系教授）**：

我是叶老师的学生，但是却不在西哲史这边工作，可能年轻人都不认识我。那年招了两个学生，一个是彭刚一个是我，我们俩都不在西哲，彭刚在清华的历史系，我虽然是哲学系但是我从事的是跟科学有关系的工作。我就想我跟叶老师的师承关系就像历史上那个柏拉图学派里面欧德克斯与柏拉图的关系，欧德克斯后来也不做哲学他做天文学，也有点像柯瓦雷跟胡塞尔的关系，柯瓦雷是胡塞尔也很喜欢的学生但是他后来做科学史去了。所以我这个比较古怪一点。虽然我现在不做西哲了不做外哲了，但我觉得一直跟叶老师学习，读他的书，耳濡目染，还是自觉与不自觉地传承了启蒙与自由的精神。我们这个工作可以翻译成"科学原勘"工作，艺术界有一些艺术评论和艺术批评，批评家很受艺术家欢迎，我们这个工作很不受科学家欢迎，我们这个有点像"科学批评"。科学家现在是个强势的力量。很大问题在于，科学家忘记自己的根源，没有根源。这个科学批评工作，我觉得自己是很自觉地在康德意义上的自由精神上做的。我也很乐意跟叶老师汇报一下我做的一些事情。

其中第一个事情就是不断发掘科学和哲学之间的关系，而且现在很多机会跟理科生讲课，我都会跟他们讲科学的源头在希腊，希腊的科学是数学，而数学与哲学是有关系的。这个忽视是个问题，比如我们哲学系就不开数学史的课。柏拉图的学园挂着牌子说不懂几何学不得入内，这个哲学系也不开希腊科学史的课，这使得哲学界和科学界有一种天然的隔阂。现在所谓文科教育，不用上数学，确实读高等数学也没什么必要，但是可以念希腊科学史。几何学史和希腊的天文学史对于哲学的起源和科学的起源同时都是很重要的。比如说刚才叶老师送了一本书，《数学天书中的证明》，这个数学里面揭示的内在的又是不可剥夺的必然性的东西，为什么又可以引出美的感觉？必然性怎么会是美的呢？在现在的思想来看是很奇怪的事情。但是数学里面这个必然性和我们现在说的自然界必然性、外在律令好像不一样，数学的必然性揭示的是一种内在的必然性，它本身就带有美，这个是非常有意思的。所以"自由"怎么体现？希腊的科学或者现在的纯粹数学就是自由的科学，而且是非常典范的东西。我们只要深入到数学的推理过程中就特别能够理解理性的自律、自主、自觉，"理性自己"是怎么回事。所以将来有机会应该呼吁哲学史开自然科学的课——当然这也与数学史的研究缺乏有关系。

柏拉图对话里面有个很有名的故事，就是说一切知识都是属于自己的知识，比如他找个奴隶来说道理，只是进行日常对话，就可以让这个奴隶把几何题做出来，这样的例子很多。我自己也有一本书叫作《自由的科学》，里面专门讲科学的源头的地方是服务于对自身内在必然性的一种要求的。这样一个工作我觉得很有意思。

第二个工作我做的是一个科学传播的工作。刚才秋零老师讲法国和德国启蒙的区别。中国过去也有科普运动，这类似于法国的启蒙，就当你是愚昧的，你就学吧，学完了就自由了。这显然是有问题的，因为现在的科学知识已经不再是形式的知识，像数学意义上的那种，而是有力量性的知识。所以我说这个已经偏离了自由的目标，它是求力量的知识，就是像尼采讲的强力的意义上的科学。这种知识它是有后果的，它的后果是一个新的权力结构。所以不是学知识才能获得自由，而是从批判的态度里获得自由。所以我第二个工作就是从科学普及到科学传播的转变。早期我们提科学传播的时候，科学界非常反对，很多院士老觉得我们反科学。但是十年过去了，我们"科学传播"的声音叫得越来越响了。实际上现在科学部门很多都在意识到有科学传播的概念，有个双向互动，每个人都运用自己的理性的这种模式，来取代单向的，群众愚昧的缺失模式。这也是符合启蒙和自由的精神的。

还有一个工作就是关于现象学技术哲学。过去科学哲学的根是分析哲学，科学哲学跟现象学的结合在国际学界也非常困难。但是现在出现了一个技术哲学，这个跟现象学的结合是非常有意义的。我每次读叶老师的书，每次都在思考这个"自己"的问题，从德尔斐神庙"认识你自己"到康德的"物自身"——西方讲的究竟什么是理性？我们常说理性，但它是什么呢？希腊人讲得非常好，你只要去认知你就要遵循某些内在规则，比如不能自相矛盾，要遵循逻辑规则。这说明什么？说明理性有一种内在性，这种内在性在哪里？是怎么发生的？我们有一个新思路——不是瞎琢磨出来的，法国哲学有很大启发——"自己"实际上是一种通过某种中介，通过非我设定出来的。不是先有自我,然后设定非我,而是自我里面本身就有非我在起作用。比方说我们的自我意识都是在通过镜像自己的时候才能发生,我左手握着右手的时候居然知道是"我"握着"我的左手",或者"我"握着"我的右手"这个事情,这里自我的丰富性就体现出来了,这里体现出了自我的分裂。技术的可能性建立在自我的丰富结构之上,现在的技术问题、困难和异化都要回到技术本身的可能性去寻找,而技术本身的可能性从"自我"本身的丰富结构当中体现出来。这件事情,我觉得循着现象学思路,但是也是围绕着"自身""自己""本来""本质",这里面一以贯之的实际上是理性的思路,这个理性的思路就是自身的思路。"自身性"在西方哲学史上一直在被阐释,这个阐释还有深化的余地,这个深化就是:它可能并不是抽象的。德国人讲自我设定非我,这个怎么设定?概念设定还是理念设定?今天我们有新的可能性,比如我们用技术在里面扮演角色,因为没有一个人是没有技术的。这是我最近做的一些新的探索。我的意思就是说叶老师的著作,以康德为核心的对西方哲学的阐释,我认为是具有更广泛的意义,不光是西方哲学领域,而且对于今天的中国的文化建设,在科学文化构建方面仍然要扮演一个核心角色。我就说这些,谢谢。

主持人:下面请北京师范大学哲学院的江怡教授。

* **江怡(北京师范大学哲学与社会科学学院教授)**:

非常感谢清华大学哲学系的邀请。刚才我注意了一下参加会议的代表,可以说叶老师是我们最年长的一位,所有人都算是您的晚辈或学生。刚下吴国盛说他是您门下的学生,但我们其他人虽然不是您门下的学生,但是都深受叶老师的影响,都是读叶老师的书成长起来的。我个人来说也是受叶老师影响比较深的,虽然我做的主要是英美哲学的工作,但实际上在哲学上受到的熏陶和影响是在叶老师那得到的。叶老师写的书还曾经让我写过书评,我当时真不敢写,这个书评我都不知道从哪下手,因为好像不太把握得住。后来写了的东西能不能够得到您的通过,就不知道了。叶老师还是很宽容的,不管我写成什么样,叶老师还是很高兴。这也说明了对后生的支持和提携。我在哲学所二十二年,虽然我在现外室工作,但是也算是西哲室的了。而且我们这两家也没有太明显的区分。这个也加深了我对叶老师思想的体会,包括刚才张慎提到叶老师生活的习惯。这个书拿着有一段时间了,当时我给裕生也回了,还专门把我的一篇文章发给了他们,就是针对启蒙问题的一个讨论。我这几年还是比较关注启蒙问题的,大家可能也知道我在一些场合谈到过关于启蒙与当代哲学的关系,特别是从当代哲学重新认识启蒙。我记得当时是2004年,在东方出版社那套经典文库里面,有一本后现代文集,虽然是后现代文集,但名字我就起的"理性与启蒙",这是我对当时启蒙的一个新理解。

历史上的启蒙刚才各位同仁也谈得比较多了,我也比较能够接受这种理解,不管法国还是苏格兰的,其实还有美国的启蒙运动。我现在给学生讲课,在讲西方哲学史的时候启蒙运动这部分分量是最重的,跟讲黑格尔的部分几乎是同等的,讲一个月。后来搞得学生都去读启蒙运动的书。今天中国为什么讲启蒙运动,这的确与当前的思想文化现状有关系,也跟社会现状有关系,不仅如此还跟整个世界范围内的学界对启蒙的重新认识有关系。我跟大家介绍一个情况,就是我们牛津大学的尼克专门做了一个启蒙的 workshop,连续做了三年了。非常感谢卢风教授,每次我们办的时候他都参与。当时来了不同国家的学者,法德英的都有,他们对18世纪的历史上的启蒙运动及其当代遗产做了全面的考察。他们有一个长期的计划,不但希望从哲学的,更希望从历史的,甚至是国际关系的方面,全面讨论启蒙运动对当代的影响。我们现在当然主要从哲学讲。刚才说这个书名是黄裕生起的,我也觉得的确带有黄裕生的痕迹,把自由这个概念放在书名当中。其实启蒙是叶先生一直强调的,自由当然也很强调,刚才几位老师都谈得非常到位。但是我觉得略有遗憾的是,对康德的启蒙的论述只有一篇,关于自由倒是有两三篇。我就在想,叶先生在给我提供的关于康德思考的所有的成果当中,关注点恰恰不是启蒙，甚至不是自由。是什么呢？是要追问，康德在讨论启蒙概念，把哲学作为自由的学问来研究的时候，他背后的动机是什么，康德想干什么。他给出了答案，康德就是给人的理性划定界限。启蒙这个问题看起来很热闹，讨论很多，但不是关键问题，关键是给理性划界这个事情本身，这是康德形而上学的核心问题。所以在这个意义上说，如果我们把启蒙看成康德讨论理性能力的契机或者出发点，把康德对自由的论述看成他展开他的形而上学奠基的一个准备条件的话，那他最根本的问题都不在启蒙跟自由上。这是我的一个理解，不知道是不是有偏差，这个叶老师可以批判、批评。

其实这两个概念我更想谈自由而非启蒙。但自由是个什么呢？刚才国盛讲了一个话是点了一个很重要的穴位，就是理性能为自身——或者理念能为自身考虑自身——为自身、出于自身而考虑自身，这才是理性最自由的地方。它不受任何外在条件约束，不以任何对象为自身对象，而自己给予自身对象，这个以自身为对象，这体现了康德哲学的核心。说这个核心是来自法国，有一定道理，但是是外在的而不是内在的原因，我觉得可以追到笛卡尔，不再往前推古希腊了。因为当笛卡尔要给出一个清楚观念的时候，这个清楚的观念的前提就是我们只能怪针对那些从自身出发的观念才能够构成清楚明白的观念，如果不以自身为目的和出发点就不可能清楚明白，到最后就发现只有一个清楚明白的观念，就是上帝的观念。这个上帝的观念当然不是神的那个上帝，而是一个完满性的概念，从这里出发推演其他的概念，比如物质的概念，也可以清楚明白，只要真的是从物质这个观念本身出发。那么从这点哲学的自由才被找到，才能确立自由的地位。关于这个问题我写过文章，在《哲学分析》那个杂志上发过，专门谈哲学与哲学史关系的时候，就谈到为什么哲学不同于哲学史。当然了解哲学必须要通过哲学史，但讲哲学史就是哲学本身的话略微还是有不同，我们必须了解哲学的本性才能真正把握哲学史对我们展现了什么。其实这个本性就在康德那里，就是对自由的理解。我觉得这是我们要理解康德乃至整个西方近代哲学的一个重要线索。这是我的一个体会，不知道对不对，请叶老师和各位提意见。谢谢大家。

主持人：接下来请王齐教授。

＊ **王齐（中国社会科学院哲学研究所研究员）：**

各位老师大家好。按自然秩序来说我是没有资格在上午发言的，因为下午发言的至少有李文堂和郭大为，这些都是我的师兄。但是我蒙叶老师厚爱，被允许在早上做一个简短发言。因为我是这个文集的编校者，叶老师在文章前言里面也说到了，说我对康德哲学很有研究，我看到既高兴又害怕，既高兴这是对我的一个鼓励，又怕传出去大家都知道。其实我对康德哲学也只是一个读者一个学习者，但康德哲学确实在对哲学的理解上给我很大帮助。作为文集的编校者我想说几点感受，一个是叶老师对西方哲学问题研究的层层推进深化。他的出书总赶不上他最新的思想。我记得很清楚，去年我在等着出版社赶快给我们把书出出来，因为我很早就校对完了，他们一直压着不给我们出。在这个等的时候，叶老师最新的一篇关于康德和启蒙的文章已经传到我的电脑上了，《启蒙的精神和精神的启蒙》。我看了以后就觉得可惜，赶不上收到这里面了，因为里面又有很多的推进。我看完这篇文章又给叶老师一个新的题目——福柯还要再接着写。叶老师说我对他的学习上有建议，那就是我经常给他题目，我说您还要再写一点，我觉得我们想看。所以叶老师说他自己是不成熟的作者。如果把这个"不成熟"括起来的话，不作为一个谦虚之词的话，读书的问题上其实我们每个人都在不断地从不成熟走向成熟。这也是今后我自己治学上的一个目标。这个《启蒙与自由》出版以后我们哲学所是把它纳入2012年的创新成果推荐到院里的，我们科研处就跟我们联系说要写几个创新点。我也没有跟叶老师商量，这个创新点很多，我就自己归纳了三点——可能叶老师自己都不知道创新在哪里——我自己给大家分享一下。

第一点就是这个书在深化理解了"康德批判哲学的任务在于厘

定理性自身合法界限"的学界共识的前提下，提出理性具有僭越自身的因而也是自由的自然倾向，从而进一步确立了自由概念在康德哲学中的地位。第二，在提出判断力批判构成了纯批和实批所涉及的两个独立领域的桥梁的作用的前提下，进一步提出判断力批判所涉及的正是人作为自由者的真实生活场所，也就是胡塞尔和海德格尔所提到的生活世界，从而打通了德国哲学从古典到现代的一个发展环节。这是第二个创新点。第三，这本书没有停留在"康德批判哲学的意义在于从传统的本体论向知识论转向"的狭隘看法之上，提出经过批判的形而上学也能够成为一门具有范导性作用的基础科学。不仅梳理了批判哲学与形而上学的关系，而且开启了重新考察本体论—存在论在德国古典哲学中的地位的契机。哲学所自然是没有意见了，就是不知道叶老师同意不同意我的概括。（笑）关于最后一点，叶老师实际上已经有一篇最新力作，就是《欧洲哲学从知识论向存在论的转变》，里面有更深入的阐述。我近水楼台先得月，可以一睹为快。我在读到第二遍的时候懂了——我觉得我读懂了——所以我把最后一个问题的体会拿来跟叶老师与各位专家交流。

这个文章主要就是讲欧洲哲学的转向的问题。叶老师在好多文章里讲过，这个启蒙哲学，也是理性的启蒙，也就是理性对自己功能和界限的划分，是理性成熟、自觉和自信的标志。经过理性的自我反省和批判后，它被照亮了，理性对自己的认识也加深了，我觉得对哲学自身的认识也加深了，经过启蒙的哲学，应该回到哲学的本位——我觉得就是形而上学。从哲学史的意义看，康德的批判哲学掀起了一场哥白尼式革命，转换了认识的参照系，把主体围着客体转变成了客体围着主体转，完成了本体论向知识论的转向。这个在康德的时代无疑是必要的，因为哲学面临着知识的不同来源问题。但即使是康德的时代，他的批判哲学的目的也不止于此，因为康德的批判哲学——在这个纯批第二版序言说得很清楚，是要为古老的形而上学走上科学的可靠道路在打前站。康德不仅不打算放弃形而上学，而且他要通过理性的批判使未来的形而上学建立在像数学和物理学那样坚实可靠的基础上。从康德到我们的时代自然科学已经实现了多次飞跃——当然我对自然科学的理解也是片断式的，只能大胆讲一讲。我觉得在量子力学的背景下，如果我们依然把康德式的哥白尼革命的意义定位于认识论的话，我觉得是对康德哲学理论意义的一个降格处理。我知道在今天的科学界，基因家找到了好多基因，什么奴隶基因，冒险基因，甚至自由意志基因，这些我都是在报纸和网络上面看到的。现在脑神经科学的发展把越来越多人认为的心理问题、心理病症器官化，物质化，加上欧洲核能研究所的上帝粒子之类的研究，科学的进展也让我感觉有点像看好莱坞的惊悚大片似的。现在这个哲学与自然科学之间也有很多合作。早在20世纪60年代，哲学与人工智能的交互研究就已经在麻省理工学院开始了。而普林斯顿有个道德哲学家利用了"功能磁共振成像扫描仪"（SMRI），可以给脑部扫描，当给被试者提道德两难的问题的时候——像我们中国人常说的，你媳妇跟你妈掉河里你该救谁——对你脑部进行扫描，发现人类道德直觉是进化的结果。上个月在年会上，有学者介绍了美国哲学家做实验哲学，现在研究认识问题的哲学家已经可以在实验室里研究了。还有学者讨论了大脑化生存时代这个生命价值的问题。看到这么多信息涌入以后，我感到自然科学这些发展是在越来越快地迫使哲学由天上转向人间，而天上的问题、万物本源的问题早就不归哲学家管了。这个关于西方科学的书里面，对青少年的启蒙读物里面，把亚里士多德贬得一塌糊涂，把他当作一个很可笑的人物，用各种漫画来嘲讽他。但我想他教给我们的更多是形而上学，而非物理学。我觉得其实这些问题粒子物理学家肯定会比我们哲学家做得更好。原来我们看重的人的认知问题，现在看来也可以由大脑神经学家或者基因学家在实验室里处理。那么如果关于人自身的这么多问题都可以物质主义还原，那么生存的理由就是迫切的需要，活着有什么意思，要有个生存理由——我觉得这才是哲学本位，面对的是人的自由与信仰问题。康德有一句很著名的话，用北京口语来说："把知识放一旁，为信仰腾地儿。"这个论断再次被照亮，enlighten，因为它照亮了哲学的未来之路，哲学将彻底回归到存在论—本体论的道路上。这是我的一点心得体会，希望大家批评，谢谢。

主持人：感谢王齐发言。下面请叶先生为上午这个会留几点感想之后我们再午餐。

※ **叶秀山教授**：

今天非常感谢了，大家来了而且还真情实感，我也很感动，很高兴，本来是很惶恐的，把大家叫来。就这个题目本身，我觉得用这个题目——虽然是黄裕生定的，但是我也觉得这个题目很好。康德的思想是批判哲学，这个启蒙—自由—批判在康德那里是一个意思。这一点，于奇智在来之前给我写了个信，他说得很好，可能下午他会详细（讲）一下他的意思。所以这个"启蒙"就不完全是历史的，比如法国大革命或者苏格兰启蒙运动，不完全是那个意思。所以启蒙——赵老师说的——就（是）"真理"，就（是）"去蔽"。启蒙并不是知识性的，这个层面并不在康德第一批判的知识论里。不是说你们都不懂，都是群氓，我来教你们，不是这意思。启蒙是理性"自己认识自己"，这是希腊传统，是希腊传下来的。去年我在清华讲的就这意思，启蒙就是"认识你自己"。像柏拉图对话里头，问的不是说什么东西好看，什么东西美，哪个制度是正义的哪个是不正义的制度，不是这个意思。他是说"美"是什么？"美本身"是什么？是"美本身"的问题。这个在柏拉图那里很难贯彻下去，不了了之了。这就是矛盾，一接触物自身的问题就二律背反，这是康德后来才把它揭示出来的。所以这个启蒙的意思就是你得认识你的理性有什么界限，你的功能，你能做什么不能做什么，在哪个层面能做什么，在哪个层面不能做。不是说理性就是眉毛胡子一把抓，它是属于"认识你自己"的深化过程，这样你就更自由，不然你那个自由就是空洞的。自由很重要，你"认识自己"，根本不是认识桌椅板凳，是"事物自己"，这个很好，但是如果你没有批判的精神你就认识不下去了。所以启蒙与批判实际上是一个意思。现在这个是我的想法，只讲这点，大家该吃饭了。很高兴大家能交流，我得到很多启发，谢谢，非常感谢。

下午第一场　讨论再启蒙、进步、多元

主持人王齐（中国社会科学院哲学研究所研究员）

主持人：希望下午的发言能够更精彩。我们首先请华南师范大学的于奇智教授。于奇智教授是搞法国哲学的。上午也提到了法国哲学的启蒙与反省的问题。启蒙是光照，而有光照就会有阴影，所以我们请于奇智教授从法国哲学方面来谈一谈启蒙。

＊ **于奇智（华南师范大学哲学系教授）：**

其实我和叶先生的交往应该是从1989年开始，我在法国做博士论文，研究集中在知识考古学和自由问题。那个时候读到了叶先生的一篇文章，发表在中国社会科学上的《试论福柯的知识考古学》。那个时候能读到这种文字的机会很少，是朋友的杂志。我当时立马就给叶老师写了封信，后来就一直不断地通信。后来叶老师一直关注法国哲学，当然他的视角还是德国古典哲学。所以我回国以后，叶老师也一直让我要重视德国古典哲学，在通信中、电话里，后来在 E-mail 的交往中。我记得我一直受惠于叶先生的教诲，所以今天我一定要来。

今天我主要是从法国哲学——一个视野就是福柯——还有叶老师对法国哲学的理解，来写这样一个提纲。这个书名的问题上午也进行了一些讨论，我想叶先生起码是认可的。我来做一个简单的题解。这本书叫作"启蒙与自由"，至少显示了理解康德批判哲学的一个独特角度。依我看，在康德哲学范围内，叶先生是在启蒙意义上理解自由，或者在自由的意义上来理解启蒙，进一步讲就是从启蒙与自由的双重意义上来理解"批判"。这样批判就具有了启蒙与自由的特征，这叫作批判的收敛；而启蒙与自由具有了批判的特征，这叫作批判的发散。它们之间形成了回环的关系、互通的关系或者相

似的关系。不管启蒙、自由还是批判都是西方哲学非常复杂的主题。这里我觉得在反思启蒙的时候应该重视启蒙本身的探索，通过对启蒙本身的探索，其实就是对启蒙本质的追问，这就是本质问题或者形而上学问题。因为启蒙本身也是启蒙过程的一个重要环节，这是启蒙的自主事件。比如说，启蒙有命名的问题，一旦命名就涉及启蒙本身。为启蒙命名，探索启蒙的本质，意味着让启蒙回到本身，恰恰就符合哲学本身的一种特点，启蒙因而获得了反思性或者彻底性。福柯在《康德与启蒙问题》这篇文章里面——这篇文章也是我最近译出来的，是他在 1983 年 1 月 5 日的一个讲座的一个讲义。这篇文章译出来三万字，已经发表在我们学校的学报。福柯这样指出，为什么我们要重视启蒙本身？他说对于一般在 18 世纪，更准确地说，对我们称之为启蒙的研究而言，一个有趣的轴心是启蒙本身，可以成为启蒙这个事实。也就是说，我们和一个意义很特殊的文化构成打交道。文化构成以某种方式意识到自身，对于自身的过去将来与现在，它同时命名和定位，在启蒙本身的引领下，完全确立其过程。由于这个过程（这场运动）本身应该在其自身现在的内部进行操作，所以启蒙不是自我命名的第一个时代，并且不简单表现为自身的特征。这曾经是一个老习惯、旧传统，并且不是通过某一事件（启蒙事件）自行命名的第一个时代——比如我们说，有衰落的时代、繁荣的时代和辉煌时代，等等；也不是以思想、理性与知识自足的第一个时代——启蒙本身在知识内部明确地发挥自己的作用。如果启蒙是一个时代，也就是一个自主的时代，是一个自身提出其作用的时代，一个要求自身应做的事情的时代，无论对理性、思想和知识的一般历史，还是对其现在对于认识知识怀疑、幻想的形式，或者一些制度，等等。启蒙在制度内部的任务在于重新地认识历史环境，启蒙本身就是名词、就是箴言和座右铭，这恰恰是能够在康德《什么是启蒙？》这篇文章里面看到的东西。可见启蒙就在于勇敢地求知，也就是勇敢用你自己的理智。当启蒙成为自主事件的时候，启蒙本身就是勇敢地求知、勇敢运用自己的理智。实际上，启蒙首先至少就成了福柯自己的座右铭，因为他把康德那篇短文看作是哲学谜语，将其作为徽章或者护身符。可以说福柯是带着康德徽章的哲人。福柯指出，康德开始用了座右铭这个词，实际上就表达了一个准则，一种训斥，表明就是要对人类下达命令，从不成熟的状态走出来。为了自由的生活，为了希望的生活，为了幸福的生活，要勇敢启蒙、勇敢求知、勇敢运用自己的理智，包括后来他说的理性，还有判断力，就是要人摆脱不成熟状态。这些不成熟状态表现在什么地方呢？比如说无知、错误、盲从、迷信、干扰、顾虑、死胡同、旧习惯，等等，这些都是我们人类自身存在于骨子里面的软弱怯懦懒惰无能造成的，人要希望成熟还得学会自己解决问题，自己启蒙。古老的格言"勇敢求知"是一个祈使句，这就是说对于公众，对于我们来说，要自己求知、自己启蒙，还要勇敢启蒙、正视启蒙。我们首先对自己说做你自己的事情，这是成熟的标志，也是向成熟迈出的第一步。像笛卡尔那样从干扰、顾虑造成偏见的书本当中解放出来，像门德尔松、康德那样向迷信当中解放出来，清算和巡视自己的过去，这就是批判。启蒙是一个知易行难的关口，我们讨论启蒙要更容易，但实际上要进行启蒙是很难的，它使人异于过去的存在，把人引向陌生领域。比如说要从迷信走出来，意味着启蒙要和迷信不同，要和迷信保持距离，要人走出迷信之外，叫人生存于迷信之外，进入异托邦，这个"外"就是他者，就是异。知性、理性和自由便在迷信之外，相对于迷信而言，它们是异类，使人面对着陌生领域，启蒙就是使人富有理性地生存在别处、他处、异处，也就是说叫人搬迁，搬到哪里去？异托邦。这恰恰是福柯晚年的一个概念，相当于我们的窗外，不成熟状态之外的成熟状态，我们叫作理性的状态。很可能福柯、列维纳斯、德勒兹和德里达这些法国哲学家正是在启蒙的意义上打破了过去的"同"与"同"的哲学，开辟了各种"异"的哲学，比如说他者哲学、异域哲学、延异哲学、差异哲学，以便纳入种种"异类"。他们的哲学不仅仅在于标新立异，而且在于寻求更深入更基础的工作，异与同本为事物的两面，均不可忽略,应当纳入我们的思想视野。我们可以在康德的意义上来理解比如列维纳斯揭示的异域存在,还要摆脱存在的状态与本质的状态——存在与本质对应于康德所说的不成熟状态——以寻求异于存在与本质的东西,也就是那更可靠的基石。这是法国哲学家试图在哲学领域开垦的"过度"研究,就是要到禁区去,违抗禁令到存在的那边去,到存在的对岸去,比存在走得更远,到异的哲学当中去,在哲学当中摆脱哲学,哲学的探险的真义就是超越试验、僭越试验,到更远的地方去,去远方寻找远方,去窗外去寻找比窗更远的那个地方。叶先生指出,在福柯的哲学中,同的哲学让位于异的哲学,具体而言,对福柯来说,异就是他的异托邦,异的哲学就是他的异托邦学、谱系学、考古学。相对于康德而言,福柯要呈现出我们非其所是,我们不是我们,知道不可能知道的,做了不应该做的,希望不应该希望的东西;这与康德的我们是其所是形成鲜明对照——我们是我们,知道可能知道的东西,做了应该做的,希望能够希望的。叶先生指出,福柯的工作就在于为自由的不受限定的工作尽可能地、广泛地寻求一种新的动力,哲学之意就是实际的自由而不是先验的设定,在这个意义上福柯的工作深化了胡塞尔的"人"也推进了海德格尔的 Dasein。批判与启蒙之间的关系非常密切,密切到几乎是一个东西,批判与启蒙可以说是统一的。在福柯看来,批判是不被如此自觉的意识,就是勇敢地对不合理性的权威说不,这就是不盲从权威,摆脱奴役,还有苛政和残暴的不成熟状态。这其实就是启蒙,因为批判的定义和启蒙的定义在本质上是一致的,只是说法不同而已。批判与启蒙一样也是一种脱离运动,脱离未成熟状态,所以解释启蒙就是解释批判。联系到康德这篇短文,叶先生指出,康德的批判哲学针对的也正是理性不成熟的阶段。理性或者超出经验知识的范围,悬置一个超越领域,在这个领域也像在经验领域那样提出一个知识体系,或者在实践领域以经验幸福代替自由意志,凡此种种,在康德看来,或许都是理性不成熟,启蒙不够的表现,这是叶先生指出的一段话。在叶先生看来,勇敢求知当然是理性的事，启蒙就是理智的启蒙，所以康德的短文里面说我们的启蒙的时代是理性的时代。理性启蒙只承认理性的律令，而不臣服于任何外在于理性的权威，这意味着人完全有不服从的自由，要摆脱僭越理性的权威。可见启蒙理性与自由是同一的，启蒙是理性的、是自由的，理性是启蒙式的、是自由的，自由是理性的、是启蒙式的。理性的启蒙与自由就是有"度"的启蒙与自由，自由与启蒙的理性或者"度"使知性安于自己的职守，以实现公共安宁。理性就是秩序与界限，就是"度"，启蒙其实就是"度"，自由也就是"度"。启蒙、理性、自由都是有"度"的，批判也是这样，可以看出，启蒙、自由、理性与批判形成了相似的关系。叶先生指出，批判为理性立定职能范围，由诸自由者构成的社会是一种自由的组合，自由的博弈。博弈我们今天讲就是双方进行游戏，得到一个过程或者结果。所谓诸自由者就是我你他，之间是什么关系呢？就是列维纳斯致力于作为第一哲学的伦理学来回答的问题，构成的关系就是伦理关系，而且是原伦理关系。我们处于诸自由者构成的关系网之中，终未脱离不成熟状态，也就不曾摆脱奴役，因此启蒙只是一个可能性，并且要不断地试验，不断继续下去。也许启蒙是一个不成熟的终点，是成熟的出路，可能是服从的结束，是不服从的开始，大概是奴役的终了，是自由的开端，启蒙作为一种逃离或许是旧的终结，新的出路。康德在《什么是启蒙？》当中用的 Aufklärung 这个词本身就具有结束、出路这样的意思。可以看出这个词意味着启蒙的两端的可能性的结合。比如说启蒙要面对未成熟状态也要面对成熟的状态，这是两端，或者说进与出是同时进行的，几乎没有时间差。很可能康德借此布下了启蒙的玄机，即不成熟的终结与成熟的出路、逃离与抓住之间的玄机，这玄机大概就是福柯所说的"哲学的谜语"，哲学要解谜。这个词（Aufklärung）本身就意味着人要面对着成熟和不成熟两个状态，我们总是在成熟和不成熟两个关口间摇摆不定，至今没有一个成熟的欧洲出现，道理就在这里。我们知道，起点和终点总是像齿轮般紧紧地咬着走的。好，我就讲到这里，谢谢。

主持人：谢谢于教授精彩的发言。刚才我都在担心时间，但于教授时间把握得非常好。下面请北京大学的刘哲教授。

＊ 刘哲（北京大学哲学系教授）：

首先感谢清华大学组织这样的一个讨论会，非常有意义。另外我也感谢清华对我的邀请。为了节省时间我写了一个简短的发言的内容跟大家一起来分享，题目叫作《启蒙、自由与理性的自我规定——对叶先生〈启蒙与自由——叶秀山论康德〉的反思与回应》。叶秀山先生的新著《启蒙与自由——叶秀山论康德》的适时出版，足以重新引发中文学界对启蒙问题的哲学意义乃至文化意义关注与思考。这部著作的副标题将其研究的对象限制在18世纪下半叶德国一位至关重要的启蒙哲学家康德那里。然而仅仅需要简单地浏览目录，人们就会发现这部著作并不仅仅是关于康德哲学本身的研究，而是包含了对整个康德哲学传统的阐释。在叶先生看来，康德哲学传统不仅要包括费希特、谢林、黑格尔这些德国古典哲学家，也要包括胡塞尔、海德格尔、列维纳斯这些20世纪的现象学哲学家。不仅如此，叶先生指出，康德哲学传统的理论意义和影响力还将继续延续下去。什么是叶先生理解的康德哲学传统？这个问题就让我们回到了整本书的正题——启蒙与自由。具体而言，就像叶先生在《为什么还要读康德的书》这篇论文中所论述的，使自由在哲学里安身立命乃是康德哲学留给我们的思维丰富的尚待开发的遗产之一。《启蒙与自由》这部著作分为两个部分，第一部分主要关注康德的三个批判、法权哲学和两篇论文，启蒙论文和另外一篇——这个的翻译我觉得可能要调整一下——《论哲学中新近发出的一种狂妄的声音》，在康德全集的第八卷；第二部分主要关注康德哲学传统在德国古典哲学和海德格尔、列维纳斯那里所获得的解释、批评以及发展。下面的发言中，我既无法细致地分析叶先生对于康德哲学不同文本的解释，也无法具体地回应关于康德哲学传统与德国古典哲学以及20世纪现象学之间关系的阐释，相反，我试图论证性地重构叶先生所说的康德哲学"最为丰富的、尚待开发的遗产之一"的含义,使自由在哲学里安身立命。我将展示叶先生关于康德遗产的阐释是以海德格尔的本体论问题视角为解释框架的,以此为基础,我将分析这份"尚待开发的康德遗产"所蕴含的理论洞见,以及在海德格尔本体论框架中所可能遇到的困难。我将首先分析叶先生所理解的康德的自由概念;其次我将讨论叶先生所把握的哲学作为一门理论学科的含义;其后我将根据前面的分析来解释叶先生所谓的"安身立命"的含义;最后我将回到叶先生所理解的康德遗产与启蒙之间的关系。

首先人们会询问,什么是叶先生所理解的康德意义的自由?在以往多篇论文里,叶先生反复刻画和解释康德自由概念的含义,然而他对于康德自由概念的最集中的定义见于《康德的自由、物自体以及其他》这篇论文当中。在这里,他首先论证指出:"康德意义上的'自由'首先是一个'否定'的力量,而不是'随心所欲'不逾矩的怡然自得的'境界'。'自由'是要摆脱些东西,从那些东西里'解脱'出来,那么'摆脱'、'解脱'些'什么'?'自由'是'摆脱'、'解脱'那眼前的、现成的东西,'自由'就是对那眼前的、现成的东西(现实)说:'不'、'不对'、'不行'。这是'自由'的基本的、哲学性的意义。"很明显叶先生对康德自由的否定性含义的强调贯穿整本著作。根据他的分析,康德的否定性的自由概念的含义是要说明和显示一个更高级的理性领域,另一方面是作为否定性的自由的力量是无限的,更准确地说,不受任何限制。在关于康德哲学不同文本的解释中,他进一步把上面引文中的所谓"眼前的、现成的"东西准确化为"感性",这就意味着康德否定意义的自由就是要摆脱一切感性的限制。尽管康德在第一和第二批判的演绎部分分别使用的自由概念是"自发性"(Spontanitaet)和自律(autonomisch),叶先生首先从摆脱感性限制的否定性含义出发来理解康德在知识领域和道德领域使用自由概念的共同性。正像叶先生指出的,否定意义上的自由会带来对康德第一批判文本解释上的紧张。我们这里无法解释叶先生的否定性解释和康德哲学文本中的差别，就我们的目的而言，我们只需要指出，叶先生对这里文本解释问题的解决方案依赖下述区分：理性在知识领域中的自由为能动性，而在道德领域中为实践的创造性。显然这个区分已经不再是关于自由的否定性含义而是其肯定性含义的刻画。根据叶先生，康德的"'实践理性'本身具有'现实性'的'能力—力量'"，因为它自己就有权有能力为自己设定—悬设对象、提供内容，在第 240 页。毋庸置疑，叶先生对康德哲学传统的思考主要依赖于这个创造性的自由概念的反思，在他看来，这里作为自由的肯定含义的创造性就是指理性自由的现实性，或者说具有内容和实在性。根据叶先生，康德关于理性—自由现实性的问题在第二批判的序言开始处就已经被提出了，我们还会回到对这个文本的解释上来。在《启蒙与自由》中，叶先生不仅要思考自由概念，还要针对宗教的创世论来把自由的创造性含义通过哲学的方式加以反思，在此我们就不得不来展示海德格尔对于叶先生理解哲学这门学科的含义的决定性影响。《启蒙与自由》并不是叶先生研究康德的独立专著，而是近三十年来研究论文的集结，最早的一篇康德美学的论文要回溯到 1983 年。根据叶先生在导言中的说明，这个集子文章的顺序基本上是以时间逆序的方式编排的，但细心的读者都会发现叶先生这个"基本上"是个严格限定的含义，因为确实这些论文的编排有些是背离时间逆序的。因此我在这篇评论中建议，主要关注叶先生文章编排的逻辑顺序。正像叶先生在同一段话中所说："如果对问题感兴趣，就读我最近的文章，后面就不用读了；如果对我本人的思想进程就倒过来读。"翻到最后一篇论文《论海德格尔如何推进康德之哲学》，我们就发现它在时间上并不是最早的，但是叶先生在时间倒叙意义上把它列为首篇，在我看来这个独特的文章编排顺序反映出海德格尔对于叶先生整本书的思考的出发点的重要意义。尽管列维纳斯有很多批判，但是叶先生始终追随海德格尔，坚持认为西方哲学这门学科自从古希腊创立之初开始就是首先要认识始基，然而与宗教创世论不同，哲学的理解是知识性的。在叶先生看来，它（始基）不要理解为在绝对意义上的创始者。叶先生把绝对定义为"不需要另外的事物做它的原因"，"没有别的事物与它相对"。在这个绝对含义的限定下，叶先生得以把自因、自身、自己、自体，本质、本体以及真理这些原本有别的概念等同起来，第248页以后。在这个视角下我们才能理解为什么会把康德的物自体Ding an sich、胡塞尔的Sache selbst、海德格尔的Sein放置在同一个问题域中来理解。根据叶先生对哲学学科的海德格尔式的存在论界定，在哲学的意义上去理解自由概念就意味着要去理解下面这个命题，第394页："'自由'就意味着'创造'。'创造'就意味着'存在'。"

依赖上面关于自由概念和关于哲学学科的刻画的分析，我们现在来到叶先生所强调的康德遗产的最后一个环节——安身立命。毫无疑问，安身立命这个成语在此是一个比喻，叶先生要借此比喻展示的理性内容或许可以通过他关于自由与哲学之间关系的讨论获得澄清。在《哲学作为创造性的学问》这篇论文中，叶先生论证指出："'自由'必定要'显现'出来。不显现的自由为'不存在'，是一个'形式的''思想体'。它没有'直观'，不可知；显现出来的自由才是可知的，才能成为一门学问，一门知识。关于'自由'的'知识'如何可能，也就是'自由'如何'显现'，这个问题是'哲学'如何可能的根据。"很显然，叶先生所谓的安身立命并不是简单地把自由概念放在哲学学科里面来处理，而是包含着自由概念可被知识所把握的条件的分析，用他自己的术语，这意味着自由的"显现"。在《论哲学的"创造性"》的文章中，他指出："由'本质'、'本体'出发，'创造'出'现象'来，这条路线，后来叫做'显现'——胡塞尔、海德格尔都是在这条路线上，叫做'现象学'。"毫无疑问，他在此清楚地展现了《启蒙与理性》整本著作的浓厚的现象学解释背景，在海德格尔本体论差异的理论视角支配下，叶先生把显现的问题刻画为"绝对"与其现实性—实在性的关系问题。在这个意义上，我们可以理解为什么叶先生如此凸显康德实践理性的实在性问题，以及由此阐发的创造性自由概念。我们回到这本著作的正题，启蒙与自由，如果我们上面的分析可以被接受，那么我们可以得出结论：叶先生得出的自由概念以及以此为基础的康德启蒙传统的分析是以海德格尔的存在论所限定的问题域为基础的。然而，公认的事实是海德格尔的思想是反现代和反启蒙的，由此我们不得不指出，叶先生著作的正题中蕴含着巨大的理论力量张力。人们或许会问，一个由海德格尔问题视角限定的自由概念如何可能与启蒙相关。难道叶先生要把康德的哲学重新解释为反启蒙的？我想叶先生的答案一定是否定的。在《启蒙与自由》的第一部分中就收入了一篇重要论文《康德之"启蒙"观念及其批判哲学》，叶先生在这篇论文中明确指出："康德对于'自由'观念之深入分析—批判，在欧洲哲学史上的贡献是十分巨大的，某种意义上，可以说是具有划时代的意义，或许我们可以说，康德通过'自由'的'批判'——即，对于'实践理性'的'批判'，把欧洲哲学—形而上学，推向'成熟'，推向'启蒙'。"值得注意的是，叶先生这里所理解的启蒙概念并不首先在我们通常的文化意义上使用，而是指欧洲哲学形而上学的启蒙。然而在同一篇论文的开始之处他又把启蒙理解为一种思想潮流或者运动，关于这两个启蒙概念的不同，或许我们可以通过强调德国乃至欧洲启蒙文化的独特哲学特征来弥合。这样我们可以推论，叶先生也许是在欧洲哲学形而上学的启蒙概念中得以把海德格尔重新纳入到启蒙哲学家的传统中来。然而什么是欧洲哲学形而上学的启蒙的概念基础呢？叶先生的答案当然是自由这个概念。如果我们再进一步追问，这个通过海德格尔式问题，通过绝对的显现所约束的自由概念如何可以被视为启蒙意义的自由。在《康德之"启蒙"观念及其批判哲学》中，很重要的引文，"……'理性'与'自由'同一。'自由'乃是'自己'。一切出于'自己'，又回归于'自己'。"（第130页）在《欧洲哲学视野中的知识和道德》这篇论文中，叶先生明确把康德批判哲学中的"理性自由"等同于海德格尔意义上的"存在"——"现实"的"自由"，

"自由"的"现实"(第314页)。回到《康德之"启蒙"观念及其批判哲学》一文的论证语境，不难发现，叶先生所理解的自由概念明确地强调一种自我关联关系，一切出于自己，又回到自己。正是通过这种自我关联关系，叶先生得以把海德格尔本体论问题视角下建立的自由概念纳入到近代的启蒙和理性的文化传统中。

现在让我们来到这篇评论的结论部分。海德格尔非常出名地把所有现代性文化特别是德国古典哲学传统理解为是关于人类自律的失败的尝试。在他看来，现代性文化不可避免地会堕落为没有意义的对技术的偏执。尽管叶先师的形而上学努力，海德格尔却正是依赖上述的本体论自由概念批评和拒斥17世纪笛卡尔以降的近代主体性理论和它所支撑的启蒙思想。在此我们就不得不面对从海德格尔本体论视角阐发的自由概念与康德启蒙意义的自由概念的巨大张力。再次仔细阅读上面叶先生对于自由的刻画，"一切出于自己又回归自己"，我们就会发现，这里的困难可以说更源于叶先生对自我关联关系的形式化理解。换言之，我们必须审慎地区分海德格尔存在意义上的自我关联关系与康德理性意义下的自我关联关系。在此我们并不试图对于康德理性意义下的自我关联关系自身进行结构性分析，我们将仅仅指出，在什么意义上，只有康德式理性自我关系才能成为德国18世纪中叶以后的启蒙文化的概念基础。在《启蒙与自由》中，叶先生敏锐地观察到，康德的批判哲学是从理论知识的限制开始的，实际上，康德的这个独特开始与德国近代启蒙文化的两个时期的区分有关。1750年以前，以莱布尼茨和沃尔夫为代表的第一次启蒙，和18世纪下半叶以康德为代表的第二次启蒙。如果仔细阅读康德的《什么是启蒙？》，我们就会立即发现，康德没有提及第一次启蒙的必要比喻，比如"光""曙光"等，也从来没有提及以前启蒙使用的惯常词汇，enlightenment，这些词汇通通没有。康德在这里的沉默预设了他对启蒙概念的全新理解。德国早期启蒙的目标是要不断增进人类的知识之光，以此对抗偏见造成的晦暗。而康德所代表的启蒙则要延续英国洛克的精神，限制我们的知识，由此来辩护人类生活当中必然的无知，康德对于理论知识限制的目标是要导向实践理性，由此反对两个统治当时基督教欧洲的政治机构：专制国家和具有权势的教会。这种情况下康德所倡导的启蒙绝不是要在知识领域中实行的心灵教化，正如德国当代一位著名的康德研究学者所指出的，作为一个具有普遍性的时代纲领，康德的启蒙从对共同的根基的意识出发，从自我意识和实践确定性出发，通过自己的努力，最终达到的使命，Bestimmung，我可以选择。显然，人的使命必然蕴含着对人的终极目的的理解。与早期德国启蒙的沃尔夫和他的弟子们的学院派形而上学不同，康德对于人的终极目的的理解不依赖于可被定义的人的本质的知识，而是依赖个体对于自己生命的实践性目的的规定。从以早期启蒙的分析视角下，我们就可以理解为什么康德在第二批判开始的时候就强调理性的实践的实在性，不仅如此，康德认为构成各种不同生命实践目的的统一基础的终极目的，Endzweek，是人伦理意义的自我规定，Selbestbestimmung，实践理性的自我意识，或者说 autonomy，自律。对于康德而言，道德不仅是人实践理性的根基，也是人全部生命活动的终极目的。显然康德的启蒙首先依赖人实践理性的内在目的论结构，换言之，康德的启蒙就意味着人要奋力把动物性的他律提升为理性的自律，并在认知、实践和美感的全部生活领域达到人自身从自身出发来规定自身。因此康德的启蒙方案意味着要从监管性社会机制带来的他律中摆脱出来，进而转变为在伦理和法权中的自律。康德意义的理性自律在法权领域具体化为共和国性质的伦理共同体，在道德领域则为自我立法的理性个体。我们可以看到康德的启蒙所预设的，正是作为实践理性的自律—自由概念，这个自由概念所设定的自我关系就无法只是叶先生所理解的形式性的自我关联，而必定包含理性实践主体自身行为规范对于自身目标合法性的理性反思，以及由此而来的理性规范主体的自我构建。在《启蒙与自由》代前言《作者的话：论康德》中，叶先生颇有洞察力地强调康德第一批判文本中所具有的法权色彩，进一步在第一部分专门讨论康德的法权哲学理论。这里我要补充的是，康德第一批判的法权术语不是术语的可有可无的修辞，而是其理论目标和要求的必然结果。在第一批判纯粹理性的结构设计——大都翻译成建筑术，这个翻译太模糊了——康德这样来界定哲学与自由概念之间的关系："哲学是这样一门科学，他把所有知识与人类理性的本质目的联系起来。"康德这里所谓的人类理性的本质目的，就是我们前面所强调的实践主体的全部使命，即实践理性的自律—道德性。正因此康德始终认为道德性是我们必须保护的神圣不可侵犯的根基和目的。作为人的终极目的的道德性显然要预设达到该目的的手段的权力，即原则性地拒斥思辨理性的构思和设计权力，无论海德格尔关于康德哲学的本体论解释多么精巧，我们都无法在其中看到任何为叶先生所正确强调的权力问题，以及预设的人类神圣不可侵犯的道德性。其中的理由很明显，海德格尔的本体论自由与人的理性权力根本就是两个相对立的概念。中间我就跳过海德格尔关于近代哲学的很多误读，我只是说他只是从这个后期的考据，消解从自律主体中误读出来的自足主体，以及由此批评一个追随尼采所伪造出来的近代理性传统。

最后请允许我做出这篇评论的结论，叶先生在《启蒙与自由》中试图从海德格尔存在的显现这个本体论问题域来解释康德的实践理性自由概念，并由此阐发其所带来的启蒙含义。海德格尔的本体论哲学思考对近代以来启蒙思想的批评无疑为叶先生著作的主题引入了巨大张力，康德哲学解释为批评启蒙的，或者把海德格尔的本体论重新置于启蒙哲学的背景中，这两种选择的结果都不会是愉快的。根据我们上面的分析，这种不愉快的理论结果，实际上来自叶先生对启蒙所预设的自我关系的形式化理解。我们已经论证了康德所代表的启蒙思潮不是要依赖任何一种存在的自我关联关系，而是具体地要求这个自我关系为实践理性的自我规定或自我使命 Selbstbestimmung，正如叶先生准确看到的，在康德第二批判中，实践理性的全部使命或者至善及其关联的道德世界，必须实践性地设定上帝和灵魂不朽的实在性。那个"悬设"的翻译也有点问题，这个不

"悬",一定是设"定"的,不然的话这个道德律令就成空的了。不仅如此,对于康德而言,甚至人的自我规定这个理性的实践本质都始终处在为崭新欲求遮蔽的危险当中,因而需要理性主体不断进行规范性反思努力,因此康德所谓实践理性的自我规定和使命绝不意味着海德格尔本体论所要批评的任何意义上的自足和支配世界的主体,如果与海德格尔的理论假设相反,近代主体理论恰恰根源于主体的不稳定性、脆弱性、非自足性,那么我们甚至由此获得了丰富的理论资源来批评性反思和回应海德格尔自身本体论哲学思考的理论缺陷。海德格尔不仅过度简单化了近代以来的哲学理论和启蒙思想的复杂图景,而且他自己哲学中对人类最有价值的对人类有限性的强调也仅仅是极端性地发展了现代性哲学理论图景中的一个侧面。对海德格尔自身本体论的批评性反思在这里无法进行,只能留给以后的工作,但在此我们已经得到一个无可回避的结论:正是康德哲学中实践理性的自我规定,坚定地抵制着海德格尔本体论意义的死亡所传达出来的批评现代性文化的情绪,由此捍卫着人类启蒙和理性的尊严。谢谢大家。

主持人:下面请中共中央党校的郭大为教授。

＊ 郭大为（中共中央党校哲学教授）:

谢谢主持人。我不得不越俎代庖帮主持人为刘哲教授点一个赞。因为他刚才所有的分析评论确实建立在他详细地阅读了叶老师的新书的基础之上。很惭愧,我没有完全地通读叶老师的书,所以跟刘哲教授的这个考虑不同。刘哲教授更多是从启蒙的目标角度去评论叶老师的书。我想从一些现实或历史的问题来讨论关于启蒙的方式和策略。我讲三个问题,就是叶老师的启蒙,康德—德国的启蒙以及中国的启蒙。

可能叶老师在他的新书当中的很多观点并不一定是所有同仁都赞同的,但大概在座的大多数人跟我都有一样的体验,就是读叶老师的书受到了很大的教益,从中学会了一些思考。在很大程度上说,叶老师是一个哲学的启蒙者。而且我相信我可以找到一些东西来证明这一点。这是因为叶老师最近可能发展了一种文体，为了启蒙而丧失了一些他很在意的那个美学风格，在文章当中加了很多的引号。为什么要加这么多引号，不外乎就是要强调说引号其中的这个词的特殊含义和语义转换，不要像看教科书那样一板一眼地做那些非常烦琐的概念推演，而是要把握字面后面的含义。我想大家的体会是，读叶老师的书要自己去思考问题。这符合康德的意思，就是要运用我们自己的理解力，实际上康德用的是"理智—知性"这个词。叶老师的这种文体，是要引起我们的好奇心，动员或激活我们的思考力。我们作为晚学应该感谢叶老师多年在哲学上做的解读，并把他最新的解读的体会跟我们分享。我觉得我们应该是受教的。叶老师这个书出版是有意义的，至少对很多青年学者来说是很好的入门书，当然对于学术讨论还有很多更细致的工作。之所以说叶老师是个启蒙者，是在康德的意义上说的。康德对于启蒙所用的箴言，他用了一个非常特别的或者有选择的翻译。刚才于奇智老师说要敢于运用自己的理智，但是康德翻译的时候是做了选择和强调的，他先说了要有勇气去运用自己的理解力或者知性。为什么呢？我们都知道康德对启蒙的那个定义，要走出自己加诸自身的，或者说因为我自己造成的那种理性不成熟状态。这种不成熟不是说你没有理智力量，而是你自己不让自己成熟，关键在这里。如果从启蒙的"光照"的意义上来讲，就像多年我们在传颂孔子的时候，讲"一灯能越千年暗，一智能灭万年愚"，这是启蒙吗？所以希腊的启蒙就是光照，为什么近代还要再来一次，就是因为虽然我们理智成熟了，但是我们不让自己成熟，我们走不出自己的这个不成熟状态，这个是问题的关键。刚才有老师也谈到，启蒙实际上有两次，无论是苏格兰启蒙、法国的启蒙还是德国的启蒙都有各自的任务，但是大致目标是一样的，而且它们有相似的环境。德国无论第一次还是第二次启蒙，都是在相对比较宽松的政治宗教环境中产生的。大家好像没有完全意识到，好像康德是要反封建反压制，其实还不完全是这样。因为我们知道，康德回答这个问题的时候是回应当时柏林的"启蒙之友协会",或者说"星期三协会",他们其中有一个是腓特烈大帝,他根据协会讨论的问题征集文章。当时在柏林的启蒙——第二次启蒙——我们叫德国启蒙,但实际上不完全是德国的启蒙,或者准确说应该是普鲁士的启蒙。普鲁士当时恰恰是德国最开明的时候,是我们叫作开明专制的时期。按照腓特烈大帝的说法,"可以讨论,但要听话"。在这样的情况下,康德写下了这篇文章。我们面临很重要的问题是,当时的"启蒙之友协会"存在了二十多年,大概1798年的时候由于腓特烈大帝去世以后说这个很危险不准继续搞了,完全就停止了。很有意思的是当时很多人对这个问题进行了很多的探讨,可以说这些人都是社会精英人士,最后就产生了争论。争论的就是我们早上曾经提出过的问题,秋零老师讲到过,一个是启蒙者和被启蒙者,我们应该是从上对下的启蒙,还有一个问题是,对知识的启蒙、科学的进步还是要敦风化俗,启蒙在这两者之间是有冲突的。所以康德那篇文章有个注,说门德尔松讲到过这个问题,讲教育涉及文化和启蒙,启蒙主要关注的是理论,而文化涉及的是实践和生活。这就发生了一个重大问题,究竟应不应该对老百姓进行全面的启蒙,是仅仅知识的启蒙,还是说要大家有良善的道德秩序?实际上他们的意见是有分歧的,所以产生了争论——我们待会可能还会讲到哈曼。所以启蒙是一个本身就有很多纠结和需要我们认真对待的问题。实际上康德给了一个很聪明的回答,从他那个论启蒙的文章他只给了一种回答——黄裕生教授起的名字很好——启蒙就是要自由,什么自由呢,就是我们经常讲的理性的公用,公开运用自己的理性,这是符合康德的批判精神。不论你是什么人,我们都要拿到理性的法庭面前去检验一番,这是康德写的也是唯一行之有效的这样一个途径。但这也仅仅只是在理论上或者说法上解决了这个问题,如果我们回顾历史,法国启蒙也好,苏格兰启蒙也好,德国启蒙也好,都是社会精英对民众的照亮,这里毕竟是有个光源,这是我们面临的一个问题。如果讲到启蒙,我们读康德也好,读叶老师的文章也好,都面临这个如何去启蒙的问题,启蒙的方法和策略的问题。如果仅仅是哲学的启蒙，我们让叶老师给我们带入一个主动运用理性的状态也就够了。但是，自己加于自己的不成熟状态是怎么造成的呢，康德说了就是懒惰和怯懦，就这两个原因。自己加于自己的不成熟状态就是由于懒惰和怯懦，懒惰就是虽然有理智但是不愿意自己去思考自己去做判断，自己给自己做出选择，那么你的理智是成熟的，但是你不运用；怯懦是由于多种原因，可以为了金钱或者为了抬轿子你可以不说真话，在这样一种情况下，甚至康德自己后来也为自己找理由，"哲学家没有必要说出所有的真理"。意思是，我说的是真理但我没有必要说出所有真理，我可以找个借口说我不对宗教发表言论了，这是康德不得已而为之的一种状态。那么我们中国当代的知识分子如何面对启蒙问题？启蒙是不是一种完成，当光照到之后我们应该干什么可以先不谈，仅仅是这个光从哪来对中国知识分子来说是一个很重要的、特别需要思考的问题。里面有两个问题，一个是理性公用要有一个公共的平台，我们要摆脱自己加于自身的不成熟状态，应该不懒惰，勤于思考，不管是为了追求真理或者是为了民族的福利，大家真的是要下功夫去做大量的研究工作，比如在座的搞哲学的应该扎扎实实地做研究。实际上坦白地说我们国内的哲学研究不算很好，浮躁的东西很多。这说明自己的不成熟状态是自己造成的。像叶先生刚才讲的现在的环境是不是更好，这个先不说，我们是不是努力，我们是不是望文生义的东西太多而肯下功夫的东西很少。因为如果在社会上不能建立威信，刚才我们讲到社会精英的启蒙与民众的自我启蒙就是一个悖论。但是从历史上来讲，都是精英来点亮这个火，中国的精英能不能点亮这个火，这是我们应该扪心自问的，我们应该摆脱懒惰，应该有勇气。有勇气的条件还在于理性的公共的平台是否存在，我们是不是真的能够说这个话，而不是说一些冠冕堂皇的话，说一些可有可无的，实际上对这个世界对真理、对民族对哲学本身没有任何贡献的话。叶老师作为启蒙者，已经把我们带入了自己要动脑的时代，作为后学我们应该做一些扎实的工作，要有勇气做一些冷板凳的工作，或者说学者要做的工作。我没有好好读书，所以只能谈一些感想，谢谢大家。

主持人：谢谢郭老师的精彩发言。他的质问值得我们思考。那么，下一位发言者是社科院哲学所的马寅卯。

＊ 马寅卯（中国社会科学院哲学研究所研究员）：

叶老师的办公室就在我们办公室隔壁，但是一直以来跟叶老师感觉保持了相当的距离，对我而言叶老师好像巍峨的高山，我们只有从远处凝视，没有胆量去攀登。造成这种距离的原因可能很多，有一点是叶老师用的引号造成了疏离感。我总觉得那个引号像栅栏牢笼一样把我们隔离在外面，妨碍我们进一步走近。但是大概在2003年前后叶老师出版了一套文集，大概三卷到四卷，黄裕生找到我，请我对其中一卷写一个书评。这个事压力很大的，如果给别人写书评还好，给叶老师写书评既是荣耀也是非常非常大的一个压力，当时写完以后诚惶诚恐地一直也没拿给叶老师看，但是后来叶老师自己看到了，找到我给我一个非常大的鼓励，他说你书评写得非常好。当然我知道这是一种鼓励罢了，但这对我有很大帮助，以后我就有勇气去阅读更多的叶老师的文章。后来我发现这些引号也不是什么栅栏了，反而是打开叶老师思想之门的一个钥匙。这个东西它不是表面上看到的那样的禁锢，反而像是飞翔的翅膀，让你在这上面驻足，去赋予被引的东西更多的内涵、更多的内容。所以引号的寓意对我来说前后有非常大的差距。

我做的这个专业跟叶老师做的有非常大的差距。我自己的专业是俄罗斯思想或者说俄罗斯哲学。我先介绍一下自己比较感兴趣的人物，比如德国的反启蒙人物哈曼或者赫尔德，然后谈一下对启蒙与非启蒙之间的分野或者一些差异的感受。那么今天大概就说这几个方面：一个是从理性角度，一个从进步的角度，一个从一元主义的角度，去说启蒙和非启蒙这些问题上的分野和差异。我的思想来源就是俄罗斯思想或者说像赫尔德这些德国的思想家。

那么第一讲一下理性的问题。讲到启蒙，大家想到的字眼可能就是理性，很大程度上理性和文明是联系到一起的。但是在一些反启蒙或者浪漫主义者看来，理性是不够的。在他们看来，要认识世界需要知识之外的或者是理性之外的其他能力，比如说信仰、直觉、想象力，等等。这方面以斯拉夫主义为主要代表，比如基列耶夫斯基、霍米亚科夫等都有不少的论述，包括德国的赫尔德也有论述。一般我们会把文明看作是好的东西，把野蛮看作不好的东西，但是在赫尔德那里，完全不是这样的。在他那里，就野蛮这个词的本来意义来说，越是野蛮，越是鲜活和热爱自由，越有活力，如果这个民族越是还有歌声的话，也就必定越是野蛮、感性和充满激情。在他看来，一切没有被雕琢的民族，爱唱爱动的民族，他们歌唱的所作所为也是歌唱历史，他们的歌就是他们的民族的档案，是他们的科学和宗教的宝库，是他们的家庭生活画面，有快乐有忧伤，有婚床有坟墓。在这里每个人都在刻画自己，每个人都在表现自己。这个野蛮——或者歌声—诗歌，包括一些绘画——在很大程度上可以弥补理性本身的不足，是人的完整知识的一个组成部分。这是一方面，从这个理性或者文明角度讲他们的分野。

第二个方面内容比较多一点，关于进步。启蒙信奉一种关于进步的思想或者进步的主义，这个是有非常多论述的。这个进步主义设定了历史是有目标的或者说是阶梯式地发展的，过去和现在是走向未来的一个手段。未来是美好的，为了这个美好的未来牺牲过去和现在是值得的，而且这也是每一代人的价值所在。在进步主义者看来，一切先前的世纪不过是为了迈向现在的好日子和将来的更辉煌的生活的一个阶梯。但是在赫尔德看来这种想法完全错误，他认为每一种文化都是和谐的七弦琴，可以奏出优美的旋律。那些寻求理解的人们必须掌握亚伯拉罕或者恺撒不同于我们这个时代的那些方面，学习按照它实际发生的样子来看待这些文化，而不是把他们并置地放在现代来进行分离比较，并且按他们的优点在多大程度上与我们所设定的启蒙运动的标准相吻合来打分。那么在他们看来，所谓的进步没有确定的标准，同时有很多文化独立存在，彼此不能通约，不能被安排在某一个单一的进步或者倒退的阶梯上。每一个社会都是发展的，每一个时代都是不同的，每一个时代在其自身当中都有进步的中心。在他看来青年并不比无知的或者满足的孩子更快乐，心平气和的老人也并不比精力充沛的年轻人更加不快乐。中世纪充满了可证的错误或者荒唐，但也有我们这个时代以其衰落的冷酷和人类痛苦几乎不能理解的某种健康、连贯、高贵和庄严的东西。所以说历史并不是一个进步的阶梯，在他看来，存在着许多生活方式和许多真理。一切要么是真的，要么是假的，是我们这个时代的一个可怜的一般幻象。真正的进步是人类完整地作为整体发展。更具体地说，他们是每个群体自己的发展，被语言和分属所决定了的部落文化的发展。那么进步的东西是一种文化在它自己的生活环境中朝着它自己的目标内在发展，而不是一个普遍过程。在它看来，历史好像是一部戏，但是是一部没有结尾的戏，似乎在奏一部宇宙交响乐，每个乐章在它自身都是重要的，但我们无论如何不能听到整体，因为只有上帝才能做到这一点。后面的乐章不一定更接近于或预示着某个更根本的目标，并因此而优越于前面的乐章，生活不是拼凑玩具，每个部分都要被塞入某个模型当中。那么大概在黑格尔的著名图式中，世界精神达到对自身的完全自我意识，按照赫尔德，交响乐的每个乐章，也就是在戏剧当中的一幕，按照它自己的目的自己展开，它们绝不会因为它们将要结束或被毁灭或被其他乐章接替而有价值上或者道德上的减损。

　　第三个方面涉及一元主义和多元主义之间的差异。这个可以有很多表述比如普遍主义和特殊主义、绝对主义和相对主义，等等，具体表述有差异但是大体是同样的内容。在赫尔德看来，所谓启蒙相信现实是根据普遍的、永恒的、客观的、不变的规律来安排的，而这些规律是可以通过理性的研究发现的。但是赫尔德不这样认为，他觉得每个活动条件、历史时期或者文明都拥有一套自己的个性，企图把这些归结为一些相同的因素的结合，或者根据普遍法则来叙述或分析它们，容易抹杀构成了研究对象特殊品质的东西，那些至关重要的差异。他认为没有哪一种环境或者群体或者生活方式一定优越于另一种的，要让事物保持本来面目，同化为一个法律的或语言的或社会结构的单一的普遍模式，像法国的启蒙运动倡导的那样，会摧毁生命和历史当中最有价值和最鲜活的东西。每个群体都有权以自己的方式快乐，断言要想快乐每个人都应当成为欧洲人，这是一种十足的自大。没有人能够传达他的感情特点或者把我的存在变成他的存在，就像白人说黑人是黑色的野兽一样，黑人也有权在同样的程度上认为白人是种的退化。人类的文明不是欧洲的文明，它（人类文明）按照时间和空间在各个民族当中显示自己。这是赫尔德对一元主义的一些批评。俄国的思想背景当中，特别是斯拉夫主义思想中也有许多这样的论述。他们认为善恶、理性和逻辑在不同时代的人之间的分配当中存在着巨大的不公，这种不公会使全部生命都变得没有意义。有一个著名的宗教哲学家说过，为什么有些人应当在受苦和黑暗中死去，而另一些人他们的将来的后代则应当享受着善和幸福的光明，反正就是一部分人成为另一部分人的工具。实际上重视每个个体生命的价值，重视当下生活的意义，反对为了抽象的价值牺牲现实的幸福，反对把人的生命纳入命定的历史流程，仿佛只有作为整体的江河是重要的，其中每滴水是无关紧要的。这在俄国思想中是比较普遍的潮流，并不是说某一个思想家的看法，只是可能以前我们在某些传统的教科书当中把它简化了。甚至在别林斯基的著作当中也有很多这样的论述。赫尔德就讲，所谓人民的福利原则，实际上就将个人自由牺牲于某种抽象物，不管这种抽象物是形而上学的还是宗教的。他相信，一切遥远的目的，任何凌驾于一切之上的原则和抽象名词都不足以辩解自由的受压制或者欺骗或者暴力或者暴政。因此陀思妥耶夫斯基也反对哪怕用婴儿的一滴眼泪去换取进入天堂的门票。那么还有一个跟陀思妥耶夫斯基大概同期的思想家，叫菲尔斯洛夫，他也明确反对把现在跟过去看作未来的阶石，他看来这种所谓进步是不道德的，因为它本身以新灭旧，以子辈取代父辈，进一步增强了死亡的力量和生者对死者、年轻人对老年人的优越性。任何一个人不管条件如何也不管什么原因，都不能被看作实现毫不相干的目的的手段，他不可以成为他人的幸福或者所谓大多数人的幸福的手段和工具。这里我们回到一开始提到的思想家，叫作弗兰克，他就明确否认进步的说法——根本就没有进步，没有那个被指定的道路，仿佛只要人类沿着它走，只要对它进行客观的确证和科学的认识就可以找到自己的生命的目的和意义。

这大概从三个方面概括了这个启蒙和反启蒙在重要问题上的差别。我想讲的一点就是，我们在头脑当中一般觉得启蒙和反启蒙是截然对立的，很难找到共同的地方。但是从我们刚才对它们之间的特点的分析和描述，可以发现它们是有一些相同的地方的。其中很重要的一点是，即使反启蒙也并不是反自由的，它反对的是理性主义和科学主义的霸权，希望在一定程度上拓展而不是束缚自由。那么所以什么是启蒙的反题，只有一个东西，就是极权主义，不仅是启蒙的对立面，而且是一切思想的对立面，一切有价值的有合法性的思想的对立面，也是反启蒙的对立面，甚至一切特殊主义、民族主义、反理性主义甚至马克思主义在某种程度上都是反极权的。因为这些主张要有合法性是不可能把自由的主张、自由的根基挖掉的，只有极权主义才赤裸裸地反对自由，没有任何一种主张是否定自由的价值的。好，谢谢。

主持人：谢谢马寅卯的发言。下面我就把时间交给人民大学的韩东晖教授。

✳ 韩东晖（中国人民大学哲学院教授）：

因为我是比较晚的晚辈，跟叶先生没有直接的交往，仅限于参加我师兄的一些论文答辩，上博士的时候还听过叶先生的一个讲座，但讲座的主题我已经记不清了。后来大概一直没怎么见过叶先生，因为他也不常参加各种学术会议，但是叶先生的文字我还是读的。前面各位老师都从德国古典哲学、古希腊哲学这些方面讲了一下，而我想从另外的方面谈一谈叶先生对我的影响——中国哲学。我读过叶先生写的《试读〈大学〉》和《试读〈中庸〉》这两篇文章，我觉得读了之后很受触动。我们一般读《大学》就是三纲领八条目，而叶先生读出一个字，止于至善的"止"，他特别强调这个字。那么这个"止"是各安其分的意思，用这个思想贯穿对《大学》的解读，特别有意思。《中庸》我一直读不懂，特别是这个"成者，天之道也；思诚者，人之道也"，这到底什么意思。后来读到叶先生的《试读〈中庸〉》还有包括讲康德的一些文章，渐渐地把思维方式做了调整。以前总是在现象与物自身之间做一个区分，但是读古典哲学的时候要把这个分析抛开，也就是仅仅从物自身的角度来讲这些问题。比如叶先生讲物自身的时候就是一个事物自身从其他事物从各种事物组成的整体当中把自己脱离出来，完善自己、成为自己，这就是"成己"，《中庸》里面还讲"诚者非自成己而已也"，还有"成物"——一般我们摆脱了二元论的思路，也会不仅仅把自身通过反思意识理解为自身，也可以把万事万物都理解为物本身，还他们自由——"成己，仁也；成物，知也"，我觉得还是能贯通起来。虽然我们现在不推荐这种思考方式和写作方式，因为它不严谨，是基于某种类比，或者表面上的关联，但是我觉得这还是有些智慧在里面的。叶先生的著作给我感触最深的是有一种特别强的思辨力量，这种力量来自他对德国古典哲学包括现代哲学和古希腊哲学的非常透彻的思考和反思。这是我读叶先生著作的一个最大收获。

另外我也想谈一谈关于启蒙的问题，我觉得这个会议主要还是在谈论启蒙，是由这个叶先生的著作作为话题来谈启蒙。那么启蒙按照我个人的理解这个概念大致在三种意义上来使用，第一个是历史的概念，用福柯的话说，是指18世纪在欧洲发生的一系列运动，社会过程，有时候还专门指法国启蒙运动；还有一个就是宗教性的概念，就是用光来照亮——刚才各位老师也提到了，另外在佛教里面也用enlightenment来翻译"觉"，佛是"觉者"，当然他是自我觉悟的人，而且这个在佛教当中好像都是自我觉悟的；但是我们更多讲的是启蒙作为哲学概念，特别是我们在康德的文字当中，在他的那篇短文当中所看到的这个启蒙概念。而且不光是康德，我们会把它延伸到对整个启蒙时代的界定，甚至对中国思想的一种描述。问题来了，如果在哲学层面上，欧洲的启蒙和中国启蒙有什么不同？我个人有个想法，当然也是很简单的想法，也就是我个人把启蒙称为一种内生的，而把中国的启蒙作为一种比附性的。两者区别就在于中国的启蒙运动无论在五四时期——可以理解为文艺复兴式启蒙——还是后来的启蒙都包含着一个非常复杂的情况，它是一个在模仿西方而产生的启蒙的思想。有一次我在上海图书馆的民国报刊数据库检索了"启蒙"两个字，然后我发现这个结果很有意思。就是在20世纪30年代之前，启蒙这个词在汉语中的用法还是用在儿童启蒙，只是很少的用法是翻译欧洲的启蒙运动，而大量出现现在的用法的时候是30年代末，也就是所谓新启蒙运动的时候。新启蒙运动是由共产国际中共华北领导的，由刘少奇、陈伯达以及张申府他们领导的一场运动。后来我看到余英时先生有一篇文章专门讲这个问题。也就是说最早五四时期的时候，包括新启蒙运动之前的人，他们谈到五四的时候，谈到新文化运动的时候，更多的时候是把它比作新的文艺复兴，中国式的文艺复兴。胡适这样的想法是十分明确的，他在周游欧洲的时候就这样说。像鲁迅当然也有他的启蒙思想，但是他的启蒙思想更多来自于受压迫的民族，受压迫的国家，比如东欧和苏联那边的。真正把五四运动作为启蒙来谈的，恰恰就是新启蒙运动，新启蒙运动之所以把五四运动称为启蒙，是因为要把它称为旧启蒙，而标榜自己是新启蒙。启蒙之为新，就在于要建立一个抗日统一战线，所以这个新启蒙实际上是一个政治运动，所以李泽厚讲这个"救亡压倒启蒙"，我觉得这是一个方面。另外一个方面是这个新启蒙运动很快就结束了，就是因为共产国际的事变，戛然而止。一定意义上我觉得是政治压倒了启蒙，这个启蒙被纳入到了一个救亡统战的脉络当中。虽然当时的确影响了一大批热血青年，从北平上海跑到延安去，但是很快这些人在1949年之后就彻底倒下，而且这些事情在历史上基本上就不再提了。后来的研究比较有名的就是李慎之先生写的，由此开始人们才关注这个问题。我这样讲也不是仅仅回顾历史，我想强调的是中国的启蒙运动一直有比附性或者明确的政治任务。直到80年代又一轮启蒙运动，我们可以称作是思想解放式的运动，思想启蒙，这个运动也是要打破旧的意识形态，打破思想的桎梏。这次说汲取的思想资源也是西方思想，或者是近代以来积累的优秀的思想，但是这个进程很快也被中止了。中止的结果之一就是后现代主义进入中国，整个90年代就是我上学的时候我觉得最有影响的反而是后现代主义。像福柯这样的，不读他的书好像都没有办法讲话。当时我觉得他对于启蒙的影响不是很有益，当然这是一个错误的思想，我后面还会谈到。这导致一个结果，就是启蒙大业的整个规划就不再成立了，谁来启蒙，用什么思想资源来启蒙，在当代中国是个无解的问题。虽然我们党也整天讲解放思想，但是这个很抽象，谁来解放，用什么来解放？当原初的理想被中止之后，启蒙变成了一个很难解决的问题。

现在我觉得康德的想法可以再次作为我们进一步启蒙的思考的起点。这个起点就在于康德讲的要敢于运用自己的理性，这个核心要落实在理性的公开运用。理性的公开运用存在着一个很大的不太容易理解的问题。哈曼就把这个理性的公开应用称作饭后甜点，是可有可无的东西。怎样才能保证理性的公开运用成为现实和可行的事情，也就是怎样使康德式的批判在思想、意识形态、整个社会里都能够成为被认可的，知识分子也敢于那样做，这需要满足一定的条件。那么康德式的启蒙不是用成见来遏制成见，而是针对我们当代中国最为匮乏的一种勇气，这个勇气就是运用自身理性的勇气。这一点其实倒与福柯晚年的思想可以接得上，在1983年、1984年的演讲中，他特别发掘了一个"讲真话"的问题，而这个主题也是接着康德这篇《什么是启蒙？》文章的。福柯除了讨论"何谓启蒙""何谓历史"这样的一些文字之外呢，还有关于"讲真话"的问题。那么他除了跟康德一样特别关注这个通过纯粹理性的批判来探讨我们的理性精神，还特别关注"讲真话"的历史问题，比如说在古希腊讲真话的个性特征是什么，包含的伦理特性是什么。所以他讲得比较复杂，但是涉及像自我治理啊、个人伦理啊这些方面。但是他给我们提示了一个重要方面，尽管特别在中国这样的环境中说真话是很困难的，但是并不是不能做到的，而且恰恰是这个时代最为缺乏最为紧迫的事情。在康德的很多分析当中都有二分法，一种是理念性的一种是经验性的，比如哲学的学院概念和世界概念，作为学院概念我们每个人都是哲学的工匠，可以称为哲学家，但是如果在哲学的世界理念上，这个哲学家就是理性的立法者而不是体系化研究的学者，这个立法者就有更高的地位，这样我们每个人都不能称为哲学家因为达不到这个标准。同样，通过公开运用自己的理性也是这样，有一种理想的引导在里面，但是在具体现实中也有经验性运用，比如说在什么场合下、政治条件下、伦理背景下，我们也可以适当地运用个人的理性，敢于去讲真话，冲破意识形态的束缚。如果讲真话的人越来越多，讲真话的艺术越来越成熟，那么中国的启蒙运动就可以从一种比附的演变成一种内生的，也并非完全没有可能。我就说这些，谢谢。

下午第二场　讨论启蒙、理性与"回到自身"

主持人宋继杰（清华大学哲学系教授）

主持人：现在我们进入研讨会的最后环节。今天也非常辛苦，谢谢大家能坚持到最后。当然最后的这一环节可以说是我们研讨会的压轴大戏。听听中央党校的李文堂教授的发言，请他来表演一下什么叫压轴大戏。

＊ 李文堂（中共中央党校文史部教授）：

感谢给我这个表演的机会。今天一天感觉我们这个的确是哲学界的讨论会，非常高兴有这个机会回归一下。我今天发言也不越出哲学的范围，不然这个最后一场可能就变成具体的问题，变成左中右之分了，也是很复杂的，而且时间也来不及。

我今天也是为叶老师而来，所以我也先表白一下我对叶老师的学术的理解。因为谈到启蒙和自由的问题，虽然讨论的是康德的问题，实际上这个书我还没来得及好好地去（读），但是拿到这些文章又感觉非常熟悉，因为我读研究生时虽然不是挂在他名下，但是当初1987年我到哲学所读书的时候就是他拍板录取的，因为王树人教授当时在国外。所以一直以来从硕士论文到博士论文跟他有很多交流，所以我知道他的思路。他对哲学的兴趣实际上是建立在从柏拉图到胡塞尔这样一个先验哲学到（现象学）的路线，所以康德自然是他的一个重中之重。所以他讨论这些问题的时候就是在这个思路下。现在我们要讲的东西，刚才也有人提出说，启蒙究竟是一个历史的概念还是一个什么样的概念？历史讨论的都是这个时代，是启蒙时代。启蒙时代和什么是启蒙可能又不完全是等同的，尤其是我们根据启蒙时代的人的思考去进行再思考，那么启蒙究竟是什么时候（这个问题）可能就会溢出康德或者那些人，康德他们是由自觉的文本——有些文本可能是不自觉的，有些文本是自觉的——来说启蒙是什么。今天我们思考的时候是对它一个再解释，所以叶先生有时候是着眼于他的文本，有时候又游离于这些文本，进行再思考再解读。正因为这样我觉得他的价值有很多的表达不得不用引号来强调一种特殊意义。所以现在我觉得一个很有意思的是，要理解这个启蒙问题很可能要溢出这样一个范围。就像上午赵敦华先生提到这个霍克海默理解的启蒙，启蒙时代过去了以后再追问启蒙的时候发现，启蒙问题在古希腊早就开始了，（体现在）对神话的去巫化和祛魅化的这样一个过程以及一切的所谓的进步的理想。叶先生实际上也提到，在希腊人那里这个真理和解蔽的问题就讲得非常好，包括自由的问题是不是存在——赵敦华先生认为是中世纪，好像是在《圣经》里面。在希腊人那里虽然没有今天这么确切的东西，但是我们发现海德格尔在解释古希腊柏拉图洞穴比喻的时候就讲到，这既是一个解蔽真理的过程同时也是个解放过程，因为这个隐喻就是一个解放的过程。这样一个自我启蒙，所谓"认识你自己"这样自我反省的人生最终是一个上升的过程，最后就达到了这个哲学王的所谓善的理念的观照，纯粹的观照状态。但是，柏拉图认为，这个上升还是不够，他还得回到洞穴里面来，有个下降的过程，把那些人再解放出来。所谓自上而下的解放过程。所以我想启蒙的问题在这里涉及——叶先生特别强调的"认识你自己"，反省自己的人生，只有这个才有真正的哲学意义。我想亚里士多德在《形而上学》里面也讲到了这种所谓的解蔽。在神话的世界里面，这样一种理论地思考自由的学问，这样一种理论的思考就是自由的生活——哲学就是一种自由的学问，在希腊人那里是很高的。我想这些东西在近现代有很多的表现，当初黑格尔讲到笛卡尔的出现，他认为是经过中世纪以后好像是经过波涛汹涌的海浪以后发现了陆地，找到了自我。我想启蒙的概念是后面的事情，包括自由主义的启蒙，这些术语都是后人来讲的。但在笛卡尔这里称为"自然之光"，启蒙是一个自然之光的照亮，不是后来的启蒙概念，但实际上有这样（的意思）。这样的东西，对包括清教神学里面对个体的这种通过哲学和上帝进行交流（的看法），它本身讲的就是亲证的问题，我想这点后来费希特非常强调。这个过程，这个意义上的启蒙——而不是政治、社会这样一个特殊时代（层面的）所谓反封建——可能是有不一样的地方。当然在康德这里我觉得特别重要的是，不仅仅使它接过了洛克、卢梭这些人的思考，而很重要的是在笛卡尔的路线上，真正在哲学上对自由问题有很多思考。这个自由概念是不是仅仅局限于这个本体领域、实践领域这个自由意志的概念，我觉得这是一个问题。如果在重新解读的时候——因为康德实际上已经发现了在理论理性领域，就像古希腊说的知识领域，理论理性，我们是对世界的一个解释，这个解释是对因果律的一种运用，因果的运用在哥白尼式革命的这种立法，这里面在西方世界有很多康德的解读者（认为），这个理性的运用，因为知识也是理性的运用，所以也是自由的一种体现，虽然这不是自由意志问题，自由意志问题是在实践理性里面的。康德这样一个理念后来被费希特完全地综合起来。费希特认为"我的哲学就是自由的哲学"，他的起点就是一个纯粹，这个绝对自我就是自由的问题，所以他直接把自己的哲学命名为自由哲学。而这样一个自由的自我意识不但贯穿着实践理性，而且是在知识领域；所以他的整个的知识体系，他的所谓的知识学，是统一在一起的，不只是在实践理性里面。当然他的知识概念是很复杂的，不只是科学论证领域的知识，还有一个"绝对的知"的问题，是在"最高的知"Intuition 才能被发现的。所以在他的《全部知识学基础》里面讲，这种"最高的知"只有通过自由的内观（才能达到），他明确说这是"自由的"（freiheitlich）。在这个意义上，实际上他从康德这里获得了一种"真知"。我觉得在哲学上这是英国人和法国人没有的，这样一种从先验哲学角度来进行的论证。这一点在哲学上的高度在今天仍然非常重要，是我们在学习西方文化的时候可能应该关注到的一个独特的地方。我现在想引出来这样一个问题，就是康德在思考这些问题的时候并不局限于这个主体的内观，而是有一个普遍立法的问题，由普遍立法引出跟他人的关系，就是人格的问题，person，这个概念我觉得它建立了启蒙的一个人格的理想，而不只是先验哲学的这个主体，而是把它变成一个 person，这个东西我觉得非常重要。康德在讲先验人格的时候很清楚地知道自己的这个思想从罗马法当中的"自由人格的这个人才是民事权利主体，才是权利主体"一直贯穿到通过基督教三位一体一直下来的这种人格。所以黑格尔讲，恰恰是基督教把希腊人从封建制解放出来，所有人都是自由人。因为在罗马法面前人是不平等的，这是人类学上的，只有在自然法面前人是平等的，但是基督教把所有人都变成有人格的人。康德在写这个东西（人格）的时候，他是拒绝这个东西（不平等）的。这个东西也是法国大革命之后人权、公民权的宣言讲到人权的时候才讲到的这个 person。而这个理想我觉得非常重要，影响了后面康德主义者，包括德国民法典的起草者，我们在念德国法史的时候很多人就受这个影响。所以在德国民法典首先开章就要谈定义，什么叫 person，也就是说康德的这个思想直接变成法律意志的东西。这个思想它都是有据可查的。这是康德的先验哲学建立的人格理想，所谓的尊严啊权利啊，包括自由的问题，我觉得这是他一个很大的贡献。第二就是我觉得康德的普遍立法的人格关系的建构里面的真正继承者是费希特，费希特在讨论这个法权理论的时候——当然首先也是从先验哲学这样一种主体间的关系，但是到了一定阶段以后就把这个主体改成了人格 person，因特 person，那里特？就是 Interpersonalitaet 的问题，不是 intersubject。这样建立起来的这种相互承认的关系就改变了从霍布斯以来的社会契约论，通过人格性的相互承认建立这个共同体，不是一个丛林规则上面建立的所谓共同体。我想后来所谓伦理社会主义、新康德主义的这些口号实际上都涉及里面很多思想。我们要思考法国和德国这个传统，今天他们在社会理想方面大不同于英美，就是因为德法的罗马法传统跟基督教的传统建立起来的对社会的理解。这个理解不是一个丛林规则的社会。这个理解非常重要，但是在我们的理解和接受中逐渐流失，我们就是通过马克思的文本《共产党宣言》有一点保存。关于马克思我写过一个文章《马克思关于"人"的概念》。在这里面，其实我讲了三个概念，一个 Mensch（人）、一个 Person（人、个人）、一个 Individuum（个体）。马克思大谈的是 Individuum，因为他的博士论文，所谓的原则就是 individual，但是马克思也清醒地知道，只有当 Individuum 变成一个 person 的时候，才是最后的一个共产主义的解放，这两个是统一的。马克思这个思想从黑格尔的法哲学过来的，他本来也是学法律的。这样的一个启蒙（观点）虽然进入到了我们中国的社会的思想里面，但恐怕因为我们的社会一开始就是从无政府的社会、从法国那样的情况过来而不是从德国那样的情况过来，然后再过来的所谓的社会主义的这些哲学，其实是列宁主义，所以实际上我们对真正的德国思想传统的很多资源了解得还是非常有限的。由此我想讲从康德确立的一个人格理想建立的一个社会关系，我觉得不仅仅是从柏拉图意义上的先验哲学的光照来理解启蒙，而是进行社会建构的这样一个原则性问题，（这在）今天非常重要。

　　第二，我就提个问题。因为自由概念确实很复杂，社会理论、政治哲学讲的都不一样,哲学上讲哪怕是自由主义的自由概念实际上也非常复杂。实际上我们可以想象这个自由如果是在西方意义上的自由,从奥古斯丁以来可能是一直跟善恶相关联的意志,可能是一个善的意志(也可能是个)恶的意志,人是不能完全成为善,必须要靠拯救(才能向善)的这样一个自由。所以人有可能会作恶。但是不管是作恶还是(行)善,自由它不是空洞的东西,它有一个价值的问题。我们在思考这个自由的问题的时候可能它又回到一些自然法的问题上来。我想就连在哲学里面也不是个抽象的、好像随便怎么样就怎么样的那样一个自由,而是有一个价值有一个方向的自由。这个自由是我们一切责任、一切方向、一切法律的基础,因为不自由就不用承担道德责任和法律责任。自由这个概念如果是空洞的就没法回答如何来承担(责任)的问题。我想提出的就是这样一个问题。关于启蒙运动的一些更复杂的问题,后面的人再谈吧。谢谢。

主持人:谢谢李文堂教授!下面就请中央编译局的鲁路教授。

* **鲁路（中央编译局研究员）**:

我给各位专家学者节省点时间吧,之前我就跟宋继杰说过我就需要五分钟,主要是来听的。叶老师的这本书分两部分,前一部分的最后一篇文章应该叫《论"事物"与"自己"》,在这篇文章的结尾处,老师提到说,伽达默尔把知识论提升为解释学,因为解释学不光是知识论的问题,它还意味着自由者就"意义"形成相互理解和共识。为伽达默尔奠定现象学基础的是海德格尔。我想结合我前段时间看书的一些体会,沿着老师的结尾处的这句话简单地试着再往下说这么一两句。这个会议当然是启蒙,但是我不太想谈启蒙的问题,因为伽达默尔本人对启蒙是持保留态度的,比较保守的,与哈贝马斯他们之间产生的思想分歧包括争论已经是学术界耳熟能详的了。因为在历史上就有一个德国启蒙与德国浪漫派的分歧。伽达默尔与哈贝马斯的这种分歧是当年德国浪漫派与启蒙的争执延续到今天的表现。如果从伽达默尔这个角度去说启蒙好像跟今天的会议有点（不适合），所以就不提了。

那么伽达默尔把知识论提升为解释学，我们从他的代表作中可以看出来康德的影响。像他开宗明义地就讲到了审美判断、天才、趣味等概念，这些概念都是康德的，同时也是浪漫派的概念，这些概念都是国内的学者耳熟能详的，我也不多说了，我只想泛泛地提一点，就是说伽达默尔之所以能够把知识论提升为解释学有一个前提条件，这个前提条件是康德给伽达默尔奠定好了的，尽管伽达默尔的主要思想是来自于海德格尔。我们看，康德的三个批判从知情意三个方面来解决"人是什么"这个问题，我们就可以看出，实际上在《纯粹理性批判》之后康德已经为后人能够进一步不局限于知识论来理解"人是什么"的问题作了一定的准备，而且更进一步把知识论意义上的人转变成了存在论上的人，把一个认识着的人转变为一个理解着的人、一个自由地解释着的人。这样，人的性质转变了，知识论转变为解释学也就顺理成章了。从这个意义上，我们可以泛泛地说实际上康德为伽达默尔作出这种理论提升已经奠定了一定的条件。具体地看，我们可以挑出一个概念来，也就是物自体概念，在《纯粹理性批判》中这个物自体概念代表着经验来自于外界这样一个意思，但是到后来康德之后的德国古典哲学中，经验来自于外界这样一层意思被后来的那种事物和主体相统一的同一性哲学所吸收了。尽管如此，伽达默尔对以费希特为代表的康德之后的德国古典哲学的这种同一性观念还是有批评的。他有一篇文章写的是《康德〈纯粹理性批判〉发表两百周年》，应该是一篇纪念性文章。在这篇文章里伽达默尔说过，康德在经验立场与理性需求之间小心翼翼地做了综合性工作，被后来的同一性哲学牺牲掉了。伽达默尔提出这种批评我觉得他有个态度，就是认为经验与我们的自我意识并不完全一致，所以这个经验的被给定性应该保留下来，经验的立场也要保留下来。伽达默尔对德国古典哲学的这种批评意见跟他后来对新康德主义的批评意见是一致的，因为新康德主义后来把康德所说的对经验的"建构"改成了对经验的"构造"，"构造"在一定意义上削弱了经验的被给予性和外来性的含义。联系到伽达默尔本人的思想来说，你只有承认了经验的被给定性你才能承认世界是作为一个文本来给予我们的，这个文本在于我们的整个历史流传是先在于我们的解释的，这样伽达默尔才能展开他的解释学思想。这个是从《纯粹理性批判》的角度说的。

从《判断力批判》的角度说，在这本书里康德讲到，世界具有合规律的统一性，这种合规律的统一性在我们看来就是合目的性。这个合目的性对于伽达默尔能够作出这个从知识论到解释学的提升是作出了进一步的准备。首先这个合目的性我觉得与经验的被给定性应该是密切相关的，因为凡是我们自己创造出来的，都是我们有目的的结果，谈不上这个自身有没有合目的性，只有这个东西是被给定的才谈得上它是不是具有本身的合目的性。这个合目的性为这个被给定的东西又附加了一层含义，我们就能由此进一步阐发这个世界的意义，这样就可以得出一个认识，这个合目的性也是康德为伽达默尔做出的一个准备性的工作。承认这个世界是被给定的，而且承认它是有意义的，这样伽达默尔才能展开自己的思想，比如说他提出的"完全性的前把握"这样的观念，在这个"完全性的前把握"这个观念下他才能够总体性解释和局部性解释循环等解释学的问题，这个一连串的都是一环扣一环，都是必要的。这是从《判断力批判》来说。当然《实践理性批判》也提到理论理性要发展为实践理性，我想这一点应当也可以激发伽达默尔把自己的解释学发展为实践哲学。总之，应当说伽达默尔能够把一个知识论发展为一种解释学，是因为在康德那里已经在一定程度上为包括伽达默尔在内的后人能够作出这种提升准备了一定的条件。这是我顺着老师的结论做的短短一点补充。

就说这么多了。

主持人：接下来我们请清华大学哲学系唐文明教授来发言，是关于对儒家与康德关系的一种特别的解释。唐教授请。

* 唐文明（清华大学哲学系教授）：

大家好，很抱歉没有怎么准备，因为最近才知道这个会，本来只是想来听一下，学习学习，没准备发言，所以我就简单谈两点。第一点是关于西方启蒙运动的走向的理解；第二点可能回到启蒙跟中国的关系的角度。叶先生的书实际上我看得不是很多，没法去做一个很精细的评价。但是因为我跟继杰有十多年交流，这几年跟黄裕生也讨论得比较多，所以大概通过他们俩也有些了解他们这个师门的一些脉络和要点。我经常被他们俩的思想的高度所惊叹。尽管我有很多不同意见，但是（他们）是非常好的对话者。关于谈到的启蒙，包括叶先生这本书，给我留下一个非常明显的印象，好像特别强调后来的运动跟德国哲学的关系——因为我特别在意的就是这个德国哲学后面的这些（理论）的关系，我同意刚才刘哲讲那个，后面（海德格尔等人）所讲的（跟康德）差别非常大，是一个批判的关系。假如说这个（是前面）所引发出来的，那后来的这个思路走到哪里？启蒙后来发展变成了什么？那么首先我们发现有启蒙的辩证法，就是说这个启蒙慢慢走向自己的对立面，所以反启蒙不是跟启蒙相反的，是启蒙自己走出来的，启蒙自己走到了对立面，这个是十分有趣的，为什么会走到对立面？假如启蒙的一个因素是因为懒惰与怯懦，懒惰变成了臆断，怯懦变成了狂妄，这时可能就不是说敢于去使用理性了，而是说敢于有勇气去批判理性的虚妄，批判理性自身。这也许也是启蒙的最高成就，走到了启蒙的极端，批判自身，也就是启蒙自身的对立面，启蒙也就走向了自我瓦解和自我结构的那个角度。但是我们联系西方哲学的这个脉络来说，我们会发现实际上后来这个思路有两条线。一条路要从海德格尔讲起，就是回到了古典的那个自然，古典转向。海德格尔中期以后，从《论艺术作品的本源》到后来《同一与差异》那篇文献，他有个很明显的古典转向，所以他对现代技术社会的批评不遗余力。这样一个转向可以说是完全走向了启蒙的对立面。假如说现象学是他的出发点的话，那在这个意义上也只是一个方法论的意义而言，而不再是一个实质的价值判断了。而且，包括他的一些弟子，包括施特劳斯这些人，都走向了古典。所以我们可以说，启蒙的一条走向就是走向古典，回到古典。从一个对现代的理性批判的法则的标榜最后走到了对古典的一个重新认可。另外一个思路就是法国思想界后来的这条，就是所谓的现象学的神学转向，包括德里达、马里翁这些，最后都转向了一个从神学的角度去讲这个"他者""绝对他者"这样的概念，列维纳斯也都是（这样）。这里面也有两条思路，一个是天主教，一个是犹太教。回到古典也有两个（思路），一个是回到希腊，一个是回到罗马。所以说启蒙最后走到自己的对立面自我瓦解以后，它的转向要么是回到古典要么是回到神学——神学其实也是他们的古典。所以我觉得现在我们（作为）一个"落后"的国家有"落后"的优势，我们在后面，我们可能能少走他们前面走过的一些弯路。所以假如我们要把这样的问题意识再放到中国来，我觉得我们恰恰出发点不是启蒙或者自由，也就是说考虑到西方人转向的时候回到了他们的古典或者古代的神学传统，我们是不是也应该走向这样一个思路？如果用这个标题概括的话，一个是启蒙回到了启示，一个是回到了自然，所以跟现在不同的说法——也就是古典的说法——恰恰不是启蒙与自由而是启示与自然，一个来自于希腊这个传统，一个来自于犹太—基督教传统。启示与自然恰恰是启蒙后来的一个走向，如果是按照这样的思考回到中国（来看），我们就不应该像牟宗三那样一上来就以启蒙与自由来作为出发点去重新讲这些东西，而是首先要找到这个起点，这个起点一方面是——如果我们类比来说的话——找到我们的古典，我们的古典是什么，能不能从这个古典出发而不是从现代出发，找到我们的天—地—人，我们《易经》里面讲的这个三才之道，我们自身的那个神圣的或者超越的、最高的东西，然后再讲现在这个自由。在这个情况下自由就不是一个太大的问题，尤其不应该把它作为一个出发点。前面刘哲讲到一个问题很有趣，就是海德格尔意义上的那个自由恰恰跟康德那个自由是对立的。所以如果我们按康德来讲海德格尔，包括鲁路刚才讲的伽达默尔讲到的经验的自由、被给定性和历史效应的重要性，如果没有这个东西，启蒙是空的。我们其实不是像那样抽象地活着的，我们就活在这样一个传统中间。我就讲到这。

主持人：根据前面三位的发言，我想大家都会同意我压轴大戏的这个说法。下面请赵广明。

* **赵广明（中国社会科学院宗教研究所研究员）**：

我就顺着文明的往下说吧。你刚才说是回到或者找到我们的古典，是这个意思吧？（唐文明：嗯。）但是我觉得按照这个标题来说又有另外一个思路——我倒更倾向于回到我们"自己"，或者回到你自己、回到我自己，这是我想讲的。（《启蒙与自由》）这里面的文章我读得还是比较多的，原来有段时间叶先生还会寄给我们。叶老师的学生中间，我可能是听叶老师讲课时间最多的，因为当时在山大，叶老师讲了两年，有那么一二十节课我都听了，听得很兴奋。但是说实在，当时很兴奋、很过瘾，现在都忘了，所以实际上是听不懂。我更多的是通过读叶老师的文章来明白这个哲学是怎么回事，更知道了怎么思考哲学，研究哲学。我觉得这一点实际上意义很大，但是其他专业其他学科的人不一定有这样的体会。能够像希腊人一样思考哲学，或者像德国人一样思考哲学，这一点不容易。我觉得叶老师对我们最大的贡献和启发就在这，包括多亏贺麟先生、苗先生的不懈努力，我们现在才可以有可能、有条件在这像希腊人一样或者像德国人一样思考哲学问题，这是我的体验。今天想讲的是几个小小思考。今天听了一天，很多地方跟我想的差不多，但有些地方我自己还有些不同意见，所以讲三个小的点吧。

第一是关于自由。黄裕生也知道我们上个月刚开完了宗教与哲学论坛，它的一个核心主题就是关于自由。我觉得中国的自由主义主要是受英美传统影响，尤其从政治哲学的角度，这个想法基本上是要尽量地把康德淡化，降低他的影响。但是我觉得这恰恰是一种误解。如果国内倾向于英美的自由主义能比较好地理解康德对自由的理解，对谈的意义会更大，因为根本不矛盾。最近看了唐文明他们翻译的包括桑德尔在内的一些英美的东西,我觉得很有意思。英美的政治哲学家——罗尔斯除外——谈康德的时候基本搞不懂一个概念,就是什么叫作"先验自由"。但我们知道在批判哲学里面康德对自由的第一个规定恰恰就是在二律背反里面对自由的第一个规定——先验自由。什么是先验自由?就是自发性,Spontaneitaet。而这个东西很有意思,今天好几个人包括吴国盛、江怡,包括叶老师上午的回答,都涉及这个问题——怎么理解自由?康德对自由的第一个规定至关重要,就是先验自由。这个先验怎么理解?大家讲得比较多的是自律,或者是把它放在理性的自我反思、自我界定、自我认知这个范围内来讲。但康德用的第一个词——自发性,这个词至关重要,因为它意味着在自然因果性之外重新开出一个思路,一种因果性。刘哲引用叶老师的话说自由是对经验、现实和感性的一种否定,实际上这可能是叶老师写文章的具体语境中的表达,但是更严格的康德的表达是针对自然的因果链条重启另外一个链条,是一种自发性,绝对的自发性。绝对的自发性意味着什么呢,意味着自因。也就是说理解自由的第一个平台,第一个制高点,第一个核心就是这个自因。没有这一点一个"自己"是建立不起来的。但是英美的倾向于经验主义传统的这种对自由的理解基本上我觉得——我看的东西除了罗尔斯——就不理解这种先验的自由和自因意味着什么。这是我的一个思考。

第二个就涉及他(康德)1784年的一篇文章,就是《何谓启蒙?》,我们谈得比较多。我觉得这两个概念,就这篇文章来说或者就批判哲学来说应该是一个概念,刚才大为提到了,原来黄裕生也提过,就是何谓启蒙这个问题最核心的思想——回到你的理性。很多人说"回到你的理性",其实不确切,他用的是知性,说从认知传统来思考启蒙。这可能也是近代思考启蒙的基本的出发点,就是从认知,从反对迷信的角度来考虑。我们既要知道康德用这个词来表达回到你的理性,更要知道的是"回到你自己"这个含义。所以我觉得自由和启蒙的最核心的含义是"回到你自己"。这个自己意味着什么呢，它意味着一个大的理性，它不仅意味着一种大的理性，它不仅是一个知识理性，还包括实践理性这个层面，还包括你的审美情感这个层面。所以我更倾向于用一个大的理性概念，能包括知识，能包括实践理性，能包括审美，审美里面最核心的是——之前黄裕生跟叶老师争论过的——里面的情感概念怎么理解。《何谓启蒙?》这篇文章说启蒙就是回到你的理性，回到你的知性，这是启蒙和自由的最核心的考量之一。但是还得回到更多的"自己"，一个完整的"自己"。其实从传统意义上来规定的认知的启蒙和自由回到一个整体性或者存在性的"自己"，这是启蒙和自由最核心的考量和真正的含义。王齐说叶老师有个最新的文章就是从欧陆传、从知识论到本体论的又一个回归又一个进展，我非常赞同。但这里面我关注的是哪个呢？就是情感问题。我觉得这个审美里面给出的愉悦的情感是一种自由的情感、是一种启蒙的情感。这在人的整个存在论里面具有一种核心地位或者根基性地位，这个也是那天跟叶老师争论的一个焦点。

另外再插一个问题，就是1784年《何谓启蒙?》这篇文章里面"回到你自己"，里面有一个环节——可能用黑格尔来进一步理解康德会比较完善——说从意识到自我意识，或者是人如何具有一种绝对性的时候，他对死亡的论述。我看过我们老一代的一些人写黑格尔，涉及这个问题的谈得不多，但叶老师在这书里面有篇文章引用了这段经典。这段话后来被法国得巴塔耶、科耶夫极其重视。就是把虚无、把自由、把死亡当作一个概念来理解。把黑格尔的这种理解和1784年这篇文章中康德关于启蒙和自由的核心思想结合起来，非常完善。过去怀特海说两千多年的哲学史都是柏拉图的注脚，但是我觉得每一个重要的哲学家都是互相注脚，尤其对康德，如果没有对柏拉图理念思想的把握的话，基本上这个先验的维度是出不来的。但是后来的黑格尔、尼采和海德格尔这些人，我更倾向于把他们跟西方的苏格拉底开通的那个传统作为一个传统，是一个自我反思、自我张力、自我回归的一个传统，他们不断地在做工作，以核心的同一个问题。我愿意把这些人都看作一个人，自我挣扎、自我否定、自我超越、自我克服。但更关键的是如何作为一个整体从情感、道德、知性这些方面来理解完整的一个人的存在，这是自由和启蒙的一个基本考量。这是我想说的一点。

主持人： 谢谢赵广明教授。今天议程中名单上列的所有人都已经发言完毕了，我们还有一些时间。现在还可以想请没列在名单上的老师们发言，然后我们还有时间可以自由讨论。那么，接下来请哲学所的崔唯航老师、刘素民老师、杨深老师，还有党校的张严老师、刘飞老师，你们看看谁先？

* **崔唯航（中国社会科学院哲学所研究员）：**

我谈几句吧。确实今天能参加这个会特别荣幸，而且能有机会说几句话也有点诚惶诚恐。今天早上至少有两个老师都谈到，是读着叶老师的文章渐渐成长起来，这个话也适用于我，我也的的确确是从叶老师的文章开始哲学的启蒙的。我今天也没专门准备，只谈一下被启蒙的几点体会吧。今天这个书（《启蒙与自由》）的第九篇，题目叫作《重新认识康德的"头上星空"》。我之所以想提这篇文章，没有什么学理上很深的根源，就是因为对我个人而言有特殊的意义，因为在这本书中的所有文章中，这个文章是我最早读到的，应该是1997年十六年前。这个文章对我产生了很大的影响。这个文章开头用的是康德几乎最著名的两句话，关于对灿烂星空的惊赞和对道德法则的敬畏。我当时也很熟悉这两句话，但其实不太明白，所以看这个文章开头讲这个话，就有兴趣了。读下来看到叶老师就谈到惊赞和敬畏这两种感情。一般我们理解"头上星空"指的是《纯粹理性批判》里的自然律，而"道德法则"就是第二批判讲的自由律吧。道德这边没有问题，讲到道德法则确实会有敬畏的感情。但是自然规律和自然的必然性为什么让我产生惊赞呢？我们学了很多自然规律，学了很多科学知识，我们可能会有好奇心，却不一定会产生惊赞的感情。我当时就觉得很有意思。叶老师也觉得这样解释不通。后来他给出了一个方案，就是换一个顺序读康德的书。比如我们不用从第一到第二、第三这个顺序，我们是不是应该倒过来，从第三批判开始读。所以从第三批判读下来以后，他说这句话意思的就不一样了，头上星空就不是展示第一批判的那个自然的必然性，而展现的是自然的目的性。那个"星空"一旦从第三批判的角度来讲，就不再是科学认识的对象，而是一个奇迹，甚至一个作品。一山一水、一草一木，我们看到好像都恰到好处，好像冥冥之中在外面有一个设立者。我们可能看到的是人的理性人的自由，甚至还有更多的跟神的意义。当时叶老师这个（想法）就带给我一个很大启发，打开另外一个思路，特别有意思。后来这篇文章也读了很多次，它当时确实让我很兴奋，这么多年一直历历在目。这是第一个。

第二，我还要谈一个感受。这么多年读下来，基本上叶老师的基本文章都读过了，有的可能好多遍，有的可能就一遍两遍。慢慢地还是有很多感受，而最大的感受就归结成一点，就是一个字"通"，贯通。叶老师有两篇文章，一个就是《过于短暂的豁然贯通》，还有一篇演讲《论哲学中的贯通精神》。其中还讲了些话，我觉得不太像叶老师的风格，比如他讲"铜墙铁壁也得通"，必须得"通"，某种意义上，在叶老师看来，哲学不是求真，而是求通。不光是这本书，叶老师四卷本的文集，还有后来很多文章，经常都谈到"通"的问题。通是什么意思，这个通就是叶先生经常讲的"理路"的通，是一个"道"的"通"。这个理路的通我觉得还是比较深层次的。我记得大概前两年叶老师在社科院做了个演讲，谈到了哲学的问题说哲学只有一个敌人，唯一的敌人就是浅，就是浅薄，哲学只能以浅薄为敌。所以这个通肯定是在深层次上的理路的通。

第三点，就谈一本书。开这个会就是要讲这个书。我看了一下，这本书的正标题叫《启蒙与自由》，副标题叫《叶秀山论康德》，我当时还想到了另外一个说法，这本书可以概括成"让康德讲汉语"。"叶秀山论康德"也可以说是"让康德讲汉语"。去年写中国哲学年鉴年度评论文章，我写的时候就引用了赵敦华老师写的一个文章。（这个文章）就是（关于）在北大开的一个康德的国际会议，听完以后几个德国的专家就问，说中国人理解的康德怎么跟我们（德国人）就是不一样？我也说不清楚怎么不一样，就是感觉不一样。当时我就引用了这个话。叶先生这本书出来后，我们可以说，这就是中国人眼中的康德，虽然说的是康德，但是我们看它的行文、思维方式甚至理论和哲学的趣味其实都打着浓重的中国烙印，所以这就是中国理解康德的一个东西。最简单的例子，外国人写的句子都特别长，但叶先生这整本书几乎找不到一句话是超过一行的，超过半行的都不多，有的都不到半行。这至少可以说是让康德讲汉语的一个重要成果。很多年前我就看到有句话特别令人触动，就是陈康先生说的，什么时候中国学术能够发展到这么一天，能让西方人以不懂汉语为憾。那是对中国学术的一个很大的期望了，这本书可能是在这条路上迈出了一步。

第四点就是关于一个概念。我们前面谈启蒙的多一点，我就谈自由吧。每次谈到自由的问题，我就想起很多年前北大的熊伟先生做过一个演讲，他就谈到哲学中的自由问题，他说在德语中这个自由不太好讲，讲不明白，但是在汉语有个特点就是非常好讲。特别是德国古典哲学中的这个自由，汉语讲非常简单，就把自由这两个字从右向左读，"由自"，由你自己，在康德那里就是理性嘛。所以我们读康德这个书叶老师也说自由就是要摆脱外在东西的影响，摆脱感性的东西，剩下的还是有个理性。另外熊伟先生还举了个例子，他说"肉包子打狗，有去无回"，因为狗是不自由的，它是由包子"决定"的，它见了包子就要吃。所以人有自由理性，伯夷叔齐宁可饿死不食嗟来之食，对于这个道理我一直都比较赞同，这是一个"由自"；但又有一些感想，可能不是很成熟，就是这个"由自"在康德这里是理性的，但是进一步发展到黑格尔那里是不是就"由精神"了，因为"精神"无所不包，甚至到我们后来说的历史规律、历史必然性，很多问题，在20世纪产生非常大的影响。比如在黑格尔的历史哲学中就讲，他说历史规律就像车轮滚滚向前，在这过程中难免会践踏一些花花草草。我们后来说历史规律浩浩荡荡，顺之者昌逆之者亡，就产生很多悲剧，比如苏联时期斯大林的那种（情况），他们都打着历史潮流（的口号），不是个人的东西。苏联很多老布尔什维克在沙皇的法庭上根本就不怕死，英勇不屈，但是在斯大林的法庭上基本都认罪了。为什么呢，因为似乎很多人就是认为这个的确代表了历史的规律，个人的牺牲是个问题，但是历史的潮流是对的。其实20世纪我觉得西方思想很多人都在思考这个问题，自由是不是有个限度，自由是不是也有它的危险，这个也值得我们思考。这个是第四点。

最后一点，第五点，我想表达一点遗憾。我特别喜欢的一篇文章《说不尽的康德哲学》没有被收进来，我觉得是一篇非常漂亮的文章，它只用几千字讲了康德的三大批判，十分精湛。我到目前为止没有看到有第二个人用这么短的篇幅把三大批判讲得那么清楚的。当然，这篇文章有非常明显的德勒兹的痕迹，但德勒兹用了几万字才讲了康德三大批判。我个人认为这篇文章是值得收进去的。没有收进去我个人有一点遗憾。好了，我就讲这些，谢谢。

主持人：王齐走了，不然你可以问问她，让她解释。接下来，杨老师，西哲室的。

＊ 杨深（中国社会科学院哲学研究所研究员）：

我也讲三点吧。第一点就是这个自由概念。刚才赵老师讲的那个我特别同意，不受任何因果约束才叫自由，自由是绝对自因，这是看了康德以后最服气的一点。日常很多人理解自由是为所欲为，满足我的一切欲望，而欲望是经验决定的，那根本不叫自由。自由就是真能抛开一切利益考虑，甚至外在规则都不要，就是不被我的生物的、社会的东西决定，这就叫自由。苏联那个人写的《康德传》就举了一个例子说，什么叫按照道德律行动？就是你对那个人没有任何爱的感情，但是按照道德律的要求你应该帮助他的时候，你怀着厌恶的心情去帮助他，这才是道德律，这才是自由。你去援助一个陌生人并不是因为感到高兴，但是你觉得应该帮助他，这才是道德律。我觉得这个例子很恰当。先于经验的自由，这是第一个。

第二个就是刚才崔老师讲的自然的问题，说康德讲苍穹是隐含着意义和目的在里面的。我觉得恰恰是牛顿经典力学、自然科学发展出来以后，自然被祛魅成了没有人情没有目的的东西，纯粹是一个外在的、异己的东西，人从中找不到任何依靠、找不到任何安慰的这样一个自然。人和自然完全二分了。像中世纪的都是按神话来解释自然，自然是有意义、有目的，甚至有人格的。可是近代哲学以后，这个自然完全变成了一个冷冰冰的东西。所以如果我们把宗教的东西完全去掉，我们人的处境其实是很可悲的。因为我们觉得我们生出来也是偶然，活着也是偶然，死了还是偶然，也就是没有任何意义可谈，跟宇宙没任何关系。这样就没有任何安身立命之所。这样一种心理，尤其在中国这种宗教传统比较薄弱的国家，特别是无神论教育以后，我觉得人到死的时候都会觉得无名的恐惧，觉得一切都终结了，这个东西没有任何拯救的可能。所以我说这个自然律是很恐怖的东西。中午吃饭的时候跟吴国盛聊，他说中国真正能给人安慰的东西就是孩子，只有在后代的寄托下才可能觉得死了值了（旁人插话：孩子是人，不是自然）。但他的孩子还是面临这个问题，一代一代地往下传。什么时候人类全结束了就真没意义了，但只要人类没结束好像就还有点意义。也就是说，像萨特这样的西方人说的，价值是自己创造的，因为没有上帝，上帝死了嘛，死了的意思不仅是这个人格神没了，而是人的超越的价值的支撑没了。一切都是自己设定的，也就是说你没价值了，你的所有价值都是无价值，都是自我安慰的东西。所以近代哲学以后人类的处境非常尴尬。为什么很多人死的时候非常恐惧，因为他没有任何寄托。信教的人他可以说我去天国了到上帝的怀抱或者到一个更好的世界，中国人没有，所以很恐怖。我最近经历过几个死亡，所以我觉得中国人面临最后的时候，你都没法安慰他，你说死了会怎么样，没有人知道。最后就只能说，你现在舒服一点别死得痛苦就行了。我们死了也不知道为什么，这是第一点。

第二点就是刚才也提到的，德国的法律传统是从 person 来的。

我们讲法律一般是英美法系，判例，是经验主义的，然后法国是演绎的，从一个人权或什么原理推出来的。我没研究过，所以文堂才知道德国原来是这么个说法。上一次开会我也说到，我们中国人的人际关系是二元的，对亲人、对熟人、对自己人是好的，是有伦理约束的，但对陌生人是没有的——所以我们才出这么多毒食品嘛——他对陌生人的时候感觉没有义务为你负责，也就是在陌生人的人际关系里面没有规则。可是他讲的这个（德国）是不是西方人解决问题的一个思路？陌生人之间的人际关系仍然要有规则，不是契约那是什么？靠什么来约束？落实到立法上，有一个原则和出发，像文堂讲这个我以后会关注，他们怎么解决这个问题，我们中国应该怎么解决这个问题。这是今天给我的一个收获。我就讲这些。

主持人：谢谢杨老师。接下来，刘飞，张严，你们谁先来？好，有请熊在高。

* 熊在高（中国社会科学院哲学研究所副研究员）：

叶老师的书我读了百分之八十以上，讲座我也听了不下二十场，对于叶老师的东西还是有一定的了解。虽然我读不懂康德的德文原著，但是我可以读懂叶先生的书。我就谈两点体会。早上有人说叶先生是哲学所的康德，我觉得叶先生也是当代的庄子。我看过叶先生的书法，有很从容的，也有狂放的。叶先生很有灵气，也有智慧，特别重要的是有庄子的那种庖丁解牛的精神。读他的文章，为什么这么多引号呢，因为他都是引用别的哲学家的概念来讲自己的话，这个引号的意思就是说那个概念是搬过来的。

所以第二点就是叶先生的心中有哲学，有自己的哲学在，有一定的高度。马克思有句话说，人体解剖是猴体解剖的钥匙。叶先生心中有自己的哲学，所以他就可以把其他哲学家的概念拿过来使用，我们也可以顺着他的思路理解。他讲过一个很重要的话，所有哲学家的思想都不是封闭的，都是开放的。黑格尔也是如此，所有的哲学概念都可以为我所用，叶先生就是用很多其他哲学家的概念来讲自己的话。

第三个就是他讲的四个字，现在对我来说是至理名言——"好好读书"。我觉得叶先生很会读书也很专心读书。他说过读书的时候就是要缠着一个哲学家不放，缠着一本书不放，缠着一个问题不放，我以前没有体会到这一点，现在感到非常重要。如果东晃晃西晃晃，一个问题都解释不清楚。

我再讲第四点，就是跟启蒙与自由的问题相关的。我这两天读了这本书，感觉叶先生讲的启蒙跟自由并不是现代西方哲学的启蒙与自由，而是带有像刚才唐文明教授讲的中国古典性的东西，是新的，有中国特色的启蒙和自由。至于新启蒙和自由到底是什么意思，就要好好读这个书。我就讲这些，谢谢。

主持人：那我们再请张祥龙老师。

＊ 张祥龙（北京大学哲学系教授）：

我从20世纪90年代开始读（叶先生的作品），对我启发很大。我深感他上下古今哲学史的功底厚，而且自己又善于思考。而且叶先生对中国古典的精义，比如唱京戏、书法，都很强。其实我觉得这个对他是有影响的，灵气或者其他方面的（影响），这是一个感受。今天听了（这个讨论）以后，像刘哲讲的那个（问题），我想稍微回应一下。他的意思，如果我没理解错，就是叶先生——他（刘哲）老说有张力——通过海德格尔来解释康德，是不太符合康德的本意的。这么讲吧，我从启蒙的含义讲起，就是为什么启蒙后来会发生那么大的歧义，有所谓反启蒙——其实反启蒙又是一种启蒙。其实启蒙讲的理性、自由本身就是完全可以通过不同角度来理解的，尤其是进入不同的伟大文明之间。我们中国在古代觉得应该是我们启蒙别人的，对吧？对周边的蛮夷（启蒙）。中国确实是跟启蒙运动内在是沟通的、共鸣的。伏尔泰还有莱布尼茨等人对儒家赞赏和推崇的时代，他们那个启蒙的阶段，或者可以叫德国（启蒙）的第一阶段吧。所谓法国的启蒙，我不敢说它受过中国古典思想的影响，而（至少）是跟中国古典思想产生共鸣的。我读伏尔泰的那些想法，简直是用中国文明的灿烂来对付基督教文明的那种对自由的压制和对思想的钳制，没有任何一个教会控制下的国家产生了如此伟大的文明。对此不应该只觉得伏尔泰误读了中国就交代过去了。其实他并没有完全误读，中国确实没有那个意义上的教会，和中世纪基督教对思想的全面控制，但是毕竟产生了这么伟大的政治制度；中国人活了好几千年都在一个比较开明的状态下，没有宗教战争；中国的知识分子是有思想自由的，至少在有限的条件下。儒家当了主流道家也没有禁道家也没有（禁止其他宗教），除了秦始皇之外。刚才谁也提过，实际上启蒙的唯一敌人只是专制、只是集权，其他的什么都可以讨论。

什么是自由？中国古代是从天道来理解的，不管是儒家还是道家。庄子不讲自由吗？他讲的自由是"天放"，和西方那种康德经典版的自由很不一样，但是都可以嘛，大家是多元的，各有各的自由。所以到后来有那些发展，反思也好、纠正也好，首先在康德这就有一个第二次启蒙，大家都讲了，跟英法的不一样。然后再讲到德国古典的阶段过去以后到现在又有现象学的思潮出现。这个思潮中是有一些颇有不同于古典启蒙的提法出现，但是，难道海德格尔对康德的看法——《康德书》——就错了吗？海德格尔思想解释康德《纯粹理性批判》（的时候）他也交代了，说我（海德格尔）解释的是第一版，第二版康德退缩了，康德觉得先验想象力他受不了了，如果先验想象力是所有综合的来源而不是先验统觉，他觉得他的整个思想的根基就动摇了。所以他（康德）认为那只是心理学的（问题）给打发了。但是后来现象学胡塞尔和海德格尔都特别拿这个当作现象学的闪光点提出来，然后发展到后边的这些思想，包括对启蒙运动的一些反思。当然我承认刘哲讲的有一个很对，海德格尔的存在论和康德有重要的交叉点，比如《康德书》，但毕竟是非常不一样的。海德格尔我也批评他，刘哲讲的那个伦理学的、道德的东西是被掩盖住的，但是我们不能说海德格尔思想就没有伦理学的含义。上午我也讲过，高度推崇海德格尔的——当然也批评海德格尔的——列维纳斯，毕竟他说"没有海德格尔就没有我的思想"，从这里面出来就有极深的伦理学含义的思想。如果刘哲在这，我就说很同意你说的这里有张力，海德格尔是有不同于康德，这当然几乎是明摆着的。但是通过海德格尔来理解康德，或者通过康德来理解海德格尔，相互有一些沟通和批评，这恰恰是叶先生做的，所以我觉得叶先生没有失准，从学术上还是比较严整的处理，而且恰恰反映了启蒙的复杂性，尤其是在涉及中国这一边。所以我也很欣赏叶先生的中国视野——虽然老讲"纯粹哲学"——一些以前搞西方哲学的老先生都不屑于去看的中国这一边的东西，但对他来讲还是很重要。尤其他讲到列维纳斯这边的时候说，列维纳斯都讲到这地步了，我们有责任往前面再走几步。我就谈这么个感想。

自由讨论康德与海德格尔的张力

主持人：谢谢张老师。接下来我们就自由讨论十五分钟，或者二十分钟吧。

＊ 郭大为（中共中央党校哲学部教授）：

我想跟着张祥龙老师的思路，为叶老师做一个辩护，针对刘哲关于康德的问题。我觉得刘哲刚才在有些地方还需要进一步论证，比如说他说"自律"是康德"自由"所应该有的含义，但是如果说把自由当作最高的东西的话就涉及自律何以可能，自律何以可能的问题其实就是最高的自由是什么的问题，那么这个最高的自由实际上就是先验自由，也就是刚才赵广明老师说的自因，也就是能开启新的因果链条的东西，既然能够开启新的因果链条，那么必然就有一种创造性在里边。那么刚才刘哲从海德格尔那边援引"自由"的含义认为康德的"自由"跟海德格尔之间的联系非常紧密。我觉得如果要从康德之后去援引这样一个自由的含义，用黑格尔的绝对精神可能更为恰切，因为黑格尔的绝对精神最初刚好就是一个无规定性的规定性，它只有一个"有"在那里，除此之外它什么都没有。那么要从没有什么东西的一个"有"到大千世界，这里面就有一种创造。这种创造性的东西，如果要以一个词来对它进行规定的话，那就是自由。从康德到黑格尔，这里面有一种自由的连续性，这是我对叶先生的一个辩护。

另外我还想针对这个标题提个问题，就是"启蒙与自由"这里面涉及另一个关系，就是启蒙之前是什么状态，是自然状态吗？"启蒙与自由"这个标题暗含着一个关系，就是自然与自由的关系。另外这个自由是不是一种应然意义上的自由，是不是被启蒙以后的自由？我的问题就是这样，谢谢。

* 唐文明（清华大学哲学系教授）：

刘哲讲的那个我觉得抓得很对的，但是我觉得可能更大的是黄裕生的问题。（笑）因为我觉得裕生是把叶先生这个贯通古典—现代—后现代这样一个比较整体的考虑，用一个非常现代的主题刻画了。因为叶老师讲的是树立自己，讲自信这些，但其实在康德里面不是他的现代性的一部分，恰恰是他古典性的一个特点。所以用启蒙与自由来讲，反而是不能非常明显地表达那个意味。我就跟裕生讲过，我自己关于康德自由的理解几乎是醍醐灌顶的一个变化，是看了海德格尔的全集第三十一卷《论人类自由的本质》，我当时特别惊讶，说原来是这么解。过去看英美的道德哲学讲自由，比如阿利森写的《康德的自由理论》，都是些很琐碎的，比如律令、法则几个公设。看了海德格尔那个解释我一下子才明白——当然海德格尔有他的意图——他实际上是用希腊的四因说来解释，因为希腊的自由就是一个宇宙论的概念，不只是人的问题，万事万物包括动物也可以有自由，在这个意义上我觉得那个"自由"是古典意义上的"自由"。但讲"启蒙与自由"老容易把它变成非常现代的，基督教新教的这样一个跟绝对者直接相关的这样的思路下的自由，这样我认为是窄化了这个自由概念。我就讲这些。

* 郭大为（中共中央党校哲学部教授）：

我也有些问题，文明教授和广明教授你们刚才说的时候我有两个问题，可能观点不太一样。一个是先说文明教授的两个说法，一个是伴随着启蒙之后，实际上还有一个问题，"启示和自然"。但实际上在我看来好像启示与自然并不是新的东西，并不是启蒙之后有的东西。就像你刚才讲的，自然是有了一千年的历史，然后启示也有一千年的历史，启蒙只有五百多年的历史。启蒙的同时我们也知道浪漫派所讨论的东西依然在讲启示和自然，所以到了我们讲启蒙辩证法之后我们讲到了启示和自然，这并不是一个新的出路，只不过是老话题依然存在。但是启蒙的一个重要意义是什么呢，比如我们讲现代性的问题——过去不论我们讲启示还是自然它都讲的是立法根据的外在，看到的是自然的必然性，或者说一个高于我们的上帝——现代性在于我们找不到这样一个根据了，我们要依靠自己，所以才重新回到自己的问题。这才是刚才广明讲的，康德的那句话，简单地说"回到理性自身"的这样一个问题。所以我觉得不能简单地说启蒙之后的出路是启示和自然，这是一个古已有之的问题，也是一个相伴随的问题。你说海德格尔对于现代科学技术的批判是不遗余力的，但海德格尔实际上真正对现代科技思想的回答叫作Gelassenheit——泰然任之，就是对现代技术既说是又说否，所以不能说简单地说他是不遗余力地批判。但今天不是讲海德格尔所以我们不展开这个讨论。

广明教授的问题就是说你刚才讲到的康德的论文，仅就康德的论文讲，刚才刘哲的话是针对启蒙的目的—目标来谈启蒙，但是实际上康德的那个论文完全限制在从策略性的角度谈启蒙，因为他并没有讲——科恩本来让他讲"什么叫作启蒙"——康德并没有讲启蒙的内容是哪些。当然他也讲到了我们现在在德国的启蒙主要是针对宗教事务，但没讲具体内容，是一个策略性的回答，最后的结论是什么呢——就是理性的公共使用。很有意思的是康德并不了解我在发言的时候提到的"启蒙之友协会"他们之间内部产生了分歧，这个分歧康德并不了解，他只是在写了自己文章之后看到门德尔松的论文发表了，但是他自己的论文是针对"启蒙之友协会"的争论的一个很好的解答——就是说不论自下而上的大众启蒙还是精英的教化，我们都要回到理性的法庭面前。这是一种策略性的讨论，并不是说当我们谈康德论文的时候把"勇于运用自己的理解力"这样的话就说是"回到理性本身"，这样可能并不准确。我刚才强调了，康德在发言的时候恰恰突出和强调你要拿出一种勇气来。所以判断康德的时候不能过于简单化。

* 赵广明（中国社会科学院世界宗教研究所研究员）：

我还是想讲一下刘哲涉及的问题。他对海德格尔跟康德的区别（的分析）还是讲得很精彩的，但是他有点夸大了海德格尔对叶老师的影响，因为我们看最后一章，似乎看不到用海德格尔来解读康德，其实倒有点用康德来解释海德格尔。我有这种感觉。

主持人：我建议黄裕生在闭幕词之前先单独做个发言。

* 黄裕生（清华大学哲学系教授）：

谢谢主持人！谢谢大家！我其实也很想说了，因为听到大家的发言，受到很多启发。这个包括刚才张祥龙老师提到列维纳斯的绝对他者问题。其实张老师是非常抓住海德格尔的一些想法的，包括对叶老师的理解也特别好。其实我跟张老师一样，也特别不认同对海德格尔的一种理解，就是认为他没有伦理学思想。我觉得这种理解在某种意义上恰恰是没有理解海德格尔。为什么这么说呢？这又涉及讨论的"自由"的问题——海德格尔的"自由"跟康德理解的"自由"的确有很大的不同，但这个不同不是说海德格尔反对康德的自由，我觉得反倒是把康德的自由给拓展了。什么意思呢？就是康德的自由的确停留在奥古斯丁开辟出来的基督教的这个系统里面，也就是在第二批判里讨论的自由意志，把自由看作是自由意志，而自由意志就是"纯粹理性本身"，这在第二批判里面说得特别清楚。纯粹理性本身就是自由意志，自由意志本身就是纯粹理性。在这个意义上，康德的确是通过自由问题来奠定伦理学的基础。我们通常以此把康德看作是停留在奥古斯丁奠定的（伦理学）或者实践哲学的层面上来理解自由的。但实际上康德已经蕴含着——刚才广明抓住了一个很要害的问题，就是这个先验或者超验自由在《纯粹理性批判》已经奠定下来了。但是康德没有做好的就是说，到底这个先验自由跟实践自由是怎么沟通起来的，虽然是有说明，但是我觉得他还是没有完全打通过来。海德格尔一个很大的转变恰恰就是从 ontology 来理解 Freiheit（自由）的这个问题，而不再仅仅停留在实践哲学里面谈自由问题。基督教传统的确就是在伦理学里面或者实践哲学里面谈自由的问题，海德格尔的突破恰恰就在这个地方，他把它（自由）变成了一个 ontology，包括刚才有学者说的宇宙—各事各物，各在其位。关于这种自由，他有一个很经典的说法就是，自由就是"让存在" Sein – lassen。"让存在"什么意思？其实也就是说我们每个人都退出各种角色，包括从康德所说的认识主体，从近代我们所确立的各种主体中，都摆脱出来、退出来，我们才真正作为自由者，这个时候，万事万物也各在其位，也就是作为它自身存在出来，所以你才可以说这个万事万物也都自由。这是海德格尔的一个非常大的突破，现在国内包括国外——我也看了一些材料——还没有把它真正完全消化。如果在这个意义上来理解，他恰恰把康德传统上理解的自由纳到这里边来了，可以用它来理解康德的自由，给他定个位置。所以在这个意义上我倒觉得海德格尔对自由的突破并不说明他跟康德是完全不一样的，而可以是一个涵盖的关系。那么，为什么说这样的理解是就表明海德格尔思想有伦理意义呢？只有当我们真正能 Sein – lassen，我们相互之间才能作为自由者之间的关系，而不是作为角色。刚才有学者说我们没有共同的身份，其实共同的身份就是作为 Dasei 而能 Sein – lassen，相互之间让……存在，自由者相互之间才真正进入伦理关系，没有自由者之间这种相互让—存在的关系，实际上就不可能有真正的伦理关系，只是角色之间的这种相互规定，而不是真正的伦理关系。在这个意义上我倒觉得海德格尔给伦理学奠定了一个新的基础。在这个意义上我倒觉得不必过于看重海德格尔的（特殊），好像他跟古典哲学有什么绝对的不一样。他对现代技术的批评某种意义上——上午大家讨论说启蒙有两种，一种是知识上、认识上谈启蒙，结果就是把科学知识、技唯一化，变成我们最重要的一个看待世界、理解世界的方式，甚至是唯一的方式了——我觉得海德格尔恰恰给我们提供出一种批评和警醒。在这个意义上他并不反对康德意义上的自由。我觉得叶老师一个很重要的工作和我的一个思路在这点上很相似，就是说想从海德格尔这边跟古典的哲学沟通起来，走出一条跟国内所理解的施特劳斯不同的路子。因为施特劳斯从海德格尔出来以后好像是完全反对现代性甚至包括反民主反自由，如果国内理解是对的，我们恰恰可以从海德格尔走出一条跟施特劳斯不同的路子。我相信国内对施特劳斯的这种理解是错的，虽然我一直没有时间去做施特劳斯，虽然一直想做。但是我相信施特劳斯并不是国内所理解的那样简单，所谓他完全反现代性反自由。马寅卯提到的一个很重要问题就是，其实那些反启蒙的都不是反自由的，这一点可以说是非常肯定的。因为恰恰只有自由才有可能去反对那些唯科学主义者。这是我简单说的几点。谢谢。

＊ 李文堂（中共中央党校文史部教授）的补充发言：

我补充几点，就是这个反现代性的东西还是很复杂，因为这个自由问题还是没搞清楚。刚才提到的一个非常集中的问题就是海德格尔对康德的解释的问题，我觉得这个问题海德格尔已经非常清楚地在谈。康德在第一批判里面提到的这个能动性的问题，其实很大程度上有心理学的意思，其实康德很重要的后来被费希特抓住的就是这个"自我意识"。所以在第一批判当中、在整个因果性范畴的这样一个运动当中，很重要的就是因为这个自我意识，它进行所有的判断，比如这个系词，这个"是"动词的使用都是因为有这个自我意识的关联。而这个关联的概念，海德格尔是抓住 Verhaltung，所以他在谈这个自由问题的时候，用 Freilegung，是一个对它的解释，对自然的一个 Freilegung，那么在这个里面的 Verhaltung 这样一个行为，自然仍然有一个人的 Freiheiten 的光明才会有花草树木在你面前打开。海德格尔在这里的确是给康德做了一个 ontologisch 式的 Grundlegung，做了这个奠基。不但是在第一批判的这种认识世界跟自然关系的一个奠基，同时也是关于自我立法的这个自由意志和他人关系的奠基。海德格尔是在时间性世界里面，跟他人共在，在"在世"的一个过程当中显现出来的共同的这个理。在这个里面他虽然不是在康德意义上谈，但是的确是他奠基的。所以才可以不在对立意义上谈所谓的科学的命题、谓词真理和伦理学上的道德理性，而是在ontologisch上谈两者了。所以他的确主要是一个奠基的工作，你的一切（科学和道德都）包括（在内）。我再提供一个信息，就是德国有一个很重要的法学派，实际上就是根据海德格尔的思想，关于自由的"重建"，就是Recht（权利）ontologisch，就是权利自由，所有的Recht ontologisch奠定了这个法学。估计现在政法大学好像有些翻译了，当初我复印了很多材料，回来后来也没时间做。这个真理问题、自由问题——在这个基础上重建，因为这是传统的谈法，是在伦理学法哲学或者是其他意义上谈，而不是在ontologisch上谈。我想补充的就是这点，就是海德格尔讲的跟康德的确是有很大的不同的，这一点我们必须要看到。他运用的概念和方法都有很多不同的，但是海德格尔很重要的就是说是在ontologisch上来对几大批判的理解，都是要做奠基的工作。

* 张慎（中国社会科学院哲学研究所研究员）的补充发言：

他（海德格尔）那个《康德书》我看过，到现在还记得很清楚。海德格尔在讲黑格尔的精神现象学的时候，明确地是把康德哲学放在比黑格尔哲学低一个层次。他认为康德和胡塞尔放弃了哲学的基本问题das Sein，而局限于知识论方法上的改正，把哲学的范围缩小了。而他对他自己现在所从事的工作（的看法）跟黑格尔是比较一致的，是在一个方向上，那么它就是关于哲学的基本问题das Sein。还有一个就是黑格尔处理的一个das Absolute就是关于绝对的问题，这才是在这本书里很明确地说（是它要处理的问题）。所以我觉得很奇怪的是，我们以前总认为海德格尔（说）现代性是和古典哲学唱反调的，所以他应该把黑格尔骂得狗血喷头（才对），但是奇怪的是他在哲学立场上和黑格尔是一致的，他觉得他们都是讨论一个哲学最根本的问题。相比之下，康德局限于方法上的改变、方法上的修正，放弃了哲学的根本问题，这是海德格尔的基本观点。

＊ 赵广明（中国社会科学院世界宗教研究所研究员）的补充发言：

《康德书》的的确确是关于《纯粹理性批判》尤其是（关于）知识问题的重点，包括后来的《判断力批判》，海德格尔基本上是在一个误解康德的基础上考虑的。所以说我觉得他之所以低估康德，恰恰是那个时候他没有认识完整的康德。

＊ 郭大为（中共中央党校哲学部教授）的补充发言：

海德格尔在康德书的第四版序言——或许是第三版——当中，他说康德是哲学史上通过时间的视域来探讨存在的第一人。我们都知道《存在与时间》这个著作没完成，而《康德书》是第二部分的第一篇。所以很清楚，在海德格尔的解构当中，康德是他探讨时间的一个引路人，因此在《康德书》当中他要把康德的《纯粹理性批判》通过主观演绎，从先验想象力的问题引出时间问题，康德的《纯粹理性批判》是基础存在论，是这样一个视角。刚才黄裕生也讲到，康德与海德格尔关于自由的问题的理解。实际上在1927年出版的现象学基本问题的时候，在前面海德格尔用了大量的康德的概念来批判和解释当时的哲学的概念。刚才东晖讲到了，就是康德在方法论当中所讲的哲学的学院概念和世界的概念，我们也可以把它翻译成世俗的概念。这个世界概念从哪来呢，就是根据人的根本目的来建构理性大厦，所以海德格尔放弃后来的《存在与时间》的写作，我们批判海德格尔《存在与时间》那种主观主义的东西。它确实存在，怎么存在呢，恰恰是从人的根本目的或这样一些角度，或者说没有摆脱人类主义或者伦理学的视角去探讨那些存在的意义的问题。这是海德格尔后来受到批判放弃《存在与时间》写作的一个很重要的原因。我们知道，在给理查德森的信里面他说得很清楚，海德格尔又同时承认，这是一个提出问题的重要角度。康德对于海德格尔的思想具有相当的重要性，如果不是第一位的重要性也是（至少非常重要）。海德格尔在《存在与时间》的写作计划当中，他要解析的三个人恰恰就是康德、笛卡尔和亚里士多德。我也不能保证说康德对于海德格尔的重要性，尤其是对于他自由思想的这个概念的问题，但具体谈论起来我觉得至少在1927年的时候，海德格尔还是在很大程度上接受康德，从而奠定其理性体系的那样一个思考。

* **唐文明（清华大学哲学系教授）的补充发言：**

我还是不太同意大家这么温和地去调和（康德跟海德格尔）。我觉得康德跟海德格尔的差异，可能主要不是在《纯粹理性批判》，包括刚才提到的想象力的那个解释，可能应该进到第三批判，比如说这个"自然目的论"。海德格尔中期转向以后，他对那个自然的理解跟康德（不同），比如说康德第三批判基本上还是在牛顿力学那个自然观念之下，把自然理解为一个机械论的东西，然后再讲目的论，后来发现这个目的论没法讲，所以没法讲自然哲学，后来又加一个道德目的论。康德这个是非常现代的，他的自然观念是牛顿力学以后的观念。而海德格尔后来有个变化，他专门处理过牛顿力学跟亚里士多德物理学的差异，他（海德格尔）是有点回到古典亚里士多德或者苏格拉底之前那样的自然观念，这个我觉得是巨大的差异所在，而不是那个想象力的问题。想象力恰恰是海德格尔的那个思路下来的，是他随着现象学走到这一步的，是他的一个历史，所以他需要先解构。这都是有联系的，但我认为这个联系是很弱的，恰恰是他早期还不够彻底的一个结果。

* **宋继杰（清华大学哲学系教授）的补充发言：**

多年来我一直期待着叶老师把他的康德论文结集出版，所以《启蒙与自由》一问世我就萌生了为它举办研讨会的想法，因为这本书的出版无论对于叶老师本人还是对于中国哲学界来说都是一个非常重要的事件，毫无疑问，这是汉语学界继牟宗三先生和李泽厚先生之后最为重要的"康德书"了。所幸的是，我的想法不仅得到黄裕生学兄和彭刚学兄的热烈赞成，也得到了叶老师本人的首肯，了解叶老师的人都知道这事能得到叶老师本人的同意绝非易事，要知道这些年他出版了这么多书，从未允许我们操办任何的研讨会，但是这一次，他同意了，我认为，原因只有一个：他在乎康德，在乎他自己关于康德的思考！按我在叶师门下问学十六载的体会，康德之于他，就是哲学本身。如果说哲学之于他，是拓扑学（Topology），那么康德哲学就是那个"topos"，那个"arche"，就是叶老师哲学思考最原初的"空间/处所/方位"，是原点，是始基，也是主宰，是旨归。更重要的是，与当代中国绝大多数的"哲学家"或"思想家"不同，叶老师作为哲学学者，他守住了"哲学的本分"，而这在很大程度上是因为康德。而从康德的著作以及叶老师的《康德书》里，我们见得最多的却是"界限"二字。感性、知性和理性各有其"权能"与"界限"，理论理性和实践理性各有其"权能"与"界限"，政治、宗教与哲学自然也各有其"权能"与"界限"，主动地使用其自身固有的"权能"，同时又自知其使用的范围和限度，就是"自由"与"启蒙"之真谛，康德哲学之真谛！"把握时代、克服当下"是每一个哲人应有的担当，关键是如何运用你的哲学的理性，因为这并不意味着要你抱着连你自己都感到陌生的琐碎"意见"到政治战场上去冲锋陷阵。多年前在政治热浪的汤滚之下我们几个叶门弟子也曾私下怀疑我们的老师面对现实是否过于冷漠或胆怯了。现在我明白了，守住"哲学的本分"是哲人最高的也是最难的修为！"坚信自由的存在、追求存在的自由"，"你给我'自由'，我给你一个'德性'的世界"！——这是叶老师最新的几篇论文的标题，是叶老师对当下中国社会现实的理论呼吁，我相信这也是康德的呼吁！哲学的呼吁！

主持人： 因为时间关系，我们这个时段的讨论也到此结束。然后请黄裕生教授来致闭幕词。

闭幕式

黄裕生（清华大学哲学系教授）：
其实也不是什么闭幕词了。今天这个话题应该说我们是讨论得

（比较热烈），展开了很多问题，尤其是下午展开得更充分一点。启蒙与自由、启蒙与近代西方哲学——当时为什么会想到用这么个名称，因为大家都提到，我也补充几句。因为我们近代中国的一个命运就是"三千年未有之大变局"，这个"大"大在什么地方？其实大在我们面对着一个我们从来没有遇到过的一个文明对我们构成全面的挑战。应该从周开始算起吧，从周奠定下来的一个文明是三千年一直延续下来的，而且作为一个中心文明——它的确是有资格作为一个中心的文明的——不但教化了神州大地上的民族，还教化了整个东亚的民族，构成了我们今天所谓的儒家文化圈。应该说我们的文明是非常伟大的，虽然三千年里面我们经历了边疆民族的入侵、占领，甚至屠杀，但是最后这些强悍的边疆文明都归化到我们华夏文化当中了，在这个意义上它具有世界性意义。华夏文化具有世界性意义，因为它进入历史了，按黑格尔的话说，是具有世界史的意义的，我相信它以后一定还是在世界史当中的。但是近代以来我们面临的挑战是全方位的，虽然可能以后有另一种变化。

这个问题很重要的一点就是涉及近代西方的文明。刚才张老师提到，我们近代启蒙运动开始时是以东方，以中国为样板的。我们东方是作为一个自然法统治下的一个开明的代表来作为一个反证，反证他们西方要进行改变。很有趣的就是，康德之后，他们调换了一个对中国的想象和评价了，实际上内在的原因是在思想上他们有一个更深的推进，他们完全确立起来了重新理解这个社会、理解这个历史的原则。里面最重要的第二段启蒙运动确立起来的，最重要的我想——可能也有（人）不同意——就是自由这些问题。刚才文堂提到的一个非常重要的概念 person，这样的思想确立起来以后彻底地改变了西方。我觉得这方面对中国的挑战是最大的，也是最根本的。所以当时我们想到用这么一个话题来讨论。今天其实我想也达到我们预想的一个目标，就是把这些问题都展开了，从不同的角度来展开讨论这些问题，我觉得是特别有意义的。唯有对这些问题有深入的讨论与思考，启蒙本身才有可能被推进或被消解。不过，正如自由使我们永远处于敞开状态一样,这些话题也永远朝向未来而说不尽,道不完,所以,也不多说了。最后就是要特别感谢诸位的到来和坚持,特别是要感谢张祥龙老师从始至终参加我们这个会议,这是我要特别表示感谢的!再次谢谢大家!

附录二

《哲学的希望》
出版研讨会简况

　　中国著名哲学家叶秀山先生的遗著《哲学的希望》于2018年岁末由江苏人民出版社出版。2019年4月26日,"叶秀山先生遗著《哲学的希望》出版研讨会"在中国社会科学院哲学所931会议室举行。本次研讨会由中国社会科学院哲学研究所(以下简称"哲学所")、中国社会科学院登峰战略西方哲学优势学科主办,来自中国社会科学院哲学所、世界宗教研究所、北京大学、中国人民大学、清华大学、中共中央党校、复旦大学、山东大学、安徽大学、华南师范大学的知名专家学者参加了研讨会,围绕叶先生遗著展开了纯粹哲学的研讨,以严肃认真的工作方式纪念叶先生。

　　开幕式由哲学所王齐研究员主持,哲学所党委书记王立胜代表哲学所致欢迎词。王立胜书记高度赞扬了叶秀山先生在六十年的学术生涯中所取得的卓越成就,以及对中国哲学发展做出的重要贡献,特别强调了叶先生遗著《哲学的希望》对建设中国哲学知识体系、以开放的心态面对世界、兼容并蓄地发展中国思想所具有的重要意义。

　　研讨会分三个专题。第一场专题讨论"纯粹哲学的希望"由中国社科院哲学所的尚杰研究员主持,共有7位发言人。学部委员、社科院宗教研究所卓新平研究员率先以《希望中的哲思》为题发言。他回顾了自己从阅读《前苏格拉底哲学研究》开始与叶秀山先生的多年交流,讨论了作为现实人生态度三原则之一的"希望"对于打开未来的无限可能的重要意义，并指出哲学作为爱智之学，其"自由"的本源其实就是"面向现实而超越"。卓新平研究员还特别强调了叶先生遗著中所体现的纯粹、超然、"我乐故我在"的崇高精神追求。

中国人民大学哲学院张志伟教授在题为《哲学的希望》的发言中，从"哲学的起源"和"哲学的危机"谈到"哲学的希望"。张志伟教授指出，从古希腊"为知而知"的"非实用"精神中才能诞生哲学和科学，这和其他民族"学以致用"的"实用"精神是完全不同的。古代所有科学都是哲学，直到十七八世纪科学与技术结合，哲学开始与科学分化。当今哲学学科看似繁荣，实则因哲学作为精英文化和当今大众时代的矛盾以及哲学学科技术分工过细而面临巨大的危机。但危机或许同时也意味着机遇和挑战，就像叶先生的遗著所表明的那样。中国的西方哲学研究仍处于初级阶段，若要真正做到"无问西东"，仍需努力。

社科院哲学所张慎研究员在题为《传统与思》的发言中，基于和叶秀山先生共事多年的深入理解，重点讨论了《哲学的希望》上编第10章的基本思想，肯定了叶秀山先生强烈的问题意识、纯粹的思考方式、广阔的格局和视野。张慎研究员指出，叶先生的研究立足哲学史，《哲学的希望》的每一章其实都是一部小的哲学史。但叶先生从不局限于传统，而是以极富创造力的方式不断地开辟新视野，比如叶先生从德国古典哲学中挖掘出"希望"的维度，从法国现象学当中汲取重新理解西方哲学史的新视角等。在《哲学的希望》的下编中叶先生转向中国哲学，这个思想转向看似在2007年之后才发生，但其实叶先生始终热爱书法、戏剧等中国传统艺术，一直致力于贯通中西传统，让哲学说汉语，叶先生晚年转向中国哲学，其实是回到他思想中更深的层面。

中国人民大学哲学院李秋零教授的发言题为《哲学与自由》。李秋零教授首先回顾了叶秀山的《前苏格拉底哲学研究》和《苏格拉底及其哲学思想》这两本经典著作作为改革开放后第一批哲学专著，在学界和青年学子中间产生的巨大影响。李秋零教授对叶先生提出的"纯粹哲学"进行阐发,认为所谓纯粹哲学就是要追求哲学的自由,而哲学本身亦是关于自由的学问,这个宏大的目标并不是抽象空泛的,而是要回归哲学的本真状态,这种关于纯粹和自由的理念在西方哲学史上有着很深的根源。然而遗憾的是,叶先生在遗著中提出了中国哲学的希望问题,但由于是遗著,这个意思未能完全展开,有待同仁后辈继续探索。

复旦大学哲学院邓安庆教授在题为《叶秀山先生与当代中国哲学的"希望"》发言中指出,只有"纯粹"的哲学才是有希望的哲学,这是叶先生遗著《哲学的希望》的含义。邓安庆教授用生动的例子展现了叶秀山先生作为一名哲学家的纯粹品格,回忆了20世纪90年代在山东大学跟随叶秀山先生学习,后来在治学道路上得到叶先生热情鼓励和关心帮助的经历。

山西大学哲学社会学学院江怡教授在题为《希望的哲学与哲学的希望》的发言中,首先对"哲学工作者"和"哲学家"做出了区分,认为哲学家需要一种将一切学识以天赋能力进行整合和升华的独特才能,需要敏锐的眼光、广阔的学识和超凡的智慧,在这个意义上,叶先生就是一位哲学家。江怡教授进一步指出,当欧洲哲学面临种种危机的时刻,中国哲学迎来了自身的希望和机遇,国内学界未来的使命和责任是发展"希望的哲学",其核心就是叶先生自己在著作中提出的哲学的三种境界,即"作为智慧的哲学""作为自由的哲学"和"作为存在—生活的方式哲学"。叶先生特别关注人之存在的时间性和生死问题,这对我们反观自身、理解中国传统哲学也是有益的切入点。

社科院学部委员赵汀阳研究员在题为《纯粹哲学什么样?》的发言中,对叶先生倡导的"纯粹哲学"做出了多种可能的理解。第一,从功能主义或结构主义角度,可以把"纯粹"视为与"实用"相对立的概念,哲学不是 useless 而是 useful 的学问,但却不 practical。第二,"纯粹"可以指纯粹的形式,即"先天的"(a priori)知识体系。第三,"纯粹"还可能指"先验的"– transcendental,即独立于经验的客观性,接近胡塞尔哲学。第四,"纯粹"还可能指"重言的" tautological,即可从前提分析出来的知识。第五,"纯粹"又可能意味着"自指的"– self–referring 的、自相关的。哲学不增加任何东西,哲学不是关于世界的知识体系,而是一种思想神话。

上午第二场研讨会"叶秀山先生的哲学追求"由哲学所詹文杰副研究员主持。清华大学王路教授追忆了叶先生直爽而纯粹的品格、严谨的学术态度,认为叶先生充分体现了金岳霖式的哲学传统,即"为学术而学术"的纯粹精神。王路教授认为,叶先生晚年转向中国传统哲学的研究,是因为叶先生这一代学者所拥有的家国情怀。

安徽大学哲学系主任张能为教授在题为《秀山藏情怀,叶高天地远——与叶先生结缘及〈哲学的希望〉》的发言中,总结了叶先生遗著的三大特点:中西融合、古今汇通的宏大视角;深切关注中西哲学的根本问题并试图解答之的努力;叶先生对中国哲学的看法当中的黑格尔影响的痕迹。

华南师范大学哲学系于奇智教授在题为《爱智贵在会通融合——读叶秀山〈哲学的希望〉》的发言中,就叶先生特别推崇列维纳斯的哲学做出了自己的理解和回应。列维纳斯超越了海德格尔的存在论,将伦理学确立为第一哲学,这种伦理学尊重他者、尊重差异性,可谓"差异哲学",叶先生正是这种"差异哲学"在中国的第一位伟大开拓者。在中西理路会通方面,叶先生与列维纳斯是知己、是同道。

中共中央党校文史部主任李文堂教授在题为《叶先生对理念自由的追问》的发言中,深入挖掘了叶先生对"理念的自由"的思考,指出这种"理念的自由"源于西方哲学传统中的"光的形而上学",在柏拉图"摆脱经验世界的自我解放"中有其根源,后来在康德和胡塞尔的先验论、黑格尔的绝对理念等哲学体系中均有体现。

山东大学哲学与社会发展学院刘杰教授在题为《向叶秀山先生学习,如何历史性地做哲学》的发言中,指出叶先生是以历史的视角来切入哲学，同时也是以哲学的方式去做哲学史，从而避免了20世纪分析哲学过分专业化、去人格化、去历史化的缺点。刘杰教授认为，叶先生有能力拯救哲学，解答当代哲学的一些重要问题。

清华大学科学史系主任吴国盛教授在题为《让哲学讲中国话——怀念叶老师》的发言中，讨论了"哲学"这一概念所体现的希腊精神的独特性，以及古代中国是否"有哲学之实却无哲学之名"的重要问题。吴国盛教授指出，叶先生的贡献之一在于唤醒了汉语"沉睡"的哲学潜能，让汉语从"沉睡"中"苏醒"，进行自觉的哲学思考。换言之，叶先生工作的开创性，在于他用地道的汉语，在中文语境下讲授和研究哲学，这对于后辈学者的研究具有极为重要的垂范作用。

第三场专题讨论《中国哲学的特点和机遇》由社科院哲学所马寅卯副研究员主持，共有7位发言人。首先发言的是哲学所王柯平研究员，题目为《中国哲学的机遇何在？——与哲学家叶秀山先生商榷》的发言。王柯平研究员认为，叶秀山先生是现代中国培养的最重要的哲学之一，他的哲学思想产生于特殊的历史机遇期，即，马克思主义和德国古典哲学传入中国并和中国传统思想相遇的时代。王柯平研究员倡议学界同仁开展对叶秀山先生思想的系统研究。

复旦大学哲学院张汝伦教授在题为《当代中国哲学的任务》的发言中，强调叶秀山先生的遗愿是中国哲学研究能在未来得到更好的发展。张汝伦教授指出，"纯粹哲学"和关切现实问题的道德哲学、法哲学、政治哲学相对，关心"存在""一和多""有限和无限""超越与自由"等更为根本的问题，看似无用，实有大用。张汝伦教授特别强调，现在国内哲学研究因为分工过细，造成了研究领域过分精细化和狭窄化，甚至把原本追求智慧的哲学当知识来寻求等严重问题，面对这些问题，学界同仁应当实事求是地承认自身不足，同时学习叶秀山先生的精神，以"融会贯通"这一目标来研究中西哲学传统。

社科院哲学所的陈静研究员在题为《叶老师的中国古典哲学视

野》的发言中，探讨了叶先生是否真正实现了贯通中西哲学传统这一目标的重要问题。陈静研究员指出，叶秀山先生对中国哲学传统的解读，可能存在"非历史化"的倾向，即，叶秀山先生可能忽视了不同哲学思想在历史进程中的发展和变化。最后，陈静研究员特别提到叶先生对董仲舒和邵庸的评价，以及他对中国传统哲学的总体定位，即，和西方哲学不同，中国传统哲学并不遵循"自下而上"的进程、在"物理学"（physics）之后追寻超越它的"形而上学"（即 meta-physics），而是沿着"自上而下"的路径、以"天学"或说"玄学"统罩万物。

山东大学哲学与社会发展学院傅永军教授在题为《叶秀山先生的"中国哲学机遇"命题与诠释学实践路径》的发言中，回忆了叶秀山先生在山东大学三年的教学历程，指出叶秀山先生的哲学思想并非对不同传统、不同经典的表面比较，而是从新的视角对中西理念的融会贯通，而这个新的视角就包括了诠释学。傅永军教授特别讨论了"西方之落日"和"东方之朝霞"这两个重要隐喻，指出哲学的危机时代也蕴含着哲学再生的希望，而在与西方的会面中，中国哲学将迎来自身觉醒和发展的机遇。

复旦大学哲学院院长孙向晨教授在题为《东西方文化会通的"瞬间"——读叶秀山先生的〈哲学的希望〉》的发言中，回顾了叶秀山先生《思·史·诗》一书以及"通"对80年代学界造成的强大冲击力。叶先生哲学思想之"通"，首先在于他一直在追问根本性的问题，而从不让自己局限于做一个技术性专家，例如叶先生对列维纳斯的关注和重视，以及对犹太教—基督教差异性的敏感。这种"通"还在于叶先生以典范性的著作，丰富了汉语的思考和表达层次，让汉语词汇超越了日常用法中的原义。最后，叶先生的"通"体现为他向后人开启了不同于传统中国哲学研究的新理路，指明了中国哲学未来发展的希望。

社科院哲学所副所长张志强研究员在题为《叶先生中国哲学研究的意义》的发言中，着重讨论了"混沌"的隐喻，指出混沌是

"存在者"和"非存在者"的合一,也是"时间性"本身,不同哲学传统"凿开"混沌的方式是不同的,西方哲学从时间性中开显出了空间性,由此发展出了形而上学传统,而中国具有和西方完全不同的"开凿"混沌的方式,从而更多地保留了"时间性",这体现在中国思想对历史的重视,史学发达并承担了哲学的功能,等等。跟傅永军教授一样,张志强研究员同样关注叶先生在书中提出的"朝阳"和"落日"的隐喻,指出当面对正午时刻的西方哲学时,才出现了"中国哲学的合法性"这个问题,而在当今西方哲学的落日时刻,中国哲学则面临着新的机遇和希望,落日也意味着玄思和重生,至暗时刻背后蕴含着未来的曙光。

清华大学哲学系黄裕生教授在题为《哲学何以是纯粹的?》的发言中,回顾了叶先生创设"纯粹哲学"丛书的历史,并对"纯粹哲学"的含义进行了阐发,认为"纯粹"二字最能描述叶先生的哲学思想,因为叶先生的哲学始终与意识形态保持距离,超越时代烙印和世俗功用,不需借助他人承认而自身就具有独立性,体现了自由的精神并蕴含着强大的力量。其次,叶先生的哲学是关于"无"的科学,这种哲学绝不困守或迷失于对有条件者、有限者的追寻,而旨在追寻无条件者、无限者,这就是"整体性"和"自由",而用来探究这些根本问题的"纯粹哲学"的概念体系,既包含了一般的科学概念,也包括提示性的语词和符号(比如叶秀山先生著名的引号),这类语词和符号被用来提醒读者——文本语境中的语词已经超越了日常用法、超越了自我同一性,而另有更深的所指。最后,叶先生的哲学重启了国人的哲学思考,让国人直面最基本、最重要的哲学问题,把构成我们基本思考方式和经验方式的汉语对哲学问题的思考提升到第一哲学的深度。

在三场专题研讨之后,与会专家学者进入了自由发言和讨论的环节。北京大学哲学系、"长江学者"韩水法教授提出,叶秀山先生深受德国古典哲学影响,是一位注重"从概念到概念的推理"的学院派哲学家,同时,叶先生持续关注和开拓新的哲学问题,这一点特别值得同仁和后辈学习。中共中央党校哲学部郭大为教授借用叶先生"保持就是创造"这句话,指出先生80岁高龄仍保持哲学家的好奇心,这是他在思想上能够不断创新的关键。同时,叶先生通过不断回溯哲学史来讨论东西哲学的根本问题,这种返本溯源的方法类似于海德格尔的路径,而"纯粹哲学"的立场也蕴含着未来的希望和新的可能性。清华大学哲学系主任宋继杰教授则认为,叶先生的哲学更应该被称为"自由哲学",而非"纯粹哲学"。叶先生在出版《思·史·诗》之后进入思想大爆发的黄金时期,他以古希腊哲学为基点,贯通了德国古典哲学和现象学,尝试着打破哲学史上历史的先后顺序,让哲学思想之间相互化解。作为叶秀山先生的学生,宋继杰教授正式预告了《叶秀山全集》(共计12卷,600余万字)的编辑出版情况。在自由发言和讨论环节最后发言的是社科院外文所党委副书记崔唯航研究员。他用"无尽的学与思"和"通"高度概括叶秀山先生的哲学成就,指出中国哲学的未来在于能否延续叶先生的精神,自觉追求对中西哲学传统的融会贯通。

在热烈紧张的研讨期间,学者们都不约而同地结合自己与叶秀山先生的交往,追忆了叶秀山先生高尚的品格、严谨求实的学风和不断开拓进取的治学精神。大家一致认为,《哲学的希望》为中国哲学未来的发展指明了方向。作为遗著,书中不免有一些微言大义但却未能进一步展开的问题,需要学界同仁在今后共同努力探索,这是对叶先生学术精神的最好继承和发扬。作为当代哲学家,叶秀山先生的哲学思想值得学界系统研究,随着时间的推移,叶先生的学术贡献将会被越来越多的学人所重视。

后　记

叶秀山先生去世的三年后,《叶秀山全集》出版,半年之后,这本《纪念文集》也编辑完毕即将出版,此时此刻想到的就是感谢。

首先要感谢参加《全集》编辑工作的各位同学。

《叶秀山全集》各卷的编者如下：

第一卷,宋继杰；

第二卷,黄文前；

第三卷,王晓红；

第四卷,张严、刘飞；

第五卷,毛竹；

第六卷,卢春红；

第七卷,宋继杰；

第八卷,王齐；

第九卷,黄裕生、郭真珍、郭东晖；

第十卷,王齐；

第十一卷,吴国盛；

第十二卷,吴国盛。

又,吴国盛编制了叶先生作品"总目",这是《全集》编辑工作顺利开展的基础；江苏人民出版社杨建平、戴亦梁等编辑为《全集》的后期制作付出巨大。

其次,感谢《哲学动态》的前任主编崔唯航研究员和现任主编张志强研究员，他们特地为叶先生做了两个纪念专栏；感谢清华大学人文学院万俊人院长支持哲学系主办了《叶秀山全集》发布会；感谢中国社会科学出版社赵剑英社长倡议并主动要求出版这本《纪念文集》。

最后，感谢这本文集的所有作者（或发言者）。

让我们一起学习叶先生：一生只为哲学想。

宋继杰

2020 年 4 月 1 日于清华园